企业法务

主　编　赵书芹　鲍　炤
副主编　谭志敏　周　燕　钟丝佳

北京理工大学出版社
BEIJING INSTITUTE OF TECHNOLOGY PRESS

内 容 简 介

本教材是高等学校数智化应用型经济管理规划教材之一，具有较强的应用性、针对性、先进性和基础性。本教材在充分吸收和借鉴传统普通本科教材与高职高专类教材建设的优点和经验的基础上，以就业为导向，在理论的探讨上高于高职高专类教材，在动手能力的培养上高于普通本科院校教材。

本教材以培养应用型人才为目标，以"能力本位、边学边做、边做边学、学中做、做中学"的教学要求为准则，主要结合《中华人民共和国民法典》（以下简称《民法典》）及《中华人民共和国公司法》（以下简称《公司法》）等相关法律法规的最新要求，对企业法务的内容进行讲解。

本教材共八章，包括企业法务基础理论、企业法律制度、公司法律制度、合同法律制度、破产法律制度、企业税收法律制度、商业秘密和知识产权法律制度和劳动用工法律制度。本教材的体系较为完整，重点突出，内容新颖，具有实用性，既可以作为普通高等院校教育经济管理类专业的教材，也可作为相关专业人员的参考用书。

版权专有　侵权必究

图书在版编目（CIP）数据

企业法务 / 赵书芹，鲍炤主编. --北京：北京理工大学出版社，2025.1.
ISBN 978-7-5763-4730-2
Ⅰ. D922.291.91
中国国家版本馆 CIP 数据核字第 2025BP7148 号

责任编辑：封　雪	文案编辑：毛慧佳
责任校对：刘亚男	责任印制：李志强

出版发行 / 北京理工大学出版社有限责任公司
社　　址 / 北京市丰台区四合庄路 6 号
邮　　编 / 100070
电　　话 /（010）68914026（教材售后服务热线）
　　　　　（010）63726648（课件资源服务热线）
网　　址 / http://www.bitpress.com.cn
版 印 次 / 2025 年 1 月第 1 版第 1 次印刷
印　　刷 / 河北盛世彩捷印刷有限公司
开　　本 / 787 mm×1092 mm　1/16
印　　张 / 18.25
字　　数 / 429 千字
定　　价 / 95.00 元

图书出现印装质量问题，请拨打售后服务热线，负责调换

前言

随着《民法典》的逐步完善，我国营商环境的法制化建设取得了长足的进展，为市场经济活动的有序开展奠定了坚实的基础。在这一背景下，企业作为市场经济的核心主体，面临着更加复杂多变的法律环境。因此，培养自身的法律意识、严格遵守市场经济秩序、有效维护自身合法权益就成为企业可持续发展的关键之处。党的二十大报告作为新时代法治中国建设的行动指南，对于深化市场经济法制化、优化营商环境具有重要意义，其精髓与要求也被精心提炼并融入本教材。

在保持实用性的同时，本教材深入把握党的二十大报告对于经济法教育与实践的指导意义，为非法律专业的学生及其他有志于了解经济法的读者提供了一套系统而精炼的经济法理论与实务知识体系。通过深入浅出的阅读，读者不仅能够掌握经济法的基本原理，还能了解党的二十大精神在经济法领域中的具体体现（如市场经济法治化、知识产权保护等方面的新要求），从而增强自身的法律意识，从而能够更好地适应新时代市场经济发展的需求。

在内容构建上，本教材紧密围绕应用型人才培养的核心目标，以经济管理实践为立足点，紧密结合经济管理类学生的未来职业规划，将综合应用能力的培养作为主线贯穿始终。通过引入实际案例、讨论等多种形式的教学活动让学生在轻松愉快的氛围中学习经济法知识，做到乐学善用。同时，本教材还特别注重将二十大报告中的法治理念、法治思维融入到各个章节之中，使读者在掌握经济法知识的同时，也能深刻领会到法治精神的重要性，为将来的职业生涯奠定坚实的基础。

与同类教材相比，本教材在内容构建、教学方法和实践应用等方面都具有显著特点，特别是在将党的二十大报告与经济法知识相结合方面进行了深入的探索和，为读者提供了更加丰富、多元化的学习资源，也为读者拓宽了思考空间。

（1）体系设计合理。本教材主要针对非法学专业学生编写，从经济管理角度介绍法律，符合经济法初学者的需求。站在市场参与主体——企业的角度来思考激发学生的学习兴趣，更好地培养学生的法律技能，为学生将来工作打下良好的基础。

（2）理论和实务相结合。每章以案例为引导，带领学生探索法律的奥秘，并将理论和实务相结合，既重████████████伸，又重视素质、能力的培养。本教材在正文中穿插"知识加油站""课堂讨论"等模块，可以加强学生对相关知识点的理解，还用"本章小结"对各章的重点内容进行概括。

（3）重点突出、结构及内容新颖。本教材结合《民法典》及《公司法》等相关法律法规的最新要求，对经济法的内容进行编写。在每章内容的最后，设计了"同步综合练习"帮助读者对所学内容进行进一步巩固，检验学习效果，以保证学习目标的完成，注重实际应用能力的培养，具有很强的实用性。

本教材由赵书芹、鲍焰担任主编，由谭志敏、周燕、钟丝佳担任副主编。本教材的具体编写分工如下：赵书芹编写第二、三、四、七章；谭志敏编写第一章和第五章；周燕编写第六章；钟丝佳编写第八章；由赵书芹统稿。

编者在本教材的编写过程中参考了大量同行的研究成果，限于篇幅，未在书中一一列出，在此一并对相关作者表示感谢。

由于编者水平有限，本教材中难免有不妥之处，恳请广大读者批评指正。

编 者
2024 年 4 月

目录

- 第一章　企业法务基础理论 ·· 001
  - 第一节　企业法务概述 ·· 002
  - 第二节　民事法律行为 ·· 011
  - 第三节　代理制度 ·· 018
  - 第四节　经济法律责任 ·· 025
- 第二章　企业法律制度 ·· 031
  - 第一节　企业法概述 ·· 031
  - 第二节　个人独资企业法律制度 ··· 033
  - 第三节　合伙企业法律制度 ·· 038
- 第三章　公司法律制度 ·· 059
  - 第一节　公司和公司法概述 ·· 060
  - 第二节　有限责任公司 ·· 067
  - 第三节　股份有限公司 ·· 075
  - 第四节　国家出资公司组织机构的特别规定 ························· 083
  - 第五节　公司的股东和董事、监事、高级管理人员 ················ 084
  - 第六节　公司股份与债券的发行和转让 ································ 088
  - 第七节　公司的财务与会计制度 ··· 092
  - 第八节　公司合并、分立、解散、清算和资本变更 ················ 094
- 第四章　合同法律制度 ·· 101
  - 第一节　合同法概述 ·· 102
  - 第二节　合同的订立 ·· 105
  - 第三节　合同的效力 ·· 114
  - 第四节　合同的履行 ·· 117
  - 第五节　合同的保全 ·· 121
  - 第六节　合同的担保 ·· 125
  - 第七节　合同的变更、转让和终止 ······································ 140

第八节　违约责任 ··· 145
第五章　破产法律制度 ··· 157
　　第一节　企业破产法概述 ·· 158
　　第二节　破产申请和受理 ·· 160
　　第三节　债务人财产和管理人 ·· 166
　　第四节　债权人会议 ·· 172
　　第五节　重整、和解 ·· 176
　　第六节　破产清算 ··· 179
第六章　企业税收法律制度 ··· 190
　　第一节　税法概述 ··· 190
　　第二节　流转税法律制度 ·· 199
　　第三节　所得税法律制度 ·· 204
　　第四节　税收征管法律制度 ··· 211
第七章　商业秘密和知识产权法律制度 ·· 218
　　第一节　商业秘密和知识产权概述 ·· 219
　　第二节　商标法 ·· 221
　　第三节　专利法 ·· 228
　　第四节　著作权法 ··· 236
第八章　劳动用工法律制度 ··· 250
　　第一节　劳动法概述 ·· 251
　　第二节　劳动合同 ··· 254
　　第三节　工资、工作时间和休息休假 ··· 260
　　第四节　社会保险制度 ··· 262
　　第五节　劳动争议风险及解决 ·· 267
参考文献 ·· 277
附录　参考答案 ·· 278

第一章 企业法务基础理论

学习目标

通过本章的学习，学生应能深入理解法及其相关概念，全面掌握代理的定义、特性及相关法规；熟知经济法的概念、调整对象，并熟悉其来源；理解经济法律关系的定义及构成要素，并能结合实际分析其构成；熟练掌握经济法律责任的种类及承担方式。此外，通过本章的技能训练，学生可以判断某一法律是否属于经济法范畴，能够辨别经济法律关系中的各个要素，还能判断责任主体在具体案件中应承担的经济法律责任。

导入案例

适用经济法吗？

就读某大学会计学专业的学生李××返回家中过寒假。邻居们在闲谈之余，得知他最近学习了经济法。张大爷好奇地问："经济法是何种法律？我曾在市场上购买鸭子，然后跟卖家谈妥价格并将鸭子带回家，这涉及经济法吗？"李大爷紧接着问："我的儿子在城里创办了一家公司，若将来公司财产由孙子继承，这方面能否运用经济法？"在以上案例中，张大爷与李大爷提出的问题是否属于经济法的调控范畴？

在以上案例中，张大爷关于购买鸭子的问题应由经济法予以调控。购买鸭子的过程实际上包括订立买卖合同和履行合同两个环节，这涉及《民法典》中的相关规定。而李大爷儿子创办公司过程中会用到经济法中的多个法律，如《公司法》《中华人民共和国会计法》（以下简称《会计法》）、《中华人民共和国税收征收管理法》（以下简称《税收征收管理法》）等。然而，对于公司财产继承问题，经济法并不适用，应参照《民法典》中的相关规定执行。

第一节　企业法务概述

一、法及其相关概念

（一）法和法律

随着人类社会的不断进步，社会关系越来越复杂。因此，调整各类社会关系的社会规范也得以发展。法律作为一种特殊的社会规范，不仅与社会发展同步，还具有独特的性质。

从广义上讲，法律是由国家制定或认可的，以权利义务为核心，由国家强制力保障实施的社会行为规范及其相关规范性文件的总称。狭义上的法律则指国家立法机关依据法定权限和程序制定发布的规范性文件，它对全体社会成员具有普遍约束力。在我国，全国人大及其常委会制定的，通常以"某某法"为名称的规范性法律文件（如《中华人民共和国刑法》《中华人民共和国刑事诉讼法》《中华人民共和国律师法》《中华人民共和国公证法》等）即狭义上的法律。无论是从广义还是狭义的角度来看，法律的概念都揭示了其与国家的关系，及其本质和特征。

我国法律的主要形式包括宪法、法律、行政法规、地方性法规、自治条例和单行条例、特别行政区的法律、规章，以及我国签订和加入的国际条约等。不同形式的规范性法律文件具有不同的效力等级和位阶，适用时具有不同的效力。

（二）法的本质与特征

1. 法的本质

（1）法是统治阶级意志的体现。

（2）法的内容是由统治阶级的物质生活条件决定的。

这个基本原理并不是人们的主观臆断，而是被实践所证明的客观真理。

2. 法的特征

法的特征是指法的本质的外在表现。法作为独特的社会规范，相较于其他社会规范，具有以下特点。

（1）法必须经国家制定或认可方能生成。

（2）法由国家强制力确保执行。

（3）法是明确公民权利与义务的行为规范。

（4）法具有普遍约束力。

（三）法律部门与法律体系

我国现行法律体系大体可以划分为宪法及宪法相关法、民商法、行政法、经济法、社会法、刑法、诉讼与非诉讼程序法等法律部门。法律部门是根据一定标准和原则所划定的同类法律规范的总称。

一个国家现行的法律规范分类组合为若干法律部门，由这些法律部门组成的具有内在联系的、互相协调的统一整体即为法律体系。法律体系是一个国家法律制度的基石，它体现了国家法治的完善程度和法治水平。我国现行法律体系大体可以分为以下几部分。

1. 宪法及宪法相关法

宪法是国家的根本大法，规定了国家的基本制度、国家机构的组织和职能，以及公民的基本权利和义务。宪法及宪法相关法主要包括宪法、国家机构组织法、选举法、地方组织法、民族区域自治法、特别行政区基本法等。这些法律为国家的政治稳定、社会发展和民族团结提供了有力的法制保障。

2. 民商法

民商法是调整民事和商事关系的法律规范，其中包括民法典、公司法、商标法、专利法等。民商法旨在保护民事主体的合法权益，维护社会经济秩序，促进市场经济的发展。民商法为我国公民、法人和其他组织之间的民事权益纠纷提供了法律依据和解决途径。

3. 行政法

行政法是规范国家行政机关与公民、法人及其他组织之间关系的法律规范，主要包括行政许可法、行政处罚法、行政复议法等。行政法旨在保障公民、法人及其他组织的合法权益，监督行政机关依法行使职权，促进法治政府的建设。

4. 经济法

经济法是调整国家经济生活中的经济关系和法律关系的法律规范，主要包括企业法、反垄断法、反不正当竞争法、税收法等。经济法旨在促进国民经济的发展，维护社会主义市场经济秩序，保障国家经济安全。

5. 社会法

社会法是调整国家社会保障和社会福利制度的法律规范，主要包括劳动法、劳动合同法、社会保险法、残疾人保障法等。社会法旨在保障公民的基本生活权益，构建和谐社会。

6. 刑法

刑法是规定国家刑事责任制度、犯罪行为及其处罚的法律规范，主要包括刑法、反间谍法、反电信网络诈骗法等。刑法旨在维护社会秩序，保护人民生命、财产和权益，实现国家的安全稳定。

7. 诉讼与非诉讼程序法

诉讼与非诉讼程序法是规定诉讼和非诉讼程序的法律规范，主要包括民事诉讼法、刑事诉讼法、仲裁法、调解法等。诉讼与非诉讼程序法旨在保障公民、法人及其他组织的合法权益，确保司法公正、高效、权威。

综上所述，我国现行法律体系是一个涵盖多个法律部门的有机整体，且各个法律部门之间相互关联、相互补充，共同构成了法律制度框架。在这个体系中，各个法律部门共同发挥着维护国家稳定、保障公民权益、促进社会发展和推动法治建设的重要作用。因此，全面了解和掌握我国的法律体系，对于提高全社会的法治意识和依法治国水平具有重要意义。

二、经济法的概念和调整对象

（一）经济法的概念和特征

1. 经济法的概念

经济法最早在资本主义国家产生，在我国则出现得较晚。经济法的概念有广义和狭义之分。广义的经济法是指调整经济关系的任何法律，而狭义经济法的调整对象是国家在对经济进行干预的过程所发生的关系。

在我国，经济法是国家从整体经济发展的角度，对具有社会公共性的经济活动进行干预、管理和调控的法律规范的总称。概括地说，经济法是调整国家宏观经济管理过程中所发生的社会关系的法律规范的总称。

2. 经济法的特征

经济法具有一般法律的基本特征，即国家的意志性、特殊的规范性和应有的强制性。经济法与其他法律部门相比较，又有自己的一些特点，具体表现在以下几个方面。

（1）综合性。经济法的综合性表明其不限于单一的范围，主要表现为三点。

①在调整手段上，经济法将各种法律调整手段有机地结合起来，对经济关系进行综合调整，这主要表现在经济法往往运用民事、行政、刑事、程序、专业及技术等手段作用于某一经济领域，以达到维护社会经济秩序的目的。

②在规范构成上，经济法既包括若干部门经济法，又包括法律、法令、条例、细则和办法等许多规范形式的经济法律规范；既包括实体法规范，又包括程序法规范；既包括强制性规范和任意性规范，又包括指导性规范和诱导性规范等。

③在调整范围上，经济法调整的内容既包括宏观经济领域的管理和调控关系，又包括微观经济领域的管理和协作关系，具体有工业、农业、商贸、财政、税收、金融、统计、审计、会计、海关、物价、环保、土地等。

（2）经济性。经济法直接作用于经济领域，具有经济目的性，故经济法的经济性是不言而喻的。经济法的经济性的重要表现是经济法往往把经济制度、经济活动的内容和要求直接规定为法律。此外，经济法反映了经济生活的基本经济规律，并服务于经济基础，受经济基础的决定和制约。任何经济法律规范都不是立法者主观意志的随意编造，而是取决于客观经济条件是否成熟和客观经济形势是否需要。另外，经济法调整的手段主要是经济手段，即以经济规律和经济现实为依据而确立的具有经济内容的手段，这与行政、刑事手段不同。

（3）行政主导性。经济法是国家管理、干预、从事经济活动并参与经济关系的产物，因此，经济法在调整经济关系的过程中直接体现了国家的特殊意志。作为国家特殊意志在法律上的反映，经济法重点体现了法的强制性、授权性、指导性，多以限制或禁止性规定来规范主体的作为或不作为，并以此来限制或者取缔某种经济活动和某种经济关系的发生或者存在，还常以奖励与惩罚并用的方法来规范主体的行为，使其符合社会经济利益的整体需要，从而达到促进与支持某种经济关系的建立和发展的目的，为处理经济纠纷提供相应的依据。

（4）政策性。经济法是国家自觉参与和调控经济的重要手段，因此，其重点在于实现一定经济体制和经济政策的要求,这就使经济法具有显著的政策性特征。这主要表现在经济法随时根据国家意志的需要赋予政策法的效力,且根据政策的变化而变化。经济法的执法和司法力度均受政策的影响。

(二) 经济法的调整对象

经济法的调整对象可以从以下两方面把握。

(1) 经济法调整的是经济关系,但不调整全部经济关系,只调整特定经济关系。

(2) 经济法调整的特定经济关系是国家在管理与协调经济活动过程中发生的经济关系,具体包括经济管理关系、维护公平竞争关系、经济组织内部经济关系。

三、经济法的地位和渊源

经济法在我国作为一个独立的"法律部门",具有重要的地位,发挥着不可替代的作用。这里的"法律部门"也称部门法,一般是根据一定标准和原则划定的调整同一类社会关系的法律规范的总称。划分法律部门的主要标准是法律所调整的不同社会关系,即法的调整对象,其次是法律的调整方法。

经济法的渊源是指经济法律规范借以存在和表现的形式。经济法的渊源有以下这些。

(一) 宪法

宪法是国家的根本大法,由全国人民代表大会制定,具有最高的法律效力,是经济法的基本渊源,是经济立法的基础。经济法以宪法为渊源,主要是从中汲取有关国家经济制度的精神和基本规范,如"国家实行社会主义市场经济。国家加强经济立法,完善宏观调控""国有企业在法律规定的范围内有权自主经营""中华人民共和国公民有依照法律纳税的义务"等。

(二) 法律

法律是由全国人民代表大会及其常务委员会制定的规范性文件,其地位和效力仅次于宪法,是经济法的主要渊源,它规定的多是基本经济关系。以法律形式表现的经济法律规范是经济法的主体和核心组成部分。经济法律包括《中华人民共和国证券法》(以下简称《证券法》)、《公司法》、《中华人民共和国保险法》(以下简称《保险法》)、《中华人民共和国个人独资企业法》(以下简称《个人独资企业法》)、《中华人民共和国合伙企业法》(以下简称《合伙企业法》)、《中华人民共和国企业破产法》(以下简称《企业破产法》)、《中华人民共和国注册会计师法》(以下简称《注册会计师法》)、《税收征收管理法》《中华人民共和国中国人民银行法》(以下简称《中国人民银行法》)、《中华人民共和国商业银行法》(以下简称《商业银行法》)、《中华人民共和国土地管理法》(以下简称《土地管理法》),等等。

(三) 法规

法规包括行政法规和地方性法规,其效力次于宪法和法律。行政法规是国务院为执行法律规定及履行宪法规定的行政管理职权的需要而制定的规范性文件。地方性法规是省、自治区、直辖市等的人民代表大会及其常务委员会根据本行政区域的具体情况和实际需要,在不同宪法、法律、行政法规相抵触的前提下制定的规范性文件。经济特区所在地的市人民代表大会及其常务委员会也可以根据全国人民代表大会的授权制定法规,并在经济特区范围内实施。经济法通常以法规的形式存在，而法规是经济法的重要渊源。典型的行政法规如《中华人民共和国主体市场登记管理条例》（以下简称《主体市场登记管理条例》）、《中华人民共和国反倾销条例》（以下简称《反倾销条例》）、《中华人民共和国反补贴条例》（以下简称《反补贴条例》）、《中华人民共和国外汇管理条例》（以下简称《外汇管理条例》），等等。

（四）规章

规章包括国务院部门规章和地方政府规章。国务院部门规章是指国务院各部、委员会、中国人民银行、审计署和具有行政管理职能的直属机构，根据法律和国务院的行政法规、决定、命令，在本部门的权限范围内制定的规章。地方政府规章是指省、自治区、直辖市和较大的市的人民政府根据法律、行政法规和本省、自治区、直辖市的地方性法规制定的规章。规章是法律、行政法规的补充，对正确适用和执行法律、行政法规具有重要意义。典型的国务院部门规章如财政部颁布的《会计从业资格管理办法》《代理记账管理办法》《行政单位国有资产管理暂行办法》、中国人民银行颁布的《贷款通则》《人民币银行结算账户管理办法》、证监会颁布的《证券公司管理办法》，等等。

典型的地方政府规章如内蒙古自治区人民政府颁布的《内蒙古自治区哲学社会科学奖评选和奖励办法》、北京市人民政府颁布的《北京市铁路沿线安全管理规定》、武汉市人民政府颁布的《武汉市不动产登记若干规定》，等等。

（五）民族自治地方的自治条例和单行条例

民族自治地方的自治条例和单行条例是指民族自治地方的人民代表大会依照当地民族的政治、经济和文化的特点，依法制定的自治条例和单行条例。民族自治地方的自治条例和单行条例可以依照当地民族的特点，对法律和行政法规的某些规定作出变通规定，但不得违背法律或者行政法规的基本原则，不得对宪法和民族区域自治法的规定以及其他有关法律、行政法规专门就民族自治地方所做的规定作出变通规定。民族自治地方的自治条例和单行条例也是经济法的渊源之一，主要适用于本民族自治地区。

（六）司法解释

司法解释是指最高人民法院在总结审判实践经验的基础上发布的指导性文件和法律解释。

（七）国际条约、协定

国际条约、协定是指我国作为国际法主体缔结或参加的国际条约、双边或多边协定及其他具有条约、协定性质的文件。国际条约、协定在我国生效后，对国家机关、公民、法人或者其他组织就具有法律上的约束力，因此，其也是经济法的渊源之一。

经济法的形式及制定单位如表1-1所示。

表1-1 经济法的形式及制定单位

形式	制定单位
宪法	全国人民代表大会制定
法律	全国人民代表大会及其常务委员会制定

续表

形式	制定单位
法规	行政法规由国务院制定；地方性法规由省、自治区、直辖市和省、自治区、直辖市人民政府所在市及所在政府批准的较大市的人大及其常委会制定
规章	国务院部门规章由国务院部委及其直属机构制定；地方政府规章是指省、自治区、直辖市和较大的市的人民政府根据法律、行政法规和本省、自治区、直辖市的地方性法规制定的规章
民族自治地方的自治条例和单行条例	民族自治地方的人民代表大会依照当地民族的政治、经济和文化的特点，依法制定自治条例和单行条例
司法解释	最高人民法院和最高人民检察院制定
国际条约、协定	通常由大多数或多数国家参与制定

四、经济法律关系

法律关系是法律规范在调整人们的行为过程中所形成的一种特殊的社会关系，即法律上的权利与义务关系，因而也受国家强制力的保障。

经济法律关系是法律关系的一种。例如，A与B两个公司订立买卖合同，双方形成合同关系，该合同关系就是经济法律关系，这种关系界定了合同双方当事人各自的权利和义务。

法律关系是由法律关系的主体、法律关系的内容和法律关系的客体3个要素构成的。能够参与法律关系的主体包括公民（自然人）、机构、组织、国家。法律关系的主体资格包括权利能力和行为能力两个方面。法律关系主体所享有的权利和承担的义务构成法律关系的内容。法律关系主体的权利和义务所指向的对象是法律关系的客体，包括物、非物质财富和行为3类。

法律关系既是法对社会生活进行规制和调整的结果，也是法律人用来分析各种法律问题的重要工具。在司法实践中，法律职业者在思考和处理法律问题时，通常要按照法律的逻辑和方法区分出各种法律关系，分析每种法律关系所应适用的法律规范，确定法律关系的主体和客体，明晰法律关系主体的权利、义务或责任。任何一种经济法律关系都是由主体、内容和客体这3个基本要素组成。

（一）经济法律关系的主体

经济法律关系的主体是指参加经济法律关系、拥有权利和义务的当事人。在经济法律关系主体中，法律关系当事人在许多情况下既享有经济权利，又承担经济义务。在我国，根据各种法律的规定，能够参与经济法律关系的主体包括以下几类。

（1）自然人。这里的自然人既包括我国公民，也包括居住在我国境内或在境内活动的外国公民和无国籍人。

自然人的权利能力是指自然人享有民事权利和承担民事义务的作为民事主体的地位或者资格。自然人的民事权利能力一般始于出生，终于死亡。《民法典》中规定，涉及遗产继承、接受赠与等胎儿利益保护的，胎儿视为具有民事权利能力。但是，胎儿娩出时为死体的，其民事权利能力自始不存在。

行为能力是指法律关系主体能够通过自己的行为实际取得权利和履行义务的能力。自然人的行为能力是公民的意识能力在法律上的反映，其标准有两个：一是能否认识自己行为的性质、意义和后果；二是能否控制自己的行为，并对自己的行为负责。自然人的行为能力问题是由法律予以规定的。

根据《民法典》的规定，自然人分为完全民事行为能力人、限制民事行为能力人和无民事行为能力人3种。

①完全民事行为能力人。其包括年满18周岁心智健全者及年满16周岁未满18周岁的未成年人，以自己的劳动收入为主要生活来源的，视为完全民事行为能力人。完全民事行为能力人要对所实施的行为负责，他人无须为其承担责任。

②限制民事行为能力人。其包括已满8周岁未满18周岁的未成年人和不能完全辨认自己行为的成年人。限制民事行为能力人所实施的纯获利益行为，与其年龄、智力、精神健康状况相适应的民事法律行为有效；超出民事行为能力范围而实施的合同行为是效力待定行为（其监护人追认的有效，否则无效）；超出行为能力范围而实施的单方民事法律行为为无效行为。

③无民事行为能力人。其包括不满8周岁的未成年人及完全不能辨认自己行为的精神病人。除纯获益行为外，无民事行为能力人所实施的行为均不发生法律效力。

（2）法人和非法人组织。法人是具有民事权利能力和民事行为能力，依法独立享有民事权利和承担民事义务的组织。《民法典》规定，我国法人包括营利法人、非营利法人和特别法人，其中营利法人是以取得利润并分配给股东等出资人为目的成立的法人，包括有限责任公司、股份有限公司和其他企业法人等；非营利法人是为公益目的或其他非营利目的成立，不向出资人、设立人或者会员分配所取得利润的法人，包括事业单位、社会团体、基金会、社会服务机构等；特别法人包括特定的机关法人、农村集体经济组织法人城镇农村的合作经济组织法人、基层群众性自治组织法人。非法人组织是不具有法人资格，但是能够依法以自己的名义从事民事活动的组织，包括个人独资企业、合伙企业、不具有法人资格的专业服务机构等。

法人的权利能力和行为能力同时产生，同时消灭。自法人成立时产生，至法人解体时消灭，其范围是由法人成立的宗旨和业务范围决定的。

（3）国家。在特殊情况下，国家可以作为一个整体成为法律关系的主体。在国际法中，国家可以成为外贸关系中的债权人和债务人；在国内法中，国家可以直接以自己的名义参与国内法律关系（如发行国库券）。当然，在大多数情况下，由国家机关或者其授权的组织作为代表参与法律关系。

（二）经济法律关系的内容

经济法律关系的内容是经济法律关系的核心，包括经济权利和经济义务。

1. 经济权利

经济权利作为经济法主体在国家经济协调运作过程中的法定资格，其意义涵盖了多个层面。

首先，经济法主体在法定权限内，根据自身的利益需求，有权按照自身意愿进行特定的经济行为。这意味着主体有权选择进行或不进行某些行为。

其次，经济法主体还拥有依法要求其他负有义务的主体进行或不进行特定行为的权利，以保障自身的经济利益。

再次，当经济法主体因他人的行为而面临权益无法实现或受到侵害的情况时，有权依法向国家相关机关请求保护。

最后，经济权利的核心在于满足主体的经济利益，这既包括通过行使经济权利来实现国家利益、社会利益，也包括实现个人利益。经济利益是经济权利的实质，而经济权利则是法律对经济利益的一种保障和体现。当法律赋予经济法主体经济权利时，这些主体便获得了行为上的自由，可以按照自己的意愿支配自己的行为，从而实现自身利益。

2. 经济义务

经济义务作为与经济权利相互依存的概念，是经济法主体在追求特定权利实现的过程中所必须遵循的法律规定，表现为实施或不实施某种经济行为的责任。经济义务代表了法律对经济法主体行为的必要限制与约束，这种限制和约束是确保权利主体经济权利得以实现、经济利益得以满足的关键。经济义务的概念包含以下3个层面的含义。

首先，义务人必须根据法律规定，采取或不采取特定行动，其目的在于确保对方权利的顺利实现或不受影响。这意味着经济义务不仅是个人或组织的自由选择，更是法律框架下的责任与义务。

其次，经济义务是有限的，而非无限制的。负有义务的主体仅需要在法律划定的范围内行动，超出这一范围的行为将不受经济法的约束，这体现了法律对主体自由的合理保护。

最后，经济义务主体应自觉履行其经济义务。若其未能依法履行义务，将承担相应的法律责任，并可能受到法律制裁。这强调了经济义务的法律效力和严肃性。

经济权利与经济义务既相互对立，又相辅相成。它们是完成特定经济任务、实现特定经济利益的必要条件，共同构成了经济法律关系的两个不可分割的方面。没有经济权利，经济义务便失去了存在的基础；同样，若没有经济义务，经济权利也无法得到全面保障和实现。因此，在经济法律关系中，经济权利和经济义务是相互依存、相互制约的。

（三）经济法律关系客体

（1）物：必须是以物质形态表现、具有一定的经济价值、能被人利用控制、不是限制或禁止流通物。

（2）经济行为：包括经济管理行为、提供劳务的行为和完成工作的行为，如经济决策行为、经济命令行为、审查批准行为、监督检查行为。

（3）智力成果：专利权、专有技术、著作权等。

经济权利原本属于经济法律关系的内容，但它在特定情况下也可以成为经济法律关系的客体。例如，土地使用权在土地出让和转让的经济法律关系中，就构成经济法律关系的客体。

> **课堂讨论**
>
> 两家公司（A与B）订立了一份关于月饼包装盒的买卖合同。根据合同条款的规定，A公司承诺向B公司供应10 000箱包装盒，B公司则按照约定向A公司支付100万元货款。此外，双方还就其他相关事项达成了共识。
>
> 问题：在A、B两公司之间的经济法律关系中，主体和内容各是什么？

（四）经济法律关系的产生、变更与终止

经济法律规范本身并不一定能在经济法主体间形成权利与义务关系，只有当一定的经济法律事实出现后，经济法律关系才能以经济法律规范为依据产生、变更和消灭。由此可知，经济法律关系的产生、变更和消灭需要具备以下3个条件。

1. 经济法律规范

经济法律规范是指经济法律关系产生、变更和消灭的法律依据。

2. 经济法律主体

经济法律主体是指权利和义务的实际享有和承担者。

3. 经济法律事实

有法律关系就必须有法律事实。法律关系的出现，离不开特定的法律事实。经济法律事实是指由经济法律规范所规定的，能够引起经济法律关系产生、变更和消灭的客观情况。经济法律事实是客观事实的一部分，那些不为法律规范所规定、不能引起任何法律后果的客观事实不是经济法律事实。

依据法律事实的发生与当事人意志有无关系，经济法律事实通常分为两类。

（1）事件。事件是指不依当事人的主观意志为转移的，能引起经济法律关系产生、变更和消灭的客观事实，它包括自然现象和社会现象两种。自然现象又称绝对事件，如台风、地震等自然灾害。社会现象又称相对事件，虽然与人相关，但是其出现在特定的经济法律关系中，并不能被当事人所掌控，如战争、罢工等导致合同延期履行等。

> **课堂讨论**
>
> A公司与B超市订立了一份水果买卖合同，合同约定A公司向B超市供应一批新鲜水果。在合同履行过程中，A公司所在地突发地震，A公司无法按时送货，导致合同不能如期履行。因此，B超市解除了双方的买卖合同。
>
> 问题：根据事实，说明引起双方经济法律关系终止的法律事实是什么。

（2）行为。行为是以经济法主体的主观意志为转移的，能够引起法律关系产生、变更和消灭的人们有意识的活动。根据不同的标准，可以将行为分为合法行为和违法行为两种。

有些经济法律关系的产生、变更和消灭只需要一个法律事实出现即可成立，而有些经济法律关系的产生、变更或消灭则需要同时具备两个以上的法律事实才能成立。引起某一经济法律关系产生、变更或消灭的数个法律事实的总和称为事实构成。如保险赔偿关系的发生，需要订立保险合同和发生保险事故两个法律事实出现才能成立。

> **课堂讨论**
>
> A公司的业务员李立主要从事陕西苹果的销售业务。以前，他都与可靠的供货商合作，顺利地将品质上乘的陕西苹果带到市场上。然而，情况发生变化，陕西地区遭遇了大旱，导致苹果的产量严重下滑。李立的供货商在无奈之下，只能通知他无法如约发货。

> 面对这一突发情况,李立并未放弃,而是迅速行动起来,寻找新的货源。他找到了陕西的果贩张某,希望对方能尽快为他提供苹果。李立和张某在此之前已经订立了合同,并且预付了货款。
>
> 问题:李立和张某之间的经济法律关系是否成立?如果成立,这个关系的成立是基于法律事件还是法律行为?为什么?

第二节　民事法律行为

一、民事法律行为的概念和特征

《民法典》第133条规定:"民事法律行为是民事主体通过意思表示设立、变更、终止民事法律关系的行为。"

作为一种以意思表示为核心要素的表示行为,民事法律行为具有以下特征。

(一) 民事法律行为以意思表示为要素

民事法律行为指的是当事人出于一定民事法律后果的目的所实施的行为。此目的仅为行为人内在意愿或意思,需要经行为人明确表达才能为他人所理解。此种内在意思的对外展现方式称为意思表示。简而言之,意思表示是指行为人通过某种方式,将其进行民事法律行为并期望达到某种民事法律后果的内在意愿展现于外的行为。意思表示在民事法律行为中占据核心地位,若无意思表示,则无法构成民事法律行为。这一点也是民事法律行为区别于非表意行为(如事实行为)等的重要特征。

(二) 民事法律行为是民事法律事实的一种

民事法律行为是塑造民事法律关系的基石。民事法律行为作为人类行为的一种特殊形式,承载着塑造和调整民事法律关系的重要使命。它不仅是民事法律事实的核心组成部分,更是引起民事法律关系变动的关键因素。

(三) 民事法律行为是以发生一定民事法律后果为目的的行为

民事法律行为特指由民事主体所实施的行为,它既与行政行为有所区别,又与刑事行为不同。民事法律行为的核心目的在于产生特定的民事法律后果,从而与事实行为形成鲜明对比。因此,只有民事主体出于产生特定民事法律后果(如设立、变更或终止民事法律关系)的目的所实施的行为才能被认定为民事法律行为。

二、民事法律行为的分类

民事法律行为可根据不同的标准分类,各类行为在法律上各具意义。

(一) 单方法律行为和多方法律行为

单方法律行为指仅凭一方当事人的意思表示即可成立的法律行为。在此过程中,不用征得他方当事人的同意,该行为即可产生法律效力。例如,订立遗嘱、放弃继承权、撤销委托代理、免除债务等行为均属于单方民事法律行为的范畴。

相对而言，多方法律行为则要求两个或两个以上的当事人意思表示一致方能成立。在此类法律行为中，不仅每位当事人需独立进行意思表示，而且这些意思表示必须相互一致。合同行为等就是多方民事法律行为的典型例子。

（二）有偿法律行为和无偿法律行为

有偿法律行为，指的是在民事法律关系中，当事人之间通过相互支付一定代价（包括金钱、财产或劳务等形式）来达成某种协议或交易的行为。无偿法律行为指在一方当事人承担支付一定代价的义务时，另一方当事人并不承担相应给付义务的民事法律行为。这两种行为方式在民事法律关系中均占有重要地位，对于维护社会公平正义、促进经济发展具有重要意义。

（三）要式法律行为和不要式法律行为

民事法律行为可划分为要式与不要式两类。要式法律行为指依法必须遵循特定形式或程序才能成立的民事法律行为。不要式法律行为指法律未规定特定形式要求，当事人可依据自由意志选择适当形式以完成民事法律行为的成立。两者之分凸显了法律对民事法律行为形式要求的差异。

（四）诺成法律行为和实践法律行为

诺成法律行为指仅以意思表示为成立要件的法律行为。大多数民事法律行为，买卖、租赁等均是诺成行为。

实践法律行为又称要物行为，是指除意思表示外，还必须交付标的物才成立的法律行为，如民间保管、自然人之间的借贷等行为。

（五）主法律行为和从法律行为

主法律行为指的是那些能够独立成立，不用依赖其他法律行为的民事法律行为。从法律行为指基于其他法律行为的存在才得以成立的民事法律行为，其法律效力紧密依赖主法律行为，具体表现为：一旦主法律行为不成立，从法律行为也无法成立；若主法律行为无效，则从法律行为也无法生效。应注意的是，主法律行为的完成并不直接导致从法律行为效力的消失。

在民事法律行为的分类中，除了上述的划分方式，还包括双务法律行为与单务法律行为、独立法律行为与辅助法律行为等不同的分类标准。

三、民事法律行为的成立和生效

（一）民事法律行为的成立

《民法典》第134条规定："民事法律行为可以基于双方或者多方的意思表示一致成立，也可以基于单方的意思表示成立。法人、非法人组织依照法律或者章程规定的议事方式和表决程序作出决议的，该决议行为成立。"

《民法典》第136条规定："民事法律行为自成立时生效，但是法律另有规定或者当事人另有约定的除外。行为人非依法律规定或者未经对方同意，不得擅自变更或者解除民事法律行为。"

具备民事法律行为的构成要素，民事法律行为方可成立。民事法律行为的成立仅解决民事法律行为是否存在这一事实认定。民事法律行为的一般成立要件如下。

（1）行为人，即进行特定民事法律行为的民事主体，不同的民事法律行为对行为人的要求并不一致。

（2）意思表示，即表意人将其期望发生某种法律效果的内心意思以一定方式表现于外部的行为。不同的民事法律行为对意思表示的要求并不相同。

（3）标的，即意思表示的内容，是行为人实施民事法律行为欲达到的效果。没有标的，也就无意思表示的内容，民事法律行为也就不能成立。

在实践中，特定的民事法律行为需要满足独特的条件方可成立。这些成立条件的必要性取决于民事法律行为的性质。例如，要式行为作为一种特殊的民事法律行为，其成立的关键在于必须满足特定的形式要求。如果民事法律行为未能遵循这些特定形式，那么该行为将不能有效成立。

（二）民事法律行为的生效

《民法典》第143条规定："具备下列条件的民事法律行为有效：

（一）行为人具有相应的民事行为能力；

（二）意思表示真实；

（三）不违反法律、行政法规的强制性规定，不违背公序良俗。"

民事法律行为之生效，是指已成立的民事法律行为因符合法定有效要件，从而获得法律所承认的效力。民事法律行为的成立与生效是两个独立概念，需要明确区分。成立为生效之先决条件，已成立的民事法律行为是否能产生法律效力，要视其是否符合法律所规定的相关条件。只有满足一定有效要件的民事法律行为，才能生效并达到预期法律效果。这些有效要件既包括实质有效要件，也包括形式有效要件。

1. 民事法律行为的实质有效要件

（1）行为人具有相应的民事行为能力。民事法律行为的行为人必须具有预见其行为性质和后果的相应的民事行为能力。就自然人而言，完全民事行为能力人能以自己的行为取得民事权利，履行民事义务；限制民事行为能力人只能从事与其年龄、智力和精神健康状况相当的民事法律行为，其他民事法律行为由其法定代理人代理，或者征得法定代理人同意下实施；无民事行为能力人不能独立实施民事法律行为，必须由其法定代理人代理。无民事行为能力人、限制民事行为能力人实施接受奖励、赠与、报酬等纯获益的民事法律行为时，他人不得以行为人无民事行为能力、限制民事行为能力为由，主张以上行为无效。

法人的民事行为能力是由法人核准登记的经营范围决定的，但从维护相对人的利益和促进交易的角度出发，原则上认定法人超越经营范围从事的民事法律行为有效。以上结论基于《民法典》第505条的规定："当事人超越经营范围订立的合同的效力，应当依照本法第一编第六章第三节和本编的有关规定确定，不得仅以超越经营范围确认合同无效。"

（2）意思表示真实。意思表示的真实性，指的是行为人在自觉、自愿的基础上，基于自身利益所作出的意思表示，且其内在意思与外部表示相一致。只有当意思表示真实时，民事法律行为才能产生法律效力。若当事人的意思与其表示不一致，或其意思非出于自愿，则该意思表示即被视为不真实。具体而言，意思与表示不一致，是指当事人希望达成的法律效力与其外部表示的意思不相符，如虚假或存在重大误解的意思表示。而意思表示不自由，则是指行为人的意思表示并非基于自愿，而是受到不正当干预，如受欺诈或胁迫的意思表示。对于意思表示不真实的民事法律行为，有权撤销或宣告其无效。

（3）不违反法律、行政法规的强制性规定，不违背公序良俗。不违反法律、行政法规的强制性规定是指任何意思表示的内容，均不得与法律所规定的强制性或禁止性规范相冲突，也不得滥用法律的授权性或任意性规定，以规避前述的强制性或禁止性规范。不违背公序良俗是指任何法律行为在目的和效果上，均不得损害社会经济秩序、社会公共秩序及社会公德，也不得损害国家及各类社会组织和个人的合法权益。这是维护社会公平正义、保障法律权威和效力的必然要求。

2. 民事法律行为的形式有效要件

《民法典》第135条规定："民事法律行为可以采用书面形式、口头形式或者其他形式；法律、行政法规规定或者当事人约定采用特定形式的，应当采用特定形式。"

所谓其他形式，是指以书面和口头形式以外的行为方式缔约的形式，其主要指当事人不是通过语言或者文字的方式作出意思表示，而是通过一定的行为作出意思表示，包括当事人的积极行为和消极行为。积极行为是通过当事人的行为推定民事法律行为成立。例如，《民法典》第490条规定："法律、行政法规规定或者当事人约定合同应当采用书面形式订立，当事人未采用书面形式但一方已经履行主要义务，对方接受时，该合同成立。"消极行为范围也很广。例如，《民法典》第685条规定："第三人单方以书面形式向债权人作出保证，债权人接收且未提出异议的，保证合同成立。"这里规定的"未提出异议"即为消极行为。对于以消极行为作为民事法律行为的形式的，应当有法律的明确规定。否则，在没有书面形式、口头形式，也没有积极行为时认定法律行为成立，既与现实生活不符，也与法律规定的精神相悖。

如果行为人进行某项特定的民事法律行为时未能采用法律规定的特定形式的，则不能产生法律效力。

四、无效的民事法律行为

（一）无效的民事法律行为的概念

无效的民事法律行为是指欠缺民事法律行为的有效要件，行为人设立、变更和终止权利义务的内容不发生法律效力的行为。

（二）无效的民事法律行为的种类

根据《民法典》的规定，无效的民事法律行为的种类主要有以下几种。

1. 无民事行为能力人实施的民事法律行为

《民法典》第144条规定："无民事行为能力人实施的民事法律行为无效。"但关于无民事行为能力人纯获利益的民事法律行为，如接受赠与的行为，则不应认定为无效。

2. 限制民事行为能力人不能独立实施的单方行为

《民法典》第145条规定："限制民事行为能力人实施的纯获利益的民事法律行为或者与其年龄、智力、精神健康状况相适应的民事法律行为有效；实施的其他民事法律行为经法定代理人同意或者追认后有效。"

相对人可以催告法定代理人自收到通知之日起，在三十日内予以追认。法定代理人未作出表示的，则视为拒绝追认。民事法律行为被追认前，善意相对人有撤销的权利。撤销应当以通知的方式作出。

限制民事行为能力人实施的其不能独立实施的民事法律行为，应属于行为人不具有相应民事行为能力的行为，至于双方行为，即使限制民事行为能力人不能独立实施，也可经其法定代理人的追认而有效，因此只有限制民事行为能力人实施的其依法不能独立实施的单方行为，才为无效民事法律行为。例如，限制民事行为能力人订立遗嘱的行为，就是无效民事法律行为。

3. 虚假的民事法律行为

《民法典》第146条规定："行为人与相对人以虚假的意思表示实施的民事法律行为无效。以虚假的意思表示隐藏的民事法律行为的效力，依照有关法律规定处理。"

当事人双方以虚假的意思表示实施民事法律行为，尽管双方存在着合意，但因该虚假的意思表示与表意人的内心意思不符，即当事人并不存在效果意思，因此虚假的民事法律行为是无效民事法律行为。但是，虚假的意思表示里往往隐藏着真实的意思表示，被隐藏的民事法律行为是否有效，应依该民事法律行为是否符合有效条件加以认定。

4. 恶意串通的民事法律行为

《民法典》第154条规定："行为人与相对人恶意串通，损害他人合法权益的民事法律行为无效。"

恶意串通的民事法律行为，是指当事人双方明知而故意共同策划实施，旨在损害他人合法权益的行为。尽管此行为是当事人双方真实意愿体现，但是因其以侵害他人合法权益为宗旨，故应认定为无效民事法律行为。在此类行为中，当事人双方必须共同具备故意的心态，且其合谋结果必须导致他人合法权益受到损害。

5. 违反法律、行政法规的强制性规定或违背公序良俗的民事法律行为

《民法典》第153条规定："违反法律、行政法规的强制性规定的民事法律行为无效，但是该强制性规定不导致该民事法律行为无效的除外。违背公序良俗的民事法律行为无效。"

民事法律行为必须遵守法律、行政法规的强制性规定，这是确保其有效性的关键条件之一。民事主体在参与民事活动时必须遵循公序良俗这一基本原则。若民事法律行为违背公序良俗，就可能损害社会公共利益。例如，某在校女大学生通过某网络借款平台与某放贷人达成协议，以提供裸照作为借款条件，并在违约情况下，放贷人通过公开裸照及与借款人父母联系的方式进行催款。此种行为明显违背了公序良俗，因此该协议应被视为无效。

（三）无效法律行为的后果

民事法律行为若被判定为无效或确定不产生效力，则行为人原先预期的法律效果将无法实现。然而，这并不意味着不产生任何法律后果。即便行为未能达到预期的法律效果，仍然可能引发其他相关的法律后果或责任。因此，民事法律行为的无效或无效力并不等同于没有任何法律影响。

《民法典》第157条规定："民事法律行为无效、被撤销或者确定不发生效力后，行为人因该行为取得的财产，应当予以返还；不能返还或者没有必要返还的，应当折价补偿。

有过错的一方应当赔偿对方由此所受到的损失；各方都有过错的，应当各自承担相应的责任。法律另有规定的，依照其规定。"

五、可撤销的民事法律行为

（一）可撤销的民事法律行为的含义及特征

可撤销的民事法律行为，是指因意思表示存在瑕疵，当事人得以向人民法院或仲裁机构提出申请，请求撤销的民事法律行为，其特点如下。

1. 意思表示存在瑕疵

从民事法律行为的生效要件来看，尽管可撤销的民事法律行为在形式上满足了民事法律行为的生效条件，但实际上缺乏意思表示真实性这一至关重要的生效要件。

2. 具有可撤销性

自成立之时起，可撤销的民事法律行为即具有法律效力，然而，由于意思表示的不真实性，当事人有权选择撤销该行为。一旦民事法律行为被撤销，则该行为自始无效。

3. 撤销权仅限于当事人

在可撤销的民事法律行为中，只有享有撤销权的当事人方有权主张撤销该行为并使之无效。若当事人未提出撤销请求，人民法院或仲裁机构不得主动确认该行为无效。

（二）可撤销的民事法律行为的类型

1. 重大误解的民事法律行为

《民法典》第147条规定："基于重大误解实施的民事法律行为，行为人有权请求人民法院或者仲裁机构予以撤销。"

重大误解的民事法律行为是指行为人因对行为性质、对方当事人、标的物品种、质量、规格和数量等认识错误，导致行为与意思不一致，并造成较大损失的民事法律行为。重大误解是指一般人若知道该错误就不会实施该行为，且实施该行为会给当事人造成重大损失。若仅为一般误解，未造成较大损失，则不属于重大误解的民事法律行为。

2. 受欺诈的民事法律行为

依照《民法典》的规定，受欺诈的民事法律行为包括两种情形。

《民法典》第148条规定："一方以欺诈手段，使对方在违背真实意思的情况下实施的民事法律行为，受欺诈方有权请求人民法院或者仲裁机构予以撤销。"

《民法典》第149条规定："第三人实施欺诈行为，使一方在违背真实意思的情况下实施的民事法律行为，对方知道或者应当知道该欺诈行为的，受欺诈方有权请求人民法院或者仲裁机构予以撤销。"

欺诈，是指行为人有意为之，通过散布不实信息或掩盖事实真相来误导他人产生错误认知，进而诱使其作出违背个人真实意愿的民事行为。在此过程中，受骗者由于受到欺骗而产生误解，并基于这种误解与欺诈者做出了并非出于其本意的民事行为。

3. 受胁迫的民事法律行为

《民法典》第150条规定："一方或者第三人以胁迫手段，使对方在违背真实意思的情况下实施的民事法律行为，受胁迫方有权请求人民法院或者仲裁机构予以撤销。"

胁迫是行为人通过威胁表意人或其亲友的身体、生命、健康、自由、名誉、财产等，使表意人感到恐惧，从而作出不符合真实意愿的表示。在受胁迫的民事法律行为中，表意人因恐惧而作出违背真实意愿的表示，并与胁迫人实施民事法律行为。

4. 显失公平的民事法律行为

《民法典》第 151 条规定："一方利用对方处于危困状态、缺乏判断能力等情形，致使民事法律行为成立时显失公平的，受损害方有权请求人民法院或者仲裁机构予以撤销。"

显失公平的民事法律行为是指一方在紧急或缺乏经验的情况下，作出明显对自己不利的行为。这种行为导致当事人双方权利、义务不对等，且违反法律和交易习惯。只有当社会公众和实施行为时的当事人都认为不公平时，才可认定为不公平。

(三) 可撤销的民事法律行为的撤销

1. 撤销权的行使

可撤销的民事法律行为实施后，受损方享有撤销权。撤销权属于形成权，行使时不需要对方同意。当事人应在规定期间内行使撤销权，否则该权利将消灭。撤销权的行使期间为除斥期间。

《民法典》第 152 条规定："有下列情形之一的，撤销权消灭：

(一) 当事人自知道或者应当知道撤销事由之日起一年内、重大误解的当事人自知道或者应当知道撤销事由之日起九十日内没有行使撤销权；

(二) 当事人受胁迫，自胁迫行为终止之日起一年内没有行使撤销权；

(三) 当事人知道撤销事由后明确表示或者以自己的行为表明放弃撤销权。"

当事人自民事法律行为发生之日起五年内没有行使撤销权的，撤销权消灭。

2. 可撤销的民事法律行为被撤销的后果

可撤销的民事法律行为经当事人行使撤销权而被撤销的，则该行为自成立时起归于无效，发生与无效民事法律行为相同的法律后果。

六、效力待定的民事法律行为

(一) 效力待定的民事法律行为的含义和特征

效力待定的民事法律行为是指虽已成立的民事法律行为，但生效与否尚不确定，需要特定当事人行为才能确定其效力的行为，其特征如下。

(1) 效力不确定。成立后效力不明确，因缺乏生效条件而不能立即生效，但并非无效，状态处于不确定中。

(2) 可补正生效。虽缺乏生效条件，但这种缺陷非实质性，可通过一定事实补正而生效。一旦补正，即成为有效民事法律行为。

(3) 事实补正。所欠缺事项不能由行为人自行补正，只能由他人行为补正。

(二) 效力待定的民事法律行为的类型

《民法典》第 145 条、第 168 条和第 171 条规定了效力待定的民事法律行为。效力待定的民事法律行为主要有 3 种类型。

(1) 限制民事行为能力人依法不能独立实施的民事法律行为。

(2) 自己代理和双方代理的行为。
(3) 无权代理人实施的民事法律行为。

七、附条件和附期限的民事法律行为

（一）附条件的民事法律行为

《民法典》第158条规定："民事法律行为可以附条件，但是根据其性质不得附条件的除外。附生效条件的民事法律行为，自条件成就时生效。附解除条件的民事法律行为，自条件成就时失效。"

《民法典》第159条规定："附条件的民事法律行为，当事人为自己的利益不正当地阻止条件成就的，视为条件已经成就；不正当地促成条件成就的，视为条件不成就。"

所谓附条件的民事法律行为，是指当事人在法律行为中特别规定一定的条件，以条件的是否成就来作为民事法律行为效力的发生或终止的根据。

民事法律行为中所附的条件可以是事件，也可以是行为，但必须具备以下条件。
（1）是将来发生的事实，过去的事实不能作为条件。
（2）是将来不确定的事实，即条件是否必然发生，当事人不能肯定。
（3）条件应是双方当事人约定的，而非法定的事实。
（4）条件必须合法，不得以违法或违背道德的事实作为所附条件。
（5）条件是对效力的限制，所限制的是法律行为效力的发生或消灭，而不涉及法律行为的内容，即不与行为的内容相矛盾。

（二）附期限的民事法律行为

《民法典》第160条规定："民事法律行为可以附期限，但是根据其性质不得附期限的除外。附生效期限的民事法律行为，自期限届至时生效。附终止期限的民事法律行为，自期限届满时失效。"

在民事法律行为中，期限是指规定某一特定时间点或时间段，并以此作为民事法律行为生效或终止的依据。期限是一种确定会发生的事实，这是其与条件的主要区别。在民事法律行为中，所附期限可以是具体的明确的，如具体的年、月、日，也可以是相对模糊的，如"某人去世之日"或"果实成熟之时"等。

第三节　代理制度

一、代理的概念和特征

（一）代理的概念

例如，西宁的小李夫妻想在成都买一套房，但他们工作繁忙，没时间订立合同、办理房屋抵押贷款，也没时间收房、装修，应该怎么办呢？于是，他们到公证处咨询。公证员告诉他们，可以委托亲朋好友代理他们在成都办理这些事宜，只需要在授权委托书上盖相关公证就行了。

那么，什么是代理呢？生活实践中，代理又称为委托，也叫委托代理。

代理是指代理人在代理权限内，以被代理人的名义与第三人实施民事法律行为，由此产生的法律后果直接由被代理人承担的一种法律制度。代理关系的主体包括代理人、被代理人（或称本人）和第三人（或称相对人）。

（二）代理的特征

代理具有以下特征。

（1）代理人以被代理人的名义实施民事法律行为。

（2）代理适用于民事主体之间设立、变更和终止权利义务的法律行为。

（3）代理人在代理权限内"独立地"向第三人进行意思表示，传递信息、居间行为均不属于代理行为。

（4）代理行为的法律后果直接归属于被代理人。例如，李某受王某的委托，以王某的名义与张某订立买卖合同，这里存在三方当事人，即代理人李某，被代理人王某，还有第三人张某。王某把与第三人张某订立买卖合同的代理权授予李某；而后李某以被代理人王某的名义与张某的民事法律行为（即买卖合同的订立行为）的法律后果直接归于被代理人王某。这使代理行为与无效代理行为、冒名欺诈等行为区别开来。

知识加油站

代理与相关概念

1. 委托与代理

委托又称委任，指依双方当事人的约定，由一方为他方处理事务的民事法律行为。委托与代理的区别如表 1-2 所示。

表 1-2 委托与代理的区别

区别	委托	代理
行使权利的名义不同	在委托中，受托人既可以以委托人名义活动，也可以以自己的名义活动	代理是代理人在代理权限内以被代理人名义进行民事活动，其法律效果直接对被代理人发生效力
从事的事务不同	委托不要求以"意思表示"为要素，因此委托从事的可以是纯粹的事务性行为，如整理资料、打扫卫生等	代理涉及的行为以意思表示为要素，故代理的事务一定是民事法律行为
当事人不同	委托则属于双方当事人之间的关系，即委托人和受托人	代理涉及三方当事人，即被代理人、代理人、第三人

当然，代理和委托也存在一定的联系。例如，在委托代理中，委托人（被代理人）与受托人（代理人）之间的法律关系按照委托处理，性质上属于双方民事法律行为，委托人、受托人及相对人三方当事人之间的法律关系按照代理处理。

2. 代表与代理

法人组织一定有法定代表人，法定代表人从事的行为属于代表行为。代表与代理有如下区别。

（1）代表人是法人机关，代表人与法人同属一个民事主体；代理人与被代理人是两个民事主体间的关系，是两个独立的民事主体。

(2) 代表人实施民事法律行为就是法人实施民事法律行为，因此不存在效力归属问题；代理人从事的民事法律行为不是被代理人的民事法律行为，只是其效力归属于被代理人。

3. 行纪与代理

行纪指经纪人受他人委托以自己的名义从事商业活动的行为。行纪与代理的区别如下。

（1）行纪是以行纪人自己的名义实施民事法律行为；代理是以被代理人的名义实施民事法律行为。

（2）行纪的法律效果先由行纪人承受，再通过其他法律关系（如委托合同）转给委托人；代理的法律效果直接归属被代理人享有。

（3）行纪必然为有偿民事法律行为；代理既可为有偿行为，也可为无偿行为。

4. 传达与代理

传达是将当事人的意思表示忠实地转述给对方当事人的事实行为。传达与代理之间有如下区别。

（1）传达的任务是忠实传递委托人的意思表示，传达人自己不进行意思表示。代理关系中代理人是独立向第三人进行意思表示，以代理人自己的意志决定意思表示的内容。

（2）传达人是忠实传递委托人的意思表示，不以具有民事行为能力为条件；代理人要与第三人为意思表示，故要求代理人具有相应的民事行为能力。

（3）身份行为可以借助传达人传递意思表示；身份行为必须由本人亲自实施，不可以代理。

二、代理的适用范围

根据《民法典》第161条，民事主体可以通过代理人实施民事法律行为。依照法律规定、当事人约定或者民事法律行为的性质，应当由本人亲自实施的民事法律行为，不得代理。根据《民法典》第162条，代理人在代理权限内，以被代理人名义实施的民事法律行为，对被代理人发生效力。

代理适用于民事主体之间设立、变更和终止权利义务的法律行为。依照法律规定或按照双方当事人约定，应当由本人实施的民事法律行为，如申请行为、申报行为、诉讼行为。例如，甲、乙、丙、丁成立一个公司，公司在办理工商登记的时候，可以委托股东代表或者共同指定一个代理人办理。

不能代理的行为如下。

（1）依照法律规定或行为性质，必须由本人亲自进行的行为（如遗嘱、婚姻登记、收养子女）。

（2）具有严格人身性质的行为（如约稿、预约绘画、演出）。

（3）违法行为。

三、代理的种类

根据《民法典》第163条和164条的规定，代理包括委托代理和法定代理。委托代理人按照被代理人的委托行使代理权。法定代理人依照法律的规定行使代理权。代理人不履行或者不完全履行职责，造成被代理人损害的，应当承担民事责任。代理人和相对人恶意串通，损害被代理人合法权益的，代理人和相对人应当承担连带责任。

（一）委托代理

委托代理又称意定代理，即代理人依照被代理人授权进行的代理。在民事诉讼中，当事人一方为无行为能力人或限制行为能力人而没有法定代理人，或法定代理人之间相互推诿，或法定代理人与被代理人之间有利害冲突的，由法院另行指定代理人的代理。代理人享有的代理权是指定的，与被代理人的意志无关，无须委托授权。

委托代理可以用书面形式，也可以用口头形式。法律规定用书面形式的，应当用书面形式。授权委托书"授权不明"的，被代理人应当对第三人承担民事责任，代理人负连带责任；"代理授权不明"的情况下，如果善意相对人有理由相信代理人有代理权的（表见代理），该代理行为有效，直接由被代理人承担相应的法律责任。

委托代理必须有委托授权，被代理人将代理权授予代理人，由被代理人向代理人出具授权委托书，才能使代理人有权代理被代理人实施民事法律行为。根据《民法典》第165条，委托代理授权采用书面形式的，授权委托书应当载明代理人的姓名或者名称、代理事项、权限和期限，并由被代理人签名或者盖章。

授权委托书也叫代理证书，是证明代理人有代理权的书面文件。授权委托书是授权行为，是单方法律行为的表现形式，可以直接证明代理权的存在。

授权委托书应当包括以下内容。

（1）代理人的姓名或者名称。代理人可以是自然人，也可以是法人或者非法人组织。

（2）代理事项。代理事项是被代理人向代理人授权代理民事法律行为的范围，根据代理事项的不同，代理可以分为一般代理和特别代理。

（3）代理权限。代理权限是指在代理事项的范围内可以作出何种决定。超出代理权限范围的，构成超越代理权的无权代理；没有规定明确的代理事项和代理权限的，构成代理事项和权限不明。

（4）期限。期限即代理权的起止时间。

（5）被代理人的签名或者盖章。这些要件用于表明是谁向被代理人授予代理权。

课堂讨论

甲委托乙购买100台计算机，在100台的范围内，乙均可以独立与第三方进行交易行为，符合正常代理要求。如果甲委托乙以每台5 000~8 000元的价格购买计算机，但在授权委托书中未明确计算机的数量，乙以甲的名义和丙订立了50台计算机的买卖合同（合同标的为30万元）。丙向甲送货，但甲拒绝付款。

问题：（1）甲拒绝付款的理由可能是什么？从法律角度分析，甲是否有权拒绝付款？

（2）在本案例中，如果丙因甲的拒绝付款而遭受损失，丙可以采取哪些法律措施来保护自己的权益？

（3）根据案例中的情况分析委托代理中代理人（乙）应当承担哪些责任和义务？

（二）法定代理

法定代理是根据法律的规定而直接产生的代理关系，主要为保护无民事行为能力人和限制民事行为能力人的合法权益而设定,如父母对未成年子女的代理。《民法典》第 23 条规定:"无民事行为能力人、限制民事行为能力人的监护人是其法定代理人。"

四、代理权的行使

(一)代理权行使的一般要求

代理人行使代理权必须符合被代理人的利益,且代理人不得滥用代理权。委托代理人应按照被代理人的委托授权行使代理权,法定代理人应依照法律的规定行使代理权。代理人行使代理权必须符合被代理人的利益,并做到勤勉尽职、审慎周到,不得与他人恶意串通,损害被代理人的利益,也不得利用代理权牟取私利。

《民法典》第 167 条规定:"代理人知道或者应当知道代理事项违法仍然实施代理行为,或者被代理人知道或者应当知道代理人的代理行为违法未作反对表示的,被代理人和代理人应当承担连带责任。"

《民法典》第 169 条规定:"代理人需要转委托第三人代理的,应当取得被代理人的同意或者追认。转委托代理经被代理人同意或者追认的,被代理人可以就代理事务直接指示转委托的第三人,代理人仅就第三人的选任及对第三人的指示承担责任。转委托代理未经被代理人同意或者追认的,代理人应当对转委托的第三人的行为承担责任;但是,在紧急情况下代理人为了维护被代理人的利益需要转委托第三人代理的除外。"

转委托

(二)常见的代理权滥用的情况

(1)代理他人与自己进行民事活动。

(2)代理双方当事人进行同一民事行为。

(3)代理人与第三人恶意串通,损害被代理人的利益。

滥用代理权的行为视为无效代理,滥用代理权给被代理人及他人造成损害的应承担相应的赔偿责任。

《民法典》第 168 条规定:"代理人不得以被代理人的名义与自己实施民事法律行为,但是被代理人同意或者追认的除外。代理人不得以被代理人的名义与自己同时代理的其他人实施民事法律行为,但是被代理的双方同意或者追认的除外。"

五、无权代理

(一)无权代理的概念

《民法典》第 171 条规定:"行为人没有代理权、超越代理权或者代理权终止后,仍然实施代理行为,未经被代理人追认的,对被代理人不发生效力。相对人可以催告被代理人自收到通知之日起三十日内予以追认。被代理人未作表示的,视为拒绝追认。行为人实施的行为被追认前,善意相对人有撤销的权利。撤销应当以通知的方式作出。行为人实施的行为未被追认的,善意相对人有权请求行为人履行债务或者就其受到的损害请求行为人赔偿。但是，赔偿的范围不得超过被代理人追认时相对人所能获得的利益。相对人知道或者应当知道行为人无权代理的，相对人和行为人按照各自的过错承担责任。"

无权代理是指没有代理权而以他人名义进行的代理行为。无权代理表现为以下3种形式。

（1）没有代理权而实施的代理。

（2）超越代理权实施的代理。

（3）代理权终止后而实施的代理。

滥用代理权的前提是代理人有代理权，只是没有好好使用，要注意其与无权代理的区别。

（二）无权代理的后果

只要未经被代理人追认，无权代理就不发生代理的法律效果。如果经过被代理人的追认，使无权代理性质发生改变，其所欠缺的代理权得到补足，转化为有权代理，发生与有权代理同样的法律效果。

在无权代理的情况下，只有经过被代理人的追认，被代理人才承担民事责任。未经追认的行为，由行为人承担民事责任。有以下几种情况的除外。

（1）被代理人知道他人以本人名义实施民事行为而不做否认表示的视为同意，即应由被代理人承担民事责任。

（2）委托代理人为了维护被代理人的利益，在紧急情况下实施的超越代理权的民事法律行为，可以认定有效，但其采取的行为不当给被代理人造成损失的，可以酌情由委托代理人承担适当的责任。

（3）表见代理。《民法典》第172条规定："行为人没有代理权、超越代理权或者代理权终止后，仍然实施代理行为，相对人有理由相信行为人有代理权的，代理行为有效。"无权代理人的代理行为，客观上使善意相对人有理由相信其有代理权的，被代理人应当承担代理的法律后果。这种情况在法学理论上称为表见代理。法律确立表见代理规则的主要意义在于维护人们对代理制度的依赖，保护善意无过失的相对人，从而保障交易秩序和交易安全。

表见代理的情形有：被代理人对第三人表示已将代理权授予他人，而实际并未授权；被代理人将某种有代理权的证明文件（如盖有公章的空白介绍信、空白合同文本、合同专用章等）交给他人，他人以该种文件使第三人相信其有代理权并与之进行法律行为；代理人违反被代理人的意思或者超越代理权，第三人无过失地相信其有代理权而与之进行法律行为；代理关系终止后未采取必要的措施，而使第三人仍然相信行为人有代理权，并与之进行法律行为；代理授权不明。

除上述几种情况之外，无权代理均不对被代理人产生任何法律效力。无权代理行为视同为无效民事行为，并产生与之相同的法律后果。

课堂讨论

2023年7月5日，朱某手持A公司的介绍信和盖好章的合同与第三人乔某进行业务洽谈。在这个过程中，第三人乔某看到朱某持有A公司的介绍信和盖好章的合同。出于对这份文件的信任，他认为朱某具有代理权，便顺利地与其订立了合同。

然而，朱某事实上并没有得到A公司的授权，他所持有的A公司介绍信和盖好章的合同是A公司的一名业务员在无意中丢失的。朱某拾到这份合同后，利用其与第三人乔某进行业务洽谈并成功订立了合同。

问题：这个合同的有效性是否受到影响？在这种情况下，合同中规定的责任应由谁承担？

无权代理为效力待定的民事法律行为，具体规则如下。

（1）被代理人享有追认权。无权代理设立的民事行为如果经过被代理人的追认，使无权代理性质发生改变，其所欠缺的代理权得到补足，转化为有权代理，发生与有权代理同样的法律效果。

（2）相对人享有催告权。如果无权代理行为的相对人欲使其有效，可以催告被代理人在30日内予以追认。被代理人未作出表示的，视为拒绝追认，代理行为不发生效力。

（3）善意相对人享有撤销权。善意相对人如果不承认该代理行为的效力，必须在被代理人追认之前以通知的方式行使撤销权，撤销该代理行为。

课堂讨论

某天，张某到王某家中聊天。王某去厕所时张某帮其接听了刘某打来的电话。刘某欲向王某订购一批货物，请张某转告，张某应允。随后，张某感到有利可图，没有向王某转告订购之事，而是自己用低价购入了刘某所需货物，以王某的名义交货并收取了货款。

问题：张某以王某的名义与刘某订立的买卖合同效力如何呢？

答案是合同效力待定。本例中张某没有代理权，却以王某的名义与刘某订立买卖合同，属于没有代理权仍然实施代理行为的无权代理，所订立的买卖合同效力待定，被代理人王某追认合同效力的，无权代理转为有权代理，买卖合同自始有效；王某拒绝追认的，买卖合同合同视为自始无效。

上述法条还规定了无权代理的民事责任。

（1）无权代理人实施的行为未被追认的责任。无权代理人实施的行为未被追认的，善意相对人有权请求无权代理人履行债务，或者就其受到的损害请求行为人承担赔偿责任，赔偿范围不得超过被代理人追认时相对人所能获得的利益。

（2）相对人知道或者应当知道代理人无权代理的责任。相对人知道或者应当知道代理人是无权代理，造成了被代理人的权益损害，相对人和行为人就都存在过错，应当按照各自的过错承担按份责任。

六、代理关系的终止

《民法典》第173条规定："有下列情形之一的，委托代理终止：
（一）代理期限届满或者代理事务完成；
（二）被代理人取消委托或者代理人辞去委托；
（三）代理人丧失民事行为能力；
（四）代理人或者被代理人死亡；

（五）作为代理人或者被代理人的法人、非法人组织终止。"

《民法典》第 174 条规定："被代理人死亡后，有下列情形之一的，委托代理人实施的代理行为有效：

（一）代理人不知道且不应当知道被代理人死亡；

（二）被代理人的继承人予以承认；

（三）授权中明确代理权在代理事务完成时终止；

（四）被代理人死亡前已经实施，为了被代理人的继承人的利益继续代理。

作为被代理人的法人、非法人组织终止的，参照适用前款规定。"

《民法典》第 175 条规定："有下列情形之一的，法定代理终止：

（一）被代理人取得或者恢复完全民事行为能力；

（二）代理人丧失民事行为能力；

（三）代理人或者被代理人死亡；

（四）法律规定的其他情形。"

以案说"典"，代理的一般规定

第四节　经济法律责任

一、法律责任

（一）法律责任的概念

法律责任是指行为人由于违法行为、违约行为或者由于法律规定而应承受的某种不利的法律后果。就其性质而言，法律关系可以分为法律上的功利关系和法律上的道义关系，与此对应，法律责任方式也可以分为补偿性方式和制裁性方式。

（1）法律责任首先表示为一种因违反法律上的义务（包括违约等）关系而形成的责任关系，它是以法律义务的存在为前提的。

（2）法律责任还表示为一种责任方式，即承担不利后果。

（3）法律责任具有内在逻辑性，即存在前因与后果的逻辑关系。

（4）法律责任的追究是由国家强制力实施或者保证的。

（二）法律责任的类型

根据当事人违法行为的性质不同，可将法律责任分为刑事责任、民事责任、行政责任、经济法律责任、违宪责任和国家赔偿责任等。

（1）刑事责任：行为人因其犯罪行为所必须承担的，由司法机关代表国家所确定的否定性法律后果。

（2）民事责任：由于违反民事法律、违约或由于民法规定所应承担的一种法律责任。

（3）行政责任：因违反行政法规定或因行政法规定而应承担的法律责任。

（4）经济法律责任：国家机关、社会组织、公民个人及其他经济法主体违反经济法规范，不履行或不完全履行经济义务或滥用经济权利时，应当对国家或受损害者承担的责任。它是一种综合运用民事、行政或刑事手段的法律责任。

（5）违宪责任：有关国家机关制定的某种法律法规、规章，或有关国家机关、社会组织或公民从事了与宪法规定相抵触的活动而产生的法律责任。

（6）国家赔偿责任：在国家机关行使公权力时，由于国家机关及其工作人员违法行使职权所引起的由国家作为承担主体的赔偿责任。

知识加油站

2023年9月，贵州省税务局稽查局根据相关部门移送线索，指导黔西南布依族苗族自治州（以下简称"黔西南州"）税务局稽查局依法查处了兴仁市团坡加油站偷税案件。经查，该加油站通过更换加油机主板、删除经营管理软件平台数据、设置"两套账"等手段隐匿销售收入，进行虚假纳税申报，少缴增值税等税费418.09万元。黔西南州税务局稽查局依据《中华人民共和国行政处罚法》（以下简称《行政处罚法》）、《税收征收管理法》等相关规定，对该加油站依法追缴少缴税费、加收滞纳金并处罚款，共计831.96万元。贵州省税务局稽查局相关负责人表示，下一步将坚决依法严查严处各种偷逃税行为，坚决维护国家税法的权威，维护社会的公平和正义，持续营造良好税收营商环境，促进相关企业和行业长期规范健康发展。

二、经济法律责任

（一）经济法律责任的概念

法律责任，这是一个深入人心又让人敬畏的概念。当我们谈到法律责任时，通常指的是行为人因实施了违反法律法规规定的行为而应承担的法律后果。这种后果可能包括刑事处罚、民事赔偿、行政处罚等多种形式，目的是惩罚违法行为、恢复受损权益、维护社会秩序。

在经济领域，法律责任同样发挥着至关重要的作用。违反经济法的法律责任，也称为经济法律责任，是指经济法主体因实施了违反经济法律法规的行为而应承担的法律后果。这种责任不仅包括经济损失，还可能涉及市场禁入、吊销营业执照等严厉措施。

经济法律责任具有鲜明的特点，其中之一就是其固有的惩戒性。这种惩戒性使经济法主体在违反法律规定时需要承担严重的法律后果。这种后果不仅能够起到威慑作用，促使经济法主体在未来的经济活动中严格遵守法律法规，还能够起到督促作用，从而推动经济法主体恪守经济义务约束。

（二）违反经济法法律责任的具体形式

经济法法律责任为一个综合概念，涵盖多种不同性质的责任形式，从而形成了有机的整体。依据我国现行的法律法规，违反经济法法律责任的主要表现形式如下。

1. 民事责任

民事责任是指经济法主体违反经济法律法规给对方造成损害时，依法应承担的民事法律后果。《民法典》中规定，经济法主体承担民事责任的方式主要有停止侵害，排除妨碍，消除危险，返还财产，恢复原状、修理、重作、更换，继续履行，赔偿损失，支付违约金，消除影响、恢复名誉，赔礼道歉等。法律规定惩罚性赔偿的，依照其规定。以上承担民事责任的方式可以单独适用，也可以合并适用。

因不可抗力不能履行民事义务的，不承担民事责任。法律另有规定的，依照其规定。不可抗力是不能预见、不能避免且不能克服的客观情况。

2. 行政责任

行政责任是指经济法主体违反经济法律法规依法应承担的行政法律后果，包括行政处罚、行政处分、行政补偿和行政赔偿等。《行政处罚法》规定，行政处罚的种类包括警告，罚款，没收违法所得、没收非法财物，责令停产、停业，暂扣或吊销许可证、暂扣或吊销营业执照，行政拘留等。行政处分的种类包括警告、记过、记大过、降级、撤职、开除等。

3. 刑事责任

刑事责任是指经济法主体违反经济法律法规构成犯罪依法应承担的刑事法律后果。《中华人民共和国刑法》（以下简称《刑法》）规定，刑罚分为主刑和附加刑。主刑的种类包括管制、拘役、有期徒刑、无期徒刑、死刑。死缓不是单独刑种，是死刑的一种执行制度。附加刑的种类包括罚金、剥夺政治权利、没收财产。附加刑可以与主刑一起适用。对于犯罪的外国人，可以独立适用或附加适用驱逐出境。对于法律规定为单位犯罪的，单位应当负刑事责任，对单位判处罚金，并可根据实际情况对直接负责的主管人员和其他直接责任人员判处刑罚。

需要注意的是，经济违法行为与经济法律责任之间并不是简单的一一对应关系，其相互之间的关系具有一定的重叠性和复杂性。一个经济违法行为所应承担的责任既可能是以上法律责任形式中的一种，也可能是几种。

北京市工商局：查处两件侵犯奥运标志大案，罚没 372 万元

本章小结

通过本章的学习，我们了解了法及其相关概念、代理制度、经济法的概念和调控对象、经济法律关系、经济法律责任等内容。作为法学的一个重要分支，经济法在维护市场经济秩序、保障公平竞争和促进经济发展方面发挥着重要作用。因此，我们应该深入学习经济法相关知识，提高自己的专业水平和实践能力，为推动经济发展和社会进步贡献自己的力量；同时，也应该认识经济法在现代社会中的复杂性和多样性。随着市场经济的不断发展和国际经济环境的不断变化，经济法将面临新的挑战。因此，我们需要不断更新知识体系，关注经济法的最新发展动态，以更好地适应时代的需求。

同步综合练习

一、单项选择题

1. 甲、乙双方订立了一份建造 10 000 平方米商品房的合同。请问由此形成的法律关系客体是（　　）。
   A. 乙方承建的该 10 000 平方米商品房　　B. 承建该商品房的工程劳务
   C. 甲乙双方　　D. 该合同中规定的双方的权利和义务

2. 以下关于法律关系的说法中正确的是（　　）。
   A. 法律关系的主体即自然人和法人
   B. 外国公民可以成为法律关系的主体，无国籍人不能成为法律关系的主体
   C. 人身利益不能作为法律关系的客体
   D. 法律关系的内容即权利和义务

3. 下列行为中属于民事法律行为的是（　　）。
   A. 甲殴打乙致伤的行为　　B. 甲赠与乙一万元现金的行为
   C. 香客赴寺庙进香的行为　　D. 招待来自远方朋友的行为

4. 下列行为中属于无效民事法律行为的是（　　）。
   A. 买卖二手汽车的行为　　B. 买卖增值税发票的行为
   C. 误将铜当作黄金购买的行为　　D. 低价购买他人珍贵邮票的行为

5. 甲公司员工马某受公司委托从乙公司订购一批空气净化机，甲公司对净化机单价未做明确规定，马某与乙公司私下商定净化机单价比正常售价提高 200 元，乙公司给马某每台 100 元的回扣，商定后，马某以甲公司的名义与乙公司订立了买卖合同。对此，下列选项中正确的是（　　）。
   A. 该买卖合同以合法形式掩盖非法目的，因此无效
   B. 马某的行为属于无权代理，买卖合同效力待定
   C. 乙公司的行为构成对甲公司的欺诈，买卖合同属于可变更可撤销合同
   D. 马某与乙公司恶意串通损害甲公司的利益，应对甲公司负连带责任

6. 下列情形中构成重大误解，属于可变更、可撤销的民事法律行为的是（　　）。
   A. 甲立下遗嘱，误将乙的字画分配给继承人
   B. 甲装修房屋，误以为乙的地砖为自家所有，并予以使用
   C. 甲入住乙宾馆，误以为乙宾馆提供的茶叶是无偿的，并予以使用
   D. 甲要购买电动车，误以为精神病人乙是完全民事行为能力人，并与之订立了买卖合同

7. 下列选项中属于代理的是（　　）。
   A. 甲委托乙照看小孩　　B. 甲代替乙招待乙的朋友
   C. 甲公司售票员向旅客售票　　D. 传达室张大爷将甲的信件送给甲

8. 甲是乙公司采购员，已离职。丙公司是乙公司的客户，已知甲离职的事实。但当甲持乙公司盖章的空白合同书，以乙公司名义与丙公司洽购 100 吨白糖时，丙公司仍与其订立了买卖合同。根据《民法典》的规定，下列表述中正确的是（　　）。
   A. 甲的行为构成无权代理，合同效力待定

B. 甲的行为构成无权代理，合同无效

C. 丙公司有权在乙公司追认合同之前，行使撤销权

D. 丙公司可以催告乙公司追认合同，如乙公司在30日内未作出表示，则合同有效

9. 根据《民法典》的规定，被代理人出具的授权委托书授权不明的，（　　）。

A. 被代理人对第三人承担民事责任，代理人不负责任

B. 代理人对第三人承担民事责任，被代理人不负责任

C. 被代理人对第三人承担民事责任，代理人负连带责任

D. 先由代理人对第三人承担民事责任，代理人无法承担责任的，由被代理人承担责任

10. 根据我国法律的相关规定，下列关于可变更、可撤销的民事行为的说法中，正确的是（　　）。

A. 可变更、可撤销的合同，当事人可以自行撤销

B. 可变更、可撤销的民事行为的撤销，人民法院可以主动干预

C. 可变更、可撤销的民事行为，撤销前的行为并不因为撤销而无效

D. 可变更、可撤销的合同，自当事人知道或者应当知道撤销事由之日起一年内行使

二、多项选择题

1. 甲公司委托业务员张某到某地采购一批等离子电视机，张某到该地后意外发现当地乙公司的液晶电视机很畅销，就用盖有甲公司公章的空白介绍信和空白合同书与乙公司订立了购买200台液晶电视机的合同，并约定货到付款。货到后，甲公司拒绝付款。下列表述中正确的有（　　）。

A. 甲公司有权拒绝付款

B. 甲公司应接受货物并向乙公司付款

C. 张某无权代理订立购买液晶电视机合同

D. 若甲公司因该液晶电视机买卖合同受到损失，有权向张某追偿

2. 下列代理行为中，属于滥用代理权的有（　　）。

A. 超越代理权进行代理

B. 代理人与第三人恶意串通，损害被代理人利益

C. 没有代理权而进行代理

D. 代理他人与自己进行民事行为

3. 乙以甲公司的名义采取下列方式与他人订立的合同，法律效果归属于甲公司的有（　　）。

A. 乙使用偷盗的甲公司合同专用章，与善意的丙公司订立的合同

B. 乙使用伪造的甲公司合同专用章，与善意的丁公司订立的合同

C. 乙使用甲公司交给的合同专用章，超越甲公司授权范围与善意的戊公司订立的合同

D. 乙使用甲公司交给的合同专用章，在代理权终止后，与善意的庚公司订立的合同

4. 根据法律制度的规定，下列情形中不属于可变更、可撤销合同的有（　　）。

A. 代理人甲损害被代理人乙的利益与第三人恶意串通而订立的合同

B. 丙和丁订立的代孕合同

C. 患有间歇性精神病的戊在其患病期间写下的遗嘱

D. 己母患病马上要用钱，庚趁机以低价购买己藏的一幅名画，己无奈与庚订立的买

卖合同

5. 甲为腾飞公司的业务员，负责对外订立货物买卖合同。2023年12月31日，甲离开腾飞公司，腾飞公司当日即通知供货商翔风公司甲已经离职。2024年2月15日，甲持盖有腾飞公司印章的空白合同，与翔风公司订立货物买卖合同。根据相关法律的规定，下列各选项表述中正确的是（　　）。

A. 翔风公司不享有撤销权

B. 翔风公司可以基于表见代理，主张该合同有效

C. 在腾飞公司追认前，翔风公司可以催告腾飞公司在一个月内进行追认

D. 腾飞公司一旦拒绝追认，则该合同归于无效

三、材料分析题

1. 某商场与品牌鞋厂订立了加工30万双鞋子的合同。根据合同的约定，该商场于某年2月1日前向品牌鞋厂预付100万元，品牌鞋厂应在某年5月底前交付全部鞋子并结清货款。在合同订立后，经市场调查发现该款鞋子滞销，于是双方协商减少加工数量至15万双，鞋厂表示同意。合同履行期满后，双方均按照合同规定履行了各自义务。

请尝试用经济法律关系三要素理论对该案例进行分析。

2. 甲企业授权代理人乙去外地采购一批皮鞋。乙与在某制鞋厂工作的老乡联手从中渔利，私下购入一批劣质皮鞋，并代表甲企业与制鞋厂订立了采购合同。结合材料简述什么是代理，并分析代理权滥用的几种情形。

第二章 企业法律制度

学习目标

通过本章学习，学生应了解企业及企业法律制度的基本知识；掌握个人独资企业的设立条件及其事务管理流程，熟悉个人独资企业的解散和清算方法；掌握合伙企业的概念和特征；掌握合伙企业的经营管理特点、合伙人的权利与义务；掌握合伙企业的设立条件、财产管理、合伙事务执行及入伙、退伙的相关规定。

导入案例

健身房的债务谁承担？

李某、林某均是乙健身房（乙健身房为有限合伙企业）的普通合伙人，甲公司是乙健身房的有限合伙人。乙健身房与张某订立了健身服务合同。之后，由于房租、装修等原因，乙健身房搬离原址，因未与张某协商移址，张某以乙健身房违约为由诉至法院，要求乙健身房退还已缴纳的服务费本息。

李某、林某、甲公司都是企业的合伙人，他们应该对乙健身房的债务承担相同的责任吗？

第一节 企业法概述

一、企业的概念和特征

企业是指依法设立的，以营利为目的，从事商品生产经营和服务活动的，独立核算的经济组织。它是社会经济生活中独立的市场主体，是现代社会中最常见、最基本的经济组织形式。它有以下特征。

（1）企业是一种社会经济组织。

企业作为一种社会经济组织，表明其主要从事经济活动，并有相应的财产。因此，企业是一定人员和一定财产的组合。

（2）企业是以营利为目的，从事生产经营活动的社会经济组织。

企业从事的生产经营活动是创造社会财富的活动，包括生产、交易、服务等。企业从事生产经营活动以营利为目的。企业以营利为目的从事生产经营活动的过程中担负着重要的社会责任，即企业在谋取自身及其投资者最大经济利益的同时，从促进国民经济和社会发展的目标出发，为其他利害关系人履行某方面的社会义务，包括道德义务与法律义务。同时，企业营利的手段、利润的分配和使用必须合法。

（3）企业是实行独立核算的社会经济组织。

实行独立核算是指要单独计算成本费用，以收抵支，计算盈亏，对经济业务作出全面反映和控制。不实行独立核算的社会经济组织不能称为企业。

（4）企业是依法设立的社会经济组织。

企业通过依法设立，可以取得相应的法律地位，获得合法身份，得到国家法律的认可和保护。目前，我国法律对各类企业的设立都有明确的规定，企业必须依照法律规定的条件和程序才能成立，并取得权利能力和行为能力。

二、企业的分类

（1）按投资者的出资方式和责任形式不同，可将企业分为个人独资企业、合伙企业、公司企业和外商投资企业。这是企业最基本、最典型的分类方式。

（2）按出资者不同，可将企业分为内资企业和外资企业。这样划分的目的是适应国家统计、宏观决策、国家管理的需要。需要说明的是，《中华人民共和国外商投资法》（以下简称《外商投资法》）规定，国家对外商投资实行准入前国民待遇加负面清单管理制度。外商投资在准入后享受国民待遇，国家对内资和外资的监督管理适用相同的法律制度和规则。外商投资企业（全部或者部分由外国投资者投资，依照中国法律在中国境内经登记注册设立的企业）的组织形式、组织机构，适用《合伙企业法》《公司法》等法律的规定。

（3）按企业的责任形式和法律地位，可将企业分为法人企业和非法人企业。法人企业主要有公司制企业、非公司制企业；非法人企业主要有个人独资企业、合伙企业等。这样划分能明确地反映企业的法律地位及能力，不仅有利于国家管理，而且也有利于企业间的经济交往。

（4）按企业所有制的性质和形式不同，可将企业分为全民所有制企业、集体所有制企业、私营企业、混合所有制企业。采用这种划分方法，除了可明确企业财产所有权的归属外，还可使国家对不同经济性质的企业采用不同的经济政策和监管办法。

除上述方法外，还可依据其他标准给企业分类，如按企业规模大小的不同，可将企业分为大型企业、中型企业和小微型企业。

三、目前我国现行的企业法律制度

企业法律制度是指关于企业设立、企业组织、企业运行和对企业实施管理的各种法律规范的总称，是调整企业的全部法律规范，可以规范从企业设立到终止发生的社会关系。

我国现行的有关企业法律法规主要有《个人独资企业法》《合伙企业法》《公司法》《企业破产法》等。这些法律法规针对我国企业的经济性质、法律地位、设立条件、组织机构、经营活动要求等分别给出了规定。

随着经济体制改革的不断深入，为更好地适应市场经济的发展要求，我国制定了一系列有关企业的法律法规。自1993年12月29日第八届全国人民代表大会常务委员会第五次会议通过《公司法》以来，该法经历了多次大的修订。2018年10月，《公司法》迎来第四次修订。2023年12月29日，全国人大常委会审议通过了新修订的《公司法》并于2024年7月1日起施行。其中对公司登记制度、认缴登记制度、法律责任等与市场监管职能密切相关的内容进行了调整，构建了更加有利于激发市场持久活力的制度体系。

第二节　个人独资企业法律制度

一、个人独资企业的概念和法律特征

个人独资企业是指依照《个人独资企业法》在我国境内设立的，由一个自然人投资、财产为投资人所有的，投资人以其个人财产对企业债务承担无限责任的经营实体。个人独资企业具有以下特征。

（1）个人独资企业是由一个自然人投资的企业。

《个人独资企业法》规定，设立个人独资企业只能是一个符合法定条件的自然人。这里的自然人仅指中国公民。国家机关、国家授权投资的机构或者部门、企业、事业单位等都不能作为个人独资企业的设立者。

（2）个人独资企业的投资人对企业的债务承担无限责任。

《个人独资企业法》规定，个人独资企业投资人对本企业的财产依法享有所有权，个人独资企业的投资人对企业出资的多少、是否追加资金或减少资金、采取什么样的经营方式等事项均有决定权，其有关权利可以依法进行转让或继承。个人独资企业财产不足以清偿债务的，投资人应当以其个人的其他财产予以清偿。如果个人独资企业投资人在申请企业设立登记时明确以其家庭共有财产作为个人出资的，应当依法以家庭共有财产对企业债务承担无限责任。

（3）个人独资企业的内部机构设置简单，经营和管理方式灵活。

个人独资企业的投资人既可以是企业的所有者，又可以是企业的经营者，因此其内部机构的设置较为简单，决策程序也较为灵活，法律对其内部机构和经营管理方式不像公司或者其他企业那样加以严格规定。

（4）个人独资企业不具有法人资格，对外承担无限连带责任。

个人独资企业由一个自然人出资，从事商业经营活动的组织形式，个人独资企业不是独立的法律主体，不具有法人资格；个人独资企业的投资人对企业的债务承担无限责任，企业的责任即投资人个人的责任，企业的财产即投资人的财产。因此，个人独资企业不具有法人资格，也无独立承担民事责任的能力，但个人独资企业可以以自己的名义从事民事活动。

二、个人独资企业的设立

(一) 个人独资企业的设立条件

《个人独资企业法》规定,设立个人独资企业应当具备下列条件。

(1) 投资人为一个自然人,只能是符合条件的我国公民。

个人独资企业的投资人为具有我国国籍的自然人。根据我国有关法律、行政法规规定,并不是所有的我国公民都可以投资设立个人独资企业,无民事行为能力人、国家公务员、党政机关领导干部、警官、法官、检察官、现役军人、商业银行工作人员等,不得作为投资人申请设立个人独资企业。

(2) 有合法的企业名称。

首先,个人独资企业的名称应当符合国家关于企业名称登记管理的有关规定,企业名称应与其责任形式及从事的营业活动相符合,可以叫厂、店、部、中心、工作室等,个人独资企业的名称中不得使用"有限""有限责任""公司"等字样。一般情况下,个人独资企业名称由"行政区划+字号+行业+厂(店、部等)"构成,如武汉市明星百叶窗厂。

其次,个人独资企业的名称要与其从事的营业范围相符合,不能将法律法规禁止经营的业务作为自己的业务范围,不能将未获有关部门审批的业务作为自己的业务范围在名称中加以标注,个人独资企业名称要与其从事的营业范围相符合。

(3) 有投资人申报的出资。

《个人独资企业法》对设立个人独资企业的出资数额未进行限制。设立个人独资企业可以用货币出资,也可以用实物、土地使用权、知识产权或者其他财产权利出资。采取实物、土地使用权、知识产权或者其他财产权利出资的,应将其折算成货币数额。投资人申报的出资额应当与企业的生产经营规模相适应。投资人申报的出资不是注册资本,只是经营条件,不具有对债权人给予担保的效力,因此,法律对于其具体的出资数量、出资方式未予以规定。投资人可以以个人财产出资,也可以以家庭共有财产进行出资,以家庭共有财产进行出资的,投资人应当在设立(变更)登记申请书上予以说明。

(4) 有固定的生产经营场所和必要的生产经营条件。

生产经营场所包括企业的住所和与企业生产经营相适应的处所。住所是企业的主要办事机构所在地,是企业的法定地址。临时经营、季节性经营、流动经营和没有固定门面的摆摊经营,不得登记为个人独资企业。

(5) 有必要的从业人员。

这是指要有与其生产经营范围、规模相适应的从业人员。从业人员是指参与企业业务活动的人员,包括从事业务活动的投资人和企业依法招用的职工。法律并未对从业人员的人数作出限制。

(二) 个人独资企业的设立程序

(1) 提出设立申请。

申请设立个人独资企业前,应当由投资人或者其委托的代理人向个人独资企业所在地的登记机关提交设立申请书、投资人身份证明、生产经营场所使用证明等文件。委托代理申请设立登记时,应当出具投资人的委托书和代理人的合法证明。个人独资企业设立申请书应当载明下列事项：企业的名称和住所；投资人的姓名和居所；投资人的出资额和出资方式；经营范围。

（2）登记机关登记管理。

登记机关应当在收到设立申请文件之日起15日内，对符合《个人独资企业法》规定条件的予以登记，发给营业执照；对不符合《个人独资企业法》规定条件的不予登记，并发给企业登记驳回通知书。

个人独资企业营业执照的签发日期，为个人独资企业成立日期。在领取个人独资企业营业执照前，投资人不得以个人独资企业的名义从事经营活动。

为了规范个人独资企业的经营行为，强化对个人独资企业登记和管理，《个人独资企业法》规定，提交虚假文件或采取其他欺骗手段，取得企业登记的，责令改正，处以5 000元以下的罚款；情节严重的，并处吊销营业执照。涂改、出租、转让营业执照的，责令改正，没收违法所得，处以3 000元以下的罚款；情节严重的吊销营业执照。伪造营业执照的，责令停业，没收违法所得，处以5 000元以下的罚款。构成犯罪的，依法追究刑事责任。个人独资企业成立后无正当理由超过6个月未开业的，或者开业后自行停业连续6个月以上的，吊销营业执照。

（3）分支机构登记。

个人独资企业设立分支机构，应当由投资人或者其委托代理人向分支机构所在地的登记机关申请登记，领取营业执照。分支机构经核准登记后，应将登记情况报该分支机构隶属的个人独资企业的登记机关备案。分支机构的民事责任由设立该分支机构的个人独资企业承担。

（4）变更登记。

个人独资企业存续期间登记事项发生变更的，应当在作出变更决定之15日内依法向登记机关申请办理变更登记。个人独资企业分支机构比照个人独资企业申请变更、注销登记的有关规定办理。

（三）个体工商户与个人独资企业的区别

个体工商户是从事工商业经营的自然人或家庭。自然人或以个人为单位，或以家庭为单位从事工商业经营，均为个体工商户。个体工商户是个体工商业经济在法律上的表现，具有以下特征。

（1）自然人从事个体工商业经营必须依法核准登记。个体工商户的登记机关是县以上市场监督管理机关。个体工商户经核准登记，取得营业执照后，才可以开始经营。

（2）个体工商户只能经营法律、政策允许个体经营的行业。在依法核准登记的范围内，个体工商户享有从事个体工商业经营的民事权利能力和民事行为能力。个体工商户的正当经营活动受法律保护，对其经营的资产和合法收益，个体工商户享有所有权。个体工商户从事生产经营活动必须遵守国家的法律，应照章纳税，服从市场监督机关管理。个体工商户从事违法经营的，必须承担民事责任和其他法律责任。

《民法典》第56条规定："个体工商户的债务，个人经营的，以个人财产承担；家庭经营的，以家庭财产承担；无法区分的，以家庭财产承担。"以个人名义申请登记的个体工商户，个人经营、收益也归个人的，对债务负个人责任；以家庭共同财产投资，或者收益的主要部分供家庭成员消费的，其债务由家庭共有财产清偿；在夫妻关系存续期间，一方从事个体工商户经营，其收入作为夫妻共有财产的，其债务由夫妻共有财产清偿；家庭全体成员共同出资、共同经营的，其债务由家庭共有财产清偿。

三、个人独资企业的事务管理

（一）个人独资企业的事务管理人

个人独资企业投资人可以自行管理企业事务，也可以委托或者聘用其他具有民事行为能力的人负责企业的事务管理。投资人委托或者聘用他人管理个人独资企业事务，应当与受托人或者被聘用的人订立书面合同。合同应订明委托的具体内容、授予的权利范围、受托人或者被聘用的人应履行的义务、报酬和责任等。

投资人对受托人或者被聘用的人员职权的限制，不得对抗善意第三人。所谓第三人，是指除受托人或被聘用的人员之外与企业发生经济业务关系的人。所谓善意第三人，是指第三人在就有关经济业务事项交往中，没有从事与受托人或者被聘用的人员串通以故意损害投资人利益的人。个人独资企业的投资人与受托人或者被聘用的人员之间有关权利义务的限制只对受托人或者被聘用的人员有效，对第三人并无约束力，受托人或者被聘用的人员超出投资人的限制与善意第三人的有关业务交往应当有效。

受托人或者被聘用的人员应当履行诚信、勤勉义务，以诚实信用的态度对待投资人，对待企业，应尽其所能依法保障企业利益，按照与投资人订立的合同对个人独资企业进行事务管理。

《个人独资企业法》第20条规定："投资人委托或者聘用他人管理个人独资企业事务的人员不得从事下列行为：

（一）利用职务上的便利，索取或者收受贿赂；
（二）利用职务或者工作上的便利侵占企业财产；
（三）挪用企业的资金归个人使用或者借贷给他人；
（四）擅自将企业资金以个人名义或者以他人名义开立账户储存；
（五）擅自以企业财产提供担保；
（六）未经投资人同意，从事与本企业相竞争的业务；
（七）未经投资人同意，同本企业订立合同或者进行交易；
（八）未经投资人同意，擅自将企业商标或者其他知识产权转让给他人使用；
（九）泄露本企业的商业秘密；
（十）法律、行政法规禁止的其他行为。"

（二）个人独资企业事务管理的主要内容

个人独资企业的经营活动不得扰乱社会经济秩序、损害社会公共利益。诚信原则是市场经济活动中必须遵守的基本原则。个人独资企业事务管理的主要内容如下。

（1）个人独资企业应当依法履行纳税义务。《个人独资企业法》中规定，个人独资企业在经营过程中，应当依照法律法规规定的税种、税率缴纳税款。

（2）个人独资企业应当依法设置会计账簿，进行会计核算。在有关会计的专门法律中，对企业设置账簿、进行会计核算等事项已经做了具体规定，个人独资企业的财务会计管理应当与之相衔接。

（3）个人独资企业有保障职工权益的义务。《个人独资企业法》第 6 条规定："个人独资企业应当依法招用职工。职工的合法权益受法律保护。个人独资企业职工依法建立工会，工会依法开展活动。"第 22 条规定："个人独资企业招用职工的，应当依法与职工签订劳动合同，保障职工的劳动安全，按时、足额发放职工工资。"第 23 条规定："个人独资企业应当按照国家规定参加社会保险，为职工缴纳社会保险费。"第 39 条还特别规定："个人独资企业违反本法规定，侵犯职工合法权益，未保障职工劳动安全，不缴纳社会保险费用的，按照有关法律、行政法规予以处罚，并追究有关责任人员的责任。"

四、个人独资企业的解散和清算

（一）个人独资企业的解散

个人独资企业的解散是指个人独资企业终止活动，使其民事主体资格消灭的行为。《个人独资企业法》第 26 条规定："个人独资企业有下列情形之一时，应当解散：

（一）投资人决定解散；

（二）投资人死亡或者被宣告死亡，无继承人或者继承人决定放弃继承；

（三）被依法吊销营业执照；

（四）法律、行政法规规定的其他情形。"

（二）个人独资企业的清算

个人独资企业解散的，应当进行清算。《个人独资企业法》第 27 条规定："个人独资企业解散，应由投资人自行清算或者由债权人申请人民法院指定清算人进行清算。投资人自行清算的，应当在清算前 15 日内书面通知债权人，无法通知的，应当予以公告。债权人应当在接到通知之日起 30 日内，未接到通知的应当在公告之日起 60 日内，向投资人申报其债权。"

《个人独资企业法》第 29 条规定："个人独资企业解散的，财产应当按照下列顺序清偿：

（一）所欠职工工资和社会保险费用；

（二）所欠税款；

（三）其他债务。"

《个人独资企业法》第 31 条规定："个人独资企业财产不足以清偿债务的，投资人应当以其个人的其他财产予以清偿。"

《个人独资企业法》第 30 条规定："清算期间，个人独资企业不得开展与清算目的无关的经营活动。在按前述财产清偿顺序清偿债务前，投资人不得转移、隐匿财产。"

《个人独资企业法》第 28 条规定："个人独资企业解散后，原投资人对个人独资企业存续期间的债务仍应承担偿还责任，但债权人在五年内未向债务人提出偿债请求的，该责任消灭。"

《个人独资企业法》第 32 条规定："个人独资企业清算结束后，投资人或者人民法院指定清算人应当编制清算报告，并于 15 日内到登记机关办理注销登记。"

第三节　合伙企业法律制度

一、合伙企业法概述

（一）合伙企业的概念和特征

合伙，是指两个以上的人为着共同目的，相互约定共同出资、共同经营、共享收益、共担风险的自愿联合。合伙企业，是指自然人、法人和其他组织按照《合伙企业法》在中国境内设立的由各合伙人订立合伙协议，共同出资、合伙经营、共享收益的普通合伙企业和有限合伙企业。合伙企业具有以下特征。

（1）由两个或两个以上的投资人共同投资兴办。合伙企业的投资人可以为自然人，也可以为法人和其他组织，但是必须为两人或者两人以上；有限合伙企业由两人以上50人以下合伙人设立。需要注意的是，国有企业、国有独资公司、上市公司及公益性的事业单位社会团体不得成为普通合伙人。

（2）合伙协议是合伙企业成立的基础。全体合伙人协商一致，以书面协议确定各方出资、利润分配和亏损分担，合伙人按照合伙协议享有权利、履行义务。

（3）合伙企业属人合型企业。合伙企业的设立是基于合伙人之间的相互信赖，在合伙企业中普通合伙人共同参与企业的经营管理，合伙人对于执行合伙事务享有同等的权利；但有限合伙企业的有限合伙人不执行合伙事务，不对外代表合伙企业。

（二）合伙企业的分类

合伙企业分为普通合伙和有限合伙企业。

普通合伙企业由普通合伙人组成，合伙人对合伙企业债务承担无限连带责任。

有限合伙企业由普通合伙人和有限合伙人组成，普通合伙人对合伙企业债务承担无限连带责任，有限合伙人以其认缴的出资额为限对合伙企业债务承担责任。

（三）合伙企业法的适用范围

合伙企业法是调整合伙企业在设立、经营、变更、终止过程中形成的各种社会关系的法律规范的总称。《合伙企业法》于1997年2月23日经第八届全国人民代表大会常务委员会第二十四次会议表决通过，2006年8月27日第十届全国人民代表大会常务委员会第二十三次会议修订，自2007年6月1日起施行。在实施《合伙企业法》时，需要注意以下两个问题。

（1）采取合伙制的非企业专业服务机构合伙人承担责任形式的法律适用问题。

《合伙企业法》第107条规定："非企业专业服务机构依据有关法律采取合伙制的，其合伙人承担责任的形式可以适用本法关于特殊的普通合伙企业合伙人承担责任的规定。"

（2）外国企业或者个人在我国境内设立合伙企业的管理办法问题。

《合伙企业法》第108条规定："外国企业或者个人在中国境内设立合伙企业的管理办法由国务院规定。"《合伙企业法》中没有禁止外国企业或者个人在我国境内设立合伙企业，但诸如一些程序性问题等，需要由国务院给出具体规定。

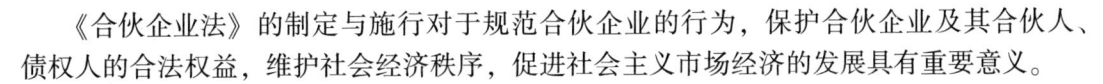

《合伙企业法》的制定与施行对于规范合伙企业的行为，保护合伙企业及其合伙人、债权人的合法权益，维护社会经济秩序，促进社会主义市场经济的发展具有重要意义。

（四）合伙企业的设立登记

合伙企业的设立登记程序如下。

（1）向企业登记机关提出申请，并提交全体合伙人签署的登记申请书、全体合伙人的身份证明、合伙协议、出资权属证明、经营场所证明以及其他文件。法律、行政法规规定设立合伙企业必须报经有关部门审批的，还应当提交有关批准文件。合伙协议约定或者全体合伙人决定，委托一名或者数名合伙人执行合伙事务的，还应当提交全体合伙人的委托书。

（2）企业登记机关应当自收到申请登记文件之日起20日内，作出是否登记的决定。对符合《合伙企业法》规定条件的，予以登记，签发营业执照；对不符合《合伙企业法》规定条件的，不予登记，还应当给出书面答复说明理由。

合伙企业的营业执照签发日期为合伙企业的成立日期。合伙企业领取营业执照前，合伙人不得以合伙企业的名义从事经营活动。合伙企业设立分支机构，应当向分支机构所在地企业登记机关申请登记，领取营业执照。

二、普通合伙企业

（一）普通合伙企业特征

普通合伙企业是指由普通合伙人组成，合伙人对合伙企业债务依法承担无限连带责任的一种合伙企业。所谓普通合伙人，是指在合伙企业中对合伙企业的债务依法承担无限连带责任的自然人、法人和其他组织。《合伙企业法》第3条规定："国有独资公司、国有企业、上市公司以及公益性的事业单位、社会团体不得成为普通合伙人。"

普通合伙人对合伙企业债务依法承担无限连带责任。所谓无限连带责任，包括两个方面：

（1）当合伙企业财产不足以清偿其债务时，合伙人应以其在合伙企业出资以外的财产清偿债务；

（2）任一普通合伙人对企业债务都有清偿的义务，债权人可以就合伙企业财产不足以清偿的那部分债务，向任何一个合伙人要求全部偿还。

《合伙企业法》对"特殊的普通合伙企业"有规定，对以专业知识和专门技能为客户提供有偿服务的专业服务机构，可以设立为特殊的普通合伙企业。在这种特殊的普通合伙企业中，对合伙人在执业活动中因故意或者重大过失造成合伙企业债务的，该合伙人应当承担无限责任或者无限连带责任，其他合伙人以其在合伙企业中的财产份额为限承担责任；对合伙人在执业活动中非因故意或者重大过失造成的合伙企业债务及合伙企业的连带责任，该合伙人应当按照合伙协议的约定对给合伙企业造成的损失承担赔偿责任。

（二）合伙企业的设立条件

根据《合伙企业法》的规定，设立合伙企业，应当具备下列条件。

（1）有两个以上合伙人。合伙人包括法人、自然人和其他组织。

合伙企业合伙人至少为两人以上。对于合伙企业合伙人数的最高限额，《合伙企业法》未做规定，完全由设立人根据所设企业的具体情况决定。

①法人。目前，大多数国家并不限制法人以合伙组织的形式投资。在我国，法人可以

成为合伙人。根据《合伙企业法》的规定，国有独资公司、国有企业、上市公司以及公益性的事业单位、社会团体不能成为承担无限连带责任的普通合伙人。

②自然人。合伙人是自然人的，应当具有完全民事行为能力。无民事行为能力人和限制民事行为能力人不得成为合伙企业的普通合伙人。合伙是一种特定的民事法律行为，订立合伙协议、进行经营性活动等都需要合伙人具备完全民事行为能力。同时，合伙人还必须不是法律、行政法规禁止从事经营活动的人。

《合伙企业法》对合伙人的国籍无任何要求。根据2010年3月1日起实施的《外国企业或个人在中国境内设立合伙企业的管理办法》的规定，外国企业或个人之间、外国企业或个人与中国自然人、法人、其他组织可以设立合伙企业；外国企业或个人也可以加入中国自然人、法人、其他组织设立的合伙企业。

③其他组织。

（2）有书面合伙协议。

合伙协议是指由各合伙人通过协商、共同决定相互间的权利义务，达成的具有法律约束力的协议。合伙协议应当依法由全体合伙人协商一致，以书面形式订立。

合伙协议应载明下列事项：合伙企业的名称和主要经营场所的地点；合伙目的和合伙经营范围；合伙人的姓名或者名称、住所；合伙人的出资方式、数额和缴付期限；利润分配、亏损分担的方式；合伙事务的执行；入伙与退伙；争议解决办法；合伙企业的解散与清算；违约责任等。

合伙协议经全体合伙人签名盖章后生效。合伙人依照合伙协议享有权利、履行义务。修改或者补充合伙协议应当经全体合伙人一致同意，合伙协议另有约定的除外。合伙协议未约定或者约定不明确的事项，由合伙人协商决定；协商不成的，依照《合伙企业法》和其他有关法律、行政法规的规定处理。

（3）有合伙人认缴或者实际缴付的出资。

合伙协议生效后，合伙人应当按照合伙协议的规定缴纳出资。合伙人可以用货币、实物、知识产权、土地使用权或者其他财产权利出资，也可以用劳务出资。合伙人以实物、知识产权、土地使用权或者其他财产权利出资需要评估作价的，可以由全体合伙人协商确定，也可以由全体合伙人委托法定评估机构评估。合伙人以劳务出资的，其评估办法由全体合伙人协商确定，并在合伙协议中载明。合伙人应当按照合伙协议约定的出资方式、数额和缴付期限，履行出资义务。以非货币财产出资的，依照法律、行政法规的规定，需要办理财产权转移手续的，应当依法办理。

（4）有合伙企业的名称和生产经营场所。

普通合伙企业应当在其名称中标明"普通合伙"字样，其中特殊的普通合伙企业，应当在其名称中标明"特殊普通合伙"字样，合伙企业的名称中必须有"合伙"二字。经企业登记机关登记的合伙企业主要经营场所只能有一个，并且应当在其企业登记机关登记管辖区域内。

（5）法律、行政法规规定的其他条件。

（三）合伙企业财产

1. 合伙企业财产的构成

《合伙企业法》中规定，合伙人的出资、以合伙企业取得的收益和依法取得的其他财产，均为合伙企业的财产。从这一规定中可以看出，合伙企业财产由以下3部分组成。

（1）合伙人的出资。

《合伙企业法》中规定，合伙人可以用货币、实物、知识产权、土地使用权或者其他财产出资，也可以用劳务出资。这些出资形成合伙企业的原始财产。需要注意的是，合伙企业的原始财产是全体合伙人"认缴"的财产，而非各合伙人"实际缴纳"的财产。

（2）以合伙企业名义取得的收益。

合伙企业作为一个独立的经济实体，有自己独立利益，因此以合伙企业名义取得的收益作为合伙企业获得的财产，当然归属于合伙企业，成为合伙财产的一部分。以合伙企业名义取得的收益，主要包括合伙企业的公共积累资金、未分配的盈余、合伙企业的债权、合伙企业取得的工作产权和非专利技术等财产权利。

（3）依法取得的其他财产。

这是合伙企业根据法律、行政法规的规定合法取得的其他财产，如合法接受赠与的财产等。

2. 合伙企业财产的性质

合伙企业的财产具有独立性和完整性。合伙人在合伙企业存续期间，除非有法定事由，否则不得请求分割合伙企业财产，也不得私自转移或处分合伙企业财产。因此合伙企业的财产具有共有性质，对其财产使用、收益、处分，均应依据全体合伙人的共同意志进行。

合伙人在合伙企业清算前私自转移或者处分合伙企业财产的，合伙企业不得以此对抗善意第三人。在确认善意取得的情况下，合伙企业的损失只能向合伙人进行追索，而不能向善意第三人追索。合伙企业也不能以合伙人无权处分其财产而对善意第三人的权利要求进行对抗，即不能以合伙人无权处分其财产而主张其与善意第三人订立的合同无效。

3. 合伙人财产份额转让的限制

合伙人财产份额的转让将会影响到合伙企业及各合伙人的切身利益，因此，《合伙企业法》对合伙人财产份额的转让做了以下限制性规定。

（1）合伙人向合伙人以外的人转让其在合伙企业中的全部或者部分财产份额时，必须经其他合伙人一致同意，合伙协议另有约定的除外。

（2）合伙人之间转让在合伙企业中的全部或者部分财产份额时，应当通知其他合伙人。

（3）合伙人向合伙人以外的人转让其在合伙企业中的财产份额，在同等条件下，其他合伙人有优先购买权，但合伙协议另有约定的除外。

合伙人以外的人依法受让合伙人在合伙企业中的财产份额后，受让人还不能被直接认定为合伙人。财产份额的受让使受让人具备了加入合伙企业的资格，必须在修改合伙协议后，才能成为合伙企业的合伙人，依照《合伙企业法》和修改后的合伙协议享有权利，履行义务，这是由合伙企业财产共同拥有、合伙人相互信任的特性所决定的。

4. 合伙人财产份额质押的限制

合伙人以其在合伙企业中的财产份额出质的，必须经其他合伙人一致同意；未经其他合伙人一致同意，其行为无效，由此给善意第三人造成损失的，由行为人依法承担赔偿责任。合伙人财产份额的出质，是指合伙人将其在合伙企业中的财产份额作为质押物来担保债权人债权实现的行为。如果债务人不能到期清偿债务，质押权人行使权利的最终后果可能导致合伙企业财产份额依法发生转让。

> **课堂讨论**
>
> 一家合伙企业的合伙人黎某因家人住院而马上需要一笔钱。黎某向他人借款，并为此与债权人约定，以其在合伙企业中的出资份额作为质押。事后，黎某征求了其他合伙人的意见。
>
> 合伙人赵某认为："合伙出资份额是合伙企业的财产，是大家的财产，为个人借款质押不妥，该质押约定无效。"
>
> 合伙人钱某认为："我信任借款人，同意这项质押约定。"
>
> 合伙人孙某认为："既然有的合伙人不同意，这项质押就不能生效。"
>
> 合伙人李某认为："既然如此，黎某可以退伙，但必须对合伙企业以往的债务负连带责任。"
>
> 问题：各位合伙人意见不一，你认为应该如何回答？

5. 代位权行使的限制

合伙人个人负有债务的，其债权人不得代位行使该合伙人在合伙企业中的权利。这里所说的权利，是指合伙人对合伙企业财产的管理权、使用权、事务执行权及利益分配权。这是因为合伙人对合伙企业的权利是以其合伙人身份为前提的，具有专属性，不能与合伙人身份、地位分离。

《合伙企业法》中明确规定，合伙人发生与合伙企业无关的债务，相关债权人不得以其债权抵消其对合伙企业的债务，也不得代位行使合伙人在合伙企业中的权利。

（四）合伙企业的事务执行

1. 合伙企业事务执行的形式

合伙人执行合伙企业事务，分为由全体合伙人共同执行合伙企业事务和委托一名或数名合伙人执行合伙企业事务两种形式。

（1）全体合伙人共同执行合伙企业事务。

这是合伙企业事务执行的基本形式，也是在合伙企业中经常使用的一种形式，尤其是在合伙人较少、企业规模较小的情况下更为适用。在采取这种形式的合伙企业中，按照合伙协议的约定，各位合伙人都直接参与经营，处理合伙企业的事务，对外代表合伙企业。

（2）委托一名或数名合伙人执行合伙企业事务。

在合伙人较多、企业规模较大的情况下，由合伙协议约定或者全体合伙人决定委托一名或者数名合伙人执行合伙企业事务，对外代表合伙企业。未接受委托执行合伙企业事务的其他合伙人不再执行合伙企业的事务。

《合伙企业法》第31条规定："除合伙协议另有约定外，合伙企业的下列事项应当经全体合伙人一致同意：

（一）改变合伙企业的名称；

（二）改变合伙企业的经营范围、主要经营场所的地点；

（三）处分合伙企业的不动产；

（四）转让或者处分合伙企业的知识产权和其他财产权利；

（五）以合伙企业名义为他人提供担保；

（六）聘任合伙人以外的人担任合伙企业的经营管理人员。"

全体合伙人对合伙企业有关事项作出决议时，除《合伙企业法》另有规定或者合伙协议中另有约定外，可以实行全体合伙人一人一票的表决办法。

2. 合伙企业对外代表权的效力

根据《合伙企业法》的规定，执行合伙企业事务的合伙人对外代表合伙企业。执行合伙企业事务的合伙人在取得对外代表权后，可以以合伙企业的名义进行经营活动，在其授权的范围内作出法律行为。这种行为对合伙企业有法律效力，由此而产生的收益应当归合伙企业所有，成为合伙财产的来源；由此带来的风险也应当由合伙人承担，构成合伙企业的债务。

合伙企业对合伙人执行合伙企业事务及对外代表合伙企业权利的限制，不得对抗不知情的善意第三人。这里所说的合伙人，是指在合伙企业中有合伙事务执行权与对外代表权的合伙人。若第三人与合伙企业事务执行人恶意串通、损害合伙企业利益，则不属于善意的情形。

3. 合伙人在执行合伙事务中的权利和义务

（1）《合伙企业法》中规定，合伙人在执行合伙事务中的权利主要包括：①合伙人平等享有合伙事务执行权；②执行合伙事务的合伙人对外代表合伙企业；③不参加执行事务的合伙人有权监督执行事务的合伙人，检查其执行合伙企业事务的情况；④各合伙人有权查阅合伙企业的账簿和其他有关文件；⑤合伙人有提出异议权和撤销委托执行事务权。

在合伙人分别执行合伙事务的情况下，由于执行合伙事务的合伙人的行为所产生的亏损和责任要由全体合伙人承担，因此《合伙企业法》规定，经合伙协议约定或者经全体合伙人决定，合伙人分别执行合伙企业事务时，合伙人可以对其他合伙人执行的事务提出异议。提出异议时，应暂停该项事务的执行。如果发生争议，可由全体合伙人共同决定。被委托执行合伙事务的合伙人不按照合伙协议或者全体合伙人的决定执行事务的，其他合伙人可以撤销该委托。

（2）根据《合伙企业法》的规定，合伙人在执行合伙事务中的义务主要包括以下几点。

①由一名或者数名合伙人执行合伙企业事务的，应当依照约定向其他不参加执行事务的合伙人报告事务执行情况以及合伙企业的经营状况和财务状况。

②竞业禁止。合伙人不得自营或者同他人合作经营与本合伙企业相竞争的业务。合伙人熟悉合伙企业的经营秘密和内容经营情况，如果某一合伙人利用其掌握的信息自己经营或者与他人合作经营与本合伙企业相竞争的业务，就极有可能损害合伙企业中其他合伙人的利益。因此，《合伙企业法》中规定，合伙人不得自营或者同他人合作经营与本合伙企业存在竞争关系的业务。

③除合伙协议另有约定或者经全体合伙人同意外，合伙人不得同本合伙企业进行交易。当合伙人代表合伙企业同自己进行交易时，很容易损害合伙企业及其他合伙人的利益而满足个人的私利。

合伙人不得从事损害本合伙企业利益的活动，任何为了牟取私利而与第三人恶意串通损害合伙企业利益的活动都是法律禁止的。合伙人违反法律规定或者合伙协议的约定，从事与本合伙企业相竞争的业务或者与本合伙企业进行交易的,该收益归合伙企业所有,给合伙企业或者其他合伙人造成损失的,依法承担赔偿责任。

4. 非合伙人参与经营管理

经全体合伙人同意,合伙企业可以聘任合伙人以外的人担任合伙企业的经营管理人员。

(1) 聘任非合伙人的经营管理人员,除合伙协议另有约定外,应当经全体合伙人一致同意。

(2) 被聘任的经营管理人员,仅是合伙企业的经营管理人员,不是合伙企业的合伙人,因而不具有合伙人的资格。

(3) 被聘任的合伙企业的经营管理人员应当在合伙企业授权范围内履行职务。

(4) 被聘任的合伙企业的经营管理人员,超越合伙企业授权范围履行职务,或者在履行职务过程中因故意或者重大过失给合伙企业造成损失的,应依法承担赔偿责任。

5. 合伙企业的损益分配

(1) 合伙损益分配原则。

合伙损益,即合伙企业的利润或亏损,主要包括以下两点。

①合伙企业的利润分配、亏损分担,按照合伙协议的约定办理;合伙协议未约定或者约定不明确的,由合伙人协商决定;协商不成的由合伙人按照实缴出资比例分配、分担;无法确定出资比例的,由合伙人平均分配、分担。

②合伙协议不得约定将全部利润分配给部分合伙人或者由部分合伙人承担全部亏损。

(2) 合伙损益分配具体形式。

合伙企业年度或一定时期的利润分配或亏损分担的具体方案,由全体合伙人协商决定,或者由合伙协议约定的办法决定。合伙损益分配的时间比较灵活,既可以按年度进行分配,也可以在一定时期内进行分配。合伙损益分配的具体方案应由全体合伙人共同决定。

(五) 合伙企业和合伙人的债务清偿

1. 合伙企业的债务清偿与合伙人的关系

(1) 合伙人的无限连带清偿责任。《合伙企业法》中规定,合伙企业对其债务,应首先以其全部财产进行清偿。合伙企业财产不能清偿到期债务的,合伙人承担无限连带责任。所谓合伙人的无限责任,是指当合伙企业的全部财产不足以偿付到期债务时,各个合伙人承担合伙企业的债务不是以其投资额为限,而是以其自有财产来清偿合伙企业的债务。合伙人的连带责任,是指当合伙企业的全部财产不足以偿付到期债务时,合伙企业的债权人对合伙企业所负债务,可以向任何一个合伙人主张,该合伙人不得以其出资的份额大小、合伙协议特别约定、合伙企业债务另有担保人或者自己已经偿付所承担的份额的债务等理由拒绝。

(2) 合伙人之间的债务分担和追偿。用合伙企业财产清偿合伙企业债务时,其不足的部分由各合伙人按照合伙协议企业分担亏损的比例,用其在合伙企业出资以外的财产承担清偿责任。关于合伙企业亏损分担的比例,合伙协议中有约定的,按照合伙协议约定的比例分担;合伙协议未约定或约定不明确的,由各合伙人协商决定;协商不成的,由合伙人按照实缴出资比例分担；无法确定出资比例的，由合伙人平均分担。

合伙人之间的分担比例对债权人没有约束力。债权人既可以根据自己的清偿利益，请求全体合伙人中一人或数人承担全部清偿责任，也可以按照自己确定的清偿比例向各合伙人分别追索。如果某一合伙人实际支付的清偿数额超过其依照既定比例所应承担的数额，该合伙人有权就超过部分向其他未支付或者未足额支付应承担数额的合伙人追偿。

2. 合伙人的债务清偿与合伙企业的关系

为了保护合伙企业和其他合伙人的合法权益，以及债权人的合法权益，《合伙企业法》有如下规定。

（1）合伙人发生与合伙企业无关的债务，相关债权人不得以其债权抵消其对合伙企业的债务，也不得代位行使合伙人在合伙企业中的权利。

（2）合伙人的自有财产不足清偿其与合伙企业无关的债务的，该合伙人可以以其从合伙企业中分取的收益用于清偿；债权人也可以依法请求人民法院强制执行该合伙人在合伙企业中的财产份额用于清偿。

人民法院强制执行合伙人的财产份额时，应当通知全体合伙人，其他合伙人有优先购买权；其他合伙人未购买，又不同意将该财产份额转让给他人的，依照《合伙企业法》的规定为该合伙人办理退伙结算，或者办理削减该合伙人相应财产份额的结算。

课堂讨论

> 某合伙企业欠债权人甲到期借款3万元，该合伙企业的合伙人之一乙也欠甲到期借款2万元。甲向该合伙企业购买了一批产品，应付货款5万元，其主张予以抵消。
> 问题：你认为甲的主张可行吗？

（六）入伙和退伙

1. 入伙

入伙是指在合伙企业存续期间，合伙人以外的第三人加入合伙企业，从而取得合伙人资格。新合伙人入伙时，应当经全体合伙人同意，并依法订立书面入伙协议。

订立入伙协议时，原合伙人应当向新合伙人告知原合伙企业的经营状况和财务状况。入伙的新合伙人与原合伙人享有同等权利，承担同等责任。入伙协议另有约定的，从其约定。《合伙企业法》第44条规定："新合伙人对入伙前合伙企业的债务承担无限连带责任。"

2. 退伙

退伙是指合伙人退出合伙企业，从而丧失合伙人资格。合伙人退伙，一般有两种原因：自愿退伙和法定退伙。

（1）自愿退伙。自愿退伙是指合伙人基于自愿的意思表示而退伙，可以分为协议退伙和通知退伙两种。

①协议退伙。《合伙企业法》规定，合伙协议约定合伙期限的，在合伙企业存续期间，有下列情形之一时，合伙人可以退伙：合伙协议约定的退伙事由出现；经全体合伙人一致同意；发生合伙人难以继续参加合伙企业的事由；其他合伙人严重违反合伙协议约定的义

务。合伙人违反上述规定退伙的，应当赔偿由此给合伙企业造成的损失。

②通知退伙。《合伙企业法》规定，合伙协议未约定合伙期限的，合伙人在不给合伙企业事务执行造成不利影响的情况下，可以退伙，但应当提前30日通知其他合伙人。

法律对通知退伙有一定的限制，即附有以下3项条件：必须是合伙协议未约定合伙企业的经营期限；必须是合伙人的退伙不给合伙企业事务执行造成不利影响；必须提前30日通知其他合伙人。这3项条件必须同时具备。合伙人违反上述规定退伙的，应当赔偿由此而给合伙企业造成的损失。

（2）法定退伙。法定退伙是指合伙人因出现法律规定的事由而退伙。法定退伙分为当然退伙和除名两类。

①当然退伙。《合伙企业法》第48条规定："合伙人有下列情形之一的，当然退伙：

（一）作为合伙人的自然人死亡或者被依法宣告死亡；

（二）个人丧失偿债能力；

（三）作为合伙人的法人或者其他组织依法被吊销营业执照、责令关闭、撤销或者被宣告破产；

（四）法律规定或者合伙协议约定合伙人必须具有相关资格而丧失该资格；

（五）合伙人在合伙企业中的全部财产份额被人民法院强制执行。"

实践中，合伙人被依法认定为无民事行为能力人或者限制民事行为能力人的，经其他合伙人一致同意，可以依法转为有限合伙人，普通合伙企业依法转为有限合伙企业。其他合伙人未能一致同意的，该无民事行为能力或者限制民事行为能力的合伙人退伙。当然退伙以退伙事由实际发生之日为退伙生效日。

②除名。《合伙企业法》第49条规定："合伙人有下列情形之一的，经其他合伙人一致同意，可以决议将其除名：

（一）未履行出资义务；

（二）因故意或者重大过失给合伙企业造成损失的；

（三）执行合伙事务时有不正当行为；

（四）发生合伙协议约定的事由。

对合伙人的除名决议应当书面通知被除名人。被除名人接到除名通知之日，除名生效，被除名人退伙。被除名人对除名决议有异议的，可以自接到除名通知之日起30日内，向人民法院起诉。"

（3）退伙的效果。

退伙的效果是指退伙时退伙人在合伙企业中的财产份额和民事责任的归属变动，分为两类情况：财产继承和退伙结算。

①财产继承。《合伙企业法》第50条规定："合伙人死亡或者被依法宣告死亡的，对该合伙人在合伙企业中的财产份额享有合法继承权的继承人，按照合伙协议的约定或者经全体合伙人一致同意，从继承开始之日起，取得该合伙企业的合伙人资格。有下列情形之一的，合伙企业应当向合伙人的继承人退还被继承合伙人的财产份额：

（一）继承人不愿意成为合伙人；

（二）法律规定或者合伙协议约定合伙人必须具有相关资格，而该继承人未取得该资格；

（三）合伙协议约定不能成为合伙人的其他情形。

合伙人的继承人为无民事行为能力人或者限制民事行为能力人的，经全体合伙人一致同意，可以依法成为有限合伙人，普通合伙企业依法转为有限合伙企业。全体合伙人未能一致同意的，合伙企业应当将被继承合伙人的财产份额退还该继承人。"

根据这个规定，合伙人死亡时，其继承人可依法定条件取得该合伙企业的合伙人资格。法定条件有三条：一是有合法继承权；二是有合伙协议的约定或者全体合伙人的一致同意；三是继承人愿意。死亡的合伙人的继承人取得该合伙企业的合伙人资格，从继承开始之日起获得。

②退伙结算。除合伙人死亡或者被依法宣告死亡的情形外，《合伙企业法》对退伙结算进行了如下规定。

首先，合伙人退伙，其他合伙人应当与该退伙人按照退伙时的合伙企业财产状况进行结算，退还退伙人的财产份额。退伙人对给合伙企业造成的损失负有赔偿责任的，相应扣减其应当赔偿的数额。退伙时有未了结的合伙企业事务的，待该事务了结后进行结算。

其次，退伙人在合伙企业中财产份额的退还办法，由合伙协议约定或者由全体合伙人决定，可以退还货币，也可以退还实物。

最后，当合伙人退伙时，对于合伙企业财产少于合伙企业债务的，退伙人应当依照法律规定分担亏损。如果合伙协议中有约定亏损分担比例的，按照合伙协议的约定办理；合伙协议未约定或者约定不明确的，由合伙人协商决定；协商不成的，由合伙人按照实缴出资比例分担；无法确定出资比例的，由合伙人平均分担。

合伙人退伙以后，并不能解除对于合伙企业既往债务的连带责任。根据《合伙企业法》的规定，退伙人对基于其退伙前的原因发生的合伙企业债务，应承担无限连带责任。

三、特殊的普通合伙企业

（一）特殊的普通合伙企业的设立

特殊的普通合伙企业，是指以专业知识和专门技能为客户提供有偿服务的专业服务机构，特殊的普通合伙企业名称中应当标明"特殊普通合伙"字样。

在特殊的普通合伙企业中，合伙人对特定合伙企业债务只承担有限责任，对合伙企业的债权人的保护相对削弱。为了保护债权人的利益，《合伙企业法》规定了对特殊的普通合伙企业债权人的保护制度，即执业风险基金制度和职业保险制度。执业风险基金主要是指为了化解经营风险，特殊的普通合伙企业从其经营收益中提取相应比例的资金留存或者根据相关规定上缴至指定机构所形成的资金，主要用于偿付合伙人在执业活动中发生的债务。执业风险基金应当单独立户管理，执业风险基金的具体管理办法由国务院规定。

职业保险又称职业责任保险，是指承保各种专业技术人员因工作上的过失或者疏忽大意所造成的合同一方或者他人的人身伤害或者财产损失的经济赔偿责任的保险。

（二）特殊的普通合伙企业的责任形式

1. 责任承担

《合伙企业法》第57条规定："一个合伙人或者数个合伙人在执业活动中因故意或者重大过失造成合伙企业债务的，应当承担无限责任或者无限连带责任，其他合伙人以其在合伙企业中的财产份额为限承担有限责任。合伙人在执业活动中非因故意或者重大过失造成的合伙企业债务以及合伙企业的其他债务，由全体合伙人承担无限连带责任。"

2. 责任追偿

《合伙企业法》第58条规定："合伙人执业活动中因故意或者重大过失造成的合伙企业债务，以合伙企业财产对外承担责任后，该合伙人应当按照合伙协议的约定对给合伙企业造成的损失承担赔偿责任。"

> **课堂讨论**
>
> 甲、乙、丙共同出资开了一家特殊普通合伙制的律师事务所。2022年12月，合伙人乙从事务所退出。2023年1月，丁加入事务所，成为新合伙人。2023年8月，法院认定甲在2022年3月的某项律师业务中存在重大过失，判决该律师事务所向客户赔偿损失。
>
> 问题：根据合伙企业法律制度的规定，你认为该律师事务所该如何承担赔偿责任？

四、有限合伙企业

（一）有限合伙企业的概述

有限合伙企业由有限合伙人和普通合伙人共同组成的，普通合伙人对合伙企业债务承担无限连带责任，有限合伙人以其认缴的出资额为限对合伙企业债务承担有限责任的合伙组织。

有限合伙企业与普通合伙企业和有限责任公司相比较，具有以下显著特征。

（1）在经营管理上：普通合伙企业的合伙人一般均可参与合伙企业的经营管理。有限责任公司的股东有权参与公司的经营管理（含直接参与和间接参与）。在有限合伙企业中，有限合伙人不执行合伙事务，而由普通合伙人从事具体的经营管理。

（2）在风险承担上：普通合伙企业的合伙人之间对合伙债务承担无限连带责任。有限责任公司的股东对公司债务以其各自的出资额为限承担有限责任。在有限合伙企业中，不同类型的合伙人所承担的责任则存在差异，其中有限合伙人以其各自的出资额为限承担有限责任，普通合伙人之间承担无限连带责任。

对于《合伙企业法》中对有限合伙企业有特殊规定的，应当适用对有限合伙企业的特殊规定；而没有特殊规定的，适用于普通合伙企业及其合伙人的一般规定。

（二）有限合伙企业设立的规定

1. 有限合伙企业人数要求

《合伙企业法》第61条规定："有限合伙企业由二个以上五十个以下合伙人设立；但是，法律另有规定的除外。"有限合伙企业至少应当有一个普通合伙人。按照规定，自然人、法人和其他组织可以依照法律规定设立有限合伙企业；需要注意的是，国有独资公司、国有企业、上市公司以及公益性的事业单位、社会团体不得成为有限合伙企业的普通合伙人。

在有限合伙企业在续期间，有限合伙人的人数可能发生变化。无论如何变化，有限合伙企业中必须包括有限合伙人与普通合伙人两类，否则有限合伙企业应当进行组织形式的变更。《合伙企业法》第75条规定："有限合伙企业仅剩有限合伙人，应当解散；有限合伙企业仅剩普通合伙人的，转为普通合伙企业。"

2. 有限合伙企业名称

《合伙企业法》中规定，有限合伙企业名称中应当标明"有限合伙"字样。为便于社会公众及交易相对人对有限合伙企业的了解，有限合伙企业名称中应当标明"有限合伙"字样，而不能标明"普通合伙""特殊普通合伙""有限公司""有限责任公司"等字样。

3. 有限合伙企业协议

有限合伙企业协议是有限合伙企业生产经营的重要法律文件，是有限合伙企业设立的基础。有限合伙企业的合伙协议除符合普通合伙企业合伙协议的规定外，还应当载明下列事项：

（1）普通合伙人和有限合伙人的姓名或者名称、住所；
（2）执行事务合伙人应具备的条件和选择程序；
（3）执行事务合伙人权限与违约处理办法；
（4）执行事务合伙人的除名条件和更换程序；
（5）有限合伙人入伙、退伙的条件、程序及相关责任；
（6）有限合伙人和普通合伙人相互转变程序。

4. 有限合伙人出资形式

《合伙企业法》第66条规定："有限合伙企业登记事项中应当载明有限合伙人的姓名或者名称及认缴的出资数额。"

有限合伙人出资采用认缴制。有限合伙人能以货币、实物、知识产权、土地使用权或者其他财产权利作价出资，但不得以劳务出资。

有限合伙人应当按照合伙协议的约定按期足额缴纳出资；有限合伙人未按期足额缴纳的，应当承担补缴义务，并对其他合伙人承担违约责任。《合伙企业法》第65条规定："有限合伙人应当按照合伙协议的约定按期足额缴纳出资；未按期足额缴纳的，应当承担补缴义务，并对其他合伙人承担违约责任。"

（三）有限合伙企业的事务执行

1. 有限合伙企业事务的执行人

《合伙企业法》第67条规定："有限合伙企业由普通合伙人执行合伙事务。执行事务合伙人可以要求在合伙协议中确定执行事务的报酬及报酬提取方式。"有限合伙企业事务执行人有权对外从事经营活动，经营活动的后果由全体合伙人共同承担。如果合伙协议约定由几个合伙人执行合伙事务，则这些普通合伙人均为合伙事务的执行人；如果合伙协议无约定或推举执行人，则全体普通合伙人共同执行。合伙事务执行人须接受其他合伙人的监督和检查、谨慎执行合伙事务的义务，若因自己的过错造成合伙财产损失的，应向合伙企业或其他合伙人承担赔偿责任。

2. 禁止有限合伙人执行合伙事务

《合伙企业法》第68条规定："有限合伙人不执行合伙事务，不得对外代表有限合企业。有限合伙人的下列行为，不视为执行合伙事务：

（一）参与决定普通合伙人入伙、退伙；

（二）对企业的经营管理提出建议；

（三）参与选择承办有限合伙企业审计业务的会计师事务所；

（四）获取经审计的有限合伙企业财务会计报告；

（五）对涉及自身利益的情况，查阅有限合伙企业财务会计账簿等财务资料；

（六）在有限合伙企业中的利益受到侵害时，向有责任的合伙人主张权利或者提起诉讼；

（七）执行事务合伙人怠于行使权利时，督促其行使权利或者为了本企业的利益以自己的名义提起诉讼；

（八）依法为本企业提供担保。"

另外，《合伙企业法》第76条规定："第三人有理由相信有限合伙人为普通合伙人并与其交易的，该有限合伙人对该笔交易承担与普通合伙人同样的责任。有限合伙人未经授权以有限合伙企业名义与他人进行交易，给有限合伙企业或者其他合伙人造成损失的，该有限合伙人应当承担赔偿责任。"

3. 有限合伙企业利润分配

《合伙企业法》第69条规定："有限合伙企业不得将全部利润分配给部分合伙人；但是，合伙协议另有约定的除外。"

4. 有限合伙人的权力

（1）有限合伙人可以同本合伙企业进行交易。

《合伙企业法》第70条规定："有限合伙人可以同本有限合伙企业进行交易；但是，合伙协议另有约定的除外。"有限合伙协议可以对有限合伙人与有限合伙企业之间的交易进行限定，如果有限合伙协议另有约定的，则必须按照约定的要求进行。普通合伙人如果禁止有限合伙人同本合伙企业进行交易，应当在合伙协议中作出约定。

（2）有限合伙人可以经营与本企业相竞争的业务。

《合伙企业法》第71条规定："有限合伙人可以自营或者同他人合作经营与本有限合伙企业相竞争的业务；但是，合伙协议另有约定的除外。"与普通合伙人不同，有限合伙人一般不承担竞业禁止义务。普通合伙人如果禁止有限合伙人自营或者同他人合作经营与本有限合伙企业相竞争的业务，应当在合伙协议中作出约定。

（四）有限合伙企业财产出质、转让及债务清偿

1. 有限合伙人财产份额出质

有限合伙人将在有限合伙企业中的财产份额出质，是指有限合伙人以其在合伙企业中的财产份额对外进行权利质押。除合伙协议另有约定外，有限合伙人可以将其在有限合伙企业中的财产份额出质。有限合伙人在有限合伙企业中的份额是他的财产权益，在有限合伙企业存续期间，可以对这项财产权利进行一定的处分。

2. 有限合伙人财产份额转让

《合伙企业法》第73条规定："有限合伙人可以按照合伙协议的约定向合伙人以外的人转让其在有限合伙企业中的财产份额，但应当提前三十日通知其他合伙人。"有限合

人对外转让其在有限合伙企业的财产份额时,有限合伙企业的其他合伙人有优先购买权。

3. 有限合伙人债务清偿

《合伙企业法》第74条规定:"有限合伙人的自有财产不足清偿其与合伙企业无关的债务的,该合伙人可以用其从有限合伙企业中分取的收益来清偿;债权人也可依法请求人民法院强制执行该合伙人在有限合伙企业中的财产份额用于清偿。"有限合伙人清偿其债务时,首先应当以自有财产进行清偿。只有自有财产不足清偿时,有限合伙人才可以使用其在有限合伙企业中分取的收益进行清偿,也只有在有限合伙人的自有财产不足清偿其与合伙企业无关的债务的,人民法院才可以应债权人请求,强制执行该合伙人在有限合伙企业中的财产份额用于清偿。人民法院在强制执行有限合伙人的财产份额时,应当通知全体合伙人,因为在同等条件下,其他合伙人有优先购买权。

(五) 有限合伙企业入伙与退伙

1. 入伙

《合伙企业法》第77条规定:"新入伙的有限合伙人对入伙前有限合伙企业的债务,以其认缴的出资额为限承担责任。"而在普通合伙企业中,新入伙的合伙人对入伙前合伙企业的债务承担连带责任。

2. 退伙

(1) 有限合伙人可以当然退伙的情形。

《合伙企业法》第78条规定:"有限合伙人出现下列情形之一时,当然退伙:

①作为合伙人的自然人死亡或者被依法宣告死亡;

②作为合伙人的法人或者其他组织依法被吊销营业执照、责令关闭、撤销,或者被宣告破产;

③法律规定或者合伙协议约定合伙人必须具有相关资格而丧失该资格;

④合伙人在合伙企业中的全部财产份额被人民法院强制执行。"

(2) 有限合伙人丧失民事行为能力的处理。

《合伙企业法》第79条规定:"作为有限合伙人的自然人在有限合伙企业存续期间丧失民事行为能力的,其他合伙人不得因此要求其退伙。"作为有限合伙人的自然人在有限合伙企业存续期间丧失民事行为能力,并不影响有限合伙企业的正常生产经营活动,其他合伙人不得因此而要求该丧失民事行为能力的合伙人退伙。

(3) 有限合伙人继承人的权利。

《合伙企业法》第80条规定:"作为有限合伙人的自然人死亡、被依法宣告死亡或者作为有限合伙人的法人及其他组织终止时,其继承人或者权利承受人可以依法取得该有限合伙人在有限合伙企业中的资格。"

(4) 有限合伙人退伙后的责任承担。

《合伙企业法》第81条规定:"有限合伙人退伙后,对基于其退伙前的原因发生的有限合伙企业债务,以其退伙时从有限合伙企业中取回的财产承担责任。"

(六) 合伙人性质转变

《合伙企业法》规定,除合伙协议另有约定外,普通合伙人转变为有限合伙人,或者有限合伙人转变为普通合伙人,应当经全体合伙人一致同意。有限合伙人转变为普通合伙人的，对其作为有限合伙人期间有限合伙企业发生的债务承担无限连带责任。普通合伙人转变为有限合伙人的，对其作为普通合伙人期间合伙企业发生的债务承担无限连带责任。

五、合伙企业的解散和清算

（一）合伙企业的解散

合伙企业解散是指各合伙人解除合伙协议，合伙企业终止活动。《合伙企业法》第85条规定："合伙企业有下列情形之一的，应当解散：
（一）合伙期限届满，合伙人决定不再经营；
（二）合伙协议约定的解散事由出现；
（三）全体合伙人决定解散；
（四）合伙人已不具备法定人数满三十天；
（五）合伙协议约定的合伙目的已经实现或者无法实现；
（六）依法被吊销营业执照、责令关闭或者被撤销；
（七）法律、行政法规规定的其他原因。"

（二）合伙企业的清算

1. 确定清算人

在合伙企业解散时，应当由清算人进行清算。清算人由全体合伙人担任，经全体合伙人过半数同意，可以自合伙企业解散事由出现后15日内指定一个或者数个合伙人，或者委托第三人担任清算人。自合伙企业解散事由出现之日起15日内未确定清算人的，合伙人或者其他利害关系人可以申请人民法院指定清算人。

清算人在清算期间执行下列事务：清理合伙企业财产，分别编制资产负债表和财产清单；处理与清算有关的合伙企业未了结事务；清缴所欠税款；清理债权、债务；处理合伙企业清偿债务后的剩余财产；代表合伙企业参加诉讼或者仲裁活动。

2. 通知和公告债权人

清算人自被确定之日起10日内，应将合伙企业解散事项通知债权人，并于60日内在报纸上公告。债权人应当自接到通知书之日起30日内，未接到通知书的自公告之日起45日内，向清算人申报债权。债权人申报债权，应当说明债权的有关事项，并提供证明材料。清算人应当对债权进行登记。清算期间，合伙企业存续，但不得开展与清算无关的经营活动。

（三）财产清偿

合伙企业财产在支付清算费用后，应按以下顺序清偿：
（1）合伙企业所欠职工工资和劳动保险费用；
（2）合伙企业所欠税款；
（3）合伙企业的债务；
（4）返还合伙人的出资。

合伙企业财产按上述顺序清偿后仍有剩余的，按合伙协议约定的利润分配比例进行分配；合伙协议未约定利润分配比例的，由合伙人平均分配。合伙企业清算时，其全部财产不足清偿其债务的，由其合伙人以个人的财产，按照合伙协议约定的比例承担清偿责任；合伙协议未约定比例的，平均承担清偿责任。

（四）注销登记

清算结束，清算人应当编制清算报告，经全体合伙人签名、盖章后，在15日内向企业登记机关报送清算报告，申请办理合伙企业注销登记。

合伙企业注销后，原普通合伙人对合伙企业存续期间的债务仍应承担无限连带责任。

（五）合伙企业不能清偿到期债务的处理

合伙企业不能清偿到期债务的，债权人可以依法向人民法院提出破产清算申请，也可以要求普通合伙人清偿。合伙企业依法被宣告破产的，普通合伙人对合伙企业债务仍应承担无限连带责任。

本章小结

本章主要阐述了个人独资企业和合伙企业的设立、运营、事务执行、入伙退伙及清算解散的相关规定。个人独资企业是指依照《个人独资企业法》在我国境内设立，由一个自然人投资，财产为投资人所有，投资人以其个人财产对企业债务承担无限责任的经营实体。个人独资企业不具有法人资格，也无独立承担民事责任的能力，但个人独资企业可以用自己的名义从事民事活动。合伙企业是指自然人、法人和其他组织按照《合伙企业法》在我国境内设立的由各合伙人订立合伙协议、共同出资、合伙经营、共享收益的普通合伙企业和有限合伙企业。普通合伙企业的合伙人之间对合伙债务承担无限连带责任。在有限合伙企业中，不同类型的合伙人所承担的责任存在差异，其中有限合伙人用其各自的出资额为限承担有限责任，而普通合伙人则承担无限连带责任。

同步综合练习

一、单项选择题

1. 根据《合伙企业法》的规定，下列选项中可以成为普通合伙人的是(　　)。

　　A. 国有独资公司　　　　　　　　B. 国有企业
　　C. 上市公司　　　　　　　　　　D. 自然人张某

2. 甲、乙、丙、丁共同出资设立一普通合伙企业。根据《合伙企业法》的规定，下列关于合伙人出资方式的表述中不正确的是(　　)。

　　A. 甲不能以劳务作为出资　　　　B. 乙可以以货币作为出资
　　C. 丙可以以实物作为出资　　　　D. 丁可以以土地使用权作为出资

3. 甲、乙、丙、丁投资设立一普通合伙企业，合伙协议约定，如果聘任合伙人以外的人担任合伙企业的经营管理人员，必须经2/3以上全体合伙人的同意才可以。现欲聘任戊担任合伙企业的经营管理人员。根据合伙企业法律制度的规定，下列表述中正确的是(　　)。

　　A. 应当经全体合伙人一致同意才可以

B. 应当经全体合伙人过半数同意才可以

C. 应当经全体合伙人 2/3 以上同意才可以

D. 应当经全体合伙人 1/2 以上同意才可以

4. 甲、乙、丙、丁投资设立一普通合伙企业,选举甲执行合伙事务;同时,还约定甲对外订立合同金额在 8 000 元以上的,必须取得全体合伙人一致同意才可以,否则合同便无效。甲在执行合伙事务期间,未征得其他合伙人的同意就与不知情的第三人戊订立了一份金额为 10 000 元的合同。根据合伙企业法律制度的规定,下列表述中正确的是(　　)。

A. 该合同有效
B. 该合同无效
C. 该合同效力待定
D. 该合同可撤销

5. 甲、乙、丙、丁四人投资设立一有限合伙企业,甲、乙是普通合伙人,丙、丁是有限合伙人。根据合伙企业法律制度的规定,对合伙企业不足清偿的债务,下列表述中正确的是(　　)。

A. 甲、乙、丙、丁承担无限连带责任

B. 甲、乙、丙、丁以其实缴的出资额为限承担有限责任

C. 甲、乙承担无限连带责任,丙、丁以其认缴的出资额为限承担有限责任

D. 甲、乙、丙、丁均以其认缴的出资额为限承担有限责任

6. 张某、王某、李某投资设立一会计师事务所(特殊的普通合伙企业)。张某在执业活动中,非因故意也非因重大过失给合伙企业造成 50 万元的债务。关于该债务的承担方式,下列表述中正确的是(　　)。

A. 张某承担无限连带责任,王某、李某承担有限责任

B. 张某、王某、李某承担无限连带责任

C. 张某承担有限责任,王某、李某承担无限连带责任

D. 张某、王某、李某承担有限责任

7. 根据《合伙企业法》的规定,下列关于有限合伙企业的表述中正确的是(　　)。

A. 上市公司可以成为有限合伙企业的普通合伙人

B. 有限合伙人可以用劳务出资

C. 有限合伙人不执行合伙事务,不得对外代表有限合伙企业

D. 有限合伙企业仅剩普通合伙人的,应当解散

8. 根据合伙企业法律制度的规定,下列关于有限合伙企业与普通合伙企业区别的表述中正确的是(　　)。

A. 普通合伙企业的合伙人一般均可参与合伙企业的经营管理

B. 有限合伙企业中,由有限合伙人从事具体的经营管理,普通合伙人不执行合伙事务

C. 普通合伙企业的合伙人对合伙企业债务以其各自认缴的出资额为限承担有限责任

D. 有限合伙企业中,有限合伙人和普通合伙人均对合伙企业债务承担无限连带责任

9. 张三、李四和赵五同为甲普通合伙企业的合伙人。张三向王六借了 30 万元,无力用个人财产清偿。王六在不满足用张三从甲合伙企业分得的收益偿还其债务的情况下,还可以(　　)。

A. 代位行使张三在甲合伙企业的权利

B. 依法请求人民法院强制执行张三在甲合伙企业的财产份额用于清偿债务

C. 自行接管张三在甲合伙企业的财产份额

D. 直接变卖张三在甲合伙企业的财产份额用于清偿债务

10. 甲、乙、丙投资设立A有限合伙企业。甲、乙为有限合伙人，丙为普通合伙人。根据合伙企业法律制度的规定，下列表述中不正确的是(   )。

A. 若丙被依法宣告死亡，则丙构成当然退伙

B. 若甲在合伙企业中的全部财产份额被人民法院强制执行，则甲构成当然退伙

C. 若乙在有限合伙企业存续期间丧失民事行为能力，则乙构成当然退伙

D. 若甲死亡，其继承人可以依法取得甲在有限合伙企业中的资格

11. 2013年1月1日，甲、乙、丙、丁共同设立有限合伙企业A，甲、乙为普通合伙人，丙、丁为有限合伙人。2013年6月15日，A企业向B银行借款50万元。2013年9月1日，甲、丙退伙并办理了结算手续，各取10万元。下列关于甲、丙对此项债务责任承担的表述中正确的是(   )。

A. 甲、丙不承担责任

B. 甲、丙分别以其退伙时从A企业中取回的10万元承担责任

C. 甲承担无限连带责任，丙以其认缴的出资额为限承担责任

D. 甲承担无限连带责任，丙以其退伙时从A企业中取回的10万元承担责任

12. 甲、乙、丙、丁成立一有限合伙企业，其中甲、乙为普通合伙人，丙、丁为有限合伙人。一年后，甲转为有限合伙人，丙转为普通合伙人。此前，合伙企业欠银行50万元，该债务直至合伙企业被宣告破产仍未偿还。下列关于对该50万元债务清偿责任的表述中，符合合伙企业法律制度规定的是(   )。

A. 甲、乙承担无限连带责任，丙、丁以其出资额为限承担责任

B. 乙、丙承担无限连带责任，甲、丁以其出资额为限承担责任

C. 甲、乙、丙承担无限连带责任，丁以其出资额为限承担责任

D. 乙承担无限连带责任，甲、丙、丁以其出资额为限承担责任

二、多项选择题

1. 甲、乙、丙、丁投资设立普通合伙企业A，根据合伙企业法律制度的规定，除合伙协议另有约定外，下列行为的实施中必须征得甲、乙、丙、丁四人同意的有(   )。

A. 将合伙企业的厂房卖给第三人戊

B. 将合伙企业的主要营业场所由上海转移到北京

C. 以合伙企业的名义为第三人辛提供担保

D. 将合伙企业名称更改为B合伙企业

2. 甲、乙、丙共同出资设立普通合伙企业A，合伙协议约定的下列内容，符合《合伙企业法》规定的有(   )。

A. 经2/3以上合伙人同意，合伙人可以同A企业进行交易

B. 经全体合伙人同意，合伙人可以与他人合作经营与A企业相竞争的业务

C. 经2/3以上合伙人同意，可以改变A企业的名称

D. 经2/3以上合伙人同意，可以以A企业名义为他人提供担保

3. 根据《合伙企业法》的规定，下列关于普通合伙企业利润分配的表述中正确的有(   )。

A. 合伙协议约定比例的，按约定比例分配

B. 合伙协议没有约定比例的，由各合伙人协商确定

C. 合伙协议没有约定比例的，由各合伙人按照实缴出资比例分配

D. 合伙协议可以约定将全部的利润分配给部分合伙人

4. 甲向 A 银行借款 50 万元作为出资，与乙设立了某普通合伙企业。借款到期后，A 银行要求甲偿还借款，但甲的个人财产不足以清偿债务。根据合伙企业法律制度的规定，下列表述中正确的有(   )。

A. 甲可以用其从合伙企业分取的收益偿还借款

B. A 银行可以代位行使甲在合伙企业中的权利

C. A 银行可以对甲的债权抵销其对合伙企业的债务

D. A 银行可以请求人民法院强制执行甲在合伙企业中的财产份额用于清偿借款

5. 甲、乙、丙、丁投资设立普通合伙企业 A。甲发生与合伙企业无关的债务（欠债权人戊 20 万元），到期无力偿还，且戊恰好欠 A 合伙企业 20 万元债务已到期。根据合伙企业法律制度的规定，戊可以采取的措施有(   )。

A. 以对甲的债权抵销其对合伙企业的债务

B. 代位行使甲在合伙企业中的权利

C. 要求甲以其从合伙企业中的收益清偿

D. 请求人民法院强制执行甲在合伙企业中的财产份额

6. 如果合伙协议没有约定，有限合伙人的下列行为中符合法律规定的有(   )。

A. 以劳务出资

B. 对合伙企业债务拒绝承担连带责任

C. 将其在合伙企业中的财产份额出质

D. 向合伙人以外的人转让其在有限合伙企业中的财产份额

7. 甲是普通合伙企业的合伙人，合伙协议约定合伙期限为两年。在合伙企业存续期间，若发生(   )情形，甲可以退伙。

A. 合伙协议约定的退伙事由出现

B. 经过全体合伙人一致同意甲退伙

C. 发生了甲难以继续参加合伙的事由

D. 其他合伙人严重违反合伙协议约定的义务

8. 甲、乙、丙共同出资设立 A 普通合伙企业，甲未履行出资义务。根据《合伙企业法》的规定，下列表述中正确的有(   )。

A. 经乙、丙一致同意，可以决议将甲除名

B. 被除名人甲接到除名通知之日，除名生效

C. 对甲的除名，自决议作出之日起生效

D. 如果甲对除名决议有异议，可以自接到除名通知之日起 30 日内，向人民法院起诉

9. 律师张某、高某、刘某投资设立了律师事务所 A（特殊的普通合伙企业）。根据合伙企业法律制度的规定，下列表述中正确的有(   )。

A. 若律师刘某在代理案件过程中因重大过失造成律师事务所 A 负债的，刘某应对该笔债务承担无限责任

B. 若律师刘某因重大过失造成律师事务所 A 负债，则高某、张某应承担无限连带

责任

C. 若律师高某在代理案件过程中非因故意造成律师事务所 A 负债的，高某应对该笔债务承担无限责任

D. 若律师刘某因故意造成律师事务所负债的，以律师事务所 A 的财产对外承担责任后，刘某应当按照合伙协议的约定对给律师事务所造成的损失承担赔偿责任

10. 某年 10 月 3 日，宋某、陈某投资设立了有限合伙企业甲，宋某为普通合伙人，陈某为有限合伙人。合伙协议约定宋某为合伙企业事务执行人，其他事项均未做约定。某年 12 月 1 日，陈某与于某订立了价款为 10 万元的买卖合同，且于某有理由相信陈某为普通合伙人。12 月 10 日，陈某未经授权的情况下又以甲企业的名义与刘某进行交易，给甲企业造成 5 万元的损失。根据合伙企业法律制度的规定，下列表述中正确的有(　　)。

A. 陈某应对其与于某的交易承担无限责任
B. 陈某应对其与于某的交易以其认缴的出资额为限承担责任
C. 陈某应对给企业造成的 5 万元损失承担赔偿责任
D. 该有限合伙企业不得将全部利润分配给陈某

三、材料分析题

1. 自然人甲、乙及 A 公司共同投资设立了某普通合伙企业，相关资料如下。

(1) 合伙人：甲是以自己的劳动收入为主要生活来源的 17 岁公民，乙是限制性民事行为能力人；A 公司是一国有独资公司，作为企业的普通合伙人。

(2) 甲以个人劳务出资，折合 8 万元；乙以货币出资 10 万元；A 公司以厂房出资，作价 12 万元。

(3) 3 位合伙人（甲、乙、A 公司）召开会议，共同讨论丁加入合伙企业，合伙协议无约定。决议的结果是甲、乙两位合伙人同意，A 公司表示反对，该合伙企业以少数服从多数的原则认可了丁加入该合伙企业的行为。

请根据以上事实回答下列问题。

(1) 该合伙企业的组成人员是否合法？请说明理由。
(2) 合伙人的出资是否符合法律规定？请说明理由。
(3) 根据《合伙企业法》的规定，丁是否可以加入合伙企业？如果丁作为普通合伙人加入，对于合伙企业之前债务应如何承担责任？请说明理由。

2. 甲、乙、丙、丁共同投资设立了有限合伙企业 A。合伙协议约定：甲、乙为普通合伙人，分别以货币出资 10 万元；丙、丁为有限合伙人，丙以设备出资作价 15 万元，丁以劳务出资作价 15 万元；甲执行合伙企业事务，对外代表合伙企业。2019 年，合伙企业发生了下列事实。

(1) 2 月，甲以 A 企业的名义与 B 公司订立了一份 12 万元的买卖合同。乙获知后，认为该买卖合同损害了 A 企业的利益，且甲的行为违反了合伙企业内部关于"丙无权单独与第三人订立超过 10 万元合同"的规定，遂要求各合伙人作出决议，撤销甲代表合伙企业订立合同的资格；B 公司在订立合同时，对此限制规定并不知情。

(2) 8 月，丁退伙，并从 A 企业取得退货结算财产 12 万元。

(3) 9 月，A 企业吸收戊作为普通合伙人入伙，戊以货币出资 8 万元。

(4) 10 月，A 企业的债权人 C 公司要求 A 企业偿还 6 月所欠款项 50 万元。

请根据上述材料，分别回答下列问题。

(1) 甲、乙、丙、丁的出资方式是否符合规定？请说明理由。

(2) 甲以 A 企业的名义与 B 公司订立的买卖合同是否有效？请说明理由。

(3) 如果戊作为有限合伙人入伙，A 企业应当如何表决通过？请说明理由。

(4) 如果 A 企业的全部财产不足以偿还 C 公司的债务，对于不足以清偿的部分，合伙人甲、乙、丙、丁、戊分别应如何承担清偿责任？

第三章 公司法律制度

学习目标

通过学习本章，学生应了解公司的概念、特征和分类，重点掌握有限责任公司和股份有限公司的设立、组织结构、股权（股份）转让等基本规定；公司债券的发行与转让等；了解公司的董事、监事、高级管理人员的资格和义务；了解公司的合并、分立、解散和清算。

导入案例

公司决议撤销纠纷案

基本案情

原告李建军诉称：被告上海佳动力环保科技有限公司（以下简称"佳动力公司"）免除其总经理职务的决议所依据的事实和理由不成立，且董事会的召集程序、表决方式及决议内容均违反了《公司法》中的相关规定，请求法院依法撤销该董事会决议。

被告佳动力公司辩称：董事会的召集程序、表决方式及决议内容均符合相关法律和章程的规定，故董事会决议有效。

法院查明：原告李建军系被告佳动力公司的股东，同时担任总经理。佳动力公司股权结构为葛永乐持股40%，李建军持股46%，王泰胜持股14%。3位股东共同组成董事会，由葛永乐担任董事长，另两人为董事。公司章程规定：董事会行使包括聘任或者解聘公司经理等职权；董事会须由2/3以上的董事出席方才有效；董事会对所议事项作出的决定应由占全体股东2/3以上的董事表决通过方才有效。2009年7月18日，佳动力公司董事长葛永乐召集并主持董事会，3位董事均出席，且在会议上形成了对"鉴于总经理李建军不经董事会同意私自动用公司资金在二级市场炒股，造成巨大损失，现免去其总经理职务，即日生效"等内容的决议。该决议由葛永乐、王泰胜及监事签名，而李建军未在该决议上签名。

裁判结果

上海市黄浦区人民法院于 2010 年 2 月 5 日作出（2009）黄民二（商）初字第 4569 号民事判决：撤销被告佳动力公司于 2009 年 7 月 18 日形成的董事会决议。待法院宣判后，佳动力公司提出上诉。上海市第二中级人民法院于 2010 年 6 月 4 日作出（2010）沪二中民四（商）终字第 436 号民事判决：撤销上海市黄浦区人民法院（2009）黄民二（商）初字第 4569 号民事判决；驳回李建军的诉讼请求。

（资料来源：最高人民法院官网 https://www.court.gov.cn/shenpan/gengduo/77.html）

第一节 公司和公司法概述

一、公司的概念

公司是现代社会最重要的一种企业组织形式，但由于各国立法习惯及法律体系的不同，因此各国的公司概念也不相同。在不同的经济时期，随着公司的不断发展和变化，公司的外延和内涵也会发生变化。英美法系不太注重抽象概念的界定，因而未形成一个明确的公司的定义。例如，在有些英美法系国家，不同的利益主体为了实现共同的目的、从事共同的事业，就可以采用公司形式。

《公司法》中规定，公司是指股东依法以投资方式设立，以营利为目的，以其认缴的出资额或认购的股份为限对公司承担责任，公司以其全部独立法人财产对公司债务承担责任的企业法人。

二、公司的特征

《公司法》中规定，公司包括有限责任公司和股份有限公司两种类型。一般而言，公司具有以下基本的法律特征。

（一）公司具有法人资格

《公司法》第 3 条规定："公司是企业法人，有独立的法人财产，享有法人财产权。公司以其全部财产对公司的债务承担责任。公司的合法权益受法律保护，不受侵犯。"法人是与自然人并列的具有独立的主体性资格、具有法律主体所要求的权利能力与行为能力，能够以自己的名义从事民商事活动并以自己的财产独立承担民事责任。《公司法》中规定，公司法人资格取得必须符合以下条件。

1. 公司必须依法设立

（1）要求公司的章程、资本、组织机构、活动原则等必须合法。公司的依法设立主要是对设立程序而言的，即公司的设立必须依据法定的程序办理相关的登记手续，领取公司法人营业执照，有的公司（如商业银行、保险公司、证券公司等）的设立还必须经过审批程序。凡在我国境内设立的公司，必须依照《公司法》《公司登记管理条例》及其他相关法律法规所规定的条件和程序设立。

（2）公司的设立要经过法定程序，且应进行市场主体登记。

《公司法》第29条规定:"设立公司,应当依法向公司登记机关申请设立登记。法律、行政法规规定设立公司必须报经批准的,应当在公司登记前依法办理批准手续。"

《公司法》第30条规定:"申请设立公司,应当提交设立登记申请书、公司章程等文件,提交的相关材料应当真实、合法和有效。申请材料不齐全或者不符合法定形式的,公司登记机关应当一次性告知需要补正的材料。"

《公司法》第31条规定:"符合本法规定的设立条件的,由公司登记机关分别登记为有限责任公司或者股份有限公司;不符合本法规定的设立条件的,不得登记为有限责任公司或者股份有限公司。"

2. 公司必须具备必要的财产

公司作为一个以营利为目的的企业法人,必须有其可控制与支配的财产,以从事经营活动。《公司法》将公司享有的独立的法人财产称为法人财产权,《公司法》第3条规定:"公司是企业法人,有独立的法人财产,享有法人财产权。公司以其全部财产对公司的债务承担责任。"

公司的财产包括由设备、材料、工具等动产、土地等不动产及货币组成的有形财产,也包括商企业名称、工业产权等无形财产。公司成立时的原始财产由股东出资构成,股东可以货币、实物、土地使用权、工业产权等方式出资。股东一旦履行了出资义务,其出资标的物的所有权即转移至公司,构成公司的财产。公司的财产独立于股东个人的财产,这是公司财产的一个重要特征,它是公司能够独立承担民事责任,进而取得法人资格的基础,也是股东只以出资额为限对公司债务承担责任的依据。

3. 公司必须有自己的名称、组织机构和经营场所

(1) 公司的名称相当于自然人的姓名,可以自由选用,但必须标明公司的种类,即有限责任公司或股份有限公司。

《公司法》规定,公司应当有自己的名称。公司名称应当符合国家有关规定。公司的名称权受法律保护。

依照《公司法》设立的有限责任公司,应当在公司名称中标明有限责任公司或者有限公司字样。依照《公司法》设立的股份有限公司,应当在公司名称中标明股份有限公司或者股份公司字样。

(2) 公司必须具有完备的组织机构。

规范的内部治理结构是公司法人不同于其他法人组织的重要标志之一。公司作为法人,并无自然实体,必须设立公司机关以决定和实施公司的意志。公司健全的组织机构是其公司法人意志得以实现的组织保障,它包括公司的权力机构、执行机构和监督机构。《公司法》规定,有限责任公司和股份有限公司的组织机构大体相同而略有差异,主要表现为前者有较多的灵活性而后者有更强的规范性。

(3) 公司要有自己的经营场所。

经营场所是公司实现其设立目的实施经营的地方。另外,公司还必须有自己的住所,其住所可与其经营场所一致,也可以不一致。住所是公司法律关系的中心地域,凡涉及公司债务之清偿、诉讼之管辖、书状之送达,均以此为标准。《公司法》中规定,公司以其主要办事机构所在地为住所。

4. 公司必须是独立法人资格的经济组织

（1）公司能够独立从事民商事活动。

企业可分为法人企业与非法人企业。法人企业是指具有民事权利能力和民事行为能力，依法独立承担民事责任的组织。非法人企业是指不具备法人资格的企业，在我国主要有个人独资企业、合伙企业、个体户等。非法人企业虽有自己的财产，但不能独立承担民事责任。

公司的独立法人资格表现在公司拥有独立的法人财产，享有法人财产权；以自己的名义拥有财产（包括不动产）的权利、起诉和应诉的权利及在公司目的范围内从事任何合法的经营活动的权利；在经营活动中，公司能够独立从事民商事活动。

（2）公司能够独立承担民事责任。

公司必须在依法自主组织生产和经营的基础上自负盈亏，用其全部法人财产对公司债务独立承担责任。公司独立承担责任，就意味着股东除承担对公司的出资义务外，不再承担任何其他责任，即股东的有限责任。

《公司法》第3条中的"以其全部财产对公司的债务承担责任"意味着公司股东应承担的有限责任。《公司法》第4条规定："有限责任公司的股东以其认缴的出资额为限对公司承担责任，股份有限责任的股东以其认购的股份为限对公司承担责任。"

知识加油站

公司法人人格否定制度

《公司法》第21条规定："公司股东应当遵守法律、行政法规和公司章程，依法行使股东权利，不得滥用股东权利损害公司或者其他股东的利益。公司股东滥用股东权利给公司或者其他股东造成损失的，应当承担赔偿责任。"

最高人民法院发布的《关于适用〈公司法〉若干问题的规定（三）》（以下简称"《公司法》解释（三）"）对其进行了更加详细的规范。

《公司法》解释（三）第13条规定："股东未履行或者未全面履行出资义务，公司或者其他股东请求其向公司依法全面履行出资义务的，人民法院应予支持。

公司债权人请求未履行或者未全面履行出资义务的股东在未出资本息范围内对公司债务不能清偿的部分承担补充赔偿责任的，人民法院应予支持；未履行或者未全面履行出资义务的股东已经承担上述责任，其他债权人提出相同请求的，人民法院不予支持。

股东在公司设立时未履行或者未全面履行出资义务，依照本条第1款或者第2款提起诉讼的原告，请求公司的发起人与被告股东承担连带责任的，人民法院应予支持；公司的发起人承担责任后，可以向被告股东追偿。

股东在公司增资时未履行或者未全面履行出资义务，依照本条第一款或者第2款提起诉讼的原告，请求未尽公司法第147条第1款规定的义务而使出资未缴足的董事、高级管理人员承担相应责任的，人民法院应予支持；董事、高级管理人员承担责任后，可以向被告股东追偿。"

《公司法》解释（三）第14条规定："股东抽逃出资，公司或者其他股东请求其向公司返还出资本息、协助抽逃出资的其他股东、董事、高级管理人员或者实际控制人对此承担连带责任的，人民法院应予支持。

公司债权人请求抽逃出资的股东在抽逃出资本息范围内对公司债务不能清偿的部分承担补充赔偿责任、协助抽逃出资的其他股东、董事、高级管理人员或者实际控制人对此承担连带责任的，人民法院应予支持；抽逃出资的股东已经承担上述责任，其他债权人提出相同请求的，人民法院不予支持。"

（二）公司以营利为目的

公司以营利为目的，是指设立公司的目的及公司的运作都是为了谋求经济利益。通过经营获取利润，以较少的经营投入获取较多的经营收益。

公司的营利性是公司区别于非营利性法人组织的重要特征。营利法人的宗旨是获取利润并将利润分配给成员（出资人或股东），而非营利法人的宗旨是发展公益、慈善、宗教、学术事业，它们即使从事商业活动、赚取利润，也只是以营利为手段，旨在实现与营利无关的目的，而且其营利所得不能直接分配给成员。区分营利法人和非营利法人的主要法律意义在于对其设定不同的设立程序、赋予不同的权利能力、适用不同的税法等。

公司的营利性实质上反映的是股东设立公司的目的。公司只有以营利为目的，实现公司利益最大化，才能让股东收回投资，并进而实现盈利。法律承认并保护公司的营利性，方能鼓励投资、创造社会财富、促进市场经济的发展。所以，《公司法》第4条规定："公司股东对公司依法享有资产收益、参与重大决策和选择管理者等权利。"将股东的资产收益权作为股东的第一项权利加以规定，体现了公司的营利特征。

三、公司的分类

依据不同的标准，公司有不同的分类，而每种分类均有其法律上的意义。对于有些类型的公司，《公司法》中没有给出规定，故不具有立法和司法的意义，但从学理上进行把握和理解仍然是很重要的，它们对于准确地理解和领会《公司法》的原理具有重要意义。同时，各种分类标准都有一定的相对性而不是绝对的。

（一）以公司股东的责任范围为标准分类

以公司股东是否对公司债务承担责任为标准，可将公司分为有限责任公司、股份有限公司、无限责任公司和两合公司。

（1）有限责任公司是指股东仅以其出资额为限对公司承担责任，公司以其全部资产对公司承担责任的公司。有限责任公司出现得较晚，由于较好地吸收了其他公司形式的优点并克服其不足，这种公司形式在世界各国得到了迅速发展。

（2）股份有限公司是指全部资本分为等额股份，股东以其所持股份对公司承担责任，公司以其全部资产对公司债务承担责任的公司。股份有限公司因其可以在社会上广泛筹资、股份可以自由转让，公司可以实行所有权与经营权分离的经营方式和分权制制衡机制以及股东具有有限责任等特点，特别适合大型企业的经营，现已成为十分重要的公司形式。

（3）无限责任公司是指由两个以上股东组成、全体股东对公司债务负连带无限责任的公司。

（4）两合公司是指部分无限责任股东和部分有限责任股东共同组成，前者对公司债务负连带无限责任，后者仅以出资额为限承担责任的公司。在这类公司中，无限责任股东除负有一定的出资义务外，还必须对公司债务承担无限连带责任。有限责任股东除有一定的出资义务外，只以其对公司的出资额为限对公司债务承担责任。

有限责任公司和股份有限公司目前是世界各国主要的企业组织形式，而《公司法》仅对有限责任公司和股份有限公司进行了规定。

有限责任公司和股份有限公司的比较

（二）以公司股份转让方式为标准分类

以公司股份是否可以自由转让和流通为标准，可将公司分为封闭式公司与开放式公司。

（1）封闭式公司又称不公开公司、不上市公司等，是指公司股本全部由设立公司的股东拥有，且其股份不能在证券市场上自由转让的公司。有限责任公司属于封闭式公司。

（2）开放式公司又称公开公司、上市公司等，是指可以按法定程序公开招股，股东人数通常无法定限制、公司的股份可以在证券市场公开自由转让的公司，即上市公司。并非所有的股份有限公司都是上市公司，但是股份有限公司都具有开放性，都可以申请向社会公开发行股份和募集资金。

（三）以公司的信用基础为标准分类

以公司的信用由谁决定为标准，可将公司分为人合公司、资合公司、人合兼资合公司。

（1）人合公司是指公司的经营活动以股东个人为基础的公司。人合公司的对外信用主要取决于股东个人的信用状况。无限责任公司是典型的人合公司。

（2）资合公司是指公司的经营活动以公司的资本规模而非股东个人信用为基础的公司。股份公司中的上市公司是典型的资合公司。

（3）人合兼资合公司是指公司的设立和经营同时依赖于股东个人信用和公司资本规模，从而兼有两种公司的特点。有限责任公司即属于这种公司。

（四）以公司组织关系为标准

以公司之间在财产上、人事上、责任承担上的相互关系为标准，可将公司分为母公司与子公司、总公司与分公司。

1. 母公司与子公司

母公司是指拥有其他公司一定数额的股份或根据协议，能够控制、支配其他公司的人事、财务、业务等事项的公司。母公司最基本的特征不在于是否持有子公司的股份，而在于是否参与子公司业务经营。

子公司是指一定数额的股份被另一公司控制或依照协议被另一公司实际控制、支配的公司。子公司具有独立法人资格，拥有自己所有的财产，自己的公司名称、章程和董事会，对外独立开展业务和承担责任。但涉及公司利益的重大决策或重大人事安排，仍要由母公司决定。《公司法》第13条规定："公司可以设立子公司。子公司具有法人资格，依法独立承担民事责任。"

2. 总公司与分公司

总公司指依法设立并管辖公司全部组织的具有企业法人资格的总机构，在公司内部管辖系统中，处于领导、支配地位。分公司是指在业务、资金、人事等方面受本公司管辖而不具有法人资格的分支机构，分公司不具有法律上和经济上的独立地位，其设立程序简单，其民事责任由公司承担。《公司法》第13条规定："公司可以设立分公司。分公司不具有法人资格，其民事责任由公司承担。"

需要注意的是，分公司尽管不具有法人资格，不享有独立的财产权利，不能独立承担民事责任，但分公司能够以自己的名义从事法律活动，有相应的权利能力和行为能力。

四、公司的登记管理

公司登记是国家赋予公司法人资格与企业经营资格，并对公司的设立、变更、注销加以规范、公示的行政行为。公司经公司登记机关依法登记，领取《营业执照》，取得企业法人资格。未经公司登记机关登记的，不得以公司名义从事经营活动。公司只有在法定机关登记后才能正式成立，才具有法人资格，其权利才能受到法律的保护。

（一）公司设立登记的管辖及登记事项

市场监督管理部门是我国的公司登记机关。国家市场监督管理总局主管全国的公司登记工作。我国的公司登记实行国家、省（自治区、直辖市）、设区的市（地区）和县（市）三级管辖制度。

（1）国家市场监督管理总局负责登记的公司包括：

①国务院国有资产监督管理机构履行出资人职责的公司及该公司投资设立并持有50%以上股份的公司；

②外商投资的公司；

③依照法律、行政法规或者国务院决定的规定，应当由国家市场监督管理总局登记的公司；

④国家市场监督管理总局规定应当由其登记的其他公司。

（2）省（自治区、直辖市）市场监督管理部门负责登记的公司包括：

①省、自治区、直辖市人民政府国有资产监督管理机构履行出资人职责的公司及该公司投资设立并持有50%以上股份的公司；

②省、自治区、直辖市市场监督管理部门规定由其登记的自然人投资设立的公司；

③依照法律、行政法规或者国务院决定的规定，应当由省、自治区、直辖市市场监督管理部门登记的公司；

④国家市场监督管理总局授权登记的其他公司。

（3）设区的市（地区）市场监督管理部门、县（市）市场监督管理部门，以及直辖市的市场监督管理部门、设区的市（地区）市场监督管理部门的区分局，负责本辖区内下列公司的登记：

①上述（1）和（2）所列公司以外的其他公司；

②国家市场监督管理总局和省、自治区、直辖市市场监督管理部门授权登记的公司，但其中的股份有限公司由设区的市（地区）市场监督管理部门负责登记。

《公司法》第32条规定："公司登记事项包括：

（一）名称；

（二）住所；

（三）注册资本；

（四）经营范围；

（五）法定代表人的姓名；

（六）有限责任公司股东、股份有限公司发起人的姓名或者名称。"

（二）公司设立登记注意事项

（1）申请设立公司时，应当提交设立登记申请书、公司章程等文件，提交的相关材料应当真实、合法和有效。申请材料不齐全或者不符合法定形式的，公司登记机关应当一次性告知需要补正的材料。

（2）申请设立公司，符合《公司法》规定的设立条件的，由公司登记机关分别登记为有限责任公司或者股份有限公司；不符合《公司法》规定的设立条件时，不得登记为有限责任公司或者股份有限公司。依法设立的公司，由公司登记机关发给公司营业执照。公司营业执照签发日期为公司成立日期。

（3）公司营业执照应当载明公司的名称、住所、注册资本、经营范围、法定代表人姓名等事项。公司登记机关可以发给电子营业执照。电子营业执照与纸质营业执照具有同等法律效力。

（4）公司登记事项发生变更的，应当依法办理变更登记。公司登记事项未经登记或者未经变更登记，不得对抗善意相对人。公司申请变更登记，应当向公司登记机关提交公司法定代表人签署的变更登记申请书、依法作出的变更决议或者决定等文件。公司变更登记事项涉及修改公司章程的，应当提交修改后的公司章程。公司变更法定代表人的，变更登记申请书由变更后的法定代表人签署。公司营业执照记载的事项发生变更的，公司办理变更登记后，由公司登记机关换发营业执照。

（5）公司因解散、宣告破产或者其他法定事由需要终止的，应当依法向公司登记机关申请注销登记，由公司登记机关公告公司终止。公司设立分公司，应当向公司登记机关申请登记，领取营业执照。

（6）公司应当按照规定通过国家企业信用信息公示系统公示下列事项：

①有限责任公司股东认缴和实缴的出资额、出资方式和出资日期，股份有限公司发起人认购的股份数；

②有限责任公司股东、股份有限公司发起人的股权、股份变更信息；

③行政许可取得、变更、注销等信息；

④法律、行政法规规定的其他信息。

公司应当确保公示信息真实、准确、完整。对于虚报注册资本、提交虚假材料或者采取其他欺诈手段隐瞒重要事实取得公司设立登记的，公司登记机关应当依照法律、行政法规的规定予以撤销。

公司登记机关应当优化公司登记办理流程，提高公司登记效率，加强信息化建设，推行网上办理等便捷方式，使登记过程更加便利。

五、《公司法》的发展

1993年12月29日，第八届全国人民代表大会常务委员会第五次会议表决通过《公司法》。1999年12月25日，第九届全国人民代表大会常务委员会第十三次会议表决通过《关于修改〈中华人民共和国公司法〉的决定》，《公司法》进行第一次修正。

2004年8月28日，第十届全国人民代表大会常务委员会第十一次会议表决通过《关于修改〈中华人民共和国公司法〉的决定》，《公司法》进行第二次修正。

2005年10月27日，第十届全国人民代表大会常务委员会第十八次会议对《公司法》进行第一次修订。

2013年12月28日，第十二届全国人民代表大会常务委员会第六次会议表决通过《关于修改〈中华人民共和国海洋环境保护法〉等七部法律的决定》，《公司法》进行第三次修正。

2018年10月26日，第十三届全国人民代表大会常务委员会第六次会议表决通过《关于修改〈中华人民共和国公司法〉的决定》，《公司法》进行第四次修正。

2023年12月29日，第十四届全国人民代表大会常务委员会第七次会议对《公司法》进行第二次修订。

第二节　有限责任公司

一、有限责任公司的设立

有限责任公司是指按照《公司法》设立的、股东以其认缴的出资额为限对公司承担有限责任、公司以其全部资产对其承担责任的企业法人。

（一）设立股东的人数要求

《公司法》第42条规定："有限责任公司由1个以上50个以下股东出资设立。"这表明，在我国设立有限责任公司，股东最多不能超过50个，最少为1个。除国有独资公司外，有限责任公司的股东可以是自然人，也可以是法人。

《公司法》第43条规定："有限责任公司设立时的股东可以签订设立协议，明确各自在公司设立过程中的权利和义务。"

《公司法》第44条规定："有限责任公司设立时的股东为设立公司从事的民事活动，其法律后果由公司承受。

公司未成立的，其法律后果由公司设立时的股东承受；设立时的股东为二人以上的，享有连带债权，承担连带债务。

设立时的股东为设立公司以自己的名义从事民事活动产生的民事责任，第三人有权选择请求公司或者公司设立时的股东承担。

设立时的股东因履行公司设立职责造成他人损害的，公司或者无过错的股东承担赔偿责任后，可以向有过错的股东追偿。"

（二）符合公司章程的全体股东认缴的出资额

1. 注册资本

《公司法》第47条规定："有限责任公司的注册资本为在公司登记机关登记的全体股

东认缴的出资额。全体股东认缴的出资额由股东按照公司章程的规定自公司成立之日起五年内缴足。

法律、行政法规及国务院决定对有限责任公司注册资本实缴、注册资本最低限额、股东出资期限另有规定的，从其规定。"

对于新公司法施行前已登记设立的公司，出资期限超过公司法规定的期限的，除法律、行政法规或者国务院另有规定外，应当逐步调整至本法规定的期限以内；对于出资期限、出资额明显异常的，公司登记机关可以依法要求其及时调整。

2. 出资方式

有限责任公司股东的出资方式可以是多样的。《公司法》第48条规定："股东可以用货币出资，也可以用实物、知识产权、土地使用权、股权、债权等可以用货币估价并可以依法转让的非货币财产作价出资；但是，法律、行政法规规定不得作为出资的财产除外。

对作为出资的非货币财产应当评估作价，核实财产，不得高估或者低估作价。法律、行政法规对评估作价有规定的，从其规定。"

《公司法》第49条规定："股东应当按期足额缴纳公司章程规定的各自所认缴的出资额。

股东以货币出资的，应当将货币出资足额存入有限责任公司在银行开设的账户；以非货币财产出资的，应当依法办理其财产权的转移手续。

股东未按期足额缴纳出资的，除应当向公司足额缴纳外，还应当对给公司造成的损失承担赔偿责任。"

3. 出资程序

《公司法》第50条规定："有限责任公司设立时，股东未按照公司章程规定实际缴纳出资，或者实际出资的非货币财产的实际价额显著低于所认缴的出资额的，设立时的其他股东与该股东在出资不足的范围内承担连带责任。"

《公司法》第51条规定："有限责任公司成立后，董事会应当对股东的出资情况进行核查，发现股东未按期足额缴纳公司章程规定的出资的，应当由公司向该股东发出书面催缴书，催缴出资。

未及时履行前款规定的义务，给公司造成损失的，负有责任的董事应当承担赔偿责任。"

《公司法》第52条规定："股东未按照公司章程规定的出资日期缴纳出资，公司依照前条第一款规定发出书面催缴书催缴出资的，可以载明缴纳出资的宽限期；宽限期自公司发出催缴书之日起，不得少于60日。宽限期届满，股东仍未履行出资义务的，公司经董事会决议可以向该股东发出失权通知，通知应当以书面形式发出。自通知发出之日起，该股东丧失其未缴纳出资的股权。

依照前款规定丧失的股权应当依法转让，或者相应减少注册资本并注销该股权；60个月内未转让或者注销的，由公司其他股东按照其出资比例足额缴纳相应出资。

股东对失权有异议的，应当自接到失权通知之日起30日内，向人民法院提起诉讼。"

《公司法》第53条规定："公司成立后，股东不得抽逃出资。

违反前款规定的，股东应当返还抽逃的出资；给公司造成损失的，负有责任的董事、监事、高级管理人员应当与该股东承担连带赔偿责任。"

《公司法》第 54 条规定:"公司不能清偿到期债务的,公司或者已到期债权的债权人有权要求已认缴出资但未届出资期限的股东提前缴纳出资。"

(三) 公司章程

有限责任公司的章程由股东共同制定,不仅是因为章程实质上就是股东之间的合约,而且股东人数有限,共同制定也具有可行性。《公司法》第 46 条规定:"有限责任公司章程应当载明下列事项:

(一) 公司名称和住所;

(二) 公司经营范围;

(三) 公司注册资本;

(四) 股东的姓名或者名称;

(五) 股东的出资额、出资方式和出资日期;

(六) 公司的机构及其产生办法、职权、议事规则;

(七) 公司法定代表人的产生、变更办法;

(八) 股东会认为需要规定的其他事项。

股东应当在公司章程上签名或者盖章。"

(四) 公司设立的其他条件

设立有限责任公司除需要具备上述 3 项条件外,还应当具备下列条件:

(1) 有公司名称;

(2) 有公司的组织机构;

(3) 有必要的生产经营条件。

二、有限责任公司的组织机构

《公司法》对有限责任公司组织机构的设置做了多元的规定:一般的有限责任公司,其组织机构为股东会、董事会和监事会,对于规模较小或者股东人数较少的有限责任公司,可以不设董事会,设一名董事,行使公司法规定的董事会的职权,该董事可以兼任公司经理;同时,也可以不设监事会,设一名监事,行使公司法规定的监事会的职权;经全体股东一致同意,也可以不设监事。

(一) 股东会

1. 股东会的性质和组成

有限责任公司股东会由全体股东组成。股东会是公司的权力机构。股东会是非常设机关,仅以会议形式存在,只有在召开股东会会议时,股东会才作为公司机关存在。股东会由全体股东组成。股东是按其所认缴出资额向有限责任公司缴纳出资的人。

2. 股东会的职权

《公司法》第 59 条规定:"股东会行使下列职权:

(一) 选举和更换董事、监事,决定有关董事、监事的报酬事项;

(二) 审议批准董事会的报告;

(三) 审议批准监事会的报告;

(四) 审议批准公司的利润分配方案和弥补亏损方案;

（五）对公司增加或者减少注册资本作出决议；

（六）对发行公司债券作出决议；

（七）对公司合并、分立、解散、清算或者变更公司形式作出决议；

（八）修改公司章程；

（九）公司章程规定的其他职权。

股东会可以授权董事会对发行公司债券作出决议。

对本条第一款所列事项股东以书面形式一致表示同意的，可以不召开股东会会议，直接作出决定，并由全体股东在决定文件上签名或者盖章。"

《公司法》第60条规定："只有一个股东的有限责任公司不设股东会。股东作出前条第一款所列事项的决定时，应当采用书面形式，并由股东签名或者盖章后置备于公司。"

《公司法》第71条规定："股东会可以决议解任董事，决议作出之日解任生效。

无正当理由，在任期届满前解任董事的，该董事可以要求公司予以赔偿。"

3. 股东会的召开

《公司法》第62条规定："股东会分为定期会议和临时会议。

定期会议应当按照公司章程的规定按时召开。代表十分之一以上表决权的股东、三分之一以上的董事或者监事会提议召开临时会议的，应当召开临时会议。"

股东会的首次会议由出资最多的股东召集和主持。《公司法》第63条规定："股东会议由董事会召集，董事长主持；董事长不能履行职务或者不履行职务的，由副董事长主持；副董事长不能履行职务或者不履行职务的，由过半数的董事共同推举一名董事主持。

董事会不能履行或者不履行召集股东会会议职责的，由监事会召集和主持；监事会不召集和主持的，代表十分之一以上表决权的股东可以自行召集和主持。"

《公司法》第64条规定："召开股东会会议，应当于会议召开15日以前通知全体股东。"该通知应写明股东会会议召开的日期、时间、地点和目的，以使股东对拟召开的股东会有最基本的了解。

4. 股东会决议

有限责任公司股东会可依职权对所议事项作出决议。一般情况下，股东会会议作出决议时采取"资本多数决"原则，即股东会会议由股东按照出资比例行使表决权，但是公司章程另有规定的除外。

《公司法》第66条规定："股东会的议事方式和表决程序，除本法有规定的外，由公司章程规定。

股东会作出决议，应当经代表过半数表决权的股东通过。

股东会作出修改公司章程、增加或者减少注册资本的决议，以及公司合并、分立、解散或者变更公司形式的决议，应当经代表三分之二以上表决权的股东通过。"

《公司法》第64条规定："股东会应当对所议事项的决定作成会议记录，出席会议的股东应当在会议记录上签名或者盖章。"

（二）董事会

1. 董事会的性质及其组成

董事会是有限责任公司的业务执行机关，享有业务执行权和日常经营的决管权。它是一般有限公司的必设机关和常设机关，股东人数较少或公司规模较小的有限责任，可以不设董事会。对于"股东人数较少"或者"规模较小"的判断标准，《公司法》并未规定，故实践中有较大的意思自治的余地，由股东协商决定是否设立董事会，并记载于公司章程中。董事会对股东会负责。

有限责任公司董事会成员为三人以上，其成员中可以有公司职工代表。职工人数三百人以上的有限责任公司，除依法设监事会并有公司职工代表的外，其董事会成员中应当有公司职工代表。董事会中的职工代表由公司职工通过职工代表大会、职工大会或者其他形式民主选举产生。

董事会设董事长一人，可以设副董事长。董事长、副董事长的产生办法由公司章程规定。

有限责任公司可以按照公司章程的规定，在董事会中设置由董事组成的审计委员会，行使《公司法》规定的监事会的职权，不设监事会或者监事。公司董事会成员中的职工代表可以成为审计委员会成员。

董事任期由公司章程规定，但每届任期不得超过3年。董事任期届满，连选可以连任。

规模较小或者股东人数较少的有限责任公司，可以不设董事会，设一名董事，行使本法规定的董事会的职权。该董事可以兼任公司经理。

2. 董事会的职权

《公司法》第67条规定："董事会行使下列职权：

（一）召集股东会会议，并向股东会报告工作；

（二）执行股东会的决议；

（三）决定公司的经营计划和投资方案；

（四）制定公司的利润分配方案和弥补亏损方案；

（五）制定公司增加或者减少注册资本以及发行公司债券的方案；

（六）制定公司合并、分立、解散或者变更公司形式的方案；

（七）决定公司内部管理机构的设置；

（八）决定聘任或者解聘公司经理及其报酬事项，并根据经理的提名决定聘任或者解聘公司副经理、财务负责人及其报酬事项；

（九）制定公司的基本管理制度；

（十）公司章程规定或者股东会授予的其他职权。"

公司章程对董事会职权的限制不得对抗善意相对人。

3. 董事会的召开

《公司法》第73条规定："董事会的议事方式和表决程序，除本法有规定的外，由公司章程规定。

董事会会议应当有过半数的董事出席方可举行。董事会作出决议，应当经全体董事的过半数通过。

董事会决议的表决，应当一人一票。

董事会应当对所议事项的决定作成会议记录，出席会议的董事应当在会议记录上签名。"

《公司法》第72条规定："董事会会议由董事长召集和主持；董事长不能履行职务或

者不履行职务的，由副董事长召集和主持；副董事长不能履行职务或者不履行职务的，由过半数的董事共同推举一名董事召集和主持。"

4. 董事长

有限责任公司董事会设董事长一人，可以设副董事长。董事长、副董事长的产由公司章程规定。董事长可以是公司的法定代表人。《公司法》中未规定董事长的职责。一般而言，董事长的职权有：

（1）主持股东会会议，召集和主持董事会会议；
（2）检查董事会决议的实施情况；
（3）对外代表公司；
（4）设立分公司时，向公司登记机关申请登记，领取营业执照；
（5）公司章程规定的其他职权。

《公司法》规定，股东人数较少和规模较小的有限责任公司，可以不设董事会，设一名董事，行使《公司法》规定的董事会的职权，该董事可以兼任公司经理。

（三）经理

有限责任公司的经理是负责公司日常经营管理工作的高级管理人员。《公司法》第74条规定："有限责任公司可以设经理，由董事会决定聘任或者解聘。经理对董事会负责，根据公司章程的规定或者董事会的授权行使职权。经理列席董事会会议。"

规模较小或者股东人数较少的有限责任公司，可以不设董事会，设一名董事，行使《公司法》规定的董事会的职权。该董事可以兼任公司经理。

有限责任公司经理负责公司的日常经营管理工作，行使下列职权：

（1）主持公司的生产经营管理工作，组织实施董事会决议；
（2）组织实施公司年度经营计划和投资方案；
（3）拟订公司内部管理机构设置方案；
（4）拟订公司的基本管理制度；
（5）制定公司的具体规章；
（6）提请聘任或者解聘公司副经理、财务负责人；
（7）决定聘任或者解聘除应由董事会决定聘任或者解聘以外的其他负责管理人员；
（8）董事会授予的其他职权。

公司章程如果对经理职权有规定的，依其规定。

（四）监事会

1. 监事会的性质及其组成

《公司法》第76条规定："监事会为经营规模较大的有限责任公司的常设监督机关，专司监督职能。监事会对股东会负责，并向其报告工作。

监事会成员为三人以上。监事会成员应当包括股东代表和适当比例的公司职工代表，其中职工代表的比例不得低于三分之一，具体比例由公司章程规定。监事会中的职工代表由公司职工通过职工代表大会、职工大会或者其他形式民主选举产生。

监事会设主席一人，由全体监事过半数选举产生。监事会主席召集和主持监事会会议；监事会主席不能履行职务或者不履行职务的，由过半数的监事共同推举一名监事召集和主持监事会会议。

董事、高级管理人员不得兼任监事。"

《公司法》第 77 条规定："监事的任期每届为三年。监事任期届满，连选可以连任。

监事任期届满未及时改选，或者监事在任期内辞任导致监事会成员低于法定人数的，在改选出的监事就任前，原监事仍应当依照法律、行政法规和公司章程的规定，履行监事职务。"

规模较小或者股东人数较少的有限责任公司，可以不设监事会，设一名监事，行使《公司法》规定的监事会的职权。如果经全体股东一致同意，也可以不设监事。

2. 监事会的职权

《公司法》第 78 条规定："监事会行使下列职权：

（一）检查公司财务；

（二）对董事、高级管理人员执行职务的行为进行监督，对违反法律、行政法规、公司章程或者股东会决议的董事、高级管理人员提出解任的建议；

（三）当董事、高级管理人员的行为损害公司的利益时，要求董事、高级管理人员予以纠正；

（四）提议召开临时股东会会议，在董事会不履行本法规定的召集和主持股东会会议职责时召集和主持股东会会议；

（五）向股东会会议提出提案；

（六）依照《公司法》的规定，对董事、高级管理人员提起诉讼；

（七）公司章程规定的其他职权。"

《公司法》第 79 条规定："监事可以列席董事会会议，并对董事会决议事项提出质询或者建议。

监事会发现公司经营情况异常，可以进行调查；必要时，可以聘请会计师事务所等协助其工作，费用由公司承担。"

《公司法》第 80 条规定："监事会可以要求董事、高级管理人员提交执行职务的报告。

董事、高级管理人员应当如实向监事会提供有关情况和资料，不得妨碍监事会或者监事行使职权。"

3. 监事会会议召开

《公司法》第 81 条规定："监事会每年度至少召开一次会议，监事可以提议召开临时监事会会议。

监事会的议事方式和表决程序，除《公司法》有规定的外，由公司章程规定。

监事会决议应当经全体监事的过半数通过。

监事会决议的表决，应当一人一票。监事会应当对所议事项的决定作成会议记录，出席会议的监事应当在会议记录上签名。"

《公司法》第 82 条规定："监事会行使职权所必需的费用，由公司承担。"

三、有限责任公司的股权转让

（一）对内转让的规则

有限责任公司的股东之间可以相互转让其全部或者部分股权。在转让部分股权的情况下，转让方仍保留股东身份，只是转让方与受让方各自的股权比例发生变化而已。在全部转让的情况下，转让方退出公司。

（二）对外转让的规则

《公司法》第 84 条规定："股东向股东以外的人转让股权的，应当将股权转让的数量、价格、支付方式和期限等事项书面通知其他股东，其他股东在同等条件下有优先购买权。股东自接到书面通知之日起 30 日内未答复的，视为放弃优先购买权。两个以上股东行使优先购买权的，协商确定各自的购买比例；协商不成的，按照转让时各自的出资比例行使优先购买权。

公司章程对股权转让另有规定的，从其规定。"

《公司法》第 85 条规定："人民法院依照法律规定的强制执行程序转让股东的股权时，应当通知公司及全体股东，其他股东在同等条件下有优先购买权。其他股东自人民法院通知之日起满 20 日不行使优先购买权的，视为放弃优先购买权。"

《公司法》第 86 条规定："股东转让股权的，应当书面通知公司，请求变更股东名册；需要办理变更登记的，并请求公司向公司登记机关办理变更登记。公司拒绝或者在合理期限内不予答复的，转让人、受让人可以依法向人民法院提起诉讼。

股权转让的，受让人自记载于股东名册时起可以向公司主张行使股东权利。"

《公司法》第 87 条规定："依法转让股权后，公司应当及时注销原股东的出资证明书，向新股东签发出资证明书，并相应修改公司章程和股东名册中有关股东及其出资额的记载。对公司章程的该项修改不需再由股东会表决。"

《公司法》第 88 条规定："股东转让已认缴出资但未届出资期限的股权的，由受让人承担缴纳该出资的义务；受让人未按期足额缴纳出资的，转让人对受让人未按期缴纳的出资承担补充责任。

未按照公司章程规定的出资日期缴纳出资或者作为出资的非货币财产的实际价额显著低于所认缴的出资额的股东转让股权的，转让人与受让人在出资不足的范围内承担连带责任；受让人不知道且不应当知道存在上述情形的，由转让人承担责任。"

（三）股东的股权收购请求权

有限责任公司有较强的人合性质，股东之间的信任与合作对于公司的经营管理和发展非常重要。如果某一或某些股东对继续作为公司股东失去信心，或不愿意与其他股东继续合作，又无第三人愿意受让其股权，或者其不愿意对外转让股权，在此情形下，法律应当为这些股东提供合理的救济渠道，保障股东退出公司的正当理由，保护人们的投资积极性和安全感。

《公司法》第 89 条规定："有下列情形之一的，对股东会该项决议投反对票的股东可以请求公司按照合理的价格收购其股权：

（一）公司连续五年不向股东分配利润，而公司该五年连续盈利，并且符合本法规定的分配利润条件；

（二）公司合并、分立、转让主要财产；

（三）公司章程规定的营业期限届满或者章程规定的其他解散事由出现，股东会通过决议修改章程使公司存续。

自股东会决议作出之日起 60 日内，股东与公司不能达成股权收购协议的，股东可以自股东会决议作出之日起 90 日内向人民法院提起诉讼。

公司的控股股东滥用股东权利，严重损害公司或者其他股东利益的，其他股东有权请求公司按照合理的价格收购其股权。

公司因本条第 1 款、第 3 款规定的情形收购的本公司股权，应当在 6 个月内依法转让或者注销。"

（四）自然人股东资格的继承

有限责任公司的自然人股东如果死亡或者被宣告死亡，该股东有符合继承法规定的合法继承人，该合法继承人可以继承股东资格。但是，如果公司章程对此种情形另有规定，则从其规定。

第三节　股份有限公司

一、股份有限公司的设立条件

（一）设立条件

《公司法》规定，设立股份有限公司应当具备下列条件。

1. 公司发起人的要求

《公司法》第 92 条规定："设立股份有限公司，应当有 1 人以上 200 人以下为发起人，其中应当有半数以上的发起人在中华人民共和国境内有住所。"发起人可以是自然人，也可以是法人或其他经济组织。发起人是指筹办公司的设立事务、认购公司的股份、进行公司设立行为的人。发起人对于股份有限公司的设立具有重要意义。

股份有限公司发起人承担公司筹办事务。发起人应当签订发起人协议，明确各自在公司设立过程中的权利和义务。

2. 认缴注册资本的要求

《公司法》第 96 条规定："股份有限公司的注册资本为在公司登记机关登记的已发行股份的股本总额。在发起人认购的股份缴足前，不得向他人募集股份。

法律、行政法规以及国务院决定对股份有限公司注册资本最低限额另有规定的，从其规定。"

《公司法》第 97 条规定："以发起设立方式设立股份有限公司的，发起人应当认足公司章程规定的公司设立时应发行的股份。

以募集设立方式设立股份有限公司的，发起人认购的股份不得少于公司章程规定的公司设立时应发行股份总数的 35%；但是，法律、行政法规另有规定的，从其规定。"

股东可以用货币出资，也可以用实物、知识产权、土地使用权、股权、债权等可以用货币估价并可以依法转让的非货币财产作价出资；但是，法律、行政法规规定不得作为出资的财产除外。

发起人应当在公司成立前按照其认购的股份全额缴纳股款。发起人不按照其认购的股份缴纳股款，或者作为出资的非货币财产的实际价额显著低于所认购的股份的，其他发起人与该发起人在出资不足的范围内承担连带责任。

发起人向社会公开募集股份，应当公告招股说明书，并制作认股书。认股书应当载明《公司法》中要求的事项，由认股人填写认购的股份数、金额、住所，并签名或者盖章。认股人应当按照所认购股份足额缴纳股款。向社会公开募集股份的股款缴足后，应当经依法设立的验资机构验资并出具证明。

3. 发起人制定公司章程

设立股份有限公司，应当由发起人共同制定公司章程。股份有限公司章程应当载明下列事项：

（1）公司名称和住所；
（2）公司经营范围；
（3）公司设立方式；
（4）公司注册资本、已发行的股份数和设立时发行的股份数，面额股的每股金额；
（5）发行类别股的，每一类别股的股份数及其权利和义务；
（6）发起人的姓名或者名称、认购的股份数、出资方式；
（7）董事会的组成、职权和议事规则；
（8）公司法定代表人的产生、变更办法；
（9）监事会的组成、职权和议事规则；
（10）公司利润分配办法；
（11）公司的解散事由与清算办法；
（12）公司的通知和公告办法；
（13）股东会认为需要规定的其他事项。

因采取募集设立的股份有限公司股东众多，不可能让其人人亲自签署章程，只要求发起人制定。采用募集方式设立的股份公司，必须经创立大会通过，后续加入的股东视为接受公司章程的约束。

4. 公司名称和公司住所

有公司名称和公司住所，设立符合股份有限公司要求的组织机构。应注意的是，有限责任公司变更为股份有限公司时，折合的实收股本总额不得高于公司净资产额。有限责任公司变更为股份有限公司，为增加注册资本公开发行股份时，应当依法办理。

（二）公司设立方式和程序

设立股份有限公司，可以采取发起设立或者募集设立的方式。

1. 发起设立

发起设立，是指由发起人认购设立公司时应发行的全部股份而设立公司。发起设立的程序包括以下几方面内容。

（1）发起人认购股份。

发起人应当书面认足公司章程规定其认购的股份。认购采用书面形式，载明认股人的姓名或名称、住所、认股数、应交股款金额、出资方式，由认股人填写、签章。认购书一经填妥并签署，即具有法律上的约束力。

（2）发起人缴清股款。

发起人在认购股份后，如规定其一次缴纳的，应即缴纳全部出资；分期缴纳的，应即缴纳首期出资。发起人可以用货币出资，也可以用实物、知识产权、土地使用权、股权、债权等可以用货币估价并可以依法转让的非货币财产作价出资，但是，法律、行政法规规定不得作为出资的财产除外。发起人以实物、知识产权、非专利技术或者土地使用权出资的，应当依法估价，并办理财产权转移手续。

（3）选举董事会和监事会。发起人缴纳首期出资后，应当选举董事会和监事会。

（4）申请设立登记。

董事会应向公司登记机关申请设立登记，申请时应当报送公司章程验资机构出具的验资证明以及其他文件。公司登记机关自接到股份有限公司的设立申请之日起 30 日内作出是否予以登记的决定。对符合法律规定条件的，发给公司营业执照。公司以营业执照签发日期为公司成立日期。

2. 募集设立

募集设立，是指由发起人认购设立公司时应发行股份的一部分，其他股份向特定对象募集或者向社会公开募集而设立公司。募集设立的程序如下。

（1）发起人认购股份。

以募集方式设立股份有限公司的，发起人认购的股份不得少于公司应发行股份总数的 35%。法律、行政法规对此另有规定的，从其规定。

（2）公告招股说明书，制作认股书。

招股说明书应当附有发起人制定的公司章程，并载明下列事项：发起人认购的股份数；每股的票面金额和发行价格；无记名股票的发行总数；募集资金的用途；认股人的权利和义务；本次募股的起止期限及逾期未募足时认股人可撤回所认股份的说明。

（3）签订承销协议和代收股款协议。

发起人就股份承销的方式、数量、起止日期、承销费用的计算与支付等具体事项，与证券公司签订承销协议；发起人就代收和保存股款的具体事宜，与银行签订代收股款协议。

（4）召开成立大会。

募集设立股份有限公司的发起人应当自公司设立时应发行股份的股款缴足之日起 30 日内召开公司成立大会，发起人应当在成立大会召开 15 日前将会议日期通知各认股人或者予以公告。成立大会应当有持有表决权过半数的认股人出席，方可举行。公司成立大会行使的职权如下：

①审议发起人关于公司筹办情况的报告；
②通过公司章程；
③选举董事、监事；
④对公司的设立费用进行审核；
⑤对发起人非货币财产出资的作价进行审核；
⑥发生不可抗力或者经营条件发生重大变化直接影响公司设立的，可以作出不设立公司的决议。

成立大会对上述所列事项作出决议，应当经出席会议的认股人所持表决权过半数通过。

公司设立时应发行的股份未募足，或者发行股份的股款缴足后，发起人在 30 日内未召开成立大会的，认股人可以按照所缴股款并加算银行同期存款利息，要求发起人返还。

发起人、认股人缴纳股款或者交付非货币财产出资后，除未按期募足股份、发起人未按期召开成立大会或者成立大会决议不设立公司的情形外，不得抽回其股本。

(5) 设立登记。

董事会应当授权代表，于公司成立大会结束后 30 日内向公司登记机关申请设立登记。

二、股份有限责任公司的组织机构

(一) 股东会

1. 股东会的性质及其组成

股份有限公司股东会由全体股东组成。股东会是公司的权力机构，关于有限责任公司股东会职权的规定同样适用于股份有限公司股东会。

关于只有一个股东的有限责任公司不设股东会的规定，同样适用于只有一个股东的股份有限公司。

2. 股东会的召开

股东会分为年会和临时会议两种。年会当每年召开一次。有下列情形之一的，应当在 2 个月内召开临时股东会会议：

(1) 董事人数不足《公司法》规定人数或者公司章程所定人数的 2/3 时；
(2) 公司未弥补的亏损达股本总额 1/3 时；
(3) 单独或者合计持有公司 10% 以上股份的股东请求时；
(4) 董事会认为必要时；
(5) 监事会提议召开时；
(6) 公司章程规定的其他情形。

股东会由董事会组织召开，由董事长主持；董事长不能履行职务或者不履行职务的，由副董事长主持；副董事长不能履行职务或者不履行职务的，由过半数的董事共同推举一名董事主持。

董事会不能履行或者不履行召集股东会会议职责的，监事会应当及时召集和主持；监事会不召集和主持的，连续 90 日以上单独或者合计持有公司 10% 以上股份的股东可以自行召集和主持。

单独或者合计持有公司 10% 以上股份的股东请求召开临时股东会会议的，董事会、监事会应当在收到请求之日起 10 日内作出是否召开临时股东会会议的决定，并书面答复股东。

召开股东会会议，应当将会议召开的时间、地点和审议的事项于会议召开 20 日前通知各股东，临时股东会会议应当于会议召开 15 日前通知各股东。

单独或者合计持有公司 1% 以上股份的股东，可以在股东会会议召开 10 日前提出临时提案并书面提交董事会。临时提案应当有明确议题和具体决议事项。董事会应当在收到提案后 2 日内通知其他股东，并将该临时提案提交股东会审议；但临时提案违反法律、行政法规或者公司章程的规定，或者不属于股东会职权范围的除外。公司不得提高提出临时提案股东的持股比例。

股东会不得对通知中未列明的事项作出决议。

3. 股东会的决议

股东出席股东会会议，所持每一股份有一表决权，类别股股东除外。公司持有的本公司股份没有表决权。

股东会的决议实行股份多数决定原则。所谓股份多数决定原则，是指股东会依持有多数股份的股东的意志作出决议。股东会决议实行股份多数表决原则，必须具备两个条件：一是要有代表股份多数的股东出席；二是要有出席会议的股东所持表决权的多数通过。

《公司法》第66条规定："股东会作出决议，应当经出席会议的股东所持表决权过半数通过。

股东会作出修改公司章程、增加或者减少注册资本的决议，以及公司合并、分立、解散或者变更公司形式的决议，应当经代表2/3以上表决权的股东通过。"

《公司法》第117条规定："股东会选举董事、监事，可以按照公司章程的规定或者股东会的决议，实行累积投票制。" 累积投票制，是指股东会选举董事或者监事时，每一股份拥有与应选董事或者监事人数相同的表决权，股东拥有的表决权可以集中使用。

《公司法》第118条规定："股东委托代理人出席股东会会议的，应当明确代理人代理的事项、权限和期限；代理人应当向公司提交股东授权委托书，并在授权范围内行使表决权。"

《公司法》第119条规定："股东会应当对所议事项的决定作成会议记录，主持人、出席会议的董事应当在会议记录上签名。会议记录应当与出席股东的签名册及代理出席的委托书一并保存。"

（二）董事会

1. 董事会的性质及其组成

股份有限公司设董事会，关于有限责任公司董事会职权的规定，同样适用于股份有限公司董事会。

股份有限公司董事会成员为3人以上，其成员中可以有公司职工代表。职工人数300人以上的有限责任公司，除依法设监事会并有公司职工代表的外，董事会成员中应当有职工代表。董事会中的职工代表由公司职工通过职工代表大会、职工大会或者其他形式民主选举产生。董事任期由公司章程规定，但每届任期不得超过3年，连选可以连任。

董事会设董事长一人，可以设副董事长。董事长和副董事长由董事会以全体董事的过半数选举产生。

董事长召集和主持董事会会议，检查董事会决议的实施情况。副董事长协助董事长工作，董事长不能履行职务或者不履行职务的，由副董事长履行职务；副董事长不能履行职务或者不履行职务的，由过半数的董事共同推举一名董事履行职务。

股份有限公司可以按照公司章程的规定在董事会中设置由董事组成的审计委员会，行使《公司法》规定的监事会的职权，不设监事会或者监事。

审计委员会成员为3人以上，过半数成员不得在公司担任除董事以外的其他职务，且不得与公司存在任何可能影响其独立客观判断的关系。公司董事会成员中的职工代表可以成为审计委员会成员。

审计委员会作出决议,应当经审计委员会成员的过半数通过。审计委员会的议事方式和表决程序,除另有规定外,由公司章程规定。公司可以按照公司章程的规定在董事会中设置其他委员会。

2. 董事会会议的召开

董事会每年度至少召开两次会议,每次会议应当于会议召开10日前通知全体董事和监事。

代表1/10以上表决权的股东、1/3以上董事或者监事会,可以提议召开临时董事会会议。董事长应当自接到提议后10日内,召集和主持董事会会议。董事会召开临时会议,可以另定召集董事会的通知方式和通知时限。

《公司法》第124条规定:"董事会会议应当有过半数的董事出席方可举行。董事会作出决议,应当经全体董事的过半数通过。

董事会决议的表决,应当一人一票。

董事会应当对所议事项的决定作成会议记录,出席会议的董事应当在会议记录上签名。"《公司法》第125条规定:"董事会会议,应当由董事本人出席;董事因故不能出席,可以书面委托其他董事代为出席,委托书应当载明授权范围。

董事应当对董事会的决议承担责任。董事会的决议违反法律、行政法规或者公司章程、股东会决议,给公司造成严重损失的,参与决议的董事对公司负赔偿责任;经证明在表决时曾表明异议并记载于会议记录的,该董事可以免除责任。"

《公司法》第126条规定:"股份有限公司设经理,由董事会决定聘任或者解聘。

经理对董事会负责,根据公司章程的规定或者董事会的授权行使职权。经理列席董事会会议。"

《公司法》第127条规定:"公司董事会可以决定由董事会成员兼任经理。"

《公司法》第128条规定:"规模较小或者股东人数较少的股份有限公司,可以不设董事会,设一名董事,行使公司法规定的董事会的职权,该董事可以兼任公司经理。"

《公司法》第129条规定:"公司应当定期向股东披露董事、监事、高级管理人员从公司获得报酬的情况。"

(三) 监事会

股份有限公司设监事会,《公司法》另有规定的除外:第一,股份有限公司可以按照公司章程的规定,在董事会中设置由董事组成的审计委员会,行使本法规定的监事会的职权,不设监事会或者监事;第二,规模较小或者股东人数较少的股份有限公司,可以不设监事会,设一名监事,行使本法规定的监事会的职权。

监事会成员为3人以上。监事会成员应当包括股东代表和适当比例的公司职工代表,其中职工代表的比例不得低于1/3,具体比例由公司章程规定。监事会中的职工代表由公司职工通过职工代表大会、职工大会或者其他形式民主选举产生。

监事会设主席一名,可以设副主席。监事会主席和副主席由全体监事过半数选举产生。监事会主席召集和主持监事会会议;监事会主席不能履行职务或者不履行职务的,由监事会副主席召集和主持监事会会议;监事会副主席不能履行职务或者不履行职务的,由过半数的监事共同推举一名监事召集和主持监事会会议。

董事、高级管理人员不得兼任监事。

关于有限责任公司监事任期及职权的规定，适用于股份有限公司监事。

监事会行使职权所必需的费用，由公司承担。

《公司法》第 132 条规定："监事会每 6 个月至少召开一次会议。监事可以提议召开临时监事会会议。

监事会的议事方式和表决程序，除本法另有规定外，由公司章程规定。

监事会决议的表决，应当一人一票，监事会决议应当经全体监事的过半数通过。

监事会应当对所议事项的决定作成会议记录，出席会议的监事应当在会议记录上签名。"

三、上市公司组织机构的特别规定

上市公司是指所发行的股票经国务院或者国务院授权证券管理部门批准，在证券交易所上市交易的股份有限公司。上市公司的股票依照法律、行政法规及证券交易所的交易规则上市交易。

（一）组织机构设置特别规定

（1）上市公司在一年内购买、出售重大资产或者向他人提供担保的金额超过公司资产总额 30% 的，应当由股东会作出决议，并经出席会议的股东所持表决权的 2/3 以上通过。

（2）上市公司设独立董事，具体管理办法由国务院证券监督管理机构规定。

上市公司的公司章程除《公司法》规定载明事项外，还应当依照法律、行政法规的规定载明董事会专门委员会的组成、职权以及董事、监事、高级管理人员薪酬考核机制等事项。

（3）上市公司在董事会中设置审计委员会的，董事会对下列事项作出决议前应当经审计委员会全体成员过半数通过：

①聘用、解聘承办公司审计业务的会计师事务所；

②聘任、解聘财务负责人；

③披露财务会计报告；

④国务院证券监督管理机构规定的其他事项。

（4）上市公司设董事会秘书，负责公司股东会和董事会会议的筹备、文件保管，以及公司股东资料的管理，办理信息披露事务等事宜。

（5）上市公司董事与董事会会议决议事项所涉及的企业或者个人有关联关系的，该董事应当及时向董事会书面报告。有关联关系的董事不得对该项决议行使表决权，也不得代理其他董事行使表决权。该董事会会议由过半数的无关联关系董事出席即可举行，董事会会议所做决议必须经无关联关系董事过半数通过。出席董事会会议的无关联关系董事人数不足 3 人的，应当将该事项提交上市公司股东会审议。

关联关系，是指公司控股股东、实际控制人、董事、监事、高级管理人员与其直接或者间接控制的企业之间的关系，以及可能导致公司利益转移的其他关系。

（6）上市公司应当依法披露股东、实际控制人的信息，相关信息应当真实、准确、完整。禁止违反法律、行政法规的规定代持上市公司股票。

（7）上市公司控股子公司不得取得该上市公司的股份。上市公司控股子公司因公司合并、质权行使等原因持有上市公司股份的，不得行使所持股份对应的表决权，并应当及时处分相关上市公司股份。

（二）上市公司的独立董事制度

1. 独立董事的概念

《上市公司独立董事管理办法》于 2023 年 7 月 28 日经中国证券监督管理委员会（以下简称中国证监会）审议通过并予公布，自 2023 年 9 月 4 日起施行。

上市公司独立董事，是指不在上市公司担任除董事外的其他职务并与其所受聘的上市公司及其主要股东、实际控制人不存在直接或者间接利害关系，或者其他可能影响其进行独立客观判断关系的董事。独立董事应当独立履行职责，不受上市公司及其主要股东、实际控制人等单位或者个人的影响。

独立董事对上市公司及全体股东负有忠实与勤勉义务，应当按照法律、行政法规、中国证监会规定、证券交易所业务规则和公司章程的规定，认真履行职责，在董事会中发挥参与决策、监督制衡、专业咨询作用，维护上市公司整体利益，保护中小股东合法权益。独立董事制度应当符合法律、行政法规、中国证监会规定和证券交易所业务规则的规定，有利于上市公司的持续规范发展，不得损害上市公司利益。上市公司应当为独立董事依法履职提供必要保障。

上市公司独立董事占董事会成员的比例不得低于 1/3，且至少包括一名会计专业人士。上市公司应当在董事会中设置审计委员会。审计委员会成员应当为不在上市公司担任高级管理人员的董事，其中独立董事应当过半数，并由独立董事中会计专业人士担任召集人。上市公司可以根据需要在董事会中设置提名、薪酬与考核、战略等专门委员会。提名委员会、薪酬与考核委员会中独立董事应当过半数并担任召集人。

2. 独立董事应当具备的任职条件

①根据法律、行政法规和其他有关规定，具备担任上市公司董事的资格。
②符合《上市公司独立董事管理办法》规定的独立性要求。
③具备上市公司运作的基本知识，熟悉相关法律法规和规则。
④具有 5 年以上履行独立董事职责所必需的法律、会计或者经济等工作经验。
⑤具有良好的个人品德，不存在重大失信等不良记录。
⑥法律、行政法规、中国证监会规定、证券交易所业务规则和公司章程规定的其他条件。

3. 独立董事任职资格的限制

独立董事必须保持独立性，下列人员不得担任独立董事：
①在上市公司或者其附属企业任职的人员及其配偶、父母、子女、主要社会关系。
②直接或者间接持有上市公司已发行股份 1% 以上或者是上市公司前 10 名股东中的自然人股东及其配偶、父母、子女。
③在直接或者间接持有上市公司已发行股份 5% 以上的股东或者在上市公司前 5 名股东任职的人员及其配偶、父母、子女。
④在上市公司控股股东、实际控制人的附属企业任职的人员及其配偶、父母、子女。
⑤与上市公司及其控股股东、实际控制人或者其各自的附属企业有重大业务往来的人员，或者在有重大业务往来的单位及其控股股东、实际控制人任职的人员。
⑥为上市公司及其控股股东、实际控制人或者其各自附属企业提供财务、法律、咨

询、保荐等服务的人员，包括但不限于提供服务的中介机构的项目组全体人员、各级复核人员、在报告上签字的人员、合伙人、董事、高级管理人员及主要负责人。

⑦最近 12 个月内曾经具有第①至第⑥项所列举情形的人员。

⑧法律、行政法规、中国证监会规定、证券交易所业务规则和公司章程规定的不具备独立性的其他人员。

上述上市公司控股股东、实际控制人的附属企业，不包括与上市公司受同一国有资产管理机构控制且按照相关规定未与上市公司构成关联关系的企业。

独立董事应当每年对独立性情况进行自查，并将自查情况提交董事会。董事会应当每年对在任独立董事独立性情况进行评估并出具专项意见，且应与年度报告同时披露。

上市公司董事会、监事会、单独或者合计持有上市公司已发行股份 1/100 以上的股东可以提出独立董事候选人，并经股东会选举决定。依法设立的投资者保护机构可以公开请求股东委托其代为行使提名独立董事的权利。

上市公司独立董事管理办法

第四节　国家出资公司组织机构的特别规定

国家出资公司，是指国家出资的国有独资公司、国有资本控股公司，包括国家出资的有限责任公司、股份有限公司。《公司法》对国有独资公司的设立和组织机构也专门做了特殊规定，特殊规定以外的问题，则适用于《公司法》的一般规定。

一、章程制定的特别规定

国有独资公司章程由履行出资人职责的机构制定。

国家出资公司，由国务院或者地方人民政府分别代表国家依法履行出资人职责，享有出资人权益。国务院或者地方人民政府可以授权国有资产监督管理机构或者其他部门、机构代表本级人民政府对国家出资公司履行出资人职责。代表本级人民政府履行出资人职责的机构、部门，以下统称为履行出资人职责的机构。

二、组织机构的特别规定

（一）国有独资公司不设股东会

国有独资公司不设股东会，由履行出资人职责的机构行使股东会职权。履行出资人职责的机构可以授权公司董事会行使股东会的部分职权，但公司章程的制定和修改，公司的合并、分立、解散、申请破产，增加或者减少注册资本，分配利润，应当由履行出资人职责的机构决定。

（二）国有独资公司董事会的特别规定

国有独资公司的董事会依照本法规定行使职权。国有独资公司的董事会成员中，应当过半数为外部董事，并应当有公司职工代表。

董事会成员由履行出资人职责的机构委派；但是，董事会成员中的职工代表由公司职工代表大会选举产生。

董事会设董事长一人，可以设副董事长。董事长、副董事长由履行出资人职责的机构从董事会成员中指定。

(三) 经营管理机关的特别规定

国有独资公司的经理由董事会聘任或者解聘。经履行出资人职责的机构同意，董事会成员可以兼任经理。

(四) 国有独资公司的董事、高级管理人员任职的特别规定

国有独资公司的董事、高级管理人员，未经履行出资人职责的机构同意，不得在其他有限责任公司、股份有限公司或者其他经济组织兼职。

国有独资公司在董事会中设置由董事组成的审计委员会行使《公司法》规定的监事会职权的，不设监事会或者监事。

国家出资公司应当依法建立健全内部监督管理和风险控制制度，加强对内部人员的合规管理。国家出资公司中中国共产党的组织，按照中国共产党章程的规定发挥领导作用，研究讨论公司重大经营管理事项，支持公司的组织机构依法行使职权。

第五节　公司的股东和董事、监事、高级管理人员

一、股东

股东是指向公司出资、持有公司股份、享有股东权利和承担股东义务的人。

股东也称为出资人、投资人，但出资人、投资人的概念更为宽泛，如向合伙企业出资也可称为出资人，但合伙企业法中称为合伙人而不称为股东，股东是对公司法上的出资人的特别称谓。股东可以是自然人，可以是法人，可以是非法人组织，还可以是国家。当国家作为股东时，需明确代表国家行使股东权的具体组织，如履行出资人职责的机构。

法律对股东并无民事行为能力的要求，所以理论上股东可以是限制民事行为能力人或无民事行为能力人。当限制民事行为能力人或无民事行为能力人作为股东时，由其法定代理人代理其行使股东权利。

> **知识加油站**
>
> **实际出资人和名义股东**
>
> 《公司法》解释（三）第24条规定："有限责任公司的实际出资人与名义出资人订立合同，约定由实际出资人出资并享有投资权益，以名义出资人为名义股东，实际出资人与名义股东对该合同效力发生争议的，如无法律规定的无效情形，人民法院应当认定该合同有效。
>
> 实际出资人和名义股东因投资权益的归属发生争议，实际出资人以其实际履行了出资义务为由向名义股东主张权利的，人民法院应予支持。名义股东以公司股东名册记载、公司登记机关登记为由否认实际出资人权利的，人民法院不予支持。

实际出资人未经公司其他股东半数以上同意,请求公司变更股东、签发出资证明书、记载于股东名册、记载于公司章程并办理公司登记机关登记的,人民法院不予支持。"

(一) 有限责任公司的股东权利

(1) 有限责任公司成立后,应当向股东签发出资证明书,出资证明书由法定代表人签名,并由公司盖章,出资证明书记载下列事项:公司名称;公司成立日期;公司注册资本;股东的姓名或者名称、认缴和实缴的出资额、出资方式和出资日期;出资证明书的编号和核发日期,出资证明书由法定代表人签名,并由公司盖章。

(2) 有限责任公司应当置备股东名册,记载下列事项:股东的姓名或者名称及住所;股东认缴和实缴的出资额、出资方式和出资日期;出资证明书编号;取得和丧失股东资格的日期。

记载于股东名册的股东,可以依股东名册主张行使股东权利。

(3)《公司法》第 57 条规定:"股东有权查阅、复制公司章程、股东名册、股东会会议记录、董事会会议决议、监事会会议决议和财务会计报告。

股东可以要求查阅公司会计账簿、会计凭证。股东要求查阅公司会计账簿、会计凭证的,应当向公司提出书面请求,说明目的。公司有合理根据认为股东查阅会计账簿、会计凭证有不正当目的,可能损害公司合法利益的,可以拒绝提供查阅,并应当自股东提出书面请求之日起十五日内书面答复股东并说明理由。公司拒绝提供查阅的,股东可以向人民法院提起诉讼。

股东查阅前款规定的材料,可以委托会计师事务所、律师事务所等中介机构进行。

股东及其委托的会计师事务所、律师事务所等中介机构查阅、复制有关材料,应当遵守有关保护国家秘密、商业秘密、个人隐私、个人信息等法律、行政法规的规定。

股东要求查阅、复制公司全资子公司相关材料的,适用前四款的规定。"

(二) 股份有限公司的股东权利

(1) 股份有限公司应当制作并置备于公司。记载于股东名册的股东,可以依股东名册主张行使股东权利。股东名册应当记载下列事项:股东的姓名或者名称及住所;各股东所认购的股份种类及股份数;发行纸面形式的股票的,提供股票代码;各股东获得股份的日期。

(2) 股份有限公司应当将公司章程、股东名册、股东会会议记录、董事会会议记录、监事会会议记录、财务会计报告、债券持有人名册置备于本公司。

(3)《公司法》第 110 条规定:"股东有权查阅、复制公司章程、股东名册、股东会会议记录、董事会会议决议、监事会会议决议、财务会计报告,对公司的经营提出建议或者质询。

连续 180 日以上单独或者合计持有公司 3%以上股份的股东要求查阅公司的会计账簿、会计凭证的,适用本法第 57 条第 2 款、第 3 款、第 4 款的规定。公司章程对持股比例有较低规定的,从其规定。

股东要求查阅、复制公司全资子公司相关材料的,适用前两款的规定。

上市公司股东查阅、复制相关材料的,应当遵守《证券法》等法律、行政法规的规定。"

(三) 股东权利的保护

公司股东针对侵害自己或者公司利益的行为，依法享有提起诉讼的权利。《公司法》188条规定："董事、监事、高级管理人员执行职务违反法律、行政法规或者公司章程的规定，给公司造成损失的，应当承担赔偿责任。"

1. 股东直接诉讼

股东直接诉讼，是指股东对董事、高级管理人员损害股东利益行为提起的诉讼。《公司法》第190条规定："董事、高级管理人员违反法律、行政法规或者公司章程的规定，损害股东利益的，股东可以向人民法院提起诉讼。"《公司法》第191条规定："董事、高级管理人员执行职务，给他人造成损害的，公司应当承担赔偿责任；董事、高级管理人员存在故意或者重大过失的，也应当承担赔偿责任。"

《公司法》第192条规定："公司的控股股东、实际控制人指示董事、高级管理人员从事损害公司或者股东利益的行为的，与该董事、高级管理人员承担连带责任。"

《公司法》第193条规定："公司可以在董事任职期间为董事因执行公司职务承担的赔偿责任投保责任保险。

公司为董事投保责任保险或者续保后，董事会应当向股东会报告责任保险的投保金额、承保范围及保险费率等内容。"

2. 股东代表诉讼

股东代表诉讼，也称股东间接诉讼，是指当董事、监事高级管理人员或者他人的违反法律、行政法规或者公司章程的行为给公司造成损失，公司拒绝或者怠于向该违法行为人请求损害赔偿时，具备法定资格的股东，有权代表其他股东，代替公司提起诉讼，请求违法行为人赔偿公司损失的行为。股东代表诉讼的目的，是为了保护公司利益和股东的共同利益。

董事、高级管理人员违反法律、行政法规或者公司章程的行为给公司造成损失的，有限责任公司的股东、股份有限公司连续180日以上单独或者合计持有公司1%以上股份的股东，可以书面请求监事会向人民法院提起诉讼；监事有上述给公司造成损失情形的，前述股东可以书面请求董事会向人民法院提起诉讼。

监事会或者董事会收到上述股东的书面请求后拒绝提起诉讼，或者自收到请求之日起30日内未提起诉讼，或者情况紧急、不立即提起诉讼将会使公司利益受到难以弥补的损害的，有限责任公司的股东、股份有限公司连续180日以上单独或者合计持有公司1%以上股份的股东有权为公司利益以自己的名义直接向人民法院提起诉讼。

对于他人侵犯公司合法权益，给公司造成损失的，有限责任公司的股东、股份有限公司连续180日以上单独或者合计持有公司1%以上股份的股东，可以书面请求监事会或董事会向人民法院提起诉讼。

二、董事、监事、高级管理人员

(一) 董事、监事、高级管理人员的资格

董事、监事、高级管理人员是代表公司组织机构行使职权的人员，在公司中处于重要地位，并依法具有法定的职权，为了保证这类人员具有正确履行职责的能力与条件，《公司法》规定了他们应当具有的相应资格。

高级管理人员，是指公司的经理、副经理、财务负责人，上市公司董事会秘书和公司章程规定的其他人员。

《公司法》第178条规定："有下列情形之一的，不得担任公司的董事、监事、高级管理人员：

（一）无民事行为能力或者限制民事行为能力；

（二）因贪污、贿赂、侵占财产、挪用财产或者破坏社会主义市场经济秩序，被判处刑罚，或者因犯罪被剥夺政治权利，执行期满未逾五年，被宣告缓刑的，自缓刑考验期满之日起未逾二年；

（三）担任破产清算的公司、企业的董事或者厂长、经理，对该公司、企业的破产负有个人责任的，自该公司、企业破产清算完结之日起未逾三年；

（四）担任因违法被吊销营业执照、责令关闭的公司、企业的法定代表人，并负有个人责任的，自该公司、企业被吊销营业执照、责令关闭之日起未逾三年；

（五）个人因所负数额较大债务到期未清偿被人民法院列为失信被执行人。

违反前款规定选举、委派董事、监事或者聘任高级管理人员的，该选举、委派或者聘任无效。

董事、监事、高级管理人员在任职期间出现本条第一款所列情形的，公司应当解除其职务。"

（二）董事、监事、高级管理人员的义务

《公司法》第179条规定："董事、监事、高级管理人员应当遵守法律、行政法规和公司章程。"

《公司法》第180条规定："董事、监事、高级管理人员对公司负有忠实义务，应当采取措施避免自身利益与公司利益冲突，不得利用职权牟取不正当利益。

董事、监事、高级管理人员对公司负有勤勉义务，执行职务应当为公司的最大利益尽到管理者通常应有的合理注意。公司的控股股东、实际控制人不担任公司董事但实际执行公司事务的，适用前两款规定。"

这里控股股东，是指其出资额占有限责任公司资本总额超过50%或者其持有的股份占股份有限公司股本总额超过50%的股东；出资额或者持有股份的比例虽然低于50%，但依其出资额或者持有的股份所享有的表决权已足以对股东会的决议产生重大影响的股东。

实际控制人，是指通过投资关系、协议或者其他安排，能够实际支配公司行为的人。

《公司法》第181条规定："董事、监事、高级管理人员不得有下列行为：

（一）侵占公司财产、挪用公司资金；

（二）将公司资金以其个人名义或者以其他个人名义开立账户存储；

（三）利用职权贿赂或者收受其他非法收入；

（四）接受他人与公司交易的佣金归为己有；

（五）擅自披露公司秘密；

（六）违反对公司忠实义务的其他行为。"

《公司法》第182条规定："董事、监事、高级管理人员，直接或者间接与本公司订立合同或者进行交易，应当就与订立合同或者进行交易有关的事项向董事会或者股东会报告，并按照公司章程的规定经董事会或者股东会决议通过。"

《公司法》第183条规定:"董事、监事、高级管理人员,不得利用职务便利为自己或者他人谋取属于公司的商业机会。但是,有下列情形之一的除外:

(一)向董事会或者股东会报告,并按照公司章程的规定经董事会或者股东会决议通过;

(二)根据法律、行政法规或者公司章程的规定,公司不能利用该商业机会。"

《公司法》第184条规定:"董事、监事、高级管理人员未向董事会或者股东会报告,并按照公司章程的规定经董事会或者股东会决议通过,不得自营或者为他人经营与其任职公司同类的业务。"

董事、监事、高级管理人员违反规定所得的收入应当归公司所有。

股东会要求董事、监事、高级管理人员列席会议的,董事、监事、高级管理人员应当列席并接受股东的质询。

第六节 公司股份与债券的发行和转让

一、股份有限公司的股份发行与转让

(一)股份发行

股份是股份有限公司特有的概念,它是股份有限公司资本最基本的构成单位。股份具有以下特征:股份所代表的金额相等;股份表示股东享有权益的范围;股份通过股票这种证券形式表现出来。

公司的资本划分为股份。公司的全部股份,根据公司章程的规定可以采用面额股或者无面额股。采用面额股的,每股的金额相等。公司可以根据公司章程的规定将已发行的面额股全部转换为无面额股或者将无面额股全部转换为面额股。采用无面额股的,应当将发行股份所得股款的1/2以上计入注册资本。

股份的发行实行公平、公正的原则,同类别的每一股份应当具有同等权利。

同次发行的同类别股份,每股的发行条件和价格应当相同;认购人所认购的股份,每股应当支付相同价额。

《公司法》第144条规定:"公司可以按照公司章程的规定发行下列与普通股权利不同的类别股:

(一)优先或者劣后分配利润或者剩余财产的股份;

(二)每一股的表决权数多于或者少于普通股的股份;

(三)转让须经公司同意等转让受限的股份;

(四)国务院规定的其他类别股。

公开发行股份的公司不得发行前款第二项、第三项规定的类别股;公开发行前已发行的除外。

公司发行本条第一款第二项规定的类别股的,对于监事或者审计委员会成员的选举和更换,类别股与普通股每一股的表决权数相同。"

《公司法》第185条规定:"发行类别股的公司,应当在公司章程中载明以下事项:

（一）类别股分配利润或者剩余财产的顺序；
（二）类别股的表决权数；
（三）类别股的转让限制；
（四）保护中小股东权益的措施；
（五）股东会认为需要规定的其他事项。"

面额股股票的发行价格可以按票面金额，也可以超过票面金额，但不得低于票面金额。

股票采用纸面形式或者国务院证券监督管理机构规定的其他形式。股票应当载明下列主要事项：

（1）公司名称；
（2）公司成立日期或者股票发行的时间；
（3）股票种类、票面金额及代表的股份数，发行无面额股的，股票代表的股份数。

股票采用纸面形式的，还应当载明股票的编号，由法定代表人签名，公司盖章。发起人股票采用纸面形式的，应当标明发起人股票字样。

股份有限公司成立后，即向股东正式交付股票。公司成立前不得向股东交付股票。公司发行新股，股东会应当对下列事项作出决议：

（1）新股种类及数额；
（2）新股发行价格；
（3）新股发行的起止日期；
（4）向原有股东发行新股的种类及数额；
（5）发行无面额股的，新股发行所得股款计入注册资本的金额。公司发行新股，可以根据公司经营情况和财务状况，确定其作价方案。

公司章程或者股东会可以授权董事会在 3 年内决定发行不超过已发行股份 50% 的股份。但以非货币财产作价出资的应当经股东会决议。董事会依照前款规定决定发行股份导致公司注册资本、已发行股份数发生变化的，对公司章程该项记载事项的修改不需要再由股东会表决。公司章程或者股东会授权董事会决定发行新股的，董事会决议应当经全体董事 2/3 以上通过。

公司向社会公开募集股份，应当经国务院证券监督管理机构注册，公告招股说明书。招股说明书应当附有公司章程并载明下列事项：

（1）发行的股份总数；
（2）面额股的票面金额和发行价格或者无面额股的发行价格；
（3）募集资金的用途；
（4）认股人的权利和义务；
（5）股份种类及其权利和义务；
（6）本次募股的起止日期及逾期未募足时认股人可以撤回所认股份的说明。公司设立时发行股份的，还应当载明发起人认购的股份数。

公司向社会公开募集股份，应当由依法设立的证券公司承销，签订承销协议。公司向社会公开募集股份，应当同银行签订代收股款协议。代收股款的银行应当按照协议代收和保存股款，向缴纳股款的认股人出具收款单据，并负有向有关部门出具收款证明的义务。当公司为即将发行的股份募足股款后应发布公告。

(二) 股份转让

1. 转让场所限制

股份有限公司的股东持有的股份可以向其他股东转让，也可以向股东以外的人转让；公司章程对股份转让有限制的，其转让按照公司章程的规定进行。股东转让其股份，应当在依法设立的证券交易场所进行或者按照国务院规定的其他方式进行。

2. 转让股票时间的限制

股票的转让，由股东以背书方式或者法律、行政法规规定的其他方式进行；转让后由公司将受让人的姓名或者名称及住所记载于股东名册。

股东会会议召开前20日内或者公司决定分配股利的基准日前5日内，不得变更股东名册。法律、行政法规或者国务院证券监督管理机构对上市公司股东名册变更另有规定的，从其规定。

公司公开发行股份前已发行的股份，自公司股票在证券交易所上市交易之日起一年内不得转让。法律、行政法规或者国务院证券监督管理机构对上市公司的股东、实际控制人转让其所持有的本公司股份另有规定的，从其规定。

3. 公司董事、监事、高级管理人员转让股票的限制

公司董事、监事、高级管理人员应当向公司申报所持有的本公司的股份及其变动情况，在就任时确定的任职期间每年转让的股份不得超过其所持有本公司股份总数的25%；所持本公司股份自公司股票上市交易之日起一年内不得转让。上述人员离职后半年内，不得转让其所持有的本公司股份。公司章程可以对公司董事、监事、高级管理人员转让其所持有的本公司股份作出其他限制性规定。

股份在法律、行政法规规定的限制转让期限内出质的，质权人不得在限制转让期限内行使质权。

4. 公司收购自身股票的限制

《公司法》第161条规定："有下列情形之一的，对股东会该项决议投反对票的股东可以请求公司按照合理的价格收购其股份，公开发行股份的公司除外：

（一）公司连续五年不向股东分配利润，而公司该五年连续盈利，并且符合本法规定的分配利润条件；

（二）公司转让主要财产；

（三）公司章程规定的营业期限届满或者章程规定的其他解散事由出现，股东会通过决议修改章程使公司存续。

自股东会决议作出之日起六十日内，股东与公司不能达成股份收购协议的，股东可以自股东会决议作出之日起九十日内向人民法院提起诉讼。

公司因本条第一款规定的情形收购的本公司股份，应当在6个月内依法转让或者注销。"

《公司法》第162条规定："公司不得收购本公司股份。但是，有下列情形之一的除外：

（一）减少公司注册资本；

（二）与持有本公司股份的其他公司合并；

（三）将股份用于员工持股计划或者股权激励；
（四）股东因对股东会作出的公司合并、分立决议持异议，要求公司收购其股份；
（五）将股份用于转换公司发行的可转换为股票的公司债券；
（六）上市公司为维护公司价值及股东权益所必需。"

公司不得接受本公司的股份作为质权的标的。

公司不得为他人取得本公司或者其母公司的股份提供赠与、借款、担保以及其他财务资助，公司实施员工持股计划的除外。为公司利益，经股东会决议，或者董事会按照公司章程或者股东会的授权作出决议，公司可以为他人取得本公司，或者其母公司的股份提供财务资助，但财务资助的累计总额不得超过已发行股本总额的10%。董事会作出决议时，应当经全体董事的2/3以上通过。

二、公司债券的发行与转让

（一）公司债券的发行

公司债券，是指公司发行的约定按期还本付息的有价证券。公司债券可以公开发行，也可以非公开发行。公司债券的发行和交易应当符合《证券法》等法律、行政法规的规定。

《公司法》第195条规定："公开发行公司债券，应当经国务院证券监督管理机构注册，公告公司债券募集办法。"

公司债券募集办法应当载明下列主要事项：
（一）公司名称；
（二）债券募集资金的用途；
（三）债券总额和债券的票面金额；
（四）债券利率的确定方式；
（五）还本付息的期限和方式；
（六）债券担保情况；
（七）债券的发行价格、发行的起止日期；
（八）公司净资产额；
（九）已发行的尚未到期的公司债券总额；
（十）公司债券的承销机构。

公司以纸面形式发行公司债券的，应当在债券上载明公司名称、债券票面金额、利率、偿还期限等事项，并由法定代表人签名，公司盖章。发行公司债券应当为记名债券。

《公司法》第198条规定："公司发行公司债券应当置备公司债券持有人名册。

发行公司债券的，应当在公司债券持有人名册上载明下列事项：
（一）债券持有人的姓名或者名称及住所；
（二）债券持有人取得债券的日期及债券的编号；
（三）债券总额，债券的票面金额、利率、还本付息的期限和方式；
（四）债券的发行日期。"

公司债券的登记结算机构应当建立债券登记、存管、付息、兑付等相关制度。

（二）公司债券的转让

《公司法》第200条规定："公司债券可以转让，转让价格由转让人与受让人约定。

公司债券的转让应当符合法律、行政法规的规定。"

公司债券由债券持有人以背书方式或者法律、行政法规规定的其他方式转让；转让后由公司将受让人的姓名或者名称及住所记载于公司债券持有人名册。

股份有限公司经股东会决议，或者经公司章程、股东会授权由董事会决议，可以发行可转换为股票的公司债券，并规定具体的转换办法。上市公司发行可转换为股票的公司债券，应当经国务院证券监督管理机构注册。

发行可转换为股票的公司债券，应当在债券上标明可转换公司债券字样，并在公司债券持有人名册上载明可转换公司债券的数额。公司应当按照其转换办法向债券持有人换发股票，但债券持有人对转换股票或者不转换股票有选择权。法律、行政法规另有规定的除外。

公开发行公司债券的，应当为同期债券持有人设立债券持有人会议，并在债券募集办法中对债券持有人会议的召集程序、会议规则和其他重要事项作出规定。债券持有人会议可以对与债券持有人有利害关系的事项作出决议。除公司债券募集办法另有约定外，债券持有人会议决议对同期全体债券持有人发生效力。

公开发行公司债券的，发行人应当为债券持有人聘请债券受托管理人，由其为债券持有人办理受领清偿、债权保全、与债券相关的诉讼以及参与债务人破产程序等事项。债券受托管理人应当勤勉尽责，公正履行受托管理职责，不得损害债券持有人利益。受托管理人与债券持有人存在利益冲突可能损害债券持有人利益的，债券持有人会议可以决议变更债券受托管理人。债券受托管理人违反法律、行政法规或者债券持有人会议决议，损害债券持有人利益的，应当承担赔偿责任。

第七节　公司的财务与会计制度

一、公司财务会计概述

《公司法》第207条规定："公司应当依照法律、行政法规和国务院财政部门的规定建立本公司的财务、会计制度。"公司财务会计制度主要包括两个内容：一是财务会计报告制度，即公司应当依法编制财务会计报表和制作财务会计报告；二是收益分配制度，即公司的年度分配，应当依照法律规定及股东会的决议，将公司利润用于缴纳税款、提取公积金和公益金及进行红利分配。

公司应当聘用会计师事务所承办公司的审计业务。会计师事务所的聘用和解聘应由公司的股东会或者董事会决定。公司股东会或者董事会就解聘会计师事务所进行表决时，应当允许会计师事务所陈述意见。

二、财务会计报告的提供

公司应当在每一会计年度终了时编制财务会计报告，并依法经会计师事务所审计。财务会计报告应当依照法律、行政法规和国务院财政部门的规定制作。公司财务会计报告的内容主要有资产负债表、利润表、现金流量表、所有者权益变动表及会计报表附注等。

公司财务会计报告制作的主要目的，是向有关人员和部门提供财务会计信息，满足有关各方了解公司财务状况和经营成果的需要。因此，公司的财务会计报告应及时报送有关人员和部门。

有限责任公司应当按照公司章程规定的期限将财务会计报告送交各股东。

股份有限公司的财务会计报告应当在召开股东会年会的20日前置备于本公司，供股东查阅；公开发行股份的股份有限公司应当公告其财务会计报告。

三、公司的收益分配制度

（一）收益分配顺序

利润是公司在一定时期内生产经营的财务成果，包括营业利润、投资净收益，以及营业外收支净额。公司应按照下列顺序进行利润分配。

（1）提取法定盈余公积。公司分配当年税后利润时，应当提取利润的10%列入公司法定公积金。公司法定公积金累计额为公司注册资本的50%以上的，可以不再提取。公司的法定公积金不足以弥补以前年度亏损的，在依照前款规定提取法定公积金之前，应当先用当年利润弥补亏损。

（2）提取任意盈余公积。公司从税后利润中提取法定公积金后，经股东会决议，还可以从税后利润中提取任意公积金。

（3）向股东分配利润。公司弥补亏损和提取公积金后所余税后利润，有限责任公司按照股东实缴的出资比例分配利润，全体股东约定不按照出资比例分配利润的除外；股份有限公司按照股东所持有的股份比例分配利润，公司章程另有规定的除外。

公司持有的本公司股份不得分配利润。

《公司法》第211条规定："公司违反本法规定向股东分配利润的，股东应当将违反规定分配的利润退还公司；给公司造成损失的，股东及负有责任的董事、监事、高级管理人员应当承担赔偿责任。"

《公司法》第212条规定："股东会作出分配利润的决议的，董事会应当在股东会决议作出之日起六个月内进行分配。"

（二）公积金提取

公司以超过股票票面金额的发行价格发行股份所得的溢价款、发行无面额股所得股款未计入注册资本的金额以及国务院财政部门规定列入资本公积金的其他项目，应当列为公司资本公积金。公积金又称储备金，包括法定公积金和任意公积金，是指公司为增强自身财产能力，扩大生产经营和预防意外亏损，依法从公司利润中提取的一种款项。公积金主要用于三方面：弥补公司的亏损；扩大公司生产经营；转增公司注册资本。

公积金弥补公司亏损，应当先使用任意公积金和法定公积金；仍不能弥补的，可以按照规定使用资本公积金。法定公积金转为增加注册资本时，所留存的该项公积金不得少于转增前公司注册资本的25%。

四、会计聘用制度

公司聘用、解聘承办公司审计业务的会计师事务所，按照公司章程的规定，由股东会、董事会或者监事会决定。公司股东会、董事会或者监事会就解聘会计师事务所进行表决时，应当允许会计师事务所陈述意见。

公司应当向聘用的会计师事务所提供真实、完整的会计凭证、会计账簿、财务会计报告及其他会计资料，不得拒绝、隐匿、谎报。

公司除法定的会计账簿外，不得另立会计账簿。对公司资金，不得以任何个人的名义开立账户存储。

第八节　公司合并、分立、解散、清算和资本变更

一、公司合并、分立

（一）公司合并

公司合并是指两个以上的公司依照法定程序变为一个公司的法律行为。其形式有两种：吸收合并与新设合并。吸收合并是指一个公司吸收其他公司加入本公司，被吸收的公司解散。新设合并是指两个以上公司合并设立一个新的公司，合并各方解散。

公司合并时，应履行下列程序。

（1）公司合并，应当由合并各方签订合并协议，并编制资产负债表及财产清单。

（2）公司应当自作出合并决议之日起10日内通知债权人，并于30日内在报纸上或者国家企业信用信息公示系统公告。

（3）债权人自接到通知之日起30日内，未接到通知的自公告之日起45日内，可以要求公司清偿债务或者提供相应的担保。

（4）依法进行登记。公司公司合并后，应当依法向公司登记机关办理相应的变更登记、注销登记、设立登记。

公司合并时，合并各方的债权、债务，应当由合并后存续的公司或者新设的公司承继。

《公司法》第219条规定："公司与其持股90%以上的公司合并，被合并的公司不需经股东会决议，但应当通知其他股东，其他股东有权请求公司按照合理的价格收购其股权或者股份。

公司合并支付的价款不超过本公司净资产10%的，可以不经股东会决议；但是，公司章程另有规定的除外。

公司依照前两款规定合并不经股东会决议的，应当经董事会决议。"

（二）公司分立

公司分立是指一个公司依法分为两个以上的公司。公司分立的形式有两种：一是公司以其部分财产另设一个或数个新的公司，原公司存续；二是公司以其全部财产分别归入两个以上的新设公司，原公司解散。

公司分立，其财产应做相应的分割。公司分立，应当编制资产负债表及财产清单。公司应当自作出分立决议之日起10日内通知债权人，并于30日内在报纸上或者国家企业信用信息公示系统公告。

公司分立前的债务由分立后的公司承担连带责任。但是，公司在分立前与债权人就债务清偿达成的书面协议另有约定的除外。

二、公司注册资本减少和增加

(一) 公司注册资本减少

(1) 公司减少注册资本，应当编制资产负债表及财产清单。

公司应当自股东会作出减少注册资本决议之日起 10 日内通知债权人，并于 30 日内在报纸上或者国家企业信用信息公示系统公告。债权人自接到通知之日起 30 日内，未接到通知的自公告之日起 45 日内，有权要求公司清偿债务或者提供相应的担保。

公司减少注册资本，应当按照股东出资或者持有股份的比例相应减少出资额或者股份，法律另有规定、有限责任公司全体股东另有约定或者股份有限公司章程另有规定的除外。

(2) 公司依照《公司法》第 214 条第 2 款的规定弥补亏损后，仍有亏损的，可以减少注册资本弥补亏损。减少注册资本弥补亏损的，公司不得向股东分配，也不得免除股东缴纳出资或者股款的义务。

依照规定减少注册资本的，应当自股东会作出减少注册资本决议之日起 30 日内在报纸上或者国家企业信用信息公示系统公告。公司依照规定减少注册资本后，在法定公积金和任意公积金累计额达到公司注册资本 50% 前，不得分配利润。

违反《公司法》规定减少注册资本的，股东应当退还其收到的资金，减免股东出资的应当恢复原状；给公司造成损失的，股东及负有责任的董事、监事、高级管理人员应当承担赔偿责任。

(二) 公司注册资本增加

有限责任公司增加注册资本时，股东在同等条件下有权优先按照实缴的出资比例认缴出资。但是，全体股东约定不按照出资比例优先认缴出资的除外。股份有限公司为增加注册资本发行新股时，股东不享有优先认购权，公司章程另有规定或者股东会决议决定股东享有优先认购权的除外。

当有限责任公司增加注册资本时，股东认缴新增资本的出资依照《公司法》设立有限责任公司缴纳出资的有关规定执行。股份有限公司为增加注册资本发行新股时，股东认购新股，依照《公司法》设立股份有限公司缴纳股款的有关规定执行。

三、公司解散和清算

(一) 公司解散

公司经营管理发生严重困难，继续存续会使股东利益受到重大损失，通过其他途径不能解决的，持有公司 10% 以上表决权的股东，可以请求人民法院解散公司。

公司解散是指公司因发生章程规定或法律规定的除破产以外的解散事由而停止业务活动、并进入清算的状态和过程。《公司法》第 229 条规定："公司因下列原因解散：

(一) 公司章程规定的营业期限届满或者公司章程规定的其他解散事由出现；

(二) 股东会决议解散；

(三) 因公司合并或者分立需要解散；

(四) 依法被吊销营业执照、责令关闭或者被撤销；

（五）人民法院依照本法第 231 条的规定予以解散。

公司出现前款规定的解散事由，应当在十日内将解散事由通过国家企业信用信息公示系统予以公示。"

《公司法》第 230 条规定："公司有前条第 1 款第 1 项、第 3 项情形，且尚未向股东分配财产的，可以通过修改公司章程或者经股东会决议而存续。

依照前款规定修改公司章程或者经股东会决议，有限责任公司须经持有 2/3 以上表决权的股东通过，股份有限公司须经出席股东会会议的股东所持表决权的 2/3 以上通过。"

（二）公司清算

1. 成立清算组

公司解散时，除因合并或者分立之外，应当依法进行清算。《公司法》规定，公司应当在解散事由出现之日起 15 日内成立清算组，开始清算。有限责任公司的清算组由股东组成，股份有限公司的清算组由董事或者股东会确定的人员组成。逾期不成立清算组进行清算的，债权人可以申请人民法院指定有关人员组成清算组进行清算。人民法院应当受理该申请，并及时组织清算组进行清算。

2. 清算组的职权

《公司法》第 234 条规定："清算组在清算期间行使下列职权：

（一）清理公司财产，分别编制资产负债表和财产清单；

（二）通知、公告债权人；

（三）处理与清算有关的公司未了结的业务；

（四）清缴所欠税款以及清算过程中产生的税款；

（五）清理债权、债务；

（六）分配公司清偿债务后的剩余财产；

（七）代表公司参与民事诉讼活动。"

3. 清算组的义务和责任

清算组在公司清算期间代表公司进行一系列民事活动，全权处理公司经济事务和民事诉讼活动。清算组成员应履行清算职责，负有忠实义务和勤勉义务。清算组成员怠于履行清算职责，给公司造成损失的，应当承担赔偿责任；因故意或者重大过失给债权人造成损失的，应当承担赔偿责任。

4. 清算工作程序

（1）登记债权。清算组应当自成立之日起 10 日内通知债权人，并于 60 日内在报纸上公告。债权人应当自接到通知书之日起 30 日内，未接到通知书的自公告之日起 45 日内，向清算组申报其债权。债权人申报债权，应当说明债权的有关事项，并提供证明材料。清算组应当对债权进行登记。在申报债权期间，清算组不得对债权人进行清偿。

（2）清理公司财产，制定清算方案。清算组应当对公司财产进行清理，编制资产负债表和财产清单，制定清算方案。清算方案应当报股东会或者人民法院确认。清算组在清理公司财产、编制资产负债表和财产清单后，发现公司财产不足清偿债务的，应当依法向人民法院申请宣告破产。公司经人民法院裁定宣告破产后，清算组应当将清算事务移交给人民法院。

（3）清偿债务。公司财产在分别支付清算费用、职工的工资、社会保险费用和法定补偿金、缴纳所欠税款、清偿公司债务后的剩余财产，有限责任公司按照股东的出资比例分配，股份有限公司按照股东持有的股份比例分配。清算期间，公司存续，但不得开展与清算无关的经营活动。公司财产在未按上述规定清偿前，不得分配给股东。

（4）公告公司终止。待公司清算结束后，清算组应当制作清算报告，报股东会或者人民法院确认并报送登记部门，申请注销公司登记的信息。

本章小结

《公司法》中规定的公司类型为有限责任公司和股份有限公司。依照法定条件和程序设立的公司具有独立的法律人格，对基于股东出资所形成的公司财产享有所有权并以此独立承担责任，股东享有有限责任的保护。本章介绍了公司采取股东会、董事会、监事会三权分立治理结构，并规定了其不同的职责。由于有限责任公司和股份有限公司在公司设立、组织机构、会议制度、股份（权）转让等方面有很多区别，本章从不同方面进行了介绍，还对公司董事、监事、高级管理人员的任职资格和义务与责任、股权转让行为等内容也进行了介绍，最后还对公司的合并、分立、增减注册资本、解散和清算进行了介绍。

同步综合练习

一、单项选择题

1. 下列关于公司股东出资方式的表述中，不符合公司法律制度规定的是（　　）。
   A. 股东可以用债权出资　　　　　　B. 股东可以用股权出资
   C. 股东可以用非专利技术出资　　　D. 股东可以用劳务出资

2. 甲、乙、丙、丁4人拟共同出资设立一贸易有限责任公司，注册资本为100万元。他们草拟的公司章程中不符合公司法律制度规定的是（　　）。
   A. 公司由甲同时担任经理和法定代表人
   B. 公司不设监事会，由乙担任监事
   C. 股东向股东以外的人转让股权，应当经其他股东过半数同意
   D. 丙担任公司财务总监兼任公司监事

3. 有限责任公司有甲、乙、丙、丁、戊5名股东，甲拟将其股权以100万元的价格转让给庚，遂于2023年11月1日向其他股东发出书面通知征求意见；乙接到通知后第2天复函表示同意，丙接到通知后一直未答复，丁接到通知后当即复函表示反对但又不愿意购买甲的股权，戊接到通知7天后复函表示反对并要求购买甲的股权。根据公司法律制度的规定，下列说法中不正确的是（　　）。
   A. 如果至2023年12月1日丙仍未答复，应视为丙同意甲转让股权
   B. 两个以上股东行使优先购买权的，应协商确定各自的购买比例；协商不成的，按照转让时各自的出资比例行使优先购买权
   C. 如果戊出价100万元要求购买，甲应当将股权转让给戊
   D. 不论戊出价多少，甲均应将股权转让给戊

4. 某股份公司的经理在执行职务时，违反法律规定，给公司造成巨大损失，该公司的甲、乙、丙3位股东分别连续180日以上持有公司1.1%、0.7%、0.5%的股份。下列诉讼方式中符合法律规定的是(　　)。

A. 甲股东以自己的名义直接提起诉讼

B. 乙股东通过董事会提出诉讼

C. 丙股东通过监事会提起诉讼

D. 乙、丙两位股东联合书面请求监事会提起诉讼

5. 有限责任公司的分立、合并或者解散及变更公司的形式，必须经怎样的程序作出决议(　　)。

A. 股东会的一致同意　　　　　　B. 股东会的过半数同意

C. 代表2/3以上表决权的股东通过　D. 代表2/3以上股权的股东通过

6. 某股份公司董事会成员共9名，监事会成员共3名。下列关于该公司董事会召开的情形中，符合公司法律制度规定的是(　　)。

A. 经两名董事提议可召开董事会临时会议

B. 公司董事长、副董事长不能履行职务时，可由4名董事共同推举1名董事履行职务

C. 经两名监事提议可召开董事会临时会议

D. 董事会每年召开两次会议，并在会议召开10日前通知全体董事和监事

7. 某有限责任公司共有甲、乙、丙3名股东。因甲无法偿还个人到期债务，人民法院拟依强制执行程序变卖其股权偿债。根据公司法律制度的规定，下列选项表述中正确的是(　　)。

A. 人民法院应当征得乙、丙同意，乙、丙在同等条件下有优先购买权

B. 人民法院应当通知乙、丙，乙、丙在同等条件下有优先购买权

C. 人民法院应当通知公司及全体股东，乙、丙在同等条件下有优先购买权

D. 人民法院应当征得公司及乙、丙同意，乙、丙在同等条件下有优先购买权

8. 某股份有限公司章程确定的董事会成员为9人，截至2020年9月30日，该公司董事会成员因种种变故，实际为5人，下列说法中正确的是(　　)。

A. 该公司应当在2020年11月30日前召开临时股东会

B. 该公司应当在2020年10月30日前召开临时股东会

C. 该公司董事会人数符合公司法规定

D. 该公司可以不召开临时股东会

9. 下列关于国有独资公司组织机构的规定中，不符合《公司法》规定的是(　　)。

A. 公司的合并、分立、解散、申请破产，增加或者减少注册资本由董事会决定

B. 董事长由履行出资人职责的机构从董事会成员中指定

C. 国有独资公司章程由履行出资人职责的机构制定

D. 国有独资公司不设股东会

10. 《公司法》对股份有限公司发起人的要求是(　　)。

A. 设立股份有限公司，应当由发起人共同制定公司章程

B. 发起人应为2人以上200人以下，其中须有半数以上的发起人在中国境内有住所

C. 全体发起人都必须在中国境内有住所

D. 发起人是否在中国境内有住所由发起人自己决定

二、多项选择题

1. 甲、乙、丙共同出资设立了 A 有限责任公司，后丙与丁达成协议，准备将其在 A 公司的出资进行转让。下列解决方案中符合规定的有（　　）。
   A. 如果甲和乙接到书面通知之日起满 30 日未答复，视为不同意转让
   B. 股东之间可以相互转让其全部或者部分股权
   C. 其他股东在同等条件下有优先购买权
   D. 股东向股东以外的人转让股权的，应当将股权转让的数量、价格、支付方式和期限等事项书面通知其他股东

2. 某有限责任公司的股东甲拟向公司股东乙转让其出资。下列关于甲转让出资的表述中，不符合公司法律制度规定的表述是（　　）。
   A. 甲可以将其出资转让给乙，无须通知和经其他股东同意
   B. 甲可以将其出资转让给乙，应当书面通知其他股东
   C. 甲可以将其出资转让给乙，但须经其他股东的过半数同意
   D. 甲可以将其出资转让给乙，但须经全体股东中的 2/3 以上同意

3. 下列关于公司利润分配的表述中，符合公司法律制度的有（　　）。
   A. 公司持有的本公司股份不得分配利润
   B. 公公司法定公积金累计额为公司注册资本的 50% 以上的，可以不再提取
   C. 公司的法定盈余公积金可转增为公司资本
   D. 公司分配当年税后利润时，应当提取利润的 10% 计入法定公积金

4. 根据《公司法》的规定，下列选项中属于设立股份有限公司应当具备的条件的有（　　）。
   A. 发起人符合法定人数
   B. 有符合公司章程规定的全体发起人认购的股本总额或者募集的实收股本总额
   C. 发起人制定公司章程，采用募集设立的经成立大会通过
   D. 以募集设立方式设立的，发起人认购的股份不得少于公司章程规定的公司设立时应发行股份总数的 25%

5. 某股份有限公司股本总额为 10 000 万元，公司章程规定的董事会成员有 9 人。下列情形中应当在 2 个月内召开临时股东会的有（　　）。
   A. 甲董事辞去董事职务
   B. 公司累计未弥补的亏损为 4 000 万元
   C. 持有公司股份 20% 的股东请求时
   D. 董事长认为有必要时

三、材料分析题

2015 年 4 月，甲、乙、丙、丁共同拟出资设立一家有限责任公司，并制定了公司章程。该章程的相关要点如下：公司注册资本为 500 万元，甲以货币 200 万元出资；乙以设定担保的机器设备出资，作价 100 万元；丙以一项专利权出资，作价 50 万元，丁以一栋厂房出资，作价 150 万元。

公司设置股东会；不设董事会，由甲担任董事；不设监事会，由丙担任监事。

因业务发展的需要，该公司依法成立了武汉分公司。武汉分公司在生产经营过程中，因违反了合同约定被诉至法院，对方要求总公司承担违约责任。

后，丁与戊达成协议，准备将其在有限责任公司的出资全部转让给戊，丁就此事书面通知其他股东征求意见。甲、乙表示同意，丙在收到书面通知30日未给与答复。

请根据上述材料，结合《公司法》有关规定回答下列问题。

（1）在公司的组建过程中，各股东的出资情况是否符合公司法规定？请说明理由。

（2）公司的组织机构设置是否符合公司法的规定？请说明理由。

（3）武汉分公司是否具备独立的法人资格？总公司是否需要承担违约责任？请说明理由。

（4）股东丁是否可以把其在公司中的股权转让给戊？请简述股权转让的规则。

第四章 合同法律制度

学习目标

通过本章的学习,学生应了解合同的概念、特征及其分类;理解合同订立的过程、合同成立的条件以及合同的效力;掌握合同的履行、保全、变更、终止及合同的违约责任。

导入案例

居间合同纠纷案

基本案情

原告上海中原物业顾问有限公司(以下简称"中原公司")诉称:被告陶德华利用中原公司提供的上海市虹口区株洲路某号房屋销售信息,故意跳过中介,私自与卖方直接订立购房合同,违反了《房地产求购确认书》的约定,属于恶意"跳单"行为,请求法院判令陶德华按约向中原公司支付违约金1.65万元。

被告陶德华辩称:涉案房屋原产权人李某某委托多家中介公司出售房屋,中原公司并非独家掌握该房源信息,也非独家代理销售。陶德华并没有利用中原公司提供的信息,故不存在"跳单"违约行为。

法院查明:2008年下半年,原产权人李某某到多家房屋中介公司挂牌销售涉案房屋。2008年10月22日,上海某房地产经纪有限公司带陶德华查看了该房屋;2008年11月23日,上海某房地产顾问有限公司(以下简称某房地产顾问公司)带陶德华之妻曹某某查看了该房屋;2008年11月27日,中原公司带陶德华看了该房屋,并在同日与陶德华签订了《房地产求购确认书》。该《确认书》约定,陶德华在验看过该房地产后6个月内,陶德华或其委托人、代理人、代表人、承办人等与陶德华有关联的人,利用中原公司提供的信息、机会等条件但未通过中原公司而与第三方达成买卖交易的,陶德华应按照与出卖方就该房地产买卖达成的实际成交价的1%,向中原公司支付违约金。当时,中原公司对该房屋报价为165万元，而某房地产顾问公司报价为145万元，并积极与卖方协商价格。2008年11月30日，在某房地产顾问公司居间下，陶德华与卖方订立了房屋买卖合同，成交价138万元。后，买卖双方办理了过户手续，陶德华向某房地产顾问公司支付佣金1.38万元。

裁判结果

上海市虹口区人民法院于2009年6月23日作出（2009）虹民三（民）初字第912号民事判决：被告陶德华应于判决生效之日起10日内向原告中原公司支付违约金1.38万元。宣判后，陶德华提出上诉。上海市第二中级人民法院于2009年9月4日作出（2009）沪二中民二（民）终字第1508号民事判决：撤销上海市虹口区人民法院（2009）虹民三（民）初字第912号民事判决；中原公司要求陶德华支付违约金1.65万元的诉讼请求，不予支持。

（资料来源：最高人民法院官网 https://www.court.gov.cn/shenpan/gengduo/77.html）

第一节 合同法概述

一、合同的概念

合同也叫契约。《民法典》第464条规定："合同是民事主体之间设立、变更、终止民事法律关系的协议。"根据这条规定，合同具有以下法律特征。

（1）合同是平等主体之间的民事法律关系。合同是平等当事人之间从事的民事法律行为，任何一方不论其所有制性质及行政地位，都不能将自己的意志强加给对方。非平等主体之间的合同不属于《民法典》中合同法律制度的调整对象。实践中，政府采购合同适用《民法典》中合同法律制度的规定。

（2）合同是双方或者多方民事法律行为。首先，合同至少需要两个或两个以上的当事人；其次，合同是民事法律行为，故当事人的意思表示是合同的核心要素；最后，因为合同是双方或多方民事法律行为，因此合同成立不但需要当事人有意思表示，而且要求当事人之间的意思表示一致。

（3）合同是当事人之间民事权利与义务关系的协议。合同作为一种法律事实，是当事人自由约定、协商一致的结果。如果当事人之间的约定合法，则在当事人之间产生相当于法律的效力，当事人就必须按照约定履行合同义务。任何一方违反合同，都要依法承担违约责任。

知识加油站

根据《民法典》的规定，虽然平等主体之间有关民事权利义务关系设立、变更、终止的协议均在《民法典》的调整范围，但根据《民法典》第464条第2款的规定，婚姻、收养、监护等有关身份关系的协议，适用有关该身份关系的法律规定；没有规定的，可以根据其性质参照适用合同法律制度的规定。

（4）合同以设立、变更或终止民事权利义务关系为目的和宗旨。合同是一种民事法律行为，是以协议的方式设立、变更、终止民事权利义务关系的法律事实。因此，不是以设立、变更、终止民事权利义务关系为目的的协议也不属于合同，合同有别于好意施惠行为。

二、合同的分类

根据不同的标准，可将合同分为不同的种类。合同的分类有助于正确运用法律处理合同纠纷。通常，合同可以分为以下几类。

（一）单务合同与双务合同

根据合同当事人是否相互负有对价义务为标准，可以将合同分为单务合同与双务合同。此处的对价义务并不要求双方的给付价值相等，只是要求双方的给付具有相互依存、相互牵连的关系。单务合同是指仅有一方当事人承担义务的合同，如赠与合同。双务合同是指双方当事人互负对价义务的合同，如买卖合同、承揽合同、租赁合同等。区分两者的法律意义在于，因为双务合同中当事人之间的给付义务具有依存和牵连关系，因此双务合同中存在同时履行抗辩权和风险负担的问题，而这些情形并不存在于单务合同中。

（二）有名合同与无名合同

根据是否对合同规定有确定的名称，可以将合同分为有名合同与无名合同。一般认为，有名合同是指《民法典》分则或其他法律规定有确定名称与规则的合同，又称典型合同。《民法典》中规定了19类有名合同（买卖合同，供用电、水、气、热力合同，赠与合同，借款合同，保证合同，租赁合同，融资租赁合同，保理合同，承揽合同，建设工程合同，运输合同，技术合同，保管合同，仓储合同，委托合同，物业服务合同，行纪合同，中介合同，合伙合同）。《保险法》所规定的保险合同属于有名合同。

无名合同是立法上尚未规定有确定名称与规则的合同，又称非典型合同，如家教、家政、美容、法律服务合同等。无名合同如经法律确认或在形成统一的交易习惯后，可以转化为有名合同。从这个意义上说，合同法律制度的历史是非典型合同不断在变成典型合同的过程。例如，旅游服务合同原为无名合同，《旅游法》制定并施行后就转化为有名合同。

区分两者的法律意义在于法律适用的不同。有名合同的订立、变更或者解除应按照《合同法》中"典型合同"的具体规定办理。无名合同则适用《民法典》总则，并参照分则或其他法律最相似的规定办理。无名合同只要不违反社会公德、社会公共利益和法律的禁止性规定，当事人可以自主设立，法律承认其效力。

（三）有偿合同与无偿合同

根据合同当事人是否因给付取得对价为标准，可以将合同分为有偿合同与无偿合同。有偿合同是指合同当事人为从合同中得到利益要支付对价的合同，如买卖合同、租赁合同、雇佣合同、承揽合同、行纪合同等都属于有偿合同。无偿合同是指只有一方当事人作出给付，或者虽然是双方作出给付但双方的给付间不具有对价意义的合同。赠与合同是典型的无偿合同。另外，委托合同、保管合同、自然人之间的借款合同如果没有约定利息和报酬的，也属于无偿合同。

（四）诺成合同与实践合同

根据合同成立除当事人的意思表示以外是否还要其他现实给付为标准，可以将合同分为诺成合同与实践合同。诺成合同是指当事人意思表示一致即可认定合同成立的合同。实践合同是指在当事人意思表示一致以外，还必须有实际交付标的物或者有其他现实给付行为才能成立的合同。要确认某种合同属于实践合同，必须法律有规定或者当事人之间有约定。常见的实践合同有保管合同、自然人之间的借贷合同、定金合同等。赠与合同、质押合同不是实践合同。区分两者的法律意义在于：两种合同除了成立要件不同以外，实践合同中作为合同成立要件的给付义务的违反不产生违约责任，只是一种缔约过失责任。

（五）要式合同与不要式合同

根据合同的成立是否必须符合一定的形式为标准，可以将合同分为要式合同与不要式合同。要式合同是按照法律规定或者当事人约定必须采用特定形式订立方能成立的合同。不要式合同是对合同成立的形式没有特别要求的合同。要确认某种合同属于要式合同，必须法律有规定或者当事人之间有约定。

（六）主合同与从合同

根据两个或者多个合同相互之间的主从关系为标准，可以将合同分为主合同与从合同。主合同是不需要以其他合同存在为前提即可独立存在的合同，这种合同具有独立性。从合同又称附属合同，是以其他合同的存在为其存在前提的合同。保证合同、定金合同、质押合同等相对于提供担保的借款合同即为从合同。从合同的存在是以主合同的存在为前提，故主合同的成立与效力直接影响从合同的成立与效力，但是从合同的成立与效力不影响主合同的成立与效力。

三、合同法律制度

作为市场经济的基本法律制度，合同法律制度调整因合同产生的民事关系，主要规范合同的订立、合同的效力及合同的履行、保全、担保、变更、解除、违反合同的责任等问题。

《合同法》是为了保护合同当事人的合法权益，维护社会经济秩序，促进社会主义现代化建设而制定，自 1999 年 10 月 1 日起施行。后，《民法典》自 2021 年 1 月 1 日起施行。同时，《合同法》废止。《民法典》合同编由通则、典型合同和准合同 3 个分编构成。

作为《民法典》的重要组成部分，合同法律制度主要通过任意性法律规范来引导当事人的行为或补充当事人意思的不完整，强制性规范被严格限制在合理与必要的范围之内。

四、合同法律的基本原则

合同法律的基本原则是制定和执行合同法的总的指导思想，是合同法的灵魂。合同法律的基本原则是其区别其他法律的标志，集中体现了合同法的基本特征。

（一）平等原则

《民法典》第 4 条规定："民事主体在民事活动中的法律地位一律平等。"该规定体现具有两层含义：第一层是指合同关系中当事人之间的平等，不包括在合同以外的关系；第二层是指合同当事人在法律地位上的平等，不包括经济实力、规模大小等方面的平等。法律地位上的平等即在法律面前，当事人享有平等的主体资格，享有有独立人格，其行为不受他人的支配、干涉或控制。

（二）自愿自由原则

《民法典》第 5 条规定："民事主体从事民事活动，应当遵循自愿原则，按照自己的意思设立、变更、终止民事法律关系。"合同自愿原则体现在交易的全过主要内容包括：

（1）缔约自由，即当事人有权自由决定是否与他人订立合同，任何单位和个人不得非法干预；

（2）选择相对人自由，即当事人可以自由决定与谁订立合同；

（3）决定合同内容自由，即订约当事人可以自由协商决定合同的内容；

（4）选择合同形式的自由，即当事人可以自由决定以何种形式订立合同；

（5）变更或解除合同的自由，即在合同成立生效后，当事人双方可以通过协商，决定变更或解除合同。

（三）公平原则

《民法典》第6条规定："民事主体从事民事活动，应当遵循公平原则，合理确定各方的权利和义务。"公平是市场经济所追求的商品交易原则，《民法典》作为调整交易关系的主要法律，坚持公平的原则具有重要意义。公平是指合同关系中当事人之间的利益关系大体平衡，而不是绝对公平，公平原则对当事人仅是一个指导原则。

（四）诚信原则

《民法典》第7条规定："民事主体从事民事活动，应当遵循诚信原则，秉持诚实，恪守承诺。"诚信原则是指当事人在从事民事活动时应诚实守信，以善意的方式履行其义务，不得滥用权利及规避法律或合同规定的义务。它要求人们在从事民事、经济活动时，讲究信用、信守诺言、诚实不欺，用善意的心理和方式取得权利、履行义务，在不损害他人利益及社会利益的前提下追求自身利益。例如，订立合同时，当事人应根据诚信原则，真实地向对方当事人陈述与合同有关的情况，当事人之间要相互合作，努力促成合同的成立和生效。

（五）公序良俗原则

《民法典》第8条规定："民事主体从事民事活动，不得违反法律，不得违背公序良俗。"该条规定主要体现在两方面：一是当事人在订约和履约中必须遵守法律和行政法规；二是当事人在使用合同进行交易时必须遵守社会公德，不得违背社会公共利益，损害社会公共秩序。社会公德是社会公共生活的道德规则，包括公共秩序规则和善良风俗规则，是人们在社会公共生活中应当遵循的基本准则，所以，合同当事人的合同关系与行为必须以遵守法律和公序良俗为前提。

第二节 合同的订立

一、合同的内容与形式

（一）合同的内容

1. 合同的一般条款

合同的内容就是合同当事人的权利与义务，具体体现为合同的各项条款。根据《民法典》规定，在不违反法律强制性规定的情况下，合同条款可以由当事人自由约定，但一般包括以下条款：
　　（1）当事人的姓名或者名称和住所；
　　（2）标的，即合同双方当事人权利义务所共同指向的对象；
　　（3）数量；
　　（4）质量；
　　（5）价款或者报酬；
　　（6）履行期限、地点和方式；
　　（7）违约责任；
　　（8）解决争议的方法。

2. 合同条款的解释

　　当事人对合同条款的理解有争议的，应当按照合同所使用的词句，结合相关条款、行为的性质和目的、习惯以及诚信原则，确定争议条款的含义。合同文本采用两种以上文字订立并约定具有同等效力的，对各文本使用的词句推定具有相同含义。各文本使用的词句不一致的，应当根据合同的相关条款、性质、目的以及诚信原则等予以解释。

3. 格式条款

　　格式条款是指方当事人为了与不特定多数人订立合同需要重复使用而单方预先拟定，并在订立合同时不允许对方协商变更的条款。格式条款的使用可以简化签约程序，加快交易速度，减少交易成本，因此并非格式条款就是不公平的。但是，由于格式条款是由一方当事人拟定的，且在合同谈判中不容对方协商修改，因此条款内容难免有不公平之处。有鉴于此，《民法典》对格式条款的效力及解释做了特别规定，以保证合同相对人的合法权益。

　　（1）采用格式条款订立合同的，提供格式条款的一方应当遵循公平原则确定当事人之间的权利和义务，并采取合理的方式提示对方注意免除或者减轻其责任等与对方有重大利害关系的条款，按照对方的要求，对该条款予以说明。提供格式条款的一方未履行提示或者说明义务，致使对方没有注意或者理解与其有重大利害关系的条款的，对方可以主张该条款不成为合同的内容。

　　（2）有下列情形之一的，该格式条款无效：
　　①具有《民法典》规定的民事法律行为无效的情形；
　　②具有《民法典》第506条规定的免责条款无效的情形（造成对方人身伤害的；因故意或者重大过失造成对方财产损失的）；
　　③提供格式条款一方不合理地免除或者减轻其责任、加重对方责任、限制对方主要权力的；
　　④提供格式条款方排除对方主要权利。

　　对格式条款的理解发生争议的，应当按照通常理解予以解释。对格式条款有两种或者两种以上解释的，应当作出不利于提供格式条款一方的解释。格式条款和非格式条款不一致的，应当采用非格式条款。

4. 免责条款

　　免责条款是指合同当事人在合同中规定的排除或限制一方当事人未来责任的条款。基于合同自由原则，对双方当事人自愿订立的免责条款，尤其是对于事后订立的免责条款，法律在原则上不加干涉。但如果事先约定的免责条款明显违反诚实信用原则及社会公共利益的，则法律规定其为无效。《民法典》规定，合同中的下列免责条款无效：造成对方人身伤害的；因故意或者重大过失造成对方财产损失的。

（二）合同的形式

合同的形式，是指合同当事人意思表示一致的外在表现形式。当事人订立合同，可以采取口头形式、书面形式或者其他形式。合同形式在对于固定证据、警告当事人郑重其事、区分磋商与缔约两个阶段均有重要意义。

1. 口头形式

口头形式是指当事人双方用对话方式表达相互之间达成的协议。当事人在使用口头形式时，应注意只能是及时履行的经济合同才能使用口头形式，否则不宜采用这种形式。口头形式简便易行，在日常生活中经常被采用。集市的现货交易、商店里的零售等一般都采用口头形式。其缺点在于发生合同纠纷时难以取证、不易分清责任。所以，对于不能即时清结的合同和标的数额较大的合同，不宜采用这种形式。

2. 书面形式

书面形式是指以合同书、信件等各种有形地表现所载内容的合同形式。用电子数据交换、电子邮件等方式，能够有形地表现所载内容，并可以随时调取查用的数据电文，也视为书面形式。

3. 其他形式

其他形式是指采用除口头、书面形式以外的方式来表现合同内容的形式，一般包括推定形式和默示形式。推定形式是当事人未用语言、文字表达其意思表示，仅用行为向对方发出要约，对方接受该要约，作出一定或指定的行为作为承诺，以成立合同的形式，如乘坐公交车时的投币、刷卡行为、行人向出租车招手乘坐出租车的行为等。默示形式是指当事人采用沉默不语的方式进行的意思表示。

二、合同订立程序

《民法典》第471条规定："当事人订立合同，可以采取要约、承诺方式或者其他方式。"只要当事人要约、承诺方式达成意思表示一致，合同即可成立。

（一）要约

1. 要约的概念和构成要件

要约是以订立合同为目的，要约人向受要约人发出的特定的意思表示。一项有效的要约应具备下列要件。

（1）要约的内容具体、确定，足以构成一个合同的内容。《民法典》中规定，要约的内容应当具体确定。但具体确定到什么程度，应根据要约人所要合同的内容来确定。

（2）表明经受要约人承诺，要约人即受该意思表示的约束。一方面，要约应明确要约人与受要约人订立合同的明确意思；另一方面，要约应当有一经受要约人承诺即成立合同并受其约束的表示。

（3）要约人一定要有订立合同的意图。要约人发出要约的目的在于订立合同，这种意

图一定要通过发出要约充分地表达出来，即要约人已经决定订约，而不是"准备"或"正在考虑"订约，且要约必须送达受要约人。要约是订立合同的一方当事人向受要约人发出的，要约应当送达受要约人。

（4）要约应当以明确的方式向受要约人发出。一方面，要约应采用明示的方式作出，不存在默示方式的要约；另一方面，要约应向受要约人发出，要约可以向特定的人，也可以向不特定的人发出，但在原则上，要约应向特定的人发出。

2. 要约邀请

要约邀请也称要约引诱，是一方希望他人向自己发出要约的意思表示。要约与要约邀请在学理上有明显的区别。

（1）要约是一方向另一方发出的以订立合同为目的的意思表示，应具备成立一个合同所应具有的内容。要约邀请是一方向另一方发出的，邀请其向自己发出要约的意思表示，不完全具备合同内容条款，否则就是一个要约而不是要约邀请。

（2）要约一经生效，受要约人就取得承诺的资格，承诺生效后，合同就成立了。而要约邀请只产生对方向其发出要约的可能，对方发出要约的，还必须要约邀请人承诺才能使合同成立。

（3）要约人受其发出的生效要约的约束，不能随意单方消灭要约，否则就应对因此给对方造成的损失承担赔偿责任；要约人在接到受要约人的合格承诺时，合同成立，要约人应承担合同义务，违反义务时就应承担违约责任。要约邀请对行为人不具有任何约束力。

知识加油站

根据我国司法实践和理论，可从以下几方面来区分要约和要约邀请。

（1）根据法律规定来区分。法律如果明确规定了某种行为为要约或要约邀请，即应按照法律的规定作出区分。《民法典》第473条规定："拍卖公告、招标公告、招股说明书、债券募集办法、基金招募说明书、商业广告和宣传、寄送的价目表等为要约邀请。商业广告和宣传的内容符合要约条件的，构成要约。"

（2）根据当事人意愿来区分。此处所提的当事人意愿，是指根据当事人已经表达出来的意思来确定当事人对其实施的行为主观上认为是要约还是要约邀请。具体而言，一方面，如果某项意思表示表明当事人不愿意接受要约的拘束力，则只是要约邀请，而不是要约；另一方面，当事人在其行为或提议中特别声明是要约还是要约邀请，则应根据当事人的意愿来区分。

同时，当事人也可以对其所做的提议明确作出"任何人不得就提议作出承诺"或明确指出"无意使其提议具有法律拘束力"，这样一来，他所做的提议可能是要约邀请，而不是要约。尤其应当注意，要约是旨在订立合同的意思表示，因此，要约中应包含明确的订约意图。要约邀请人只是希望对方向自己提出订约的意思表示，所以在要约邀请中表达的订约意图并不是很明确的。

（3）根据订约提议的内容是否包含了合同的主要条款来区分。要约邀请与要约之间最根本的区别就在于要约有成立合同的具体确定的内容，而要约邀请不必也不应具备满足合同成立的内容。要约的内容应如何明确，往往依据合同的内容和主要条款确定。要约的内容应当包含合同的主要条款，而要约邀请不必要包含合同的主要条款。但是，仅以是否包含合同的主要条款来区分是不够的。即使表意人提出了未来合同的主要条款，但如果他在提议中声明不受要约的拘束或提出需要进一步协商，或提出需要最后确认等，都将难以确定他具有明确的订约意图，因此不能认为该意思表示是要约。

（4）根据交易的习惯来区分。例如，出租车司机将出租车停在路边招揽顾客，一般认为是要约而不是要约邀请。如果根据当地规定和习惯，出租车司机可以拒载，则此种招揽是要约邀请；如果不能拒载，则认为是要约。

要约与要约邀请在类型上也是不可能有固定区分的。因此，在区分要约和要约邀请时，应当综合考虑各种因素。

3. 要约生效的时间

《民法典》中规定，要约以对话方式作出的，相对人知道其内容时生效。要约以非对话方式作出的，到达相对人时生效。以非对话方式作出的采用数据电文形式的要约，相对人指定特定系统接收数据电文的，该数据电文进入该特定系统时生效；未指定特定系统的，相对人知道或者应当知道该数据电文进入其系统时生效。当事人对采用数据电文形式的，要约的生效时间另有约定的，按照其约定。

4. 要约的法律效力

（1）对要约人的效力。此种拘束力又称为要约的形式拘束力，是指要约一经生效，要约人即受到要约的拘束，不得随意撤销或对受要约人随意加以限制、变更和扩张。当然，法律允许要约人在要约到达之前、受要约人承诺之前可以撤回、撤销要约，同时要约人也可以在要约中预先声明不受要约效力的拘束。

（2）对受要约人的效力。此种拘束力又称为要约的实质拘束力，即受要约人在要约生效时即取得依其承诺而成立合同的法律地位。具体表现如下。

①要约生效以后，只有受要约人才享有对要约人作出承诺的权利。待要约人确定了受要约人以后，受要约人才有资格对要约人作出承诺。如果第三人代替受要约人作出承诺，此种承诺只能视为对要约人发出的要约，而不具有承诺的效力。

②承诺的权利也是一种资格，它不能作为承诺的标的，也不能由受要约人随意转让，否则承诺对要约人不产生效力。当然，如果要约人在要约中明确允许受要约人具有转让的资格，或者受要约人在转让承诺时征得了要约人的同意，则此种转让是有效的。

③承诺权是受要约人享有的权利，但是否行使这项权利应由受要约人自己决定。受要约人在收到要约以后并不负有必须承诺的义务，即使要约人在要约中明确规定承诺人不作出承诺通知即为承诺，此种规定对受要约人也不产生效力。

5. 要约撤回和要约撤销

要约撤回是指要约人在要约生效前取消要约的意思表示。撤回要约的通知应当在要约到达受要约人前或者与要约同时到达受要约人。可见，要约撤回权的行使时间是以要约的生效时间为分割点，在要约生效前或在要约生效之时，要约可以撤回，而一旦生效，要约人的撤回权就不存在了。

要约撤销是指要约生效后，要约人取消要约使其效力归于消灭。撤销要约的意思表示以对话方式作出的，该意思表示的内容应当在受要约人作出承诺之前为受要约人所知道；撤销要约的意思表示以非对话方式作出的，应当在受要约人作出承诺之前到达受要约人。为了保护受要约人的利益，《民法典》中规定，以下两种情况下要约不得撤销。

（1）要约人已确定承诺期限或者其他形式明示要约不可撤销。这里的承诺期限是受要约人作出承诺的权利期间，也是要约的有效期间，它是要约信用的体现，一经确定就不能变更，这与要约本身应具有法律效力是密不可分的；这里的其他形式可以是在要约中规定要约的不可撤销性或在特定时间内不可撤销，或是以其他文字表明要约具有不可撤销性。

（2）受要约人有理由认为要约是不可撤销的，并已经为履行合同进行了合理准备工作。首先，受要约人有理由认为要约是不可撤销的，即要约本身并不是不可撤销的，但从要约表面上来看，受要约人又能够认为它是不可撤销的；其次，受要约人在发出承诺之前已经为履行合同进行了合理准备工作，这里只要已经着手准备，不管准备是否充分。

6. 要约的失效

要约失效的原因主要有以下几种。

（1）要约被拒绝。拒绝要约是指受要约人没有接受要约所规定的条件。拒绝的方式有多种，既可以是明确表示拒绝要约的条件，也可以在规定的时间内不作答复而拒绝。一旦拒绝，则要约失效。不过，受要约人在拒绝要约以后，也可以撤回拒绝的通知，但必须在撤回拒绝的通知先于或同时于拒绝要约的通知到达要约人处，撤回通知才能产生效力。

（2）要约被依法撤销。要约在受要约人发出承诺通知之前，可由要约人撤销要约，一旦撤销，要约将失效。

（3）承诺期限届满，受要约人未作出承诺。凡是在要约中明确规定了承诺期限的，则承诺必须在该期限内作出，超过了该期限，则要约自动失效。

（4）受要约人对要约的内容作出实质性变更。受要约人对要约的实质性内容作出限制、更改或扩张，从而形成新要约，既表明受要约人已拒绝了要约，也向要约人提出了一项新的要约。如果在受要约人作出的承诺通知中，并没有更改要约的实质性内容，只是对要约的非实质性内容予以变更，而要约人又没有及时表示反对，则此种承诺不应视为对要约的拒绝。但如果要约人事先声明不得改变要约的任何内容，则受要约人更改要约的非实质性内容，也会产生拒绝要约的效果。

（二）承诺

1. 承诺的概念和构成要件

承诺是指受要约人同意接受要约的条件以缔结合同的意思表示。承诺一旦生效，合同即成立。承诺必须具备如下条件才能产生法律效力。

（1）承诺必须由受要约人向要约人作出。受要约人是要约人选择的，只有受要约人才有资格作出承诺。第三人不是受要约人，当然无资格向要约人作出承诺，否则视为发出要约。当然，在某些意外情况下，基于法律规定和要约人发出的要约规定，任何第三人可以对要约人作出承诺，则要约人应当受到承诺的拘束。承诺是对要约人发出的要约所做的答复，因此只有向要约人作出承诺，才能导致合同成立。如果向要约人以外的其他人作出承诺，则只能视为对他人发出要约，不能产生承诺效力。

（2）承诺必须在规定的期限内达到要约人。承诺只有到达要约人时才能生效，而到达也必须具有一定的期限限制。如果要约规定了承诺期限，则应当在规定的承诺期限内到达要约人。要约没有确定承诺期限的，承诺应当依照下列规定到达：

①要约以对话方式作出的，应当即时作出承诺，但当事人另有约定的除外；②要约以

非对话方式作出的,承诺应当在合理期限内到达。

所谓合理期限,是指依通常情形可期待承诺到达的期间,一般包括要约到达受要约人的期间、受要约人作出承诺的期间、承诺通知到达要约人的期间。未能在合理期限内作出承诺并到达要约人,不能成为有效承诺。

要约以信件或者电报作出的,承诺期限自信件载明的日期或者电报交发之日开始计算。信件未载明日期的,自投寄该信件的邮戳日期开始计算。要约以电话、传真等快速通信方式作出的,承诺期限自要约到达受要约人时开始计算。

如果要约已经失效,承诺人也不能作出承诺。对失效的要约作出承诺,视为向要约人发出要约,不能产生承诺效力。如果超过了规定的期限作出承诺,则视为承诺迟到,或称为逾期承诺。一般而言,逾期的承诺被视为一项新的要约。

(3) 承诺的内容必须与要约的内容一致。承诺的内容与要约的内容一致是指受要约人必须同意要约的实质性内容,而不得对要约的内容作出实质性更改,否则不构成承诺,应视为对原要约的拒绝并作出一项新的要约,或称为反要约。承诺可以更改要约的非实质性内容,如要约人未及时表示反对,则承诺有效。

(4) 承诺的方式符合要约的要求。受要约人必须将承诺的内容通知要约人,但受要约人应采取何种通知方式,应根据要约的要求确定。如果要约规定承诺必以一定的方式作出,否则承诺便无效。承诺人在作出承诺时,必须符合要约人规定的承诺方式,在此情况下,承诺的方式成为承诺生效的特殊要件。如果要约没有特别规定承诺的方式,则不能将承诺的方式作为有效承诺的特殊要求。

《民法典》第480条规定:"承诺应当以通知的方式作出;但是,根据交易习惯或者要约表明可以通过行为作出承诺的除外。"这意味着,如果根据交易习惯或者要约的内容并不禁止以行为承诺,则受要约人可通过一定的行为作出承诺。以行为作出承诺,绝不同于单纯的缄默或不行动。缄默或不行动都是指受要约人没有作任何意思表示,也不能确定其具有承诺的意思,因此不属于承诺。

2. 承诺生效的时间

以通知方式作出的承诺,生效的时间适用要约生效的时间的规定。承诺不需要通知的,根据交易习惯或者要约的要求作出承诺的行为时生效。《民法典》第483条规定:"承诺生效时合同成立,但是法律另有规定或者当事人另有约定的除外。"

3. 承诺撤回

承诺撤回是指承诺人在承诺发出之后、承诺生效前,通知要约人收回承诺,以取消承诺的意思表示。《民法典》规定,承诺可以撤回,但撤回承诺的通知应当在承诺到达要约人前或者与承诺同时到达要约人。

承诺撤回是承诺人阻止承诺发生法律效力的一种行为,它是《民法典》规定的承诺消灭的唯一原因。撤回承诺应以通知的形式由承诺人向要约人发出,撤回通知应明确表明撤回承诺、不愿意成立合同的意思,否则不产生撤回承诺的效力。在承诺撤回通知的时间上,一般来说,撤回承诺的通知应当先于或同时于承诺到达要约人,才能发生防止承诺生效的效果。实践中,承诺撤回一般只适用于书面形式的承诺,对于口头形式的承诺,一经发出就到达要约人,根本就不存在撤回的可能性。对于电子数据方式的承诺,同样也不存在撤回的时间可能,因为承诺一经发出,对方就可以在电子邮箱中收到。

4. 承诺迟延

承诺延迟是指受要约人所作承诺未在承诺期限内到达要约人。它包括两种情况：逾期承诺和承诺迟到。

（1）逾期承诺，是指受要约人在承诺期限届满后发出承诺而使承诺延迟，或者在承诺期限内发出承诺但按照通常情形不能及时到达要约人的承诺。逾期承诺不符合有效承诺的全部要件，不能发生承诺的法律效力。逾期承诺有两种效力：一是要约人及时通知承诺人，承认该承诺有效的，合同成立；二是如果要约人接到逾期承诺后未及时通知承诺人该承诺有效的，就只能作为一个新的要约，而不能认为是承诺。

（2）承诺迟到，是指受要约人在承诺期限内发出承诺，但因其他原因而使承诺迟到。承诺迟到与逾期承诺不同：逾期承诺是在发出时就已超出承诺期限或者在承诺期限内发出承诺，但按照通常情形不能及时到达要约人的承诺；承诺迟到却是在承诺期限内发出，只是在到达要约人时超出承诺期限。《民法典》第487条规定："受要约人在承诺期限内发出承诺，按照通常情形能够及时到达要约人，但是因其他原因致使承诺到达要约人时超过承诺期限的，除要约人及时通知受要约人因承诺超过期限不接受该承诺的以外，该承诺有效。"可见，在承诺迟到的情况下，要约人负有通知不接受承诺的义务，这必须具备3个要件：

①承诺在要约确定的承诺期限内发出；
②承诺非因受要约人原因在承诺期限内未到达要约人；
③该承诺在承诺期限后到达要约人。

要约人未及时通知受要约人承诺迟到并拒绝该承诺的，应认为承诺有效，承诺到达要约人之日，合同成立。

5. 承诺的变更

承诺应当与要约内容一致，但严格要求承诺与要约完全一致，会在一定程度上限制合同的成立。为了鼓励交易，承诺可以在有限的程度上对要约内容进行变更而不影响承诺的效力。承诺对要约内容的变更，有限制、有扩张，同时还包括形态变更、方法变更、内容变更。

（1）实质性变更。实质性变更要约的承诺实际上是受要约人对要约的否定，其实质为新要约，不产生成立合同的法律效力。要约的实质性内容应当是合同内容主要的部分。实质性变更是有关合同标的、数量、质量、价款或者报酬、履行期限、履行地点和方式、违约责任和解决争议方法等要约内容的变更。就具体合同而言，影响当事人主要权利义务的并不仅是这些情形，只要是实质性改变当事人权利义务的要约内容的变更，均应作为实质性变更。

（2）非实质性变更。何谓非实质性变更，《民法典》中对此没有具体规定。一般认为，非实质性变更是指《民法典》规定的实质性变更之外的承诺对要约内容的变更。非实质性变更要约内容的，除要约人表示反对或者表明承诺不得对要约作出任何变更的以外，该承诺有效，而合同的内容以承诺的内容为准。

（三）合同成立的时间与地点

1. 合同成立的时间

由于订立的方式不同，合同成立的时间也不同。

（1）承诺生效时合同成立。这是大部分合同成立的时间标准。但是，法律另有规定或者当事人另有约定的除外。

（2）当事人采用合同书形式订立合同的，自当事人均签名盖章或者按指印时合同成立。在签名、盖章或者按指印之前，当事人一方已经履行主要义务，且对方接受时，该合同成立。法律、行政法规规定或者当事人约定合同应当采用书面形式订立，当事人未采用书面形式但是一方已经履行主要义务，对方接受时，该合同成立。

（3）当事人采用信件、数据电文等形式订立合同要求签订确认书的，签订确认书时合同成立。当事人一方通过互联网等信息网络发布的商品或者服务信息符合要约条件的，对方选择该商品或者服务并提交订单成功时合同成立，但是当事人另有约定的除外。

2. 合同成立的地点

由于合同订立方式的不同，合同成立地点的确定标准也有不同。

（1）承诺生效的地点为合同成立的地点。这是大部分合同成立的地点标准。

（2）采用数据电文形式订立合同的，收件人的主营业地为合同成立的地点；没有主营业地的，其住所地为合同成立的地点。当事人另有约定的，按照其约定进行。

（3）当事人采用合同书形式订立合同的，最后签名、盖章或者按指印的地点为合同成立的地点，但是当事人另有约定的除外。

三、缔约过失责任

（一）缔约过失责任的概念和构成要件

缔约过失责任是指当事人在订立合同过程中，缔约当事人一方因故意或者过失违背诚实信用原则所要求的先合同义务致使合同未成立、未生效、被撤销或无效，给他人造成信赖利益损失所应承担的民事责任。先合同义务是指法律为维护交易安全和保护缔约当事人各方的利益，基于诚实信用原则而赋予当事人在要约生效后、合同成立以前必须承担的义务。

一般认为，缔约过失责任的构成包括3个要件。

（1）在缔约过程中，缔约人实施了与诚实信用原则相违背的行为，行为人存在主观上的过错（故意或过失）。

（2）另一方当事人遭受损失，即对方当事人因信赖合同的成立和有效而遭受的信赖利益损失，如订立合同的费用、准备履行的费用等而不包括履行利益的损失。

（3）损失与缔约人的过错存在因果关系。

（二）缔约过失责任的主要类型

《民法典》中规定，当具备以下4种情形时，当事人承担缔约过失责任。

（1）假借订立合同，恶意进行磋商。其真实目的或阻止对方与他人订立合同，或使对方贻误商机，或仅为了戏耍对方。

（2）故意隐瞒与订立合同有关的重要事实或者提供虚假情况。

（3）泄露或者不正当使用在订立合同中知悉的商业秘密或者其他应当保密的信息，给对方造成损失。

（4）其他违背诚实信用原则的行为。在实践中，其主要包括：

①一方未尽通知、协助等义务，增加了对方的缔约成本而造成财产损失；

②一方未尽告知义务，而使对方遭受损失；
③一方未尽照顾、保护义务，造成对方人身或财产损害等。

（三）缔约过失责任的责任范围

一般情况下，承担缔约过失责任的方式为损害赔偿，赔偿的范围包括因自己违反先合同义务给对方的信赖利益造成的直接损失和间接损失。信赖利益损失主要表现为为缔结合同而支出的各种费用不能得到补偿，这叫作直接损失。它不包括因合同的成立和生效所获得的各种利益未能获得（如利润损失）。但在某些情况下，信赖利益损失除包括所受损失外，还包括间接损失，即因缔约过失而导致的缔约机会的损失。

直接损失主要包括以下这些。

（1）订立合同的费用，即当事人为订立合同而支付的差旅费、邮寄费、通信费用、印刷费用、差旅费等必要费用。

（2）准备履行合同支出的费用，包括车辆租赁费等，以及为履约已经支付运输费用、存储费用等其他一切必要费用。

（3）受害人支出前述费用所失去的利息。

间接损失主要指因丧失与第三人订立合同的机会所造成的利益损失。所失利益即因缔约过失而导致的与第三人另订合同的机会的丧失所产生的损失。需要说明的是，对所失利益的赔偿，必须限定在该利益是在可预见的范围内的，且该损失与缔约过失之间有相当的因果关系。

不论属于哪种类型的缔约过失责任，责任人都应当向对方负赔偿责任，并且赔偿的损失主要是信赖利益损失而不是履行利益。但对于信赖利益中间接损失的赔偿，必须限定在该利益是在可预见的范围内，且该损失与缔约过失之间有相当的因果关系。此外，对于信赖利益的赔偿，应以不超过履行利益为限。

第三节　合同的效力

合同的效力是指合同的法律效力，即具有法律约束力。生效的合同必然是已经成立的合同，但成立了的合同未必生效。按照《民法典》中的规定，合同主要有4种类型，即有效合同，无效合同，可撤销合同及效力待定合同。关于各类型合同具备的条件，请参见本书第一章第一节中经济法律关系相关内容，此处只进行简单的归纳。

法律小知识

合同的成立与合同生效是两个既有区别又有联系的概念。依法成立的合同，自成立时生效，但是法律另有规定或者当事人另有约定的除外。合同成立与合同生效有显著区别，主要表现为以下几点。

（1）法律规则的判断标准不同。合同成立与否是事实问题，属于事实判断；合同生效与否是法律价值判断问题，属于价值评价性判断，包括有效、无效、效力待定、可撤销等情形。

（2）性质不同。合同成立的事实是当事人的意思表示一致，合同成立与否取决于当事人的意志，与国家意志无关；合同生效的事实是由国家意志对当事人的意志作出肯定评价而产生的价值事实。

（3）法律效力不同。合同成立的法律效力是要约人不得撤回要约，承诺人不得撤回承诺，但要约人与承诺人的权利义务仍未得到法律认可仍处于不确定的状态，如果成立的合同无效或被撤销，那么它设定的权利义务关系对双方当事人就没有法律约束力；合同生效是法律对当事人意思表示的肯定评价，表明当事人的意思表示符合国家意志，当事人设定的权利义务得到国家强制力的保护。

（4）法律后果不同。如果合同不成立，产生的法律责任只涉及如缔约过失责任、返还财产等民事责任而不产生其他法律责任；无效合同不仅产生民事责任，而且可能会产生行政责任或刑事责任。

一、有效合同

有效合同是指具备合同的生效要件，对当事人具有法律约束力的合同。依法成立的合同，自成立时生效，但是法律另有规定或者当事人另有约定的除外。有些合同成立后，必须经过批准等手续才能发生法律效力。未办理批准等手续影响合同生效，不影响合同中履行报批等义务条款以及相关条款的效力。应当办理申请批准等手续的当事人未履行义务的，对方可以请求其承担违反该义务的责任。

若要让合同生效，必须具备4个要件。
（1）行为人具有相应的民事权利能力和民事行为能力。
（2）意思表示真实。
（3）内容不得违反法律、行政法规的强制性规定，不违背公序良俗。
（4）合同形式、程序符合规定。

二、无效合同

无效合同是指当事人所缔结的合同因欠缺生效要件，不能发生法律效力的合同。无效合同不受法律保护，对当事人也不产生法律约束力。合同无效意味着当然、绝对不发生法律效力。

有下列情形之一的，合同无效。
（1）无民事行为能力人订立的合同。
（2）双方当事人以虚假的意思表示实施的合同，而以虚假的意思表示隐藏的民事法律行为的效力，依照有关法律规定处理。
（3）违反法律、行政法规的强制性规定，但是该强制性规定不导致该合同无效的除外。
（4）违背公序良俗的合同。
（5）恶意串通、损害他人合法权益的合同。

此外，下列两种情形约定的免责条款无效：第一，对于造成对方人身伤害或者因故意或重大过失造成对方财产损失的；第二，提供格式条款的一方免除自身责任、加重对方责任、限制或者排除对方主要权利的。

三、可撤销合同

可撤销合同是指当事人在订立合同时存在意思表示不真实的情况，合同已经成立，因为存在法定事由，允许当事人申请人民法院或者仲裁机构予以撤销的合同。在提出撤销前，合同已经成立，如果当事人无异议，则可以正常履行，视为有效合同。

合同可撤销的原因主要有以下几点。

（1）因重大误解订立的。

（2）在订立合同时显失公平的。

（3）一方以欺诈、胁迫的手段，使对方在违背真实意思的情况下订立的。

有下列情形之一的，撤销权消灭。

（1）当事人自知道或者应当知道撤销事由之日起 1 年内、重大误解的当事人自知道或者应当知道撤销事由之日起 90 日内没有行使撤销权。

（2）当事人受胁迫，自胁迫行为终止之日起 1 年内没有行使撤销权。

（3）当事人知道撤销事由后明确表示或者以自己的行为表明放弃撤销权。当事人自民事法律行为发生之日起 5 年内没有行使撤销权的，撤销权消灭。

无效的合同或者被撤销的合同自始没有法律约束力。合同无效或者被撤销，不影响合同中独立存在的有关解决争议方法的条款的效力。合同无效或者被撤销后，应将取得的财产应当予以返还；不能返还或者没有必要返还的，应当折价补偿。有过错的一方应当赔偿对方因此所受到的损失；对于双方都有过错的，应当各自承担相应的责任。

四、效力待定合同

所谓效力待定合同，是指合同虽然已经成立，但因欠缺合同生效的要件，其发生效力与否尚未确定，必须经有权人表示追认才能生效的合同，主要包括以下几种情形。

（1）限制民事行为能力人订立的合同。限制民事行为能力人订立的合同，经法定代理人追认后，该合同有效，但纯获利益的合同或者与其年龄、智力、精神健康状况相适应而订立的合同，不必经法定代理人追认。相对人可以催告法定代理人在 30 日内予以追认。法定代理人未做表示的，视为拒绝追认。合同被追认之前，在订立合同时不知情的善意相对人有将合同撤销的权利。

（2）因无权代理而订立的合同。因无权代理而订立的合同具体包括 3 种情形：根本无权代理；超越代理权限进行代理；代理权消灭后的代理。这些合同如未经被代理人追认，对被代理人不发生效力，由行为人承担责任。相对人可以催告被代理人自接到通知之日起 30 日内予以追认。被代理人未做表示的，视为拒绝追认。合同被追认之前，善意相对人有撤销的权利。

但如果相对人有理由相信行为人有代理权，即无权代理构成表见代理的，该代理行为有效。被代理人不得以行为人没有代理权为由主张合同无效。无权代理人以被代理人的名义订立合同，被代理人已经开始履行合同义务或者接受相对人履行的，视为对合同的追认。

（3）无处分权人处分他人财产的合同。无处分权人原则上无权处分他人财产，但是，如果经权利人追认或者无处分权人订立合同后取得处分权的，则该合同有效。

第四节 合同的履行

合同的履行是指当事人按照合同约定或者法律的规定，全面、适当地完成各自所承担的义务，是债权人的债权得以实现的行为。合同的履行是整个合同法律制度的核心内容。

一、合同履行的原则

（一）合同履行的一般原则

1. 全面履行原则

根据《民法典》合同编的规定，当事人应当按照约定全面履行自己的义务。全面履行原则就是合同当事人按照合同关于履行主体，履行标的、数量及质量，履行时间，履行地点，履行方式，履行费用等内容的约定，全面、准确地履行合同义务。

2. 适当履行原则

适当履行原则是指债务人应当按照法律和债规定的质量标准或适当的方式进行履行。适当履行原则与全面履行原则的区别在于，全面履行原则主要强调债务人履行的数量和期限符合法律规定和合同的约定，而适当履行原则主要是指债务人履行债务的质量符合法律规定和合同约定，或者债务人以适当的方式履行债务。适当履行原则的内容主要包括以下几点。

（1）履行主体适当：既包括履行债务的主体适当，也包括接受债务履行的主体适当。合同履行的主体一般限于债务人，接受债务履行的主体是债权人。除法律另有规定或者当事人另有约定的以外，债务人不得向债权人之外的第三人履行债务，否则便违背适当履行原则。

（2）履行标的适当：即债务人所交付的标的物或者提供的服务应当符合法律和合同约定的要求。

（3）履行方式适当：是指在履行方法确定方面，应当考虑法律规定、合同约定及合同性质等因素。债务人对于履行方式有多种选择的，应当选择对债权人最为有利的方式。

3. 诚实信用原则

诚实信用原则是指合同当事人应根据诚实信用原则，履行合同约定之外的附随义务。附随义务是基于诚实信用原则而产生的一项合同义务，虽然当事人在合同中可能没有约定此义务，但任何合同的当事人在履行时都必须遵守，如及时通知、协助义务、提供必要的条件、防止损失扩大及保密等。

4. 绿色环保原则

绿色原则是指当事人在履行合同过程中，应当避免浪费资源、污染环境和破坏生态。

（二）合同履行主体

合同的履行主体既包括义务主体，也包括权利主体。在一般情况下，合同的义务应该由义务人亲自履行，但是对于非人身性质的债、非法定或约定必须由义务人亲自履行之合同债务，可以由第三人代为履行，但第三人即使代为履行了合同义务，其仍然不是合同当事人。《民法典》第 522 条、第 523 条、第 524 条中有下列规定。

（1）当事人约定由债务人向第三人履行债务，债务人未向第三人履行债务或者履行债务不符合约定的，应当向债权人承担违约责任。

（2）法律规定或者当事人约定第三人可以直接请求债务人向其履行债务，第三人未在合理期限内明确拒绝，债务人未向第三人履行债务或者履行债务不符合约定的，第三人可以请求债务人承担违约责任；债务人对债权人的抗辩，可以向第三人主张。

（3）当事人约定由第三人向债权人履行债务，第三人不履行债务或者履行债务不符合约定的，债务人应当向债权人承担违约责任。

（4）债务人不履行债务，第三人对履行该债务具有合法利益的，第三人有权向债权人代为履行；但是，根据债务性质、按照当事人约定或者依照法律规定只能由债务人履行的除外。债权人接受第三人履行后，其对债务人的债权转让给第三人，但是债务人和第三人另有约定的除外。

（三）约定不明合同的履行原则

《民法典》中规定，履行约定不明合同时，应遵循以下规则：合同生效后，当事人就质量、价款或者报酬、履行地点等内容没有约定或者约定不明确的，可以协议补充；不能达成补充协议的，按照合同相关条款或者交易习惯确定。当事人就有关合同内容约定不明确，依据前述规定仍不能确定的，适用下列规定。

（1）质量要求不明确的，按照强制性国家标准履行；没有强制性国家标准的，按照推荐性国家标准履行；没有推荐性国家标准的，按照行业标准履行；没有国家标准、行业标准的，按照通常标准或者符合合同目的的特定标准履行。

（2）价款或者报酬不明确的，按照订立合同时履行地的市场价格履行；依法应当执行政府定价或者政府指导价的，依照规定履行。

（3）履行地点不明确，给付货币的，在接受货币一方所在地履行；交付不动产的，在不动产所在地履行；其他标的，在履行义务一方所在地履行。

（4）履行期限不明确的，债务人可以随时履行，债权人也可以随时请求履行，但是应当给对方必要的准备时间。

（5）履行方式不明确的，按照有利于实现合同目的的方式履行。

（6）履行费用的负担不明确的，由履行义务方负担；因债权人原因增加的履行费用，由债权人负担。

（四）电子合同的履行原则

根据《民法典》的规定，履行通过互联网等信息网络订立的电子合同时应遵循以下原则。

（1）电子合同的标的为交付商品并采用快递物流方式交付的，收货人的签收时间为交付时间。电子合同的标的为提供服务的生成的电子凭证或者实物凭证中载明的时间为提供服务时间；前述凭证没有载明时间或者载明时间与实际提供服务时间不一致的，以实际提供服务的时间为准。

（2）电子合同的标的物为采用在线传输方式交付的，合同标的物进入对方当事人指定的特定系统且能够检索识别的时间为交付时间。

（3）电子合同当事人对交付商品或者提供服务的方式、时间另有约定的，按照其约定。

二、双务合同履行中的抗辩权

所谓抗辩权，是指债务人根据法定事由对抗或拒绝债权人的请求权的权利，又称异议权。双务合同履行中的抗辩权，是指双务合同的一方当事人在法定条件下对抗另一方当事人的请求权，拒绝履行债务的权利，主要包括同时履行抗辩权、先履行抗辩权和不安抗辩权。当事人可以根据对方违约的不同情形，选择适用不同的抗辩权，以维护自己的合法权益。

课堂讨论

> 甲向乙采购某种商品，并与乙订立了一份买卖合同，其中写明购买数量为100件，支付金额为100万元。
> 情形一：双方仅约定了履行的期限，没有约定履行的先后顺序，于是甲要求乙先交付商品再付款。此时，乙能否拒绝？
> 情形二：如果合同中约定了甲先付钱，乙收钱后再发货，后来甲反悔，要求先发货，后付钱。乙此时能否拒绝？
> 情形三：如果合同中约定了甲先付钱，乙收钱后再发货，后来乙的经营情况恶化，且已经向人民法院提交了破产申请。甲应该怎么办？

（一）同时履行抗辩权

同时履行抗辩权又称不履行抗辩权，是指双务合同的方当事人在对方未为对待给付时，可以拒绝自己的给付的权利。《民法典》第525条规定："当事人互负债务，没有先后履行顺序的，应当同时履行。一方在对方履行之前有权拒绝其履行请求。一方在对方履行债务不符合约定时，有权拒绝其相应的履行请求。"这里的同时履行是指合同没有约定，法律也没有规定，根据交易习惯也不能确定双务合同的哪一方当事人有先履行义务时，双方当事人应当同时履行合同义务。同时履行抗辩权在性质上属于延期的抗辩权，而不是否定的或永久的抗辩权。行使同时履行抗辩权的根据是双务合同的牵连性，其构成要件主要包括如下这些。

（1）必须发生在互为给付的同一双务有偿合同中。首先，双方当事人应当因同一合同互负债务，在履行上存在关联性；其次，当事人互负的债务应基于同一双务合同。

（2）合同必须要求当事人同时履行。同时履行抗辩权没有先后顺序之分，应当在合理期间内互为履行，这个期间很短，但也不是指分秒不差地同时履行。

（3）双方债务必须均已届清偿期。

（4）对方当事人必须未履行债务或未提出履行债务。

（5）对方当事人的对待给付必须是可能履行的。

一般认为，同时履行抗辩权适用于买卖、互易、租赁、承揽、有偿委托、保险、雇佣等双务合同。同时履行抗辩权的效力，在于使一方当事人在对方当事人未及时履行义务时，可以暂时也不履行自己的义务，但这并不能消灭对方当事人的请求，也不能消灭自己所负的债务；而当对方当事人提出履行时，同时履行抗辩权的效力就终止了，当事人必须履行自己的合同义务。

(二) 先履行抗辩权

先履行抗辩权又称顺序履行抗辩权，是指在双务合同中，约定有先后履行顺序的，负有先履行义务的一方当事人未依照合同约定履行债务，后履行义务的一方当事人可以依据对方的不履行行为，拒绝对方当事人请求履行的抗辩权。《民法典》第526条规定："当事人互负债务，有先后履行顺序，先履行一方未履行的，后履行一方有权拒绝其履行请求。先履行一方履行债务不符合约定的，后履行一方有权拒绝其相应的履行请求。"其构成要件主要包括以下几个。

（1）当事人必须基于同一双务合同互负债务。

（2）当事人履行必须有履行义务的先后顺序。先后顺序也是按法律规定或当事人约定或交易习惯确定的。只有先履行一方不履行或不适当履行时，后履行一方才享有先履行抗辩权。

（3）先履行一方必须不履行合同义务或者履行合同义务不符合约定。

（4）先履行一方应当先履行的债务必须是可能履行的。

先履行抗辩权的效力，在于阻止对方当事人请求权的行使；而当对方当事人完全履行了合同债务时，先履行抗辩权就消灭了，当事人必须履行自己的合同债务。如果当事人行使先履行抗辩权致使合同迟延履行的，责任由对方当事人承担。

(三) 不安抗辩权

1. 概念和构成要件

不安抗辩权又称保证履行抗辩权，是指当事人互负债务，有先后履行顺序的，先履行的一方当事人有确切证据证明另一方当事人丧失履行债务能力时，有中止合同履行的权利。《民法典》第527条规定："应当先履行债务的当事人，有确切证据证明对方有下列情形之一的，可以中止履行：

（一）经营状况严重恶化；

（二）转移财产、抽逃资金，以逃避债务；

（三）丧失商业信誉；

（四）有丧失或者可能丧失履行债务能力的其他情形。

当事人没有确切证据中止履行的，应当承担违约责任。"

不安抗辩权的构成要件主要包括以下几个。

（1）必须基于同一双务合同且具有对价关系的互负债务。

（2）必须是负有先履行义务的一方当事人才有权行使不安抗辩权。

（3）先履行义务的一方当事人必须有确切证据证明对方当事人有不能为对待给付的现实危险。

（4）后履行一方在合理期限内未恢复履行能力且未提供适当担保。

《民法典》在赋予先履行一方享有不安抗辩权的同时，又为其规定了两项附随义务：通知义务和举证义务。通知义务主张不安抗辩权的先履行一方应当及时通知对方，但不用征得对方的同意。举证义务主张不安抗辩权的先履行一方应当举出对方有法定的不能履行债务或者有不能履行债务可能的某一情形存在的确切证据。有确切证据的，不安抗辩权主张成立;没有确切证据的,不安抗辩权主张不能成立,并构成违约。

2. 法律效力

当事人依法行使不安抗辩权中止履行的,应当及时通知对方。对方提供适当担保时,应当恢复履行。中止履行后,对方在合理期限内未恢复履行能力且未提供适当担保的,视为以自己的行为表明不履行主要债务,中止履行的一方可以解除合同并可以请求对方承担违约责任。据此,行使不安抗辩权的法律效力有3项。

(1)暂时中止履行合同债务。不安抗辩权在性质上是一种延期抗辩权。如果后履行一方提供了适当担保或作了对待履行,不安抗辩权就消灭了,当事人就应当恢复履行自己的债务。

(2)解除合同。主张不安抗辩权的先履行方,在对方未在合理期限内恢复履行能力并且提供适当担保的情形下,就有权解除合同,消灭对方的请求权。此时,不安抗辩权就从延期抗辩权变成了永久抗辩权。

(3)请求对方承担违约责任。中止履行的一方可以在解除合同的同时请求对方承担违约责任。

第五节 合同的保全

合同的保全是合同的一般担保,是指为了保护一般债权人不因债务人的财产不当减少而受损害,允许债权人干预债务人处分自己财产行为的法律制度。合同保全主要有代位权与撤销权。其中代位权是针对债务人消极不行使自己债权的行为;撤销权则是针对债务人积极侵害债权人债权实现的行为。两者或是为了实现债务人的财产权利,或是恢复债务人的责任财产,从而确保债权人债权的实现。

一、代位权

(一)代位权的概念和特征

代位权是指债务人怠于行使其对第三人(次债务人)享有的债权或者与该债权有关的从权利,危及债权人债权实现时,债权人为保障自己的债权,可以以自己的名义代位行使债务人对次债务人的债权的权利,具有以下特征。

(1)代位权是债权人代替债务人向次债务人主张权利。代位权体现了债权的对外效力。

(2)代位权是一种法定的权利。代位权是由法律直接规定的权利,不需要由当事人特别约定。

(3)代位权是债权人以自己的名义行使债权人的权利,代位权是债权人所享有的权利,必须以债权人的名义行使。

(4)代位权是通过债权人向法院请求的方式行使的,即只能通过诉讼的方式来行使代位权,通过起诉请求法院保全债权。

(二)代位权的构成要件

(1)债权人与债务人之间、债务人与次债务人之间均存在合法的债权债务关系,这是首要条件。如果债权人对债务人不享有合法债权，债权人就不能行使代位权。

（2）债务人怠于行使其债权或者与该债权有关的从权利并影响债权人的到期债权实现，这是实质要件。

债务人怠于行使其债权或者与该债权有关的从权利并影响债权人的到期债权实现，是指债务人不履行其对债权人的到期债务，又不以诉讼方式或者仲裁方式向其债务人主张其享有的具有金钱给付内容的到期债权，致使债权人的到期债权未能实现。由此可见，债务人只有以诉讼或仲裁的方式向次债务人主张权利，才不构成"怠于行使"，而仅以私力救济方式主张权利，如直接向次债务人或其代理人主张权利，甚至包括向民间调解委员会或行政机关请求处理，都属于"怠于行使"。实践中，只要债务人未履行对债权人的债务，债权人的债权未能实现，就可视为债权人的债权受到了损害。

（3）债务人的债权已到期。只有债务人的债权已到期，债权人才能代债务人行使，否则就会侵害次债务人的合法权益。债权人的债权到期前，债务人的债权或者与该债权有关的从权利存在诉讼时效期即将届满或者未及时申报破产债权等情形，影响债权人的债权实现的，债权人可以代位向债务人的相对人请求其向债务人履行、向破产管理人申报或者作出其他必要的行为。

（4）债务人的债权不是专属于债务人自身的债权。专属于债务人自身的债权，是指基于扶养关系、赡养关系、继承关系等产生的给付请求权和劳动报酬、退休金、养老金、抚恤金、安置费、人寿保险、人身伤害赔偿请求权等权利。这意味着作为代位权客体的权利，不仅限于债务人对次债务人所享有的债权，还必须是非专属于债务人自身的债权。

（三）代位权的行使和效力

1. 代位权的行使

债权人行使代位权时，应注意以下几点。

（1）债权人必须以自己的名义通过诉讼形式行使代位权。当债务人有多个债权人时，各债权人在符合法律规定的情况下都可以行使代位权。但如果其中某一债权人已经就这项债权行使了代位权，其他债权人就不能再就这项债权行使代位权。

（2）代位权行使的范围应当以债权人的债权为限。债权人行使代位权的请求数额一般不能超过债务人所负债务额的范围，也不能超过次债务人对债务人所负债务额的范围。

（3）次债务人对债务人的抗辩权可以向债权人主张。在代位权诉讼中，债权人是原告，次债务人是被告，债务人是第三人，而次债务人对债务人的一般抗辩事由，都可以直接向债权人主张。

（4）在代位权诉讼中，债权人行使代位权的必要费用由债务人负担。代位权诉讼由被告住所地人民法院管辖。

2. 代位权的效力

债权人代位权的行使，其效力涉及以下3方面。

（1）对债权人的效力。债权人与债务人、债务人与相对人之间相应的权利义务终止。债务人对相对人的债权或者与该债权有关的从权利被采取保全、执行措施，或者债务人破产的，依照相关法律的规定处理。

（2）对债务人的效力。首先，债务人不能就其被债权人代位行使的权利作出处分，否则代位权根本不能得到行使，债权更得不到保障，如债权人行使代位权后，债务人又将债权让与第三债务人，债权人就可以对第三债务人主张让与行为无效。其次，如果债务人未参加代位权诉讼，判决的效力就只及于诉讼当事人即债权人与次债务人，因此当债权人败诉时，债务人就可另行对次债务人起诉；如果债务人参加诉讼，判决的效力也就及于债务人，但当债权人胜诉时，债务人不能基于判决请求次债务人执行。

（3）对次债务人。债务人对次债务人的权力，无论是自己行使还是由债权人代位行使，次债务人的法律地位及其利益都不受影响。因此，凡是次债务人可以对抗债务人的一切抗辩，都可以用来对抗债权人。但这种抗辩权一般以代位权行使之前所产生的为限。

二、撤销权

（一）撤销权的概念和法律性质

抵销权又称废罢诉权，是指债务人实施了减少财产行为并危及债权人债权实现时，债权人为保障自己的债权请求人民法院撤销债务人处分行为的权利。撤销权是一种法定权利，不需要当事人进行约定。撤销权是附随于债权的权利，债权转让时，它当然随之转让，债权消灭时，它也归于消灭。

债权人行使撤销权，可请求受益人返还财产，恢复债务人责任财产的原状，因此撤销权兼有请求权和形成权的特点。

合同保全中的撤销权与可撤销合同中的撤销权不同。债权人的撤销权是债权人请求人民法院撤销债务人与第三人之间的民事行为的权利，并不是针对意思表示不真实的合同而设定的。此种撤销权突破了合同相对性，其效力扩及至第三人，而且其目的是维护债务人清偿债务的清偿能力。而可撤销合同中的撤销权是受害人请求撤销与相对人之间的合同关系的权利，是针对意思表示不真实的合同而设定的，其效力并没有扩及第三人，其目的也是消除当事人之间意思表示的瑕疵。当然，在撤销权的行使使已经产生的民事行为溯及既往地消灭方面，两者又是一致的。

撤销权与代位权都是法定权利，都属于债的保全的内容，并且都必须附随于债权而存在，但两者又有区别。代位权针对的是债务人不行使债权的消极行为，通过行使代位权旨在保持债务人的财产；撤销权针对的是债务人不当处分财产的积极行为，通过行使撤销权旨在恢复债务人的财产。

（二）撤销权的构成要件

1. 债权人对债务人存在有效的债权

撤销权中债权人的债权不一定到期，债权人在任何时候发现债务人实施了可以被撤销的行为，都可以请求撤销。

2. 债务人实施了一定的处分财产的行为

《民法典》第538条、第539条中将可以撤销的债务人处分财产的行为限定在以下范围内：

（1）以放弃债权放弃债权担保、无偿转让财产等方式无偿处分财产权益或者恶意延长其到期债权的履行期限，影响债权人的债权实现的。

（2）以明显不合理的低价转让财产、以明显不合理的高价受让他人财产或者为他人的债务提供担保，影响债权人的债权实现，债务人的相对人知道或者应当知道该情形的。

其中，(2) 不但要求有客观上对债权人造成损害的事实，还要求有受让人知道的主观要件。

这里应注意，能够成为撤销权标的的一般只能是法律上的处分行为，并且是有效的民事法律行为。如果是事实上的处分行为或无效的民事法律行为，就不适用撤销权。撤销权的标的行为，一般仅限于债务人的债权行为。

3. 债务人的行为有害于债权

这是撤销权构成的一个重要判断标准，否则，即使债务人实施减少其财产的处分行为，但其资力雄厚，足以清偿全部债权，债权人就不能行使撤销权。债务人的行为是否有害于债权，可以从以下两方面判断。

(1) 损害的具体状态，这种损害，不但包括实际造成损害，而且包括可能造成损害。

(2) 损害的判断标准，只有在债务人的处分行为损害到其履行债务的能力时，才会导致对债权人的损害。

根据"谁主张、谁举证"的原则，债权人撤销权构成要件的存在应由债权人举证，但为了便于债权人举证，以支付不能作为认定标准比较可取。

4. 债权人行使撤销权应以其债权为限

只要行使撤销权的结果能够使债权人的债权得以保全，使债权人的债权完全实现，债权人就不能再对债务人其他处分财产的行为行使撤销权。

5. 撤销权应在法定期间内行使

《民法典》第541条规定："撤销权自债权人知道或者应当知道撤销事由之日起一年内行使。自债务人的行为发生之日起五年内没有行使撤销权的，该撤销权消灭。"这里规定了两类期限：一类是关于一年的规定，从债权人知道或应当知道撤销事由之日算起，这属于诉讼时效的规定，可适用时效的中止、中断、延长的规定；另一类是关于5年的规定，从债务人的行为发生之日算起，而不管债务人是否知道撤销事由的存在，这属于除斥期间的规定，不适用时效的中止、中断、延长的规定。

当债务人的处分行为符合上述条件时，债权人可以请求人民法院撤销债务人的处分行为。撤销权的行使范围以债权人的债权为限。

> **课堂讨论**
>
> 情形一：乙欠甲10万元，到期未偿还。乙的财产仅有一辆汽车，价值15万元左右，乙将该车赠与丙。丙不知甲乙之债。此时，甲可否行使撤销权？
>
> 情形二：乙欠甲10万元，到期未偿还。乙的财产仅有一辆汽车，价值15万元左右，乙3万元将其卖与丙。丙不知甲、乙之债。此时，甲可否行使撤销权？
>
> 情形三：乙欠甲10万元，到期未偿还。乙有活期存款10余万元，以及一辆价值15万元左右的汽车，且乙将汽车赠送给丙。丙不知甲乙之债。此时，甲可否行使撤销权？

(三) 撤销权的行使和效力

撤销权的行使必须是由债权人以自己的名义通过诉讼方式请求人民法院撤销债务人不

当处分财产的行为,撤销权诉讼由被告住所地人民法院管辖。大家在实践中应注意以下问题。

(1)撤销权诉讼的原告是享有撤销权的债权人。撤销权人为两个或者两个以上债权人以同一债务人为被告,就同一标的提起撤销权诉讼的,人民法院可以合并审理,也可以单独审理。

(2)债权人行使债权的相对人是债务人和第三人。在撤销权诉讼中,债务人是被告,受益人或受让人是第三人。

对债务人而言,影响债权人的债权实现的行为被撤销的,自始没有法律约束力;对受益人而言,行为被撤销后应返还其财产和收益,原物无法返还的,应折价赔偿,有偿受让的,受让人有向债务人请求返还对价的权利;对其他债权人而言,可根据合同请求债务人清偿债务,而债务人恢复财产后,这些财产就成为债务人所有债权的共同担保,所有债权人应平等受偿。

此外,债权人因提起撤销权诉讼而发生的律师代理费、差旅费、通信费、文印费等必要费用,应由债务人承担;如果第三人(受益人和受让人)也存在过错,就应适当分担这些费用,具体分担比例由法院根据第三人的过错大小确定。

一旦人民法院确认债权人的撤销权成立,债务人的处分行为即归于无效。债务人的处分行为无效的法律后果是双方返还,受益人应当返还从债务人处获得的财产。因此,撤销权行使的目的是恢复债务人的责任财产,债权人就撤销权行使的结果并无优先受偿权利。

第六节 合同的担保

一、合同担保概述

(一)担保的概念与特征

所谓担保合同,是指为促使债务人履行其债务,保障债权人的债权得以实现,而在债权人(同时也是担保权人)和债务人之间,或在债权人、债务人和第三人(担保人)之间协商形成的,当债务人不履行或无法履行债务时,以一定方式保证债权人债权得以实现的协议。

《民法典》第386条规定:"担保物权人在债务人不履行到期债务或者发生当事人约定的实现担保物权的情形,依法享有就担保财产优先受偿的权利,但是法律另有规定的除外。"一般认为,担保是指法律规定或者当事人约定的确保债务人履行债务,保障债权人的债权得以实现的法律措施。担保具有以下法律特征。

(1)从属性。担保合同是主债权债务合同的从合同。主债权债务合同无效的,担保合同无效,但是法律另有规定的除外。担保合同被确认无效时,债务人、担保人(保证人)、债权人有过错的,应当根据其过错各自承担相应的民事责任。

(2)补充性。担保对债权人权利的实现仅具有补充作用,在主债权债务关系因适当履行而正常终止时,担保人并不实际履行担保义务。只有在主债务不能得到履行时,补充的义务才需要履行。因此，担保具有补充性，连带责任保证除外。

（3）相对独立性。合同的担保相对独立于被担保的合同债权而发生或者存在。担保法律关系虽然是从属于主合同的，但也是独立的法律关系。但当事人在担保合同中约定担保合同的效力独立于主合同，或者约定担保人对主合同无效的法律后果承担担保责任，该有关担保独立性的约定无效。

（二）担保的方式

典型的担保方式包括保证、定金、抵押、质押、留置。在实践中，所有权保留、融资租赁、保理也具有担保功能，作为非典型担保保障特定债权的实现。

《民法典》规定，第三人为债务人向债权人提供担保的，可以要求债务人提供反担保。所谓的反担保，是指为了换取担保人提供保证、抵押或质押等担保方式，而由债务人或第三人向该担保人提供的担保，该担保相对于原担保而言被称为反担保。反担保人可以是债务人，也可以是债务人之外的其他人。反担保方式可以是债务人提供的抵押或者质押，也可以是其他人提供的保证抵押或者质押。留置和定金不能作为反担保方式。而在债务人自己向原担保人提供反担保的场合中，保证就不得作为反担保方式。

在立法体例上，《民法典》中未设立独立的担保编，下面主要阐述保证、定金、抵押、质押和留置权。

二、保证

（一）保证与保证合同

1. 保证的概念

保证是指保证人和债权人约定，当债务人不履行其债务，或者发生了当事人约定的情形时，该保证人按照约定履行债务或者承担责任的担保方式。

一般而言，保证人为具有代为清偿能力的法人、其他组织或者公民。《民法典》合同编对保证人的资格有限制性规定，主要有以下几点。

（1）机关法人不得为保证人，但是经国务院批准，为使用外国政府或者国际经济组织贷款进行转贷的除外。

（2）以公益为目的的非营利法人、非法人组织不得为保证人。

（3）《民法典》不禁止营利法人的分支机构及职能部门作为保证人。在实践中，分支机构以自己的名义作为保证人，由此而产生的民事责任由法人承担；也可以先以该分支机构管理的财产承担，不足以承担的，由法人承担。

（4）保证人必须有代为清偿债务的能力。不具有完全代偿能力的主体，只要以保证人身份订立保证合同后，就应当承担保证责任。

2. 保证合同

保证合同是为保障债权的实现，保证人和债权人约定，当债务人不履行到期债务或者发生当事人约定的情形时，保证人履行债务或者承担责任的合同。保证合同是一种典型的单务合同、无偿合同、诺成合同和要式合同。

保证合同的内容一般包括被保证的主债权的种类、数额，债务人履行债务的期限，保证的方式、范围和期间等条款。保证合同可以是单独订立的书面合同，也可以是主债权债务合同中的保证条款。

保证合同是主债权债务合同的从合同。主债权债务合同无效的，保证合同无效，但是法律另有规定的除外。保证合同被确认无效后，债务人、保证人、债权人有过错的，应当根据其过错各自承担相应的民事责任。

（二）保证方式

1. 一般保证和连带责任保证

根据保证人承担责任方式的不同，可以将保证分为一般保证和连带责任保证。一般保证是指当事人在保证合同中约定，债务人不能履行债务时，由保证人承担保证责任的保证。连带责任保证是指当事人在保证合同中约定保证人和债务人对债务承担连带责任的保证。连带责任保证的债务人不履行到期债务或者发生当事人约定的情形时，债权人可以请求债务人履行债务，也可以请求保证人在其保证范围内承担保证责任。

如果当事人在保证合同中对保证方式没有约定或者约定不明确的，按照一般保证承担保证责任。一般保证和连带责任保证之间最大的区别在于保证人是否享有先诉抗辩权，一般保证的保证人享有先诉抗辩权，连带责任保证的保证人则不享有。

先诉抗辩权是指一般保证的保证人在主合同纠纷未经审判或者仲裁，并就债务人财产依法强制执行仍不能清偿前，拒绝向债权人承担保证责任的权利。不能清偿是指对债务人的存款、现金、有价证券、成品、半成品、原材料、交通工具等可以执行的动产和其他方便执行的财产执行完毕后，债务仍未能得到清偿。

一般保证的保证人在主债权履行期间届满后，向债权人提供债务人可供执行财产的真实情况，债权人放弃或者怠于行使权利致使该财产不能被执行的，保证人在其提供可供执行财产的价值范围内免除保证责任。

2. 单独保证和共同保证

从保证人的数量划分，保证可以分为单独保证和共同保证。单独保证是指只有一个保证人担保同一债权的保证；共同保证是指数个保证人担保同一债权的保证。共同保证既可以在数个共同保证人与债权人订立一个保证合同时成立，也可以在数个保证人与债权人订立数个保证合同但担保同一债权时成立。

按照保证人是否约定各自承担的担保份额，可以将共同保证分为按份共同保证和连带共同保证。按份共同保证是保证人与债权人约定按份额对主债务承担保证义务的共同保证；连带共同保证是各保证人约定均对全部主债务承担保证义务或保证人与债权人之间保证份额的共同保证。

需要注意的是，连带共同保证的"连带"是保证人之间的连带，而非保证连带，故称为"连带共同保证"。连带共同保证的债务人在主合同规定的债务履行期届满没有履行债务的，债权人可以请求债务人履行债务，也可以请求任何一个保证人承担全部保证责任。已经承担保证责任的保证人，有权向债务人追偿，或者请求承担连带责任的其他保证人清偿其应当承担的份额。

3. 普通保证和最高额保证

按照二者是否以债权为前提及二者担保贷款的区别，保证可以分为普通保证和最高额保证。普通保证是指保证人和债权人约定，当债务人不履行到期债务时，保证人履行债务或者承担责任的行为。最高额保证是指保证人和债权人订立一个总的保证合同，为一定期限内连续发生的借款合同或同种类其他债权提供保证，只要债权人和债务人在保证合同约定的期限且债权额限度内进行交易，保证人则依法承担保证责任的保证行为。

作为保证的一种特殊形式，最高额保证通常适用于债权人与债务人之间具有经常性的、同类性质的业务往来，由于多次订立合同而产生的债务。

（三）保证责任

1. 保证责任的范围

保证担保的责任范围包括主债权及其利息、违约金、损害赔偿金和实现债权的费用。当事人另有约定的，按照其约定。

2. 主合同变更与保证责任承担

债权人和债务人未经保证人书面同意，协商变更主债权债务合同内容，减轻债务的，保证人仍对变更后的债务承担保证责任；加重债务的，保证人对加重的部分不承担保证责任。对于债权人和债务人变更主债权债务合同的履行期限，未经保证人书面同意的，在保证期间不受影响。

3. 主合同转让与保证责任承担

债权人转让全部或者部分债权，未通知保证人的，该转让对保证人不发生效力。保证人与债权人约定禁止债权转让，债权人未经保证人书面同意转让债权的，保证人对受让人不再承担保证责任。

债权人未经保证人书面同意，允许债务人转移全部或者部分债务，保证人对未经其同意转移的债务不再承担保证责任，但是债权人和保证人另有约定的除外。第三人加入债务的，保证人的保证责任不受影响。

4. 保证期间与保证债务的诉讼时效

保证期间是确定保证人承担保证责任的期间，性质上属于除斥期间，不发生中止、中断和延长。债权人与保证人可以约定保证期间，但是约定的保证期间早于主债务履行期限或者与主债务履行期限同时届满的，视为没有约定；没有约定或者约定不明确的，保证期间为主债务履行期限届满之日起的6个月。债权人与债务人对主债务履行期限没有约定或者约定不明确的，保证期间自债权人请求债务人履行债务的宽限期届满之日起计算。

债权人没有在保证期间主张权利的，保证人免除保证责任。主张权利的方式在一般保证中表现为对债务人提起诉讼或者申请仲裁，在连带责任保证中表现为向保证人请求承担保证责任。一般保证的债权人在保证期间届满前对债务人提起诉讼或者申请仲裁的，从保证人拒绝承担保证责任的权利消灭之日起，开始计算保证债务的诉讼时效。连带责任保证的债权人在保证期间届满前请求保证人承担保证责任的，从债权人请求保证人承担保证责任之日起，开始计算保证债务的诉讼时效。

5. 共同担保中的担保责任

在同一债权上既有保证又有物的担保的，属于共同担保。《民法典》第392条规定："被担保的债权既有物的担保又有人的担保的，债务人不履行到期债务或者发生当事人约定的实现担保物权的情形,债权人应当按照约定实现债权;没有约定或者约定不明确的,债务人自己提供物的担保的债权人应当先就该物的担保实现债权;第三人提供物的担保的,债权人可以就物的担保实现债权,也可以请求保证人承担保证责任。提供担保的第三人承担担保责任后,有权向债务人追偿。"

因此,当物的担保和保证并存时,如果债务人不履行债务,则按下列规则确定当事人的担保责任承担。

(1) 根据当事人的约定确定承担责任的顺序。

(2) 没有约定或者约定不明的,如果保证与债务人提供的物的担保并存,则债权人先就债务人的物的担保求偿。保证在物的担保不足清偿时承担补充清偿责任。

(3) 没有约定或者约定不明的,如果保证与第三人提供的物的担保并存,则债权人可以就物的担保实现债权,也可以要求保证人承担保证责任。根据该规定,第三人提供物的担保的,保证与物的担保居于同一清偿顺序,债权人既可以要求保证人承担保证责任,也可以对担保物行使担保物权。

(4) 没有约定或者约定不明的,如果保证与第三人提供的物的担保并存,其中一人承担了担保责任,则只能向债务人追偿,不能向另一个担保人追偿。

6. 保证人的追偿权。

保证人承担保证责任后,除当事人另有约定外,有权在其承担保证责任的范围内向债务人追偿,享有债权人对债务人的权利,但是不得损害债权人的利益。

三、定金

(一) 定金的概念及种类

定金是指合同当事人为了确保合同的履行,依据法律规定或者当事人双方的约定,由当事人一方在合同订立时或订立后、履行前,按照合同标的金额的一定比例,预先交付于另一方的金钱或者其他代替物的法律制度。

定金属于金钱担保。按照定金的目的和功能,可以把定金分为违约定金、立约定金、成约定金、解约定金等,当事人可以自主确定定金的性质。

(1) 违约定金。违约定金的设立目的是保证合同得以履行。在定金给付后,一方应履行债务而未履行的,受定金罚则约束。《民法典》中规定的定金在原则上属于违约定金。

(2) 立约定金,也称为定约定金,是指当事人约定以交付定金作为订立主合同担保的,给付定金的一方拒绝订立主合同的,无权请求返还定金。收受定金的一方拒绝订立合同的,应当双倍返还定金。

(3) 成约定金。当事人约定以交付定金作为主合同成立或者生效要件的,给付定金的一方未支付定金,但主合同已经履行或者已经履行主要部分的,不影响主合同的成立或者生效。

(4) 解约定金。解约定金是指用以作为保留合同解除权的代价的定金,即交付定金的当事人可以抛弃定金以解除合同,而收受定金的当事人也可以双倍返还定金而解除合同。对解除主合同后责任的处理,适用《民法典》的规定。

(二) 定金的生效与法律效力

定金应当以书面形式约定。当事人在定金合同中应当约定交付定金的期限。定金合同是实践性合同,定金合同自实际交付定金时成立。定金的效力表现在以下几个方面。

(1) 定金一旦交付,定金所有权发生移转。当定金由给付定金方转移至收受定金方时,定金所有权即发生移转。关于定金的交付时间,立约定金应于合同成立前交付;成约定金应于合同订立时交付;违约定金和解约定金既可以在主合同成立时交付也可以在主合同成立后、履行前交付。

(2) 给付定金一方不履行约定的债务的,无权请求返还定金;收受定金的一方不履行约定的债务的,应当双倍返还定金。当事人一方不完全履行合同的,应当按照未履行部分所占合同约定内容的比例,适用定金罚则。

(3) 定金的金额由当事人约定,但不得超过主合同标的金额的20%,超过部分不产生定金的效力,人民法院不予保护。实际交付的定金数额多于或者少于约定数额的,视为变更约定的定金数额。收受定金一方提出异议并拒绝收受定金的,定金合同不生效。

(4) 因不可抗力、意外事件致使主合同不能履行的,不适用定金罚则。因合同关系以外第三人的过错,致使主合同不能履行的,适用定金罚则。受定金处罚的一方当事人,可以依法向第三人追偿。

(5) 当事人既约定违约金,又约定定金的,当一方违约时,对方可以选择适用违约金或者定金条款,不可同时适用。定金不足以弥补一方违约造成的损失的,对方可以请求赔偿超过定金数额的损失。

(6) 在迟延履行或者有其他违约行为时,并不能当然适用定金罚则。只有因当事人一方迟延履行或者有其他违约行为,致使合同目的不能实现,才可以适用定金罚则。但是,法律另有规定或者当事人另有约定的除外。

四、抵押

(一) 抵押的概念与特征

抵押是指债务人或者第三人不转移对财产的占有,将该财产作为债权的担保。债务人不履行到期债务或者发生当事人约定的实现抵押权的情形时,债权人有权依法以该财产折价或者以拍卖、变卖该财产的价款优先受偿。

《民法典》第394条规定:"为担保债务的履行,债务人或者第三人不转移财产的占有,将该财产抵押给债权人的,债务人不履行到期债务或者发生当事人约定的实现抵押权的情形,债权人有权就该财产优先受偿。前款规定的债务人或者第三人为抵押人,债权人为抵押权人,提供担保的财产为抵押财产。"

抵押权作为担保物权的一种,具有以下特征。

(1) 抵押权具有从属性。担保合同是主债权债务合同的从合同。主债权债务合同无效,担保合同无效,但法律另有规定的除外。抵押权也不例外,抵押权以主债成立为前提,随主债的转移而转移,并随主债的消灭而消灭。抵押权不得与债权分离而单独转让或者作为其他债权的担保。债权转让的,担保该债权的抵押权一并转让,但法律另有规定或者当事人另有约定的除外。

(2) 抵押权具有不可分性。抵押权的不可分性是指债权的全部及部分的担保效力及于抵押抵押物的全部及部分,具体表现在以下几方面。

①主债权未受全部清偿的,抵押权人可以就抵押物的全部行使其抵押权。

②担保物部分灭失，残存部分仍担保债权全部。抵押物被分别或者部分转让的，抵押权人就分割或转让后的抵押物行使抵押权。换言之，抵押物的全部，担保债权的各部分；抵押物的各部分，担保债权的全部。

③主债务被分割或者部分转让的，抵押人仍以其抵押物担保数个债务人履行债务。但是，第三人提供抵押，未经其书面同意，债权人允许债务人转移全部或者部分债务的，抵押人不再承担相应的担保责任。

（3）抵押权具有物上代位性。担保期间，担保财产毁损、灭失或者被征收等，担保物权人可以就获得的保险金、赔偿金或者补偿金等优先受偿。被担保债权的履行期未届满的，也可以提存该保险金、赔偿金或者补偿金等。

（4）抵押权不是移转标的物占有的担保物权。是否移转标的物的占有是抵押权与质权的重要区别，这是因为抵押权的设定不需要移转的公示，而必须采取登记或其他方法进行公示。

（二）抵押权的设定

1. 抵押权设定方式

抵押权的设定应当由双方当事人订立抵押合同。《民法典》第400条规定："设立抵押权，当事人应当采取书面形式订立抵押合同。抵押合同一般包括下列条款：

（一）被担保债权的种类和数额；

（二）债务人履行债务的期限；

（三）抵押财产的名称、数量、质量、状况、所在地、所有权归属或者使用权归属；

（四）担保的范围。"

抵押权人在债务履行期限届满前，与抵押人约定债务人不履行到期债务时抵押财产归债权人所有的，只能依法就抵押财产优先受偿。

2. 抵押当事人

抵押当事人包括抵押人和抵押权人。抵押权人是指债权人。抵押人即抵押财产的所有人，既可能是债务人，也可能是第三人。抵押人必须对设定抵押的财产享有所有权或处分权。

3. 抵押物

抵押物是抵押权的标的物，是债务人（抵押人）为担保某项义务的履行而移转给债权人（抵押权人）的担保物。抵押物具有以下特征。

（1）抵押物必须是可以转让的物，凡是法律禁止流通或强制执行的财产不得作为抵押物。

（2）抵押标的物必须特定。如果抵押标的物没有约定或者约定不明，当事人可以对抵押合同进行补正。无法补正的，抵押合同不成立。

（3）抵押权设定前为抵押物的从物的，抵押权的效力及于抵押物的从物。但是，抵押物与其从物为两个以上的人分别所有时，抵押权的效力不及于抵押物的从物。

（4）抵押物因附合、混合或者加工使抵押物的所有权为第三人所有的，抵押权的效力及于补偿金；抵押物所有人为附合物、混合物或者加工物的所有人的，抵押权的效力及于附合物、混合物或者加工物；第三人与抵押物所有人为附合物、混合物或者加工物的共有人的，抵押权的效力及于抵押人对共有物享有的份额。

（5）在共有关系中就共同财产设定抵押，法律规定：如果是按份共有，则按份共有人以其共有财产中享有的份额设定抵押；如果是共同共有，共同共有人应当征得其他共有人的同意才能设定抵押，否则抵押无效，其他共有人知道或者应当知道而未提出异议的视为同意。

《民法典》规定可以作为抵押物的财产有以下几种。

（1）建筑物和其他土地附着物。地上定着物包括尚未与土地分离的农作物，但当事人以农作物和与其尚未分离的土地使用权同时抵押的，土地使用权部分的抵押无效。根据法律规定，种植农作物的土地属于耕地的范畴，不属于可以抵押的财产。

（2）建设用地使用权。对于建筑物和建设用地使用权的抵押，结合《民法典》的规定，要注意以下几点。

①以建筑物抵押的，该建筑物占用范围内的建设用地使用权同时抵押。以建设用地使用权抵押的，该土地上的建筑物一并抵押。抵押人未依据前述规定一并抵押的，未抵押的财产视为一并抵押。

②建设用地使用权抵押后，该土地上新增的建筑物不属于抵押财产。该建设用地使用权实现抵押权时，应当将该土地上新增的建筑物与建设用地使用权一并处分。但是新增建筑物所得的价款，抵押权人无权优先受偿。

③乡镇、村企业的建设用地使用权不得单独抵押。以乡镇、村企业的厂房等建筑物抵押的，其占用范围内的建设用地使用权一并抵押。

（3）海域使用权。

（4）生产设备、原材料、半成品、产品。经当事人书面协议，企业、个体工商户、农业生产经营者可以将现有的以及将有的生产设备、原材料、半成品、产品抵押，债务人不履行到期债务或者发生当事人约定的实现抵押权的情形，债权人有权就抵押财产确定时的动产优先受偿。

（5）正在建造的建筑物、船舶、航空器。实践中，依法获准尚未建造的或者正在建造中的房屋或者其他建筑物，当事人办理了抵押物登记的，也可以依法成为抵押物。

（6）交通运输工具。

（7）法律、行政法规未禁止抵押的其他财产。

《民法典》规定下列财产不得抵押。

（1）土地所有权。在我国，土地归国家所有和集体所有，不是私人财产。土地所有权不得抵押，也就是不能以国家或集体所有的土地抵押，否则抵押合同无效。

（2）宅基地、自留地、自留山等集体所有土地的使用权，法律规定可以抵押的除外。这里有以下几点例外。

①《民法典》第342条规定："通过招标、拍卖、公开协商等方式承包农村土地，经依法登记取得权属证书的，可以依法采取出租、入股、抵押或者其他方式流转土地经营权。"

②《民法典》第398条规定："乡镇、村企业的建设用地使用权不得单独抵押。以乡镇、村企业的厂房等建筑物抵押的，其占用范围内的建设用地使用权一并抵押。"

③《民法典》第418条规定："以集体所有土地的使用权依法抵押的，实现抵押权后，未经法定程序，不得改变土地所有权的性质和土地用途。"

(3) 学校、幼儿园、医疗机构等为公益目的成立的非营利法人的教育设施、医疗卫生设施和其他公益设施。实践中,如果学校、幼儿园、医疗机构等为公益目的成立的非营利法人,以其教育设施、医疗卫生设施和其他社会公益设施以外的财产为自身债务设定抵押的,人民法院可以认定抵押有效。

(4) 所有权、使用权不明或者有争议的财产。所有权、使用权不明或者有争议,无法确定是否有处分权,因此不得抵押。

(5) 依法被查封、扣押、监管的财产。但是,已经设定抵押的财产被采取查封、扣押等财产保全或者执行措施的,不影响抵押权的效力。

(6) 法律、行政法规规定不得抵押的其他财产。例如,以法定程序确认为违法、违章的建筑物。

4. 抵押登记的效力

(1) 登记是抵押权的设立条件。《民法典》第402条规定:"以本法第395条第1款第1项至第3项规定的财产或者第五项规定的正在建造的建筑物抵押的,应当办理抵押登记。抵押权自登记时设立。"这说明,以建筑物和其他土地附着物、建设用地使用权,海域使用权、正在建造的建筑物抵押的,应当办理抵押登记,抵押权自登记时设立。

登记作为设立条件的抵押应当注意:

①上述财产进行抵押的,必须履行登记手续,才能设立抵押权;

②对上述财产设定抵押,如果当事人未办理登记,虽然抵押权没有设立,但是抵押合同已经生效;

③抵押物登记记载的内容与抵押合同约定的内容不一致的,以登记记载的内容为准;

④以尚未办理权属证书的财产抵押的,只要当事人在一审法庭辩论终结前能够提供权利证书或者补办登记手续的,法院可以认定抵押有效。

(2) 登记为对抗第三人的效力。《民法典》第403条规定:"以动产抵押的,抵押权自抵押合同生效时设立;未经登记,不得对抗善意第三人。"因此,以动产(包括但不限于生产设备、原材料、半成品、产品,正在建造的船舶、航空器,交通运输工具等)设定抵押,当事人是否进行抵押登记,不影响抵押权的设立。如果没有登记,不能对抗善意第三人。

(三) 抵押权的效力

抵押权的效力主要体现为抵押关系当事人的权利义务。

1. 抵押人的权利

(1) 抵押物的占有权。抵押设定以后,除法律和合同另有约定以外,抵押人有权继续占有抵押物,并有权取得抵押物的孳息。因此,原则上抵押权的效力不及于抵押物的孳息。

《民法典》第412条规定:"债务人不履行到期债务或者发生当事人约定的实现抵押权的情形,致使抵押财产被人民法院依法扣押的,自扣押之日起,抵押权人有权收取该抵押财产的天然孳息或者法定孳息,但是抵押权人未通知应当清偿法定孳息义务人的除外。

前款规定的孳息应当先充抵收取孳息的费用。"

(2) 抵押人对抵押物的收益权。这里注意抵押权与出租之间的关系。

①如果出租在先，抵押权设定在后，即抵押权设立前，抵押财产已经出租并转移占有的，原租赁关系不受该抵押权的影响。抵押权设立以后，由于抵押物仍然归抵押人所有，因此抵押人有权将抵押物出租。《民法典》第405条规定："抵押权设立前，抵押财产已经出租并转移占有的，原租赁关系不受该抵押权的影响。"

②如果抵押权设定在先，出租在后，抵押权实现后，租赁合同对受让人不具有约束力。抵押人将已抵押的财产出租时，如果抵押人未书面告知承租人该财产已抵押的，抵押人对出租抵押物造成承租人的损失承担赔偿责任；如果抵押人已书面告知承租人该财产已抵押的，抵押权实现造成承租人的损失，由承租人自己承担。抵押权设立后抵押财产出租的，该租赁关系不得对抗已登记的抵押权。

（3）抵押人对抵押物的处分权。抵押设定以后，抵押人并不丧失对抵押物的所有权，抵押期间，抵押人可以依法处分（包括但不限于转让、继承、赠与等）抵押物，抵押权不受影响。此处需要注意以下几点。

①抵押期间，抵押人可以转让抵押财产。当事人另有约定的，按照其约定。抵押财产转让的，抵押权不受影响。

②抵押人转让抵押财产的，应当及时通知抵押权人。抵押权人能够证明抵押财产转让可能损害抵押权的，可以请求抵押人将转让所得的价款向抵押权人提前清偿债务或者提存。转让的价款超过债权数额的部分归抵押人所有，不足部分由债务人清偿。

③抵押权不得与债权分离而单独转让或者作为其他债权的担保。债权转让的，担保该债权的抵押权一并转让，但是法律另有规定或者当事人另有约定的除外。

④抵押人的行为足以使抵押财产价值减少的，抵押权人有权请求抵押人停止其行为；抵押财产价值减少的，抵押权人有权请求恢复抵押财产的价值，或者提供与减少的价值相应的担保。抵押人不恢复抵押财产的价值，也不提供担保的，抵押权人有权请求债务人提前清偿债务。

（4）抵押人对抵押物设定多项抵押的权利。抵押人可以就同一抵押物设定多个抵押权，但不得超出余额部分。在同一抵押物上有数个抵押权时，各个抵押权人应按照法律规定的顺序行使抵押权。

2. 抵押人的义务

抵押人的主要义务是妥善保管抵押物。抵押人的行为足以使抵押财产价值减少的，抵押权人有权请求抵押人停止其行为。抵押财产价值减少的，抵押权人有权请求恢复抵押财产的价值，或者提供与减少的价值相应的担保。抵押人不恢复抵押财产的价值，也不提供担保的，抵押权人有权请求债务人提前清偿债务。

3. 抵押权人的权利

（1）保全抵押物。在抵押期间，抵押权人虽未实际占有抵押物，但法律为了抵押权人的利益，赋予其保全抵押物的权利。如果抵押物受到抵押人或第三人的侵害，抵押权人有权请求停止侵害、恢复原状、赔偿损失。如果因抵押人的行为使抵押物价值减少，抵押权人有权请求抵押人恢复抵押物的价值，或者提供与减少的价值相当的担保。

（2）优先受偿权。《民法典》第410条规定："债务人不履行到期债务或者发生当事人约定的实现抵押权的情形，抵押权人可以与抵押人协议以抵押财产折价或者以拍卖、变卖该抵押财产所得的价款优先受偿。协议损害其他债权人利益的，其他债权人可以请求人民法院撤销该协议。抵押权人与抵押人未就抵押权实现方式达成协议的，抵押权人可以请求人民法院拍卖、变卖抵押财产。抵押财产折价或者变卖的，应当参照市场价格。"抵押物折价或者拍卖、变卖该抵押物的价款不足清偿债权的，不足清偿的部分由债务人按普通债权清偿。

（3）放弃抵押权或者变更抵押权的顺位。《民法典》第409条规定："抵押权人可以放弃抵押权或者抵押权的顺位。抵押权人与抵押人可以协议变更抵押权顺位以及被担保的债权数额等内容。但是，抵押权的变更未经其他抵押权人书面同意的，不得对其他抵押权人产生不利影响。"

债务人以自己的财产设定抵押，抵押权人放弃该抵押权、抵押权顺位或者变更抵押权的，其他担保人在抵押权人丧失优先受偿权益的范围内免除担保责任，但是其他担保人承诺仍然提供担保的除外。

（四）抵押权的实现

《民法典》第389条规定："担保物权的担保范围包括主债权及其利息、违约金、损害赔偿金、保管担保财产和实现担保物权的费用。当事人另有约定的，按照其约定。"

债务人不履行到期债务或者发生当事人约定的实现抵押权的情形，抵押权人可以与抵押人协议以抵押财产折价或者以拍卖、变卖该抵押财产所得的价款优先受偿。协议损害其他债权人利益的，其他债权人可以在知道或应当知道撤销事由之日起一年内请求人民法院撤销该协议。抵押权人与抵押人未就抵押权实现方式达成协议的，抵押权人可以请求人民法院拍卖、变卖抵押财产。抵押财产折价或者变卖的，应当参照市场价格。

对于抵押物折价或者拍卖、变卖所得的价款，当事人没有约定的，清偿顺序如下：

（1）实现抵押权的费用；

（2）主债权的利息；

（3）主债权。

抵押财产折价或者拍卖、变卖后，其价款超过债权数额的部分归抵押人所有，不足部分由债务人清偿。

如果在同一物上并存数个抵押权或并存数个物权（包括一项抵押权），会产生优先受偿权的位序问题。

1. 多个抵押权并存时的清偿顺序

同一财产向两个以上债权人抵押的，拍卖、变卖抵押财产所得的价款按照以下规定清偿。

（1）抵押权已登记的，按照登记的先后顺序清偿；顺序相同的，按照债权比例清偿。如果当事人同天在不同的法定登记部门办理抵押物登记的，视为顺序相同。因登记部门的原因导致抵押物进行了连续登记的，以第一次登记的时间为准确定抵押顺序。

（2）抵押权已登记的先于未登记的受偿。

（3）抵押权未登记的，按照债权比例清偿。

（4）顺序在先的抵押权与该财产的所有权归属一人时，该财产的所有权人可以以其抵押权对抗顺序在后的抵押权。

（5）顺序在后的抵押权所担保的债权先到期的，抵押权人只能就抵押物价值超出顺序在先的抵押担保债权的部分受偿。

2. 与其他物权并存时的清偿顺序

（1）抵押权与质权并存。同一财产先抵押后质押的，法定登记的抵押权人优先于质权人受偿，质权人优先于未登记的抵押权人受偿。同一财产先质押后抵押的，质权人优先于抵押权人受偿。

（2）抵押权与留置权并存。同一财产抵押权与留置权并存时，留置权人优先于抵押权人受偿。

（3）抵押权与其他权利并存。《民法典》第807条规定："发包人未按照约定支付价款的，承包人可以催告发包人在合理期限内支付价款。发包人逾期不支付的，除按照建设工程的性质不宜折价、拍卖的以外，承包人可以与发包人协议将该工程折价，也可以申请人民法院将该工程依法拍卖。建设工程的价款就该工程折价或者拍卖的价款优先受偿。"如果同一财产有抵押权与《民法典》第807条规定的优先受偿权并存时，《民法典》第807条规定的优先受偿权优先于抵押权。

（五）最高额抵押

最高额抵押是指为担保债务的履行，债务人或者第三人对一定期间内将要连续发生的债权提供担保财产的，债务人不履行到期债务或者发生当事人约定的实现抵押权的情形，抵押权人有权在最高债权额限度内就该担保财产优先受偿的种担保。

最高额抵押权的设定不以已经存在的债权为前提，而是对将来发生的债作为担保。最高额抵押权设立前已经存在的债权，经当事人同意，可以转入最高额抵押担保的债权范围。

最高额抵押担保的债权确定前，部分债权转让的，最高额抵押权不得转让，但是当事人另有约定的除外。最高额抵押担保的债权确定前，抵押权人与抵押人可以通过协议变更债权确定的期间、债权范围以及最高债权额。但是，变更的内容不得对其他抵押权人产生不利影响。

抵押权人实现最高额抵押权时，如果实际发生的债权余额高于最高限额的，以最高限额为上限，超出部分不具有优先受偿的效力；如果实际发生的债权余额低于最高限额的，以实际发生的债权余额为上限，对抵押物优先受偿。

五、质押

（一）质押概述

质押是指为担保债务的履行，债务人或者第三人将其动产出质给债权人占有的，债务人不履行到期债务或者发生当事人约定的实现质权的情形，债权人有权就该动产优先受偿。前款规定的债务人或者第三人为出质人，债权人为质权人，交付的动产为质押财产。

质押分为动产质押与权利质押。质权是一种担保物权，同样具备担保物权的特征，即从属性、不可分性、物上代位性。

抵押权与质押权的主要区别如下。

（1）抵押的标的物既可以是动产，也可以是不动产；质押的标的物则不包括不动产。质押分为动产质押和权利质押，用于质押的标的物可以是动产或者权利。

（2）抵押权的设定不要求移转抵押物的占有；质权的设定必须移转占有。

（3）由于抵押权设定不移转占有，因此抵押人可以继续对抵押物占有、使用收益，甚至一定限度内的处分；由于质押移转标的物的占有，因此质押人虽然享有对标的物的所有权，但不能直接对质押物进行占有、使用、收益。

（二）动产质押

1. 动产质押的设定

设定动产质押，出质人和质权人应当以书面形式订立质押合同。质押合同是诺成合同，原则上自双方当事人意思表示一致时成立，并不以质物占有的移转作为合同的生效要件。

《民法典》第427条规定："设立质权，当事人应当采用书面形式订立质押合同。

质押合同一般包括下列条款：

（一）被担保债权的种类和数额；

（二）债务人履行债务的期限；

（三）质押财产的名称、数量等情况；

（四）担保的范围；

（五）质押财产交付的时间、方式。"

《民法典》第428条规定："质权人在债务履行期限届满前，与出质人约定债务人不履行到期债务时质押财产归债权人所有的，只能依法就质押财产优先受偿。"

《民法典》第429条规定："质权自出质人交付质押财产时设立。"

因此，只有出质人将出质的动产移交给债权人占有，债权人才能取得质权。在实践中，对于动产质押中标的物移转占有，要注意以下几点。

（1）标的物的占有移转是质权设立的条件，而非动产质押合同的生效条件。

（2）债务人或者第三人未按质押合同约定的时间移交质物的，质权不成立，由此给质权人造成损失的，出质人应当根据其过错承担赔偿责任。

（3）出质人代质权人占有质物的，质权没有设立。

（4）出质人以间接占有的财产出质的，书面通知送达占有人时视为移交。占有人收到出质通知后，仍接受出质人的指示处分出质财产的，该行为无效。

（5）质押合同中对质押的财产约定不明，或者约定的出质财产与实际移交的财产不一致的，以实际交付占有的财产为准。

2. 动产质押的标的物

动产质押的标的物必须具备下列条件。

（1）可让与性。法律禁止流通的物，不能作为质押的标的。

（2）出质人有处分权。但出质人以其不具有所有权但占有的动产出质的，法律保护善意质权人的权利。善意质权人行使质权给动产所有人造成损失的，由出质人承担赔偿责任。动产质权的效力及于质物的从物。但是从物未随同质物移交质权人占有的，质权的效力不及于从物。

3. 动产质权的效力

出质人交付质押财产时设立质权。在质权存续期间，质权人享有的权利、承担的义务主要有以下一些。

（1）占有并妥善保管质押财产。因保管不善致使质押财产毁损、灭失的，质权人应当承担赔偿责任。质权人的行为可能使质押财产毁损、灭失的，出质人可以请求质权人将质押财产提存，或者请求提前清偿债务并返还质押财产。

因不可归责于质权人的事由可能使质押财产毁损或者价值明显减少，足以危害质权人权利的，质权人有权请求出质人提供相应的担保；出质人不提供的，质权人可以拍卖变卖质押财产，并与出质人协议将拍卖、变卖所得的价款提前清偿债务或者提存。

（2）收取质押财产的孳息，但是合同里有约定的除外。所收取的孳息应当先充抵收取孳息的费用。

（3）质权人在质权存续期间，未经出质人同意，擅自使用、处分质押财产，造成出质人损害的，应当承担赔偿责任。

（4）经出质人同意转质。质权人在质权存续期间，未经出质人同意转质，造成质押财产毁损、灭失的，应当承担赔偿责任。质权人在质权存续期间，为担保自己的债务，经出质人同意，以其所占有的质物为第三人设定质权的，应当在原质权所担保的债权范围之内，超过的部分不具有优先受偿的效力。转质权的效力优于原质权。

（5）放弃质权。质权人可以放弃质权。债务人以自己的财产出质，质权人放弃该质权的，其他担保人在质权人丧失优先受偿权益的范围内免除担保责任，但是其他担保人承诺仍然提供担保的除外。

（6）返还质押财产。债务人履行债务或者出质人提前清偿所担保的债权的，质权人应当返还质押财产。

4. 动产质权的实现

债务人不履行到期债务或者发生当事人约定的实现质权的情形，质权人可以与出质人协议以质押财产折价，也可以就拍卖、变卖质押财产所得的价款优先受偿。出质人可以请求质权人在债务履行期限届满后及时行使质权；质权人不行使的，出质人可以请求人民法院拍卖、变卖质押财产。

质押财产折价或者拍卖、变卖后，其价款超过债权数额的部分归出质人所有，不足部分由债务人清偿。

（三）权利质押

权利质押指以可转让的权利为标的物的质权。《民法典》将权利质押与动产质押共同规定在质押中，仅就权利质押作出了一些特殊规定。对于权利质押的一般问题，应适用动产质押的有关规定。

《民法典》第440条规定，债务人或者第三人有权处分的下列权利可以出质：汇票、支票、本票；债券、存款单；仓单、提单；可以转让的基金份额、股权；可以转让的注册商标专用权、专利权、著作权等知识产权中的财产权；现有的以及将有的应收账款；法律、行政法规规定可以出质的其他财产权利。

六、留置权

（一）留置权概述

留置权是指债权人合法占有债务人的动产，在债务人不履行到期债务时，债权人有权依法留置该财产,并有权就该财产优先受偿的权利。债权人为留置权人,占有的动产为留置财产。留置权属于担保物权,因此具有担保物权的从属性、不可分性和物上代位性等担保物权的特征。

留置权属于法定的担保物权。留置权只有在符合法律规定的条件时产生,并非依当事人约定产生。但当事人可以通过合同约定排除留置权的适用。法律规定或者当事人约定不得留置的动产,不得留置。

(二) 留置权的成立条件

1. 债权人已经合法占有债务人的动产

动产原则上应当属于债务人所有。留置的财产为可分物的,留置财产的价值应当相当于债务的金额。但根据《民法典》的规定,留置权也可以善意取得。即如果债权人合法占有债务人交付的动产时,不知债务人无处分该动产的权利,债权人仍可以行使留置权。

2. 占有的动产与债权属于同一法律关系

《民法典》第 448 条规定:"债权人留置的动产,应当与债权属于同一法律关系,但是企业之间留置的除外。"从《民法典》中的规定来看,我国留置权的适用范围扩大。一方面,留置权不再局限于特定的合同关系,其他的债权债务关系,如不当得利、无因管理等法律关系也可以产生留置权;另一方面,对于企业之间的留置权的行使,可以不以同一债权债务关系为要件。

3. 债权已届清偿期且债务人未按规定期限履行义务

留置权因债务人不履行债务而发生,只有在债权清偿期已届满,债务人仍不履行其债务时,债权人才可以将其合法占有的属于债务人的动产留置,即债权已届清偿期是留置权产生的条件。

(三) 留置权的效力

留置权人在占有留置财产期间内,除了留置财产本身以外,留置权的效力还及于从物、孳息和代位物。留置财产为不可分物的,留置权人可以就其留置财产的全部行使留置权。在留置权存续期间,留置权人享有以下权利。

(1) 留置标的物。债权人在其债权没有得到清偿时,有权留置债务人的财产,并给债务人确定了履行期限。《民法典》第 453 条规定:"留置权人与债务人应当约定留置财产后的债务履行期限;没有约定或者约定不明确的,留置权人应当给债务人六十日以上履行债务的期限,但是鲜活易腐等不易保管的动产除外。"

(2) 妥善保管留置财产。因保管不善致使留置财产毁损、灭失的,留置权人应当承担赔偿责任。留置权人对留置财产丧失占有或者留置权人接受债务人另行提供担保的,留置权消灭。

(3) 收取留置财产的孳息。所收取的孳息应当先充抵收取孳息的费用。

(四) 留置权的实现

债务人逾期未履行的,留置权人可以与债务人协议以留置财产折价,也可以就拍卖、变卖留置财产所得的价款优先受偿。留置财产折价或者变卖的,应当参照市场价格进行。

债务人可以请求留置权人在债务履行期限届满后行使留置权;留置权人不行使的,债务人可以请求人民法院拍卖、变卖留置财产。

留置财产折价或者拍卖、变卖后,其价款超过债权数额的部分归债务人所有,不足部分由债务人清偿。

同一动产上已经设立抵押权或者质权,该动产又被留置的,留置权人优先受偿。留置权人对留置财产丧失占有或者留置权人接受债务人另行提供担保的,留置权消灭。

第七节　合同的变更、转让和终止

依法成立的合同受法律保护,对当事人具有法律约束力,当事人不得擅自变更或者解除合同。如果在合同订立之后因为各种原因使得原合同已经不能履行或者不应履行,或者当事人之间有了新的约定,使得合同内容或合同主体发生了变更,则为合同的变更与转让,当事人可以依法定程序变更或者转让合同。如果当事人履行了合同,或者出现了法定或者约定的事项,合同也可以终止。

一、合同的变更

《民法典》所称合同的变更是指合同内容的变更,不包括合同主体的变更。合同主体的变更属于合同的转让。《民法典》第544条规定:"当事人对合同变更的内容约定不明确的,推定为未变更。"除了双方通过合意变更合同以外,还存在法定变更的情形,即一方当事人单方通知对方变更合同的权利。

(1) 合同变更以原已经存在的合同为前提。合同的变更是改变原合同关系,无原合同关系便没有变更的对象,合同变更以原已存在合同关系为前提。如原合同为无效、合同被撤销、追认权人拒绝追认效力未定的合同,也无合同变更的可能。

(2) 合同内容发生部分变化。合同内容的变化包括标的物数量的增减、标的物品质的改变、价款或者酬金的增减、履行期限的变更、履行地点的改变、履行方式的改变、结算方式的改变、所附条件的增添或除去、单纯债权变为选择债权、担保的设定或取消、违约金的变更、利息的变化等。

(3) 经当事人协商一致或通过司法裁判。合同变更通常是当事人协商一致的结果。此外,合同也可能基于司法裁判而变更,《民法典》第147条规定:"基于重大误解实施的民事法律行为,行为人有权请求人民法院或者仲裁机构予以撤销。"

(4) 若出现下列情形,当事人一方有权请求人民法院或者仲裁机构变更或者撤销合同。

①一方以欺诈手段,使对方在违背真实意思的情况下实施的民事法律行为,受欺诈方有权请求人民法院或者仲裁机构予以撤销。

②第三人实施欺诈行为,使一方在违背真实意思的情况下实施的民事法律行为,对方知道或者应当知道该欺诈行为的,受欺诈方有权请求人民法院或者仲裁机构予以撤销。

③一方或者第三人以胁迫手段,使对方在违背真实意思的情况下实施的民事法律行为,受胁迫方有权请求人民法院或者仲裁机构予以撤销。

④一方利用对方处于危困状态、缺乏判断能力等情形,致使民事法律行为成立时显失公平的,受损害方有权请求人民法院或者仲裁机构予以撤销。

(5) 法律、行政法规规定，变更合同应当办理批准、登记等手续的，应遵守其规定。合同变更的实质在于变更后的合同代替原合同。因此，当合同变更后，当事人应按变更后的合内容履行，合同变更原则上向将来发生效力，未变更的权利义务继续有效，已经履行的债务不因合同的变更而失去合法性。

(6) 合同的变更，仅对变更后未履行的部分有效，对已履行的部分无溯及力。

二、合同的转让

合同的转让，即合同主体的变更，指当事人将合同的权利和义务全部或者部分转让给第三人。合同的转让分为合同债权的转让和合同债务的承担，当事人一方经对方同意，也可以将自己在合同中的权利和义务一并转让给第三人，即合同的概括移转。

（一）合同债权的转让

1. 债权转让的概念及条件

债权转让，是指债权人将合同的权利全部或者部分转让给第三人的法律制度。其中债权人是转让人，第三人是受让人。《民法典》第546条规定："债权人转让债权，未通知债务人的，该转让对债务人不发生效力。债权人转让权利的通知不得撤销，但经受让人同意的除外。"根据该规定，债权转让不以债务人的同意为生效条件，但是要对债务人发生效力，则必须通知债务人。

2. 禁止债权转让的情形

根据《民法典》的规定，属于下列情形的债权不得转让。

(1) 根据合同性质不得转让，主要指基于当事人特定身份而订立的合同，如出版合同、赠与合同、委托合同、雇佣合同等。

(2) 按照当事人约定不得转让。当事人约定非金钱债权不得转让的，不得对抗善意第三人。当事人约定金钱债权不得转让的，不得对抗第三人。

(3) 依照法律规定不得转让。

3. 债权转让的效力

对债权人而言，如果是全部转让的情形，原债权人脱离债权债务关系，受让人取代债权人地位；如果是部分转让情形，原债权人就转让部分丧失债权。

对受让人而言，债权人转让债权的，受让人取得与债权有关的从权利，如抵押权，但该从权利专属于债权人自身的除外。受让人取得从权利不因该从权利未办理转移登记手续或者未转移占有而受到影响。

对债务人而言，债权人债权的转让不得损害债务人的利益，也不应影响债务人的权利。

(1) 债务人接到债权转让通知后，债务人对让与人的抗辩可以向受让人主张，如提出债权无效、诉讼时效已过等事由的抗辩。

(2) 债务人接到债权转让通知时，债务人对让与人享有债权，且债务人的债权先于转让的债权到期或者同时到期的，债务人可以向受让人主张抵销。

(3) 债务人的债权与转让的债权是基于同一合同产生的，债务人可以向受让人主张抵销。

(4) 因债权转让增加的履行费用，由让与人负担。

(二) 合同债务的承担

债务承担是指在不改变债的内容的前提下，债权人、债务人通过与第三人订立转让债务的协议，将债务全部或者部分转让给第三人承担的法律事实。

《民法典》第 551 条规定："债务人将债务的全部或者部分转移给第三人的，应当经债权人同意。

债务人或者第三人可以催告债权人在合理期限内予以同意，债权人未作表示的，视为不同意。"

《民法典》第 553 条规定："债务人转移债务的，新债务人可以主张原债务人对债权人的抗辩；原债务人对债权人享有债权的，新债务人不得向债权人主张抵销。"

《民法典》第 554 条规定："新债务人应当承担与主债务有关的从债务，但该从债务专属于原债务人自身的除外。"

(三) 合同的概括移转

合同的概括移转，是指合同一方当事人将自己在合同中的权利和义务一并转移于第三人的法律制度。概括移转有意定的概括移转和法定的概括移转两种情形。意定的概括移转基于转让合同的方式进行；法定的概括移转往往是因为某一法定事实的发生而导致。最典型的就是作为法人的合同当事人发生合并或分立时，就会有法定的概括移转的发生。

《民法典》第 67 条规定，当事人订立合同后合并的，由合并后的法人或者其他组织行使合同权利，履行合同义务。当事人订立合同后分立的，除债权人和债务人另有约定的以外，由分立的法人或者其他组织对合同的权利和义务享有连带债权，承担连带债务。

三、合同的终止

合同的权利义务终止即合同的终止，是指因发生法律规定或当事人约定的情况，使当事人之间的权利义务关系消灭，而使合同终止法律效力。《民法典》第 557 条规定："有下列情形之一的，债权债务终止：

(一) 债务已经履行；

(二) 债务相互抵销；

(三) 债务人依法将标的物提存；

(四) 债权人免除债务；

(五) 债权债务同归于一人；

(六) 法律规定或者当事人约定终止的其他情形。"

(一) 合同的解除

合同的解除，是指合同有效成立以后，没有履行或者没有完全履行之前，双方当事人通过协议或者一方行使解除权的方式，使合同关系终止的法律制度。合同的解除分为约定解除与法定解除以下两种情况。

1. 合同解除的方式

(1) 约定解除。《民法典》第 562 条规定："当事人协商一致，可以解除合同。当事人可以约定一方解除合同的事由。解除合同的事由发生时，解除权人可以解除合同。"当事人约定解除合同包括两种情况。

①协商解除。协商解除是指合同生效后，未履行或未完全履行之前，当事人以解除合同为目的，经协商一致，订立一个解除原来合同的协议，使合同效力消灭的行为。

②约定解除权。解除权可以在订立合同时约定，也可以在履行合同的过程中约定，可以约定一方解除合同的权利，也可以约定双方解除合同的权利。《民法典》规定，当事人可以约定一方解除合同的事由。解除合同的事由发生时，解除权人可以解除合同。法律规定或者当事人约定解除权行使期限，期限届满当事人不行使的，该权利消灭。法律没有规定或者当事人没有约定解除权行使期限，自解除权人知道或者应当知道解除事由之日起一年内不行使，或者经对方催告后在合理期限内不行使的，该权利消灭。

（2）法定解除。法定解除是指根据法律规定而解除合同。《民法典》第563条规定："有下列情形之一的，当事人可以解除合同：

（一）因不可抗力致使不能实现合同目的；

（二）在履行期限届满前，当事人一方明确表示或者以自己的行为表明不履行主要债务；

（三）当事人一方迟延履行主要债务，经催告后在合理期限内仍未履行；

（四）当事人一方迟延履行债务或者有其他违约行为致使不能实现合同目的；

（五）法律规定的其他情形。

以持续履行的债务为内容的不定期合同，当事人可以随时解除合同，但是应当在合理期限之前通知对方。"

《民法典》第533条规定："合同成立后，合同的基础条件发生了当事人在订立合同时无法预见的、不属于商业风险的重大变化，继续履行合同对于当事人一方明显不公平的，受不利影响的当事人可以与对方重新协商；在合理期限内协商不成的，当事人可以请求人民法院或者仲裁机构变更或者解除合同。

人民法院或者仲裁机构应当结合案件的实际情况，根据公平原则变更或者解除合同。"

2. 合同解除的程序

法律规定或者当事人约定解除权行使期限，期限届满当事人不行使的，该权利消灭。

法律没有规定或者当事人没有约定解除权行使期限，自解除权人知道或者应当知道解除事由之日起一年内不行使，或者经对方催告后在合理期限内不行使的，该权利消灭。

当事人一方依法主张解除合同的，应当通知对方。合同自通知到达对方时解除；通知载明债务人在一定期限内不履行债务则合同自动解除，债务人在该期限内未履行债务的，合同自通知载明的期限届满时解除。对方对解除合同有异议的，任何一方当事人均可以请求人民法院或者仲裁机构确认解除行为的效力。

当事人一方未通知对方，直接以提起诉讼或者申请仲裁的方式依法主张解除合同，人民法院或者仲裁机构确认该主张的，合同自起诉状副本或者仲裁申请书副本送达对方时解除。

3. 合同解除的后果

合同解除后，尚未履行的，终止履行；已经履行的，根据履行情况和合同性质，当事人可以请求恢复原状或者采取其他补救措施，并有权请求赔偿损失。

合同因违约解除的，解除权人可以请求违约方承担违约责任，但是当事人另有约定的除外。

主合同解除后，担保人对债务人应当承担的民事责任仍应当承担担保责任，但是担保合同另有约定的除外。

合同的权利义务关系终止，不影响合同中结算和清理条款的效力。

（二）抵销

抵销是双方当事人互负债务时，一方通知对方以其债权充当债务的清偿或者双方协商以债权充当债务的清偿，使得双方的债务在对等额度内消灭的行为。抵销可以产生使合同终止的效力。抵销具有简化交易程序、降低交易成本、提高交易安全性的作用。抵销可以分为法定抵销和约定抵销。法定抵销是指依法律规定的抵销条件抵销。《民法典》第568条规定："当事人互负债务，该债务的标的物种类、品质相同的，任何一方可以将自己的债务与对方的到期债务抵销；但是，根据债务性质、按照当事人约定或者依照法律规定不得抵销的除外。当事人主张抵销的，应当通知对方。通知自到达对方时生效。抵销不得附条件或者附期限。"

约定抵销是指当事人自行达成协议抵销。《民法典》第569条规定："当事人互负债务，标的物种类、品质不相同的，经协商一致，也可以抵销。"

（三）提存

1. 提存的概念

提存是指非因可归责于债务人的原因，导致债务人无法履行债务或者难以履行债务的情况下，债务人将标的物交由提存机关保存，以终止合同权利义务关系的行为。《民法典》第571条规定："债务人将标的物或者将标的物依法拍卖、变卖所得价款交付提存部门时，提存成立。提存成立的，视为债务人在其提存范围内已经交付标的物。"

2. 提存的原因

《民法典》第570条规定："有下列情形之一，致使难以履行债务的，债务人可以将标的物提存：

（一）债权人无正当理由拒绝受领；

（二）债权人下落不明；

（三）债权人死亡未确定继承人、遗产管理人，或者丧失民事行为能力未确定监护人；

（四）法律规定的其他情形。

标的物不适于提存或者提存费用过高的，债务人依法可以拍卖或者变卖标的物，将所得的价款提存。"

3. 提存的法律后果

对于债务人来说，标的物提存后，债务人应当及时通知债权人或者债权人的继承人、遗产管理人、监护人、财产代管人。

标的物提存后，毁损、灭失的风险由债权人承担。提存期间，标的物的孳息归债权人所有。提存费用由债权人负担。

债权人可以随时领取提存物。但是，债权人对债务人负有到期债务的，在债权人未履行债务或者提供担保之前，提存部门根据债务人的要求应当拒绝其领取提存物。

债权人领取提存物的权利，自提存之日起5年内不行使而消灭，提存物扣除提存费用

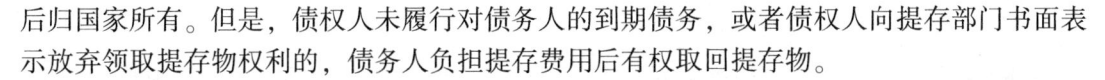

后归国家所有。但是，债权人未履行对债务人的到期债务，或者债权人向提存部门书面表示放弃领取提存物权利的，债务人负担提存费用后有权取回提存物。

（四）免除与混同

债权和债务同归于一人，即债权债务混同时，合同的权利义务终止，但是损害第三人利益的除外。

债权人免除债务人部分或者全部债务的，合同的权利义务部分或者全部终止，但是债务人在合理期限内拒绝的除外。

债权债务终止时，债权的从权利同时消灭，但是法律另有规定或者当事人另有约定的除外。债权债务终止后，当事人应当遵循诚信等原则，根据交易习惯履行通知、协助、保密、旧物回收等义务。

第八节　违约责任

当事人订立的合同如果已经生效，必须依照法律的规定或当事人的约定履行，否则就要承担违约责任。违约责任分为很多种，承担违约责任的方式会因违约性质的不同而发生变化。

一、违约责任概述

（一）违约责任的概念与特点

违约责任也称为违反合同的民事责任，是指合同当事人因违反合同义务所承担的责任。一般认为，违约责任具有以下特点。

（1）违约责任以合同的有效存在为前提。

（2）违约责任是合同当事人不履行合同义务所产生的财产责任。如果当事人违反的不是合同义务，而是法律规定的其他义务，则应负其他责任。《民法典》第996条规定："因当事人一方的违约行为，损害对方人格权并造成严重精神损害，受损害方选择请求其承担违约责任的，不影响受损害方请求精神损害赔偿。"

（3）违约责任具有相对性。由于合同关系具有相对性，因此违约责任也具有相对性，即违约责任只能在特定的当事人之间，即合同关系的当事人之间发生。当事人一方因第三人的原因造成违约的，应当依法向对方承担违约责任。当事人一方和第三人之间的纠纷，依照法律规定或者按照约定解决。

（4）违约责任具有任意性。合同当事人可以在法律法规规定的范围内，对一方的违约责任作出事先安排，如可事先约定违约金的数额或幅度，可事先确定损失赔偿的数额或计算方法。同时，为了保障合同当事人设定的违约责任的公正合理，对不符合法律法规规定的违约责任，宣告无效或者被撤销。

（5）违约责任主要是一种损失补偿责任。法律确定违约责任的重要目的之是弥补或补偿因违约方的违约行为所造成的损害后果，补偿受害人的损失，因此，除法律另有规定的外，违约责任具有补偿性而不具有惩罚性。一般通过支付违约金、赔偿金和其他方式来体现，使受害人的实际损失得到全部补偿或部分补偿。

(二) 违约责任的归责原则

违约责任的归责原则,是指合同当事人违约时,确定其承担民事责任的根据和标准。《民法典》采用的是以严格责任原则为主,以过错责任原则和过错推定责任原则为辅的归责原则。

1. 严格责任原则

严格责任原则又称无过错责任原则,是指不论违约方主观上是否有过错,只要其有不履行或不完全履行合同义务的行为,就应当承担违约责任。它以违约行为与违约后果之间的因果关系作为承担违约责任的要件,违约方只有具备法定抗辩理由时,才能免除违约责任。

2. 过错责任原则

过错责任原则是指一方违约不履行或者不完全履行合同时,应当以主观上存在过错作为承担违约责任的要件和确定责任大小的依据。根据这一原则,确定违约责任,当事人不仅要有违约行为,而且主观上还要有过错。《民法典》对于缔约过失、无效合同、可撤销合同及少数合同适用过错责任原则。例如,《民法典》第824条规定:"在运输过程中旅客自带物品毁损、灭失,承运人有过错的,应当承担损害赔偿责任。"

3. 过错推定责任原则

过错推定责任原则是指在发生了违约行为之后,法律直接推定违约行为人在主观上有过错,从而应承担违约责任的一种归责原则。根据这一原则,违约人只有证明自己没有过错,才能免除责任。《民法典》在少数合同中适用过错推定原则。如《民法典》第897条规定:"保管期内,因保管人保管不善造成保管物毁损、灭失的,保管人应当承担赔偿责任。但是,无偿保管人证明自己没有故意或者重大过失的,不承担赔偿责任。"

(三) 违约责任的一般构成要件

当事人承担违约责任的条件是归责原则的具体化。违约责任的具体形式很多,每种责任形式都有自己的构成要件。违约责任的一般构成要件是指所有的违约责任形式都应具备的要件。根据《民法典》确定的严格责任归责原则,违约责任的一般构成要件有如下两个。

1. 当事人有违约行为

这是指当事人有不履行或不完全履行合同义务的行为。

2. 抗辩免责事由不成立

这是指违约方的违约行为发生的原因既不属于当事人依法约定的免责条款规定的事由,也不属于法定的抗辩免责事由。

(四) 违约行为的分类

违约行为是指合同生效以后,合同目的尚未实现之前,合同当事人违反法定或约定义务不履行或者不完全履行合同的一种状态。违约行为区分为预期违约和实际违约。

1. 预期违约

预期违约又叫先期违约,是指当事人一方在合同规定的履行期到来之前明示或者默示其将不履行合同，由此在当事人之间发生一定的权利义务关系的一项合同法律制度。《民法典》第578条规定："当事人一方明确表示或者以自己的行为表明不履行合同义务的，对方可以在履行期届满之前请求对方承担违约责任。"

预期违约行为发生在合同依法成立以后、履行期到来之前，具有以下特点：

(1) 预期违约行为表现为未来不履行义务，而不表现为现实地违反义务；
(2) 预期违约行为侵害的是期待债权，而不是现实的债权；
(3) 预期违约在补救方式上也不同于实际违约。

在明示毁约中，由于合同尚未到履行期，所以债权人为了争取对方继续履行合同，可以不顾对方的毁约表示，而等履行期到来后请求对方继续履行。如果对方仍不履行，预期违约就已转化为实际违约。此时，债权人可采取实际违约的补救方式。

2. 实际违约

实际违约又分为不履行、迟延履行、不适当履行及其他违反合同义务的行为。

(1) 不履行。不履行是指在合同履行期届满时，合同当事人完全不履行自己的合同义务，包括履行不能和拒绝履行。履行不能是指债务人客观上已经没有履行能力。例如，在特定物的买卖合同中，该特定物灭失。拒绝履行是指履行期届满时，债务人能够履行而故意不履行合同规定的全部义务。

(2) 迟延履行。迟延履行是指债务人无正当理由，在合同规定的履行期届满时，能够履行而未履行合同义务。合同中未约定履行期限的，在债权人提出履行催告后仍未履行债务。

(3) 不适当履行。不适当履行是指债务人虽然履行了债务，但履行不符合合同的约定，包括瑕疵给付和加害给付。例如，质量不符合约定是不适当履行的主要表现形式，其后果是合同的履行损害了对方当事人应得的利益，甚至造成人身和其他财产损害。

(4) 其他违反合同义务的行为。其他违反合同义务的行为主要是指违反法定的通知、协助、保密等义务的行为。《民法典》规定了买受人的协助义务，出卖人按照约定或规定将标的物置于交付地点，买受人违反约定没有收取的，标的物毁损、灭失的风险自违反约定时起由买受人承担。

二、承担违约责任的方式

《民法典》577条规定："当事人一方不履行合同义务或者履行合同义务不符合约定的，应当承担继续履行、采取补救措施或者赔偿损失等违约责任。"

(一) 继续履行

继续履行又称实际履行，是指债权人在债务人不履行合同义务时，可请求人民法院或者仲裁机构强制债务人按照原合同所约定的主要条件继续完成合同义务的行为。

《民法典》第579条规定："当事人一方未支付价款、报酬、租金、利息，或者不履行其他金钱债务的，对方可以请求其支付。"

《民法典》第580条规定："当事人一方不履行非金钱债务或者履行非金钱债务不符合约定的，对方可以请求履行，但是有下列情形之一的除外：

(一) 法律上或者事实上不能履行；
(二) 债务的标的不适于强制履行或者履行费用过高；

（三）债权人在合理期限内未请求履行。

有前款规定的除外情形之一，致使不能实现合同目的的，人民法院或者仲裁机构可以根据当事人的请求终止合同权利义务关系，但是不影响违约责任的承担。"

《民法典》第 582 条规定："当事人一方不履行债务或者履行债务不符合约定，根据债务的性质不得强制履行的，对方可以请求其负担由第三人替代履行的费用。"

某旅游管理公司与某村村民委员会等的合同纠纷案

（二）采取补救措施

补救措施是指债务人履行合同义务不符合约定，债权人在请求人民法院或者仲裁机构强制债务人实际履行合同义务的同时，可根据合同履行情况请求债务人采取的补救履行措施。

《民法典》第 510 条规定："合同生效后，当事人就质量、价款或者报酬、履行地点等内容没有约定或者约定不明确的，可以协议补充；不能达成补充协议的，按照合同相关条款或者交易习惯确定。"

合同履行不符合约定的，应当按照当事人的约定承担违约责任。对违约责任没有约定或者约定不明确，依据《民法典》第 510 条的规定仍不能确定的，受损害方根据标的的性质及损失的大小，可以合理选择请求对方承担修理、重做、更换、退货、减少价款或者报酬等违约责任。

当事人一方不履行合同义务或者履行合同义务不符合约定的，在履行义务或者采取补救措施后，对方还有其他损失的，应当赔偿损失。

（三）赔偿损失

赔偿损失是指合同当事人由于不履行合同义务或者履行合同义务不符合约定，给对方造成财产上的损失时，由违约方以其财产赔偿对方所蒙受的财产损失的一种违约责任形式。赔偿损失可以与实际履行、解除合同、补救措施并用，实践中应把握以下原则。

（1）完全赔偿原则。完全赔偿原则是指因违约方的违约行为使受害人遭受的全部损失，都应由违约方负赔偿责任。违约方不仅应赔偿对方因其违约而引起的现实财产的减少，而且应赔偿对方因合同履行而得到的履行利益。这是对受害人利益实行全面、充分保护的有效措施。从公平和等价交换原则看，由于违约方的违约而使受害人遭受损失，违约方也应以自己的财产赔偿全部损失。当然，这种赔偿应限制在法律规定的合理范围内。

《民法典》第 584 条规定："损失赔偿额应当相当于因违约所造成的损失，包括合同履行后可以获得的利益。"这里所指的损失仅指财产损失。也就是说，违约方不仅应赔偿受害人遭受的全部实际损失，还应赔偿可得利益损失，即包括合同履行后可以获得的利益损失。

实际损失是现存利益的损失，厘清实际损失的关键是要界定可得利益。可得利益是合同履行后债权人可以实现或者取得的收益，具有以下特点：

①未来性，可得利益不是现实的利益，而是一种未来的利益，它必须是经过合同违约

方履行后才能获得的利益；

②期待性，可得利益是当事人订立合同时可以预见的利益，可得利益的损失也是合同当事人能够预见到的损失；

③一定的现实性，尽管可得利益并非订立合同时就可实际享有的利益，但这种利益并不是臆想的，如果合同违约方不违约，是非违约方可以得到的利益。

（2）合理预见原则。合理预见是对非违约方的有力保护，但应将这种损失赔偿限制在合理的范围内。根据《民法典》第584条的规定，损失赔偿额不得超过违约一方订立合同时预见到或者应当预见到的因违约可能造成的损失。这就是合理预见原则，又名可预见性规则。

（3）减轻损失原则。减轻损失原则是指在一方违约并造成损失后，受害人必须采取合理的措施以防止损失的扩大，否则受害人应对扩大部分的损失负责，违约方此时也有权请求从损失赔偿金额中扣除本可以避免的损失部分。《民法典》第591条规定："当事人一方违约后，对方应当采取适措施，防止损失的扩大；没有采取适当措施致使损失扩大的，不得就扩大的损失请求赔偿。当事人因防止损失扩大支出的合理费用，由违约方承担。"

（4）损益相抵原则。损益相抵原则是指受害人基于损失发生的同一原因而获得利益时，应将所受利益从所受损失中扣除，以确定损失赔偿范围。这是确定赔偿责任范围的重要规则。根据这一规则，当违约使受害人遭受了损失，又使受害人获得了利益时，法院应责令违约方赔偿受害人全部损失与受害人所得利益的差额，但这并不是在帮违约方推卸本应承担的责任。

某石材公司与某采石公司的买卖合同纠纷案

（四）违约金

违约金是按照当事人约定或者法律规定，一方当事人违约时应当根据违约情况向对方支付的一定数额的货币。

《民法典》第585条规定："当事人可以约定一方违约时应当根据违约情况向对方支付一定数额的违约金，也可以约定因违约产生的损失赔偿额的计算方法。

约定的违约金低于造成的损失的，人民法院或者仲裁机构可以根据当事人的请求予以增加；约定的违约金过分高于造成的损失的，人民法院或者仲裁机构可以根据当事人的请求予以适当减少。

当事人就迟延履行约定违约金的，违约方支付违约金后，还应当履行债务。"

当事人在合同中既约定了违约金，又约定了定金的，当一方违约时，对方可以选择适用违约金或者定金条款。

（五）定金

当事人可以约定一方向对方给付定金作为债权的担保。定金合同自实际交付定金时成立。定金的数额由当事人约定，但不得超过主合同标额的20%，超过部分不产生定金的效力。实际交付的定金数额多于或者少于约定数额的，视为变更约定的定金数额。

《民法典》第587条规定:"债务人履行债务的,定金应当抵作价款或者收回。给付定金的一方不履行债务或者履行债务不符合约定,致使不能实现合同目的的,无权请求返还定金;收受定金的一方不履行债务或者履行债务不符合约定,致使不能实现合同目的的,应当双倍返还定金。"

《民法典》第588条规定:"当事人既约定违约金,又约定定金的,一方违约时,对方可以选择适用违约金或者定金条款。定金不足以弥补一方违约造成的损失的,对方可以请求赔偿超过定金数额的损失。"

三、违约责任的免除

违约责任的免除是指在合同履行过程中,由于出现了法定或约定免责事由而导致合同不能履行的,债务人可以免除承担违约责任。免除违约当事人责任的原因和理由被称为免责事由,包括法定免责事由和约定免责事由。

(一)法定免责事由

(1)不可抗力。所谓不可抗力,是指不能预见、不能避免且不能克服的客观情况。常见的不可抗力主要有:

①自然灾害,如地震、台风、洪水、海啸等。

②政府行为,指当事人在订立合同以后发生,且不能预见的情形。

③社会异常形象,如罢工、骚乱等。

不可抗力虽为合同的免责事由,但有关不可抗力的具体事由很难由法律作出具体列举式的规定。因此相据合同自由原则,当事人可以在不可抗力条款时,具体列举各种不可抗力的事由。

不可抗力发生后对当事人责任的影响,要注意以下几点。

①不可抗力并非当然免责,要根据不可抗力对合同履行的影响决定《民法典》第590条规定:"当事人一方因不可抗力不能履行合同的,根据不可抗力的影响,部分或者全部免除责任,但是法律另有规定的除外。"

②因不可抗力不能履行合同的,应当及时通知对方,以减轻可能给对方造成的损失,并应当在合理期限内提供证明。

③当事人迟延履行后发生不可抗力的,不免除其违约责任。

除不可抗力外,如果由于债权人的过错导致债务人不能履行合同的,债务人不承担违约责任。《民法典》第832条规定:"承运人对运输过程中货物的毁损、灭失承担赔偿责任。但是,承运人证明货物的毁损、灭失是因不可抗力、货物本身的自然性质或者合理损耗以及托运人、收货人的过错造成的,不承担赔偿责任。"

(2)依法行使抗辩权。当事人因依法行使同时履行抗辩权、不安抗辩权、后履行抗辩权而没有履行合同义务的,不承担违约责任。

(3)符合可撤销合同要件的合同,当事人一方已向人民法院或仲裁机构请求撤销的情况下没有履行的,不承担违约责任。

(二)约定免责事由

约定免责事由是指合同双方当事人在合同中约定旨在排除或限制其未履行责任的免责条款。根据合同自愿原则,当事人可以在合同中为自己设定权利和义务,也可以对违约责任承担的范围、方式及免除条件作出约定；但若此种约定违反法律规定，损害社会公共利益和公序良俗，则约定无效。

免责条款是指当事人在合同中约定免除将来可能发生的违约责任的条款，其所规定的免责事由即约定免责事由。免责条款必须在合同中明示，并构成合同的有效组成部分。免责条款不能排除当事人的基本义务，也不能排除故意或重大过失的责任；免责条款不得违背法律规定和社会公共利益，以免给相对人造成不利影响。

四、违约责任与缔约过失责任区别

缔约过失责任与违约责任是不同的，两者的区别主要表现在以下几方面。

（1）性质不同。违约责任是因一方违反有效合同约定的义务而产生的责任，它是以有效合同关系的存在为前提的；缔约过失责任的当事人之间并不存在合同关系，它是以违反合同法上的义务为前提的，是一种合同法上的责任。

（2）发生时间不同。违约责任发生于合同成立生效之后；缔约过失责任发生在合同订立过程中。

（3）归责原则不同。违约责任一般适用于严格责任原则，除法定免责情形外，只要当事人违约就应当承担违约责任，而不必证明这种违约是由于当事人的主观过错造成的；缔约过失责任适用过错责任原则，即由于当事人主观上的故意或过失，造成缔约过程中对方的损失时，才承担损失赔偿责任。

（4）承担责任的方式不同。违约责任形式多样；缔约过失责任一般只有赔偿损失一种方式。

（5）赔偿范围不同。缔约过失责任赔偿的是信赖利益的损失；而违约责任赔偿的是可期待利益的损失。在原则上，可期待利益的损失要大于信赖利益的损失。

本章小结

合同是指民事主体之间设立、变更、终止民事法律关系的协议。要约和承诺是订立合同的两个必经阶段。当事人订立合同，可以采用口头、书面或其他形式。合同成立并不必然发生法律效力。在履行合同的过程中，当事人可根据实际情形，依法采取包括合同保全和担保措施在内的各种方法防范可能产生的风险。《民法典》中规定了几种担保方式：保证、定金、抵押、质押、留置。合同生效后，当事人应当全面、适当地履行各自的合同义务，否则应当承担相应的违约责任。违约责任分为很多种，承担违约责任的方式会因违约性质的不同而不同。承担违约责任的方式主要包括继续履行、采取补救措施、赔偿损失、违约金和定金等方式。

同步综合练习

一、单项选择题

1. 在以招标方式订立合同时，以下行为中属于要约性质的是（　　）。
   A. 招标　　　　　　　　　　　　B. 投标

C. 开标　　　　　　　　　　　　D. 决标

2. 上海某公司与宁波某公司订立一加工承揽合同，其中约定由宁波公司承揽加工3万条牛仔裤的任务。合同中未约定履行地点。依据《民法典》的规定，该合同履行地点应是(　　)。

　　A. 上海某公司所在地　　　　　B. 宁波某公司所在地
　　C. 上海某公司指定的地点　　　D. 宁波某公司指定的地点

3. 当事人采用合同书形式订立合同的，自(　　)。

　　A. 双方当事人制作合同书时合同成立
　　B. 双方当事人表示受合同约束时合同成立
　　C. 双方当事人签字或者盖章时合同成立
　　D. 双方当事人达成一致意见时合同成立

4. 债权人的撤销权行使的形式(　　)。

　　A. 只能向债务人提出
　　B. 只能向人民法院起诉
　　C. 既可以向债务人提出，也可以向人民法院起诉
　　D. 可以向仲裁机构提出申请

5. 可撤销合同中，如果具有撤销权的当事人以自己的行为放弃撤销权，该可撤销合同则转变为(　　)。

　　A. 无效合同　　　　　　　　　B. 有效合同
　　C. 效力待定合同　　　　　　　D. 部分有效、部分无效合同

6. 下列情形中属于效力待定合同的是(　　)。

　　A. 10岁的少年出售劳力士金表给40岁的李某
　　B. 5岁的儿童因发明创造而接受奖金
　　C. 成年人甲误将本为复制品的油画当成真品购买
　　D. 出租车司机趁病人急于乘车之机将车价提高10倍

7. 某企业在其格式劳动合同中约定：对于员工在雇佣工作期间的伤残、患病、死亡，企业概不负责。如果员工已在该合同上签字，则该合同条款(　　)。

　　A. 无效
　　B. 是当事人真实意思的表示，对当事人双方有效
　　C. 不一定有效
　　D. 只对一方当事人有效

8. 甲的儿子患重病住院，急于用钱又借贷无门，乙趁机表示愿意借给甲2 000元，但半年后必须加倍偿还，否则便以甲的房子代偿。甲表示同意。根据《民法典》中的规定，甲、乙之间的借款合同(　　)。

　　A. 因显失公平而无效　　　　　B. 因显失公平而可撤销
　　C. 因乘人之危而无效　　　　　D. 因乘人之危而可撤销

9. 上海某工厂向广州某公司采购了一批物品，但合同对付款地点和交货期限没有约定。当双方发生争议时，依据《民法典》中的规定，(　　)。

　　A. 上海某工厂付款给广州某公司应在上海履行
　　B. 上海某工厂可以随时请求广州某公司交货，而且可以不给该厂必要的准备时间

C. 上海某工厂付款给广州某公司应在广州履行

D. 广州某公司可以随时将货交给上海某工厂，而且可以不给该厂必要的准备时间

10. 当事人在合同中，既约定违约金，又约定定金的，一方违约时，守约方的正确适用方式是(　　)。

　　A. 选择适用违约金或者定金条款　　B. 适用违约金条款

　　C. 适用定金条款　　D. 违约金和定金条款一并适用

11. 合同当事人互负债务，且无先后履行顺序之约定，当事人一方可在对方未履行之前，拒绝对方的履行请求，这被称为(　　)。

　　A. 先履行抗辩权　　B. 同时履行抗辩权

　　C. 不安抗辩权　　D. 先诉抗辩权

12. 《民法典》规定，撤销权人行使撤销权的期限为一年，此一年为(　　)。

　　A. 不变期间，不适用诉讼时效中止、中断或者延长的规定

　　B. 不变期间，不适用诉讼时效中止、中断的规定，但适用诉讼时效延长的规定

　　C. 不变期间，适用诉讼时效中止、中断的规定，但不适用诉讼时效延长的规定

　　D. 不变期间，适用诉讼时效中止、中断或延长的规定

13. 甲公司与乙公司订立买卖合同，合同约定甲公司先交货。在交货前夕，甲公司派人调查乙公司的偿债能力，有确切材料证明乙公司负债累累，根本不能按时支付货款。甲公司遂暂时不向乙公司交货。甲公司的行为是(　　)。

　　A. 违约行为　　B. 行使同时履行抗辩权

　　C. 行使先诉抗辩权　　D. 行使不安抗辩权

14. 甲公司与乙公司订立一书面合同，甲公司签字盖章后邮寄给乙公司签字盖章，该合同的成立时间为(　　)。

　　A. 甲公司与乙公司口头协商一致时　　B. 甲公司签字盖章时

　　C. 甲公司签字盖章后交付邮寄时　　D. 乙公司签字盖章时

15. 张某将自己的货物质押给刘某，刘某疏于管理，任其日晒雨淋，下列说法错误的是(　　)。

　　A. 张某有权要求刘某妥善保管货物，如刘某拒绝，张某可以解除质押关系

　　B. 张某可以要求提存这批货物

　　C. 张某可以提前清偿债权而要求返还质物

　　D. 张某可以要求刘某承担保管不善的责任

16. 以下选项中不属于《民法典》规定的担保方式的是(　　)。

　　A. 动产质押　　B. 不动产抵押

　　C. 权利质押　　D. 违约金

17. 由于债权人吴某下落不明，债务人王某难以履行债务，遂将标的物提存。王某将标的物提存后，如果其意外毁损灭失，损失应由(　　)。

　　A. 吴某承担　　B. 王某承担

　　C. 吴某和王某共同承担　　D. 提存机关承担

18. 关于代位权行使的要件，以下表述中不正确的是(　　)。

　　A. 债权人与债务人之间有合法的债权债务存在

　　B. 债务人对第三人享有到期债权

C. 债务人怠于行使其权利，并且债务人怠于行使权利的行为有害于债权人的债权
D. 债权人代位行使的范围是债务人的全部债权

二、多项选择题

1. 甲向乙发出要约，乙的下列行为中不发生承诺效力的有(　　)。
   A. 附条件地接受要约
   B. 撤回承诺的通知与承诺同时到达要约人
   C. 撤回承诺的通知因送达的原因后于承诺到达，要约人未及时将该情况通知承诺人
   D. 承诺被依法撤销

2. 不安抗辩权的行为表示方式有(　　)。
   A. 中止履行   B. 追回已在途中的货物
   C. 追回已在途中的货款   D. 解除合同

3. 下列合同中，属于无效合同的有(　　)。
   A. 一方以欺诈、胁迫手段订立的合同
   B. 恶意串通、损害国家、集体或者第三人利益的合同
   C. 以合法形式掩盖非法目的的合同
   D. 损害社会公共利益的合同

4. 可以质押的权利有(　　)。
   A. 汇票、支票、本票   B. 债券
   C. 股份、股票   D. 专利权

5. 甲将一匹马租给乙，乙因向丙借款，又将该马出质给丙。因乙无力还款，丙欲对该马行使质权，遭甲反对，为此发生纠纷。下列选项中正确的是(　　)。
   A. 甲可以要求乙返还马   B. 丙对该马享有质权
   C. 乙对该马不享有出质权   D. 丙对该马不享有质权

6. 甲向乙借款 5 万元，并以一台机器作为抵押，办理了抵押登记。随后，甲又将该机器质押给丙。丙在占有该机器期间，将其交给丁修理，因拖欠修理费而被丁留置。下列说法中正确的有(　　)。
   A. 乙优先于丙受偿   B. 丙优先于丁受偿
   C. 丁优先于乙受偿   D. 丙优先于乙受偿

7. 甲农场于某年 7 月 2 日向乙农场发出要约，要卖给乙农场一头种牛，要求乙农场 15 天内答复。甲农场的要约于 7 月 5 日到达乙农场。7 月 3 日，甲农场又给乙农场去信，该种牛对本场意义重大，不能出售，请乙农场原谅，第二封信于 7 月 6 日到达。乙农场 7 月 7 日回信表示接受甲农场的一切条件，该回信 7 月 10 日到达，但甲农场拒绝交货。根据已知条件，下列选项中正确的有(　　)。
   A. 甲、乙之间的合同不成立，因为要约已被撤销
   B. 甲、乙之间的合同成立，因为要约没有被撤销
   C. 甲、乙之间的合同于 7 月 10 日，即承诺到达时成立
   D. 甲、乙之间的合同不成立，因此乙只能追究甲的履约责任，不能追究其违约责任

8. 质押担保的范围包括(　　)。
   A. 主债权及利息   B. 违约金
   C. 质物保管的费用   D. 损害赔偿金

9. 办理登记的质押合同包括( )。
A. 以依法可以转让的股票、股份为质物的质押合同
B. 以汇票、支票、本票为质物的质押合同
C. 以依法可以转让的专利权、商标专用权、著作权中的财产权为质物的质押合同
D. 以提单、仓单、存款单为质物的质押合同

10. 关于动产质押的正确表述有( )。
A. 出质人以其不具有所有权但合法占有的动产出质的,因此给动产所有人造成损失的,由出质人承担赔偿责任
B. 动产质权的效力及于质物的从物
C. 在任何情况下,质物瑕疵导致的损害应由出质人承担
D. 出质人根据合同约定,可以代质权人占有质物

三、材料分析题

1. 甲公司于某年3月1日给乙公司发电报:"现有当年产玉米50吨,每吨1 000元,如贵方欲采购,望于接到电报之日起一周内回复为盼。"

(1) 假设3月3日乙公司给甲公司复电称:"接受贵方条件,但望以每吨800元成交。"则甲、乙公司之间的合同关系是否成立?为什么?

(2) 假设3月10日乙公司给甲公司复电称:"完全接受贵方条件。"则甲、乙公司之间的合同关系是否成立?为什么?

(3) 假设乙公司在接到公司电报后,于3月3日派人直接去付款提货时,甲公司已经将这50吨玉米高价卖给了丙公司。甲公司是否需要对乙公司承担违约责任?为什么?

(4) 根据上述材料,分析缔约过失责任和违约责任的区别。

2. 甲公司向乙公司发出传真订货,该传真列明了货物的种类、数量、质量、供货时间、交货方式等,并要求乙公司在10日内报价。乙公司接受甲公司发出传真列明的条件并按期报价,也要求甲公司在10日内回复;甲公司按期复电并同意其价格,并要求订立书面合同。乙公司在未订立书面合同的情况下按甲公司提出的条件发货,甲公司收货后未提出异议也未支付货款。后因市场发生变化,该货物价格下跌。甲公司向乙公司提出,由于双方并未订立书面合同,买卖关系不能成立,故乙公司应尽快取回货物。乙公司不同意甲公司的意见,要求其偿付货款。随后,乙公司发现甲公司放弃其关联企业的到期债权,并向其关联企业无偿转让财产,可能使自己的货款无法得到清偿,遂向人民法院提起诉讼。根据上述事实,回答下列问题。

(1) 分析甲公司传真订货、乙公司报价、甲公司回复报价行为的法律性质。

(2) 甲、乙公司之间的买卖合同是否成立?请说明理由。

(3) 对于甲公司放弃到期债权、无偿转让财产的行为,乙公司可向人民法院提出何种权利请求,以保护其利益不受侵害?

(4) 对于乙公司行使(3)中提到的权利的期限,法律有何规定?

3. 某年,北京甲公司因转产致使一套生产设备闲置,价值4 000万元。8月1日,该公司总经理邓某与上海乙公司在甲公司总部美华大厦订立了关于该设备的转让合同。由于乙公司代表未携带公司公章,提出要将甲公司签字盖章的合同带回乙公司总部上海资本大厦加盖公司公章。8月5日,乙公司负责人在该合同上签字并盖章。合同中约定,生产设备作价3 900万元,甲公司于9月4日前交货,乙公司在收到货物后,在8日内支付了全

部货款。8月28日，邓某发现乙公司由于投资项目失误，致使经营状况严重恶化，于是通知乙公司暂停交货并要求乙公司提供担保，否则将终止合同。此要求被乙公司断然拒绝。9月15日，邓某发现乙公司的处境更加艰难，几近破产，于是提出在解除合同的同时，要求乙公司赔偿甲公司因合同所产生的损失。乙公司不同意，向甲公司所在地的人民法院以甲公司违约为由提起诉讼。根据上述材料，分别回答下列问题。

(1) 9月3日，甲公司可否暂停交货？这是行使一种什么抗辩权？说明理由。

(2) 9月15日，甲公司可否解除合同并要求赔偿？为什么？

(3) 如果地方法院查明9月3日后乙公司并不存在经营状况严重恶化的情况，甲公司是否应当赔偿乙公司因此所遭受的损失？

(4) 如果合同没有约定任何一方先履行，甲公司能否拒绝先履行？

(5) 甲公司与乙公司买卖合同成立的时间是什么时候？合同成立的地点在哪里？

4. 某年3月，甲企业与乙公司订立的买卖合同中约定：乙公司向甲企业订购一台具有特殊性能的生产设备，总价款300万元；乙公司应于合同订立之日起3日内向甲企业支付10万元定金；甲企业应于4月1日之前交付设备（乙公司自行提货）；乙公司验收设备合格后，在4月10日之前付清余款200万元。

为了担保乙公司履行付款义务，丙公司在买卖合同的最后一页承诺："本公司同意为乙公司承担保证责任。"并签字盖章。乙公司依约向甲企业支付了10万元定金。

甲企业按时生产出了符合约定质量标准的设备并于3月31日通知乙公司提货。乙公司未按时提货，却于4月12日通知甲企业：由于本公司产品结构调整，已不需要该设备，特提出解约买卖合同。甲企业与乙公司协商未果后，准备将该设备提存并向人民法院提起诉讼。请根据上述内容回答下列问题。

(1) 甲企业是否可以将买卖合同约定交付的设备提存？请说明理由。

(2) 甲企业是否有权要求乙公司付清全部余款并赔偿损失？请说明理由。

(3) 乙公司是否可以要求返还10万元定金？请说明理由。

(4) 因丙公司的承诺而成立保证合同，该合同的当事人有哪些？

(5) 甲企业是否可以直接要求丙公司承担连带保证责任？请说明理由。

第五章 破产法律制度

学习目标

通过本章的学习，学生应了解破产的含义和破产的申请程序，熟悉债务人的财产权利、破产费用和共益债务、管理人的组成，掌握破产的申请、受理、债权申报与债权人会议，破产的重整与和解及破产清算等。

导入案例

公司解散纠纷案

基本案情

原告林方清诉称：常熟市凯莱实业有限公司（以下简称"凯莱公司"）经营管理发生严重困难，公司陷入僵局且无法通过其他方法解决，其权益遭受重大损害，请求解散凯莱公司。

被告凯莱公司及股东戴小明辩称：凯莱公司及其下属分公司运营状态良好，不符合公司解散的条件，戴小明与林方清的矛盾应由其他解决途径，不应通过司法程序强制解散公司。

法院查明：凯莱公司成立于2002年1月，戴小明与林方清系该公司股东，各占50%的股份，戴小明任公司法定代表人及董事，林方清任公司总经理兼公司监事。凯莱公司章程明确规定，股东会的决议须经代表1/2以上表决权的股东通过，但对公司增加或减少注册资本、合并、解散、变更公司形式、修改公司章程作出决议时，必须经代表2/3以上表决权的股东通过，股东会会议由股东按照出资比例行使表决权。2006年起，戴小明与林方清两人之间的矛盾逐渐显现。同年5月9日，林方清提议并通知召开股东会，由于戴小明认为林方清没有召集会议的权利，会议未能召开。同年6月6日、8月8日、9月16日、10月10日和10月17日，林方清委托律师向凯莱公司和戴小明发函称，因股东权益受到严重侵害，林方清作为享有公司股东会1/2表决权的股东，已按公司章程规定的程序表决并通过了解散凯莱公司的决议，要求戴小明提供凯莱公司的财务账册等资料，并对凯莱公司进行清算。同年6月17日、9月7日、10月13日，戴小明回函称，林方清作出的股东会决议没有合法依据，戴小明不同意解散公司，并要求林方清交出公司财务资料。同年11月15日、11月25日，林方清再次向凯莱公司和戴小明发函，要求凯莱公司和戴小明提供公司财务账册等资料供其查阅、分配公司收入、解散公司。

江苏常熟服装城管理委员会（以下简称"服装城管委会"）证明凯莱公司目前经营尚正常，且愿意组织戴小明和林方清进行调解。

另查明，凯莱公司章程载明监事行使下列权利：
（1）检查公司财务；
（2）对执行董事、经理执行公司职务时违反法律法规或者公司章程的行为进行监督；
（3）当董事和经理的行为损害公司的利益时，要求董事和经理予以纠正；
（4）提议召开临时股东会。从2006年6月1日起，凯莱公司未召开过股东会。服装城管委会调解委员会于2009年12月15日和16日两次组织双方进行调解，但均未成功。

裁判结果

江苏省苏州市中级人民法院于2009年12月8日以（2006）苏中民二初字第0277号民事判决，驳回林方清的诉讼请求。宣判后，林方清提起上诉。江苏省高级人民法院于2010年10月19日以（2010）苏商终字第0043号民事判决，撤销一审判决，依法改判解散凯莱公司。

（资料来源：最高人民法院官网 https://www.court.gov.cn/shenpan/gengduo/77.html）

第一节　企业破产法概述

一、破产的概念和特征

在法律层面上，破产概念是有其特定含义的。法律上的破产是指处理经济上破产时债务如何清偿的一种法律制度，即对丧失清偿能力的债务人，经法院审理与监督，强制清算其全部财产，公平清偿全体债权人的法律制度。

知识加油站

破产是商品经济社会发展到一定阶段必然出现的法律现象。破产（bankrupt）一词来源于意大利语"banca rotta"，其中"banca"有"板凳"之义，"rotta"有"砸破"之义。中世纪后期，欧洲地中海沿岸的商品经济发展迅速，贸易活动频繁，当一些商人或手工业者无力清偿债务时，债权人就会到其经营场所将板凳砸破。在市场经济的背景下，破产已成为一种十分普遍的现象。破产法律制度不仅调整债权人与债务人之间的权利义务关系，更着眼于调整债权人相互之间乃至债权人、债务人与社会其他利害关系人之间的社会关系。

从不同的角度分析，破产概念的法律特征如表5-1所示。

表 5-1　破产概念的法律特征

特征	介绍
债务清偿	从对债务的清偿角度看，破产具有执行程序的属性。执行程序属于司法程序，故破产必须在法院的管辖和支配下进行，其他机构没有承接破产案件的权力。作为一种特殊的执行程序，破产与普通程序一样，不具有解决当事人之间实体民事争议的功效。对破产程序中当事人之间发生的实体民事争议，各国破产立法均规定在破产程序之外通过诉讼程序解决。只有无争议的，或由法院或仲裁机关裁判生效所确定的债权债务关系，才能依法执行
破产原因	企业法人不能清偿到期债务，并且资产不足以清偿全部债务或者明显缺乏清偿能力，是启动破产程序的原因。除法律有特别规定以外，在其他情况下不能适用破产程序
清算程度	破产是对债务人现有的全部法律关系较为彻底的清理和结算。在企业破产情形下，破产程序的启动将直接导致债务人主体资格消灭的法律后果。破产对企业债务人全部财产的清算，使企业丧失继续从事商业经营的经济基础和经营资格
实施宗旨	破产程序的实施宗旨是要保证对债权人的公平清偿和对债务人正当权益的合理保护，并进而实现对社会整体利益的维护。人民法院审理破产案件，应当依法保障企业职工的合法权益，依法追究破产企业经营管理人员的法律责任

二、破产法概述

（一）企业破产法的概念

破产法是在债务人丧失清偿能力时，法院强制对其全部财产清算分配、公平清偿债权人，或通过债务人与债权人达成的和解协议清偿债务，或进行企业重整以避免债务人破产的法律规范的总称。在形式意义上，狭义的破产法专指破产法典，如 2006 年 8 月 27 日通过的《中华人民共和国企业破产法》（以下简称《企业破产法》）；广义的破产法则还包括其他有关破产的法律法规、行政规章、司法解释，以及散见于其他立法中的调整破产关系的法律规范。在调整范围上，狭义的破产法仅指对债务人进行破产清算的法律，而广义的破产法则还包括以避免债务人破产为主要目的的和解与重整制度的法律。

（二）企业破产法律的适用范围

1. 主体适用范围

（1）所有的"企业法人"。

（2）合伙企业、农民专业合作社、个人独资企业、民办学校的清算，可以"参照适用"《企业破产法》规定的程序进行。

2. 地域适用范围

（1）依照《企业破产法》开始的破产程序，对债务人在中华人民共和国领域外的财产发生效力。

（2）《企业破产法》第 5 条规定："对外国法院作出的发生法律效力的破产案件的判决、裁定，涉及债务人在中华人民共和国领域内的财产，申请或者请求人民法院承认和执行的，人民法院依照中华人民共和国缔结或者参加的国际条约，或者按照互惠原则进行审查，认为不违反中华人民共和国法律的基本原则，不损害国家主权、安全和社会公共利益，不损害中华人民共和国领域内债权人的合法权益的，裁定承认和执行。"

第二节　破产申请和受理

一、破产界限

破产界限，也称破产原因，是指企业法人不能清偿到期债务，且资产不足以清偿全部债务或者明显缺乏清偿能力。发生破产原因，是当事人提出破产申请的基本条件，也是法院裁定受理案件时的判断标准（提出重整申请的除外）。

破产原因分为以下两种。

（1）债务人不能清偿到期债务，并且资产不足以清偿全部债务，主要适用于债务人提出破产申请且其资不抵债易于判断的情况。

（2）债务人不能清偿到期债务，并且明显缺乏清偿能力，主要适用于债权人提出破产申请和债务人提出破产申请但其资不抵债不易判断的情况。

人民法院应当认定其具备破产的：资产不足以清偿全部债务（通过对相关证据的形式审查即可判断）或明显缺乏清偿能力（其资不抵债状况通过形式审查不易判断）。

二、破产申请及受理

（一）破产申请

破产申请的程序如图 5-1 所示。

法院收到破产申请 → 出具收到申请和所附证据的书面凭证 → 审查主体资格、破产原因等 → 作出是否受理的裁定

图 5-1　破产申请的程序

1. 破产申请的主体

（1）债务人。债务人达到破产界限时，可以向人民法院提出重整、和解或者破产清算申请。

（2）债权人。当债务人不能清偿到期债务时，债权人可以向人民法院提出对债务人进行重整或者破产清算的申请。

（3）清算人。企业法人已解散但未清算或者未清算完毕且资产不足以清偿债务的情况下，负有清算责任的人有向法院申请破产清算的法律义务。

2. 破产案件的管辖

（1）地域管辖。企业破产案件由债务人住所地人民法院管辖。

债务人住所地是指债务人的主要办事机构所在地，债务人主要办事机构不明确的，由其注册地人民法院管辖。

（2）级别管辖。

破产案件的管辖规定如下。

（1）破产案件由债务人住所地法院管辖。

（2）国有企业破产案件由中级法院管辖。

（3）金融机构、上市公司的破产案件一般由中级法院管辖。

3. 破产申请书

当事人向人民法院提出破产申请，应当提交破产申请书和有关证据。破产申请书应当载明下列事项。

（1）对于申请人、被申请人的基本情况，在申请人为债务人时，只需要说明申请人的基本情况即可。

（2）申请目的是指申请开始的是清算程序、和解程序还是重整程序。

（3）申请的事实和理由，主要是债务人发生破产原因、可适用破产法程序的情况。

（4）人民法院认为应当载明的其他事项。

当事人提出破产申请时的举证责任如下。

（1）债权人提出申请的，应当向法院证明债权债务关系依法成立、债务履行期限已经届满、债务人未完全清偿债务。

（2）债务人提出申请的，应当向人民法院提交财产状况说明、债务清册、债权清册、有关财务会计报告、职工安置预案及职工工资的支付和社会保险费用的缴纳情况等。

4. 破产申请费用

根据《诉讼费用交纳办法》的规定，当事人依法向人民法院申请破产，应当交纳申请费。破产申请费不由申请人预交，在清算后从破产财产中交纳。同时，破产案件申请费依据破产财产总额计算，按照财产案件受理费标准减半交纳，最高不超过30万元。

5. 破产申请的撤回

在人民法院决定受理企业破产案件前，破产申请人可以请求撤回破产申请。人民法院准许申请人撤回破产申请的，在撤回破产申请前已经支出的费用由破产申请人承担。《企业破产法》第9条规定："人民法院受理破产申请前，申请人可以请求撤回申请。"但在破产案件受理后，为保护其他债权人的利益，不允许撤回破产申请。

在破产申请撤回以后，申请人仍然有权就同一案件以同一理由再次提出破产申请。但为了防止滥用破产申请与撤回的权利，应考虑对破产申请撤回以后申请人再次提出破产申请的间隔时间加以限制。

对申请人以外的破产债权人，申报债权后要求撤回债权申报，各国立法均予准许，也不限制撤回时间，在破产分配之前都可以进行。破产申报撤回后，原已接受的破产分配仍然有效，不必退回。

（二）破产受理

1. 破产申请受理的期限

（1）债权人提出破产申请的，人民法院应当自收到申请之日起5日内通知债务人。债务人对申请有异议的，应当自收到人民法院通知之日起7日内向人民法院提出。人民法院应当自异议期满之日起10日内裁定是否受理。除上述规定的情形外，人民法院应当自收到破产申请之日起15日内裁定是否受理。特殊情况下需要延长裁定受理期限的，经上一级人民法院批准，可延长15日。

（2）人民法院受理破产申请的，应当自裁定作出之日起5日内送达申请人。债权人提出申请的，人民法院应当自裁定作出之日起5日内送达债务人。债务人应当自裁定送达之日起15日内，向人民法院提交财产状况说明、债务清册、债权清册、有关财务会计报告以及职工工资的支付和社会保险费用的缴纳情况。

（3）人民法院裁定受理破产申请的，应当同时指定管理人。人民法院应当自裁定受理破产申请之日起25日内通知已知债权人，并予以公告。

（4）人民法院裁定不受理破产申请的，应当自裁定作出之日起5日内送达申请人并说明理由。申请人对裁定不服的，可以自裁定送达之日起10日内向上一级人民法院提起上诉。

2. 破产申请受理的效力

（1）自人民法院受理破产申请的裁定送达债务人之日起至破产程序终结之日，债务人的有关人员应当承担下列义务：

①妥善保管其占有和管理的财产、印章和账簿、文书等资料；

②根据人民法院、管理人的要求进行工作，并如实回答询问；

③列席债权人会议并如实回答债权人的询问；

④未经人民法院许可，不得离开住所地；

⑤不得新任其他企业的董事、监事、高级管理人员。

（2）人民法院受理破产申请后，债务人不得对个别债权人的债务进行清偿，否则清偿无效。

（3）人民法院受理破产申请后，债务人的债务人或财产持有人应当向管理人清偿债务或交付财产。

（4）人民法院受理破产申请后，管理人对破产申请受理前成立而债务人和对方当事人均未履行完毕的合同，有权决定解除或继续履行，并通知对方当事人。管理人自破产申请受理之日起两个月内未通知对方当事人，或者自收到对方当事人催告之日起30日内未答复的，视为解除合同。

（5）人民法院受理破产申请后，有关债务人财产的保全措施应当解除，执行程序应当中止。

（6）人民法院受理破产申请后，已经开始而尚未终结的有关债务人的民事诉讼或者仲裁应当中止；在管理人接管债务人的财产后，该诉讼或者仲裁继续进行。

（7）人民法院受理破产申请后，有关债务人的民事诉讼只能向受理破产申请的人民法院提起。

3. 破产申请受理过程中的问题

（1）法院认为申请人应当补充、补正相关材料的，应当自收到破产申请之日起5日内告知申请人；当事人补充、补正相关材料的期间不计入企业破产法规定的相关期限。

（2）债权人提出破产申请的，法院应自收到申请之日起5日内通知债务人；债务人未在收到法院通知之日起7日内向法院提出异议，或者异议不成立的，法院应依法裁定受理破产申请。

（3）债务人未提出异议的，人民法院应当自债务人提出异议期满之日起10日内裁定是否受理。除上述情形外，人民法院应当自收到破产申请之日起15日内裁定是否受理。有特殊情况需要延长受理案件期限的，经上一级人民法院批准，可以延长15日。

（4）申请人有证据证明法院存在以下情况时，可以向上一级法院提出破产申请。由上一级法院责令其依法审查并及时作出是否受理的裁定，否则由上一级法院径行作出裁定。

①拒不接受其破产申请和有关材料。

②未向其出具收到申请及所附证据的书面凭证。

③在法定期限内未作出是否受理裁定。

（5）可上诉的裁定：当事人对不予受理的裁定、驳回申请的裁定不服的，可以自裁定送达之日起 10 日内向上一级法院提起上诉（其他裁定不得上诉）。

（6）异议不成立的情形如下。

①债务人以其具有清偿能力或资产超过负债为由提出抗辩异议，但又不能立即清偿债务或与债权人达成和解的，其异议不能成立。

②相关当事人以申请人未预先交纳诉讼费用为由，对破产申请提出异议的，人民法院不予支持。

③在债务人对债权人申请人是否享有债权提出异议时，法院能够依据双方订立的合同、支付凭证、对账单和还款协议等主要证据确定债权存在，且债务人没有相反证据和合理理由予以反驳的，法院对其异议应不予支持；对是否存在担保等异议，也不予支持。

④由于债务人财产的市场价值发生变化导致其在案件受理后破产原因消失的，不影响破产案件的受理与继续审理，人民法院不得裁定驳回申请，债务人如不愿意进行破产清算，可以通过和解、重整等方式结束破产程序。

4. 破产申请受理后的问题

（1）法院受理破产申请后，债务人对个别债权人的债务清偿无效；债务人的债务人或财产持有人应向"管理人"清偿债务或交付财产。

（2）法院在审理债务人人员下落不明或财产状况不清的破产案件时，裁定终结清算程序后，应告知债权人可另行提起诉讼，要求有责任的有限责任公司股东、股份有限公司董事、控股股东及实际控制人等清算义务人对债务人的债务承担清偿责任。

5. 破产申请受理前成立而债务人和对方当事人均未履行完毕的合同

（1）管理人有权决定解除或继续履行，并通知对方当事人（选择履行权，只能行使一次）。

（2）管理人自破产申请受理之日起两个月内未通知对方当事人，或自收到对方当事人催告之日起 30 日内未答复的，视为解除合同（此项规定仅限制管理人的合同选择履行权，此后双方均同意继续履行合同，合同仍可继续履行）。

（3）管理人决定继续履行合同的，对方当事人应履行，但有权要求管理人提供担保；管理人不提供担保的，视为解除合同。

（4）管理人不得随意解除的合同，有以下几种。

①破产企业为他人提供担保的合同，管理人无权选择解除合同。

②保险公司破产时，对尚未履行完毕的保险合同（特别是人寿保险合同），管理人无权予以解除。

③破产企业对外出租不动产的合同，除存在严重影响破产财产的变价与价值、且无法分别处分等特殊情况外，管理人不得违背合同约定任意解除合同；在变价破产财产时，房屋可带租约出售，承租人在同等条件下享有优先购买权。

（5）管理人无权选择继续履行的合同。

根据国际惯例或商务惯例，对于金融衍生品交易的合同，进入破产程序时要提前终止，进行净额结算，管理人无权选择对合同继续履行。

6. 债务人的财产保全措施

（1）保全措施包括民事诉讼保全措施、行政处罚中的保全措施、刑事诉讼中的相关措施。

（2）法院受理破产申请后，有关债务人财产的保全措施应当解除，执行程序应中止。

（3）保全措施。

①其他单位已采取的保全措施有以下3种情况。

第一，对债务人财产已采取保全措施的单位，知悉法院裁定受理有关债务人的破产申请后，应及时解除对债务人财产的保全措施。

第二，法院受理破产申请后至破产宣告前裁定驳回破产申请或因债务人已清偿全部到期债务、第三人为债务人提供足额担保或者为债务人清偿全部到期债务，而裁定终结破产程序，应通知解除保全的单位按原保全顺位恢复保全措施。

第三，在已依法解除保全的单位恢复保全措施或表示不再恢复之前，受理破产申请的法院不得解除对债务人财产的保全措施。

②法院采取的强制保全措施。破产申请受理后，对于可能因有关利益相关人的行为或其他原因，影响破产程序依法进行的，受理破产申请的法院可根据管理人的申请或依职权，对债务人的全部或部分财产采取保全措施。

（三）债权申报与确认

1. 破产债权申报的一般规则

（1）破产债权的内涵。破产债权是针对破产人，并原则上基于破产宣告而发生的一种财产上的请求权。破产债权包含以下内容：

①破产宣告前成立的无财产担保的债权和虽有担保但放弃优先受偿权利的债权；

②未到期的债权视为已到期债权，但是应当减去未到期的利息；

③连带之债的债务人破产时，债权人所享有的债权；

④保证人破产时，债权人所享有的债权；

⑤清算组解除合同而致使对方当事人受到损害的，其损害赔偿额；

⑥有财产担保的债权，其数额超过担保物价款的，未受清偿的部分作为破产债权。

（2）债权不必申报的范围。为更好地维护职工权益，债务人所欠职工的工资和医疗、伤残补助、抚恤费用，所欠的应当划入职工个人账户的基本养老保险、基本医疗保险费用以及法律、行政法规规定应当支付给职工的补偿金，也就是职工债权不必申报，由管理人调查后列出清单并予以公示。职工对清单记载有异议的，可以要求管理人更正；管理人不予更正的，职工可以向人民法院提起诉讼。据此，职工债权属于免申报的特殊债权，这有助于更好地维护职工权益。

（3）破产债权人在破产过程中享有的权利。

①参加债权人会议，并享有表决权。

②提出对债务人重整申请。

③参加破产财产的分配。

(4) 债权申报的期限。债权申报期限自人民法院发布受理破产申请公告之日起计算，最短不得少于 30 日，最长不得超过 3 个月。

在人民法院确定的债权申报期限内，债权人未申报债权的，可以在破产财产最后分配前补充申报；但是，此前已进行的分配，不再对其补充分配。为审查和确认补充申报债权的费用，由补充申报人承担。

(5) 债权申报的要求。

①债权人应当在人民法院确定的债权申报期限内向管理人申报债权。债务人所欠职工的工资和医疗、伤残补助、抚恤费用，所欠的应当划入职工个人账户的基本养老保险、基本医疗保险费用，以及法律、行政法规规定应当支付给职工的补偿金，不必申报，由管理人调查后列出清单并予以公示。

②未到期的债权，在破产申请受理时视为到期。附利息的债权自破产申请受理时起停止计息。

③无利息的债权以本金申报债权。附条件、附期限的债权和诉讼、仲裁未决的债权，债权人可以申报。

④债权人申报债权时，应当书面说明债权的数额和有无财产担保，并提交有关证据。

⑤申报的债权是连带债权的，应当说明。连带债权人可以由其中一人代表全体连带债权人申报债权，也可以共同申报债权。

⑥债务人的保证人或者其他连带债务人已经代替债务人清偿债务的，以其对债务人的求偿权申报债权。

⑦连带债务人数人的破产案件均被受理的，其债权人有权就全部债权分别在各破产案件中申报债权。管理人或者债务人依照《企业破产法》中的规定解除合同的，对方当事人以因合同解除所产生的损害赔偿请求权申报债权。

⑧债务人是委托合同的委托人，其破产案件被人民法院受理，受托人不知道事实，继续处理委托事务的，受托人以由此产生的请求权申报债权。

⑨债务人是票据的出票人，其破产案件被人民法院受理，该票据的付款人继续付款或者承兑的，付款人以由此产生的请求权申报债权。

2. 破产债权申报的特别规定

(1) 破产企业保证人的连带责任。破产人的保证人和其他连带债务人，在破产程序终结后，对债权人依照破产清算程序未受清偿的债权，依法继续承担清偿责任。

①债权人对债务人的保证人和其他连带债务人所享有的权利，不受重整计划的影响。

②和解债权人对债务人的保证人和其他连带债务人所享有的权利，不受和解协议的影响。

③债务人破产，债权人未受偿部分在债务人破产清算后，仍可向担保人追偿（担保人也可申报债权）。

④担保人破产，债权人可以申报债权，未受偿部分在担保人破产清算后，仍可向债务人追偿。

(2) 破产企业为其他单位担任保证人。被申请破产的债务人为他人担任保证人的，保证责任不因其被宣告破产而免除。依照有关规定，被申请破产的保证人企业应当在收到人民法院破产案件立案通知后5日内转告有关当事人。

①债权人在得知保证人破产的情况后，如果未申报债权参加破产程序，保证人的担保义务即从债权申报期限届满之日起终止。此后，债权人应向主债务人追究民事责任。

②债权人在得知保证人破产的情况后，如债权人申报债权、参加破产程序受偿，即以其在破产宣告时所享有的、保证人承担的担保债额为破产债权。债权人在参加破产分配后，仍可就其未受清偿的债权向主债务人要求清偿。

③破产企业在依保证责任向债权人清偿后，即在其清偿范围内享有对被保证人的代位求偿权，有权要求被保证人予以补偿，并将所得财产用于对全体债权人的分配。

④因债务人的破产案件受理而中止执行程序时，一般保证的保证人享有的先诉抗辩权不得行使。债权人可以先请求一般保证人履行责任，再向债务人追偿。

3. 破产债权的确认

债权人申报之债权需经审查确认后才能在破产程序中行使权利。债权审查的判断原则是，凡未经发生法律效力的法律文书所确认的债权，均应在审查确认之列；已经发生法律效力的法律文书所确认的债权，原则上不在审查确认之列，可直接列入债权确认表中。

根据《企业破产法》的规定，管理人收到债权申报材料后，应当登记造册，对申报的债权进行审查，并编制债权登记表。管理人依法编制的债权登记表，应当提交第一次债权人会议核查。经核查，管理人、债务人、其他债权人等无异议的，列入债权确认表。债权确认表由人民法院裁定确认，与生效判决具有同等法律效力。经核查后仍存在异议的债权，由人民法院裁定是否列入债权确认表。

第三节　债务人财产和管理人

一、债务人财产的概念

《企业破产法》第30条规定："破产申请受理时属于债务人的全部财产，以及破产申请受理后至破产程序终结前债务人取得的财产，为债务人财产。"

破产财产的概念，适用于债务人被宣告破产后对其财产的称谓；债务人财产的概念，适用于债务人的破产案件受理后至破产宣告之前对其财产的称谓，债务人财产在破产宣告后便改称为破产财产。

二、债务人财产的范围与收回

（一）债务人财产的范围

1. 债务人财产

（1）债务人所有的货币、实物。

（2）债务人依法享有的可以用货币估价并可以依法转让的债权、股权、知识产权、用益物权等财产和财产权益。

（3）债务人已依法设定担保物权的特定财产，属于债务人财产。债务人的特定财产在担保物权消灭或者实现担保物权后剩余部分,在破产程序中可用以清偿破产费用、共益债务(因分割共有财产导致其他共有人损害产生的债务)和其他破产债权。

(4) 债务人对按份享有所有权的共有财产的相关份额,或者共同享有所有权的共有财产的相应财产权利,以及依法分割共有财产所得部分。

2. 非债务人财产

(1) 债务人基于仓储、保管、承揽、代销、借用、寄存、租赁等合同或者其他法律关系占有、使用的他人财产。

(2) 债务人在所有权保留买卖中尚未取得所有权的财产。

(3) 所有权专属于国家且不得转让的财产。

(4) 其他依照法律、行政法规规定不属于债务人的财产。

(二) 债务人财产的收回

(1) 人民法院受理破产申请后,债务人的出资人尚未完全履行出资义务的(因缴纳期限未到而没有缴纳认缴的出资、出资缴纳期限已到而没有缴纳或全部缴纳认缴的出资、抽逃出资),管理人应当要求该出资人缴纳所认缴的出资,而不受出资期限的限制。

(2) 债务人的董事、监事、高级管理人员利用职权从企业获取的非正常收入和侵占的企业财产,管理人应当追回。

①绩效奖金(追回后作为普通破产债权清偿);

②普遍拖欠职工工资情况下获取的工资性收入(追回后按照该企业职工平均工资计算的部分作为拖欠职工工资清偿;高出该企业职工平均工资计算的部分,可以作为普通破产债权清偿);

③其他非正常收入(追回后作为普通破产债权清偿)。

(3) 管理人应依法向次债务人、债务人的出资人等追收的债务人财产。债权人通过债权人会议或债权人委员会要求管理人追收,管理人无正当理由拒绝的,债权人会议有权申请法院更换管理人,个别债权人有权代表全体债权人提起诉讼或申请合并破产。

(4) 法院受理破产申请后,管理人可通过清偿债务或提供为债权人接受的担保,取回质物、留置物。管理人所做的债务清偿或替代担保,在质物或留置物的价值低于被担保的债权额时,以该质物或留置物当时的市场价值为限。

(三) 破产撤销权与无效行为

1. 可撤销行为

撤销权的行使要求:必须由管理人行使撤销权;可撤销的行为必须发生在人民法院受理破产申请前一年内。

涉及债务人财产的下列行为,管理人有权请求人民法院予以撤销:

(1) 无偿转让财产的;

(2) 以明显不合理的价格进行交易的;

(3) 对没有财产担保的债务提供财产担保的;

(4) 对未到期的债务提前清偿的;

(5) 放弃债权的。

2. 债权人发生破产原因时清偿到期债务行为的撤销

人民法院受理破产申请前 6 个月内，债务人有不能清偿的到期债务，并且资产不足以清偿全部债务或者明显缺乏清偿能力，仍需对个别债权人进行清偿的，管理人有权请求人民法院予以撤销，个别清偿使债务人财产受益的除外。

债务人对债权人进行的以下个别清偿，对于管理人请求撤销的，人民法院不予支持：

(1) 债务人为维系基本生产需要而支付水费、电费等的；
(2) 债务人支付劳动报酬、人身损害赔偿金的；
(3) 使债务人财产受益的其他个别清偿。

3. 债务人的无效行为

(1) 为逃避债务而隐匿、转移财产。
(2) 虚构债务或者承认不真实的债务。

4. 诉讼时效中断

债务人对外享有债权的诉讼时效，自人民法院受理破产申请之日起中断。债务人无正当理由未对其到期债权及时行使权利，导致其对外债权在破产申请受理前一年内超过诉讼时效期间的，人民法院受理破产申请之日起重新计算上述债权的诉讼时效期间。

5. 可撤销行为的起算点

可撤销行为的起算点如表 5-2 所示。

表 5-2　可撤销行为的起算点

一般情况	破产受理之日
行政清理转入破产	行政监管机构作出撤销决定之日
强制清算转入破产	法院裁定受理强制清算申请之日

6. 责任人员的赔偿责任

《企业破产法》第 128 条规定："以债务人的法定代表人和其他直接责任人员对所涉债务人财产的相关行为存在故意或重大过失，造成债务人财产损失为由提起诉讼，主张上述责任人员承担相应赔偿责任，法院应予支持。"

7. 清算终结后追回财产的处理

(1) 在破产程序终结之日起两年内，债权人可以行使破产撤销权或者针对债务人的无效行为而追回财产。在此期间追回的财产，应当按照破产财产分配方案，对"全体债权人"进行追加分配。

(2) 破产程序终结之日起两年后，追回的财产不再用于对全体债权人清偿，而是用于对追回财产的债权人"个别"清偿。

三、破产费用和共益债务

1. 破产费用

破产费用是指在破产程序中为全体债权人共同利益而支付的各项费用。人民法院受理破产申请后发生的下列费用为破产费用。

(1) 破产案件的诉讼费用。

（2）管理、变价和分配债务人财产的费用。
（3）管理人执行职务的费用、报酬和聘用工作人员的费用。

2. 共益债务

共益债务是指在破产程序中为全体债权人利益而由债务人财产负担的债务。人民法院受理破产申请后发生的下列债务为共益债务。

（1）因管理人或者债务人请求对方当事人履行双方均未履行完毕的合同所产生的债务。
（2）债务人财产受无因管理所产生的债务。
（3）因债务人不当得利所产生的债务。
（4）为债务人继续营业而应支付的劳动报酬和社会保险费用及由此产生的其他债务。
（5）管理人或者相关人员执行职务致人损害所产生的债务。
（6）债务人财产致人损害所产生的债务。

3. 破产费用与共益债务的清偿

（1）破产费用与共益债务由债务人财产"随时"清偿。
（2）债务人财产不足以清偿所有破产费用和共益债务的，先行清偿"破产费用"。
（3）债务人财产不足以清偿所有破产费用或者共益债务的，"按照比例"清偿。
（4）如果债务人财产不足以支付破产费用的，管理人应当提请人民法院终结破产程序。人民法院应当自收到请求之日起15日内裁定终结破产程序，并予以公告。

四、管理人及其职责

1. 管理人的种类

管理人的种类及要点如表5-3所示。

表5-3　管理人的种类及要点

种类	要点
清算组	指定清算组担任管理人的案件范围 （1）破产申请受理前，根据规定已经成立清算组，法院认为符合有关规定的案件 （2）有关法律规定企业破产时成立清算组的，主要是指《商业银行法》和《保险法》等规定的金融机构破产
社会中介机构	依法设立的律师事务所、会计师事务所、破产清算事务所等社会中介机构
个人	中介机构中具有相关专业知识并取得执业资格的个人担任管理人的，应当参加执业责任保险；对于事实清楚、债权债务关系简单、债务人财产相对集中的企业破产案件，人民法院可以指定管理人名册中的个人为管理人

2. 管理人的资格

（1）《企业破产法》中规定，管理人由人民法院指定。

管理人是指破产案件受理后成立的，全面接管破产企业并负责破产财产的保管、清理、估价、处理和分配等破产清算事务的专门机构或人员。

管理人概念有狭义与广义之分。狭义的管理人仅负责破产清算程序中的管理工作，又称破产管理人；广义的管理人则还在和解、重整程序中承担管理、监督工作。《企业破产法》将破产清算、和解与重整3个程序的受理阶段合并规定，管理人的工作自案件受理开始横贯3个程序，使用是广义的管理人概念。

管理人可以由有关部门、机构的人员组成的清算组或者依法设立的律师事务所、会计师事务所、破产清算事务所等社会中介机构担任。人民法院根据债务人的实际情况，可以在征询有关社会中介机构的意见后，指定该机构具备相关专业知识并取得执业资格的人员担任管理人。

（2）依法能够担任管理人的组织有以下几种。
①由有关部门、机构的人员组成的清算组担任；
②由依法设立的律师事务所担任；
③由依法设立的会计师事务所担任；
④由依法设立的破产清算事务所担任；
⑤由其他依法设立的社会中介机构担任，如资产评估机构、税务师事务所。

（3）有下列情形之一的，不得担任管理人。
①因故意犯罪受过刑事处罚；
②曾被吊销相关专业执业证书；
③与本案有利害关系；
④人民法院认为不宜担任管理人的其他情形。

个人担任管理人的，应当参加执业责任保险。

（4）社会中介机构、清算组成员有下列情形之一，认定为存在利害关系。
①与债务人、债权人有未了结的债权债务关系；
②在人民法院受理破产申请前3年内，曾为债务人提供相对固定的中介服务；
③现在是或者在人民法院受理破产申请前3年内曾经是债务人、债权人的控股股东或者实际控制人；
④现在担任或者在人民法院受理破产申请前3年内曾经担任债务人、债权人的财务顾问、法律顾问；
⑤人民法院认为可能影响其忠实履行管理人职责的其他情形。

（5）清算组成员的派出人员、社会中介机构的派出人员、个人管理人有下列情形之一，认定为存在利害关系。
①具有上述第（4）条规定的情形；
②现在担任或者在人民法院受理破产申请前3年内曾经担任债务人、债权人的董事、监事、高级管理人员；
③与债权人或者债务人的控股股东、董事、监事、高级管理人员存在夫妻、直系血亲、三代以内旁系血亲或者近姻亲关系；
④人民法院认为可能影响其公正履行管理人职责的其他情形。

（6）债权人会议认为管理人不能依法、公正地执行职务或者有其他不能胜任职务情形的，可以申请人民法院予以更换。管理人辞去职务应当经人民法院许可。

3. 管理人的指定与更换

（1）管理人的指定。根据最高人民法院《关于审理企业破产案件指定管理人的规定》

（以下简称《规定》），管理人的指定包括如下内容。

①受理企业破产案件的人民法院指定管理人，一般应从本地管理人名册中指定。对于商业银行、证券公司、保险公司等金融机构及在全国范围内有重大影响、法律关系复杂、债务人财产分散的企业破产案件，人民法院可以从所在地区高级人民法院编制的管理人名册列明的其他地区管理人或者异地人民法院编制的管理人名册中指定管理人。

②受理企业破产案件的人民法院，一般应指定管理人名册中的社会中介机构担任管理人。

③对于事实清楚、债权债务关系简单、债务人财产相对集中的企业破产案件，人民法院可以指定管理人名册中的个人为管理人。

④企业破产案件有特殊情形的，人民法院可以指定清算组为管理人。清算组为管理人的，人民法院可以从政府有关部门、编入管理人名册的社会中介机构、金融资产管理公司中指定清算组成员，人民银行及金融监督管理机构可以按照有关法律和行政法规的规定派人参加清算组。

⑤人民法院一般应当按照管理人名册所列名单采取轮候、抽签、摇号等随机方式公开指定管理人。

⑥对于商业银行、证券公司、保险公司等金融机构或者在全国范围有重大影响、法律关系复杂、债务人财产分散的企业破产案件，人民法院可以采取公告的方式，邀请编入各地人民法院管理人名册中的社会中介机构参与竞争，从参与竞争的社会中介机构中指定管理人。参与竞争的社会中介机构不得少于3家。采取竞争方式指定管理人的，人民法院应当组成专门的评审委员会。评审委员会应当结合案件的特点，综合考量社会中介机构的专业水准、经验、机构规模、初步报价等因素，从参与竞争的社会中介机构中择优指定管理人。被指定为管理人的社会中介机构应经评审委员会成员1/2以上通过。采取竞争方式指定管理人的，人民法院应当确定1~2名备选社会中介机构，作为需要更换管理人时的接替人选。

⑦对于经过行政清理、清算的商业银行、证券公司、保险公司等金融机构的破产案件，人民法院除可以按照《规定》指定管理人外，也可以在金融监督管理机构推荐的已编入管理人名册的社会中介机构中指定管理人。

（2）管理人的更换。债权人会议根据《企业破产法》第22条第2款的规定申请更换管理人的，应由债权人会议作出决议并向人民法院提出书面申请。人民法院在收到债权人会议的申请后，应当通知管理人在两日内作出书面说明。

人民法院认为申请理由不成立的，应当自收到管理人书面说明之日起10日内作出驳回申请的决定。

人民法院认为申请更换管理人的理由成立的，应当自收到管理人书面说明之日起10日内作出更换管理人的决定。

4. 管理人的职责

（1）接管债务人的财产、印章和账簿、文书等资料。

（2）调查债务人财产状况，制作财产状况报告。

（3）决定债务人的内部管理事务。

（4）决定债务人的日常开支和其他必要开支。

(5) 在第一次债权人会议召开之前,决定继续或者停止债务人的营业。

(6) 管理和处分债务人的财产。

(7) 代表债务人参加诉讼、仲裁或者其他法律程序。

(8) 提议召开债权人会议。

(9) 人民法院认为管理人应当履行的其他职责。

5. 管理人的报酬

(1) 管理人的报酬属于破产费用,由人民法院确定。债权人会议对管理人报酬有异议的,应当向人民法院书面提出具体的请求和理由,异议书应当附有相应的债权人会议决议。

人民法院应根据债务人最终清偿的财产价值总额,分段确定管理人报酬:

①不超过100万元的,在12%以下确定;

②在100万~500万元的部分,在10%以下确定;

③在500万~1 000万元的部分,在8%以下确定;

④在1 000万~5 000万元的部分,在6%以下确定;

⑤在5 000万~1亿元的部分,在3%以下确定;

⑥在1亿~5亿元的部分,在1%以下确定;

⑦超过5亿元的部分,在0.5%以下确定。

管理人获得的报酬是纯报酬,不包括因进行破产管理工作需支付的其他费用。高级人民法院认为有必要的,可以参照上述比例在30%的浮动范围内确定符合当地实际情况的管理人报酬,并通过当地有影响的媒体公告;同时,报最高人民法院备案。为防止重复计酬,律师事务所、会计师事务所通过聘用本专业的其他社会中介机构或者人员协助履行管理人职责的,所需费用从其报酬中支付。

(2) 担保权人优先受偿的担保物价值不计入财产价值总额。但是,管理人对担保物的维护、变现、交付等管理工作付出合理劳动的,有权向担保权人收取适当的报酬。管理人与担保权人就上述报酬数额不能协商一致的,人民法院应当参照上述规定的方法确定,但报酬比例不得超出该条规定限制范围的10%。

(3) 清算组中有关政府部门派出的工作人员参与工作的,不收取报酬。

(4) 最终确定的管理人报酬及收取情况,应列入破产财产分配方案。在和解、重整程序中,管理人报酬方案内容应列入和解协议草案或重整计划草案,报债权人会议审查通过。

第四节 债权人会议

一、债权人会议的性质

债权人会议机制在破产程序中具有重要作用。在我国,破产程序债权人会议的召开是为了更好地保障债权人的共同利益,由依法申报债权的债权人组成,通过实施破产程序参与权,对有关破产事宜进行讨论决定的破产议事机构。

债权人会议是由所有依法申报债权的债权人组成,以保障债权人共同利益为目的,为实现债权人的破产程序参与权,讨论决定相关破产事宜,表达债权人意志,协调债权人行为的破产议事机构。

债权人会议是债权人行使破产参与权的场所，本身不是执行机关，也不是民事权利主体，但是债权人会议在破产程序中是重要的机构。在债权人会议内部可以协调、平衡债权人之间的利益关系，在债权人会议之外可以通过参与和监督破产程序，维护全体债权人的利益。

二、债权人会议的组成

（1）债权人会议由申报债权的债权人组成。

（2）凡是债权人会议的成员，都享有出席会议和对会议所议事项进行表决的权利。

（3）债权人会议应当有债务人的职工和工会的代表参加，对有关事项发表意见。

（4）债权人会议设主席一人，由人民法院从有表决权的债权人中指定。债权人会议主席主持债权人会议。

会议的列席人员如下。

①债务人的法定代表人有义务列席债权人会议。

②经人民法院决定，债务人企业的财务管理人员和其他经营管理人员有义务列席债权人会议。

③管理人作为负有财产管理职责的人也应当列席债权人会议。

依法申报债权的债权人为债权人会议的成员，有权参加债权人会议，享有表决权。债权尚未确定的债权人，除人民法院能够为其行使表决权而临时确定债权额的外，不得行使表决权。对债务人的特定财产享有担保权的债权人，未放弃优先受偿权利的，对于通过和解协议、通过破产财产分配方案的事项不享有表决权。债权人可以委托代理人出席会议，行使表决权。债权人会议应当有债务人的职工和工会的代表参加，发表自己的意见。

债权人会议设主席一人，由人民法院从有表决权的债权人中指定。债权人会议主席主持债权人会议。债权人会议主席不是与债权人会议相独立的机构，而仅是债权人会议的召集与主持者。根据法律规定和实际需要，通常会议主席应有以下职责：在法定人员申请召集债权人会议时，确定第一次债权人会议后的其他债权人会议的日期，负责召集会议；编定债权人会议的议事日程；宣告债权人会议的开会、闭会；主持债权人会议，包括对会议发言的许可与限制、决定讨论事项、维持会议秩序等；负责作出会议记录与决议；根据债权人会议的需要，主席还可行使其他有关职权。

债权人会议主席出于正当原因可以辞去职务，但应经人民法院允许，其辞职在新主席继任后生效。如果债权人会议主席在履行职务过程中出现无能力履行职务、严重失职或违法行为（如明显偏袒部分债权人、故意损害其他债权人的利益等情形），债权人或管理人可以向人民法院提出撤换债权人会议主席的请求。

三、表决权的行使

债权尚未确定的债权人，除人民法院能够为其行使表决权而临时确定债权额外，不得行使表决权；对债务人的特定财产享有担保权的债权人，未放弃优先受偿权利的，其对通过和解协议和破产财产的分配方案的事项不享有表决权。

债权人可以自己出席债权人会议，也可以委托代理人出席债权人会议，行使表决权。代理人出席债权人会议，应当向人民法院或者债权人会议主席提交债权人的授权委托书。

第一次债权人会议申报债权者均可参加，以后的债权人会议只有债权得到确认才有表决权。

不得行使表决权的情形如下。

（1）有担保债权且未放弃优先受偿权的债权人对通过和解协议，通过破产财产分配方案不得行使表决权。

（2）债权尚未确定的债权人，除人民法院能够为其行使表决权而临时确定债权额者外，不得行使表决权。

（3）原则上，债务人的职工和工会的代表在债权人会议上没有表决权。

如存在职工劳动债权不能从破产财产中获得全额优先受偿，或是在重整程序中债权人会议决议通过影响其清偿利益的重整计划草案等情况，职工债权人应享有表决权。

四、债权人会议的召集与职权

（一）债权人会议的召开

（1）第一次债权人会议由人民法院召集，自债权申报期限届满之日起15日内召开，由人民法院主持。

（2）以后的债权人会议，在人民法院认为必要时，或者管理人、债权人委员会、占债权总额1/4以上的债权人向债权人会议主席提议时召开。

召开债权人会议，管理人应当提前15日通知已知的债权人。

（二）债权人会议的职权

债权人会议行使下列职权。

（1）核查债权。

（2）申请人民法院更换管理人，审查管理人的费用和报酬。

（3）监督管理人。

（4）选任和更换债权人委员会成员。

（5）决定继续或者停止债务人的营业。（第一次债权人会议之前由管理人决定，之后由债权人会议决定）。

（6）通过重整、和解协议、债务人财产的管理方案、变价方案和分配方案等。

（7）人民法院认为应当由债权人会议行使的其他职权。

（三）债权人会议的决议

债权人会议决议的表决实行双重多数通过：一是按人计算；二是按金额计算。

（1）一般决议的条件。债权人会议的决议，由出席会议的有表决权的债权人过半数通过，并且其所代表的债权额占无财产担保债权总额的1/2以上。

债权人认为债权人会议的决议违反法律规定，损害其利益的，可以自债权人会议作出决议之日起15日内，请求人民法院裁定撤销该决议，责令债权人会议依法重新作出决议。

（2）特别决议的条件。通过和解协议草案的决议，由出席会议的有表决权的债权人过半数通过，并且其所代表的债权额占无财产担保债权总额的2/3以上。

通过重整计划草案的决议按债权类型分组进行表决，由出席会议同一表决组的债权人过半数同意，并且其所代表的债权额占该组债权总额的2/3以上的，为该组通过。各表决组均通过时，重整计划即为通过。

债权人会议通过债务人财产的管理方案和通过破产财产的变价方案，经债权人会议表决未通过的（一次表决），由人民法院裁定。

债权人对人民法院作出的裁定不服的，可以自裁定宣布之日或者收到通知之日起15日内向该人民法院申请复议。复议期间不停止裁定的执行。

通过破产财产的分配方案，经债权人会议两次表决仍未通过的，由人民法院裁定。

债权额占无财产担保债权总额1/2以上的债权人对人民法院作出的裁定不服的，可以自裁定宣布之日或者收到通知之日起15日内向该人民法院申请复议。复议期间不停止裁定的执行。

(3) 债权人会议的决议对于全体债权人均有约束力。

五、债权人委员会

(一) 组成

债权人委员会由债权人会议选任的债权人代表和一名债务人的职工代表或者工会代表组成。债权人委员会成员不得超过9人。选任的债权人委员会成员并非当然成为债权人委员会成员，债权人委员会成员还应当经人民法院书面决定认可才有效。

(二) 职权

(1) 监督债务人财产的管理和处分。
(2) 监督破产财产分配。
(3) 提议召开债权人会议。
(4) 债权人会议委托的其他职权。

债权人委员会执行职务时，有权要求管理人、债务人的有关人员对其职权范围内的事务作出说明或者提供有关文件。债权人委员会有权就管理人、债务人的有关人员违反监督的情形，向人民法院提出请求，人民法院应当在5日内作出决定。

(三) 管理人应向债权人委员会报告的行为

管理人实施的下列行为，应当及时向债权人委员会报告。

(1) 涉及土地、房屋等不动产权益的转让。
(2) 探矿权、采矿权、知识产权等财产权的转让。
(3) 全部库存或者营业的转让。
(4) 借款。
(5) 设定财产担保。
(6) 债权和有价证券的转让。
(7) 履行债务人和对方当事人均未履行完毕的合同。
(8) 放弃权利。
(9) 担保物的取回。
(10) 对债权人利益有重大影响的其他财产处分行为。

未设立债权人委员会的，管理人实施上述行为时，应当及时向人民法院报告。

第五节 重整、和解

一、重整

（一）重整制度的一般理论

重整制度是指对已经或可能发生破产原因但又有挽救希望与价值的法人企业，通过对各方利害关系人的利益协调，借助法律强制进行股权、营业重组与债务清理，以使企业避免破产、获得重生的法律制度。

重整一般具有以下特征。

(1) 重整申请时间提前、启动主体多元化。
(2) 参与重整活动的主体多元化、重整措施多样化。
(3) 担保物权受限。
(4) 重整程序具有强制性。
(5) 债务人可负责制定、执行重整计划。

上市公司的重整应遵循依法公正审理原则、挽救危困企业原则、维护社会稳定原则。

（二）重整申请

(1) 债务人尚未进入破产程序时，债务人或者债权人可以直接向人民法院申请对债务人进行重整。

(2) 债权人申请对债务人进行破产清算的，在人民法院受理破产申请后，宣告债务人破产前，债务人或者出资额占债务人注册资本1/10以上的出资人，可以向人民法院申请重整。

（三）重整期间

自人民法院裁定债务人重整之日起至重整程序终止，为重整期间（仅指重整申请受理至重整计划草案得到债权人会议分组表决通过和人民法院审查批准，或重整计划草案未能得到债权人会议分组表决通过或人民法院不予批准的期间）。

(1) 在重整期间，债务人的财产管理和营业事务执行，可以由管理人或者债务人负责。

(2) 在重整期间，对债务人的特定财产享有的担保权暂停行使。

(3) 在重整期间，债务人或者管理人为继续营业而借款的，可以为该借款设定担保。债务人在重整期间为重整进行而发生的费用，原则上属于共益债务。

(4) 在重整期间，债务人的出资人不得请求投资收益分配。

(5) 在重整期间，债务人的董事、监事、高级管理人员不得向第三人转让其持有的债务人的股权。但是，经人民法院同意的除外。

在重整期间，有下列情形之一的，经管理人或者利害关系人请求，人民法院应当裁定终止重整程序，并宣告债务人破产：债务人的经营状况和财产状况继续恶化，缺乏挽救的可能性；债务人有欺诈、恶意减少债务人财产或者其他显著不利于债权人的行为；由于债务人的行为致使管理人无法执行职务。

(四) 重整计划的制定和批准

1. 重整计划的制定

(1) 债务人自行管理财产和营业事务的,由债务人制作重整计划草案;管理人负责管理财产和营业事务的,由管理人制作重整计划草案。

(2) 债务人或者管理人应当自人民法院裁定债务人重整之日起 6 个月内,向人民法院和债权人会议提交重整计划草案。期限届满,经债务人或者管理人请求,有正当理由的,人民法院可以裁定延期 3 个月;延长后仍不能提出重整计划草案,人民法院应裁定终止重整程序,并宣告债务人破产。

重整计划的内容应包括:债务人的经营方案;债权分类;债权调整方案;债权受偿方案;重整计划的执行期限;重整计划执行的监督期限;有利于债务人重整的其他方案。

2. 重整计划的表决

(1) 依照以下债权分类,分组对重整计划草案进行表决:对债务人的特定财产享有担保权的债权;债务人所欠职工的工资和医疗、伤残补助、抚恤费用,所欠的应当划入职工个人账户的基本养老保险、基本医疗保险费用,以及法律、行政法规规定应当支付给职工的补偿金;债务人所欠税款;普通债权。人民法院在必要时可以决定在普通债权组中设小额债权组对重整计划草案进行表决。

(2) 重整计划不得规定减免债务人欠缴的特定的社会保险费用,该项费用的债权人不参加重整计划草案的表决。

(3) 人民法院应当自收到重整计划草案之日起 30 日内召开债权人会议,对重整计划草案进行表决。出席会议的同一表决组的债权人过半数同意重整计划草案,并且其所代表的债权额占该组债权总额的 2/3 以上的,即为该组通过重整计划草案。债务人或者管理人应当向债权人会议就重整计划草案作出说明,并回答询问。

(4) 债务人的出资人代表可以列席讨论重整计划草案的债权人会议。重整计划草案涉及出资人权益调整事项的,应当设出资人组,对该事项进行表决。

3. 重整计划的批准

(1) 表决组均通过重整计划草案时,重整计划即为通过。自重整计划通过之日起 10 日内,债务人或管理人应向法院申请批准重整计划。

(2) 部分表决组未通过重整计划草案的,债务人或者管理人可以同该表决组协商(协商结果不得损害其他表决组的利益),协商后该表决组可以再表决一次;未通过重整计划草案的表决组拒绝再次表决或者再次表决仍未通过重整计划草案,但重整计划草案符合法律规定条件的,债务人或者管理人可以申请人民法院批准重整计划草案。人民法院经审查认为符合规定的,应当自收到申请之日起 30 日内裁定批准,终止重整程序,并予以公告。

(五) 重整计划的执行、监督与终止

(1) 重整计划由债务人负责执行。人民法院裁定批准重整计划后,已接管财产和营业事务的管理人应当向债务人移交财产和营业事务。

(2) 重整计划的执行由管理人监督。在重整计划中应当规定其执行监督期限。

(3) 重整计划执行的终止:债务人不能执行或者不执行重整计划的,人民法院经管

人或者利害关系人请求，应当裁定终止重整计划的执行，并宣告债务人破产；按照重整计划减免的债务，自重整计划执行完毕时起，债务人不再承担清偿责任。

二、和解

（一）和解程序

1. 和解的提出

（1）债务人可以直接向人民法院申请和解，也可以在人民法院受理破产申请后、宣告债务人破产前，向人民法院申请和解。

（2）债务人申请和解，应当提出和解协议草案。

和解协议草案的主要内容是债务清偿方案，其中包括延长清偿的期限、分期清偿的数额、申请减免债务的额度及比例等。

2. 和解协议的通过及裁定

（1）债权人会议通过和解协议的决议，由出席会议的有表决权的债权人过半数同意，并且其所代表的债权额占无财产担保债权总额的2/3以上。

（2）债权人会议通过和解协议的，由人民法院裁定认可后，可以终止和解程序，并予以公告。管理人应当向债务人移交财产和营业事务，并向人民法院提交执行职务的报告。

（3）和解协议草案经债权人会议表决未获得通过，或者已经债权人会议通过的和解协议未获得人民法院认可的，人民法院应当裁定终止和解程序，并宣告债务人破产。

因债务人的欺诈或其他违法行为而成立的和解协议，法院应当裁定无效并宣告债务人破产。破产法上的和解协议没有强制执行的效力，不能提起对和解协议的强制执行程序。

（二）和解协议的效力

1. 和解协议对债务人与和解债权人的效力

（1）经人民法院裁定认可的和解协议，对债务人和全体和解债权人均有约束力。和解债权人是指人民法院受理破产申请时对债务人享有无财产担保债权的人。

（2）和解债权人未依照法律规定申报债权的，在和解协议执行期间不得行使权利。在和解协议执行完毕后，可以按照和解协议规定的清偿条件行使权利。

2. 和解协议对债务人的保证人和其他连带债务人的效力

（1）和解债权人对债务人的保证人和其他连带债务人所享有的权利，不受和解协议的影响。也就是说，和解协议对债务人的保证人或连带债务人无效。破产人的保证人和其他连带债务人，在破产程序终结后，对债权人依照破产清算程序未受清偿的债权，依法继续承担清偿责任。

（2）和解协议无强制执行效力，如债务人不履行协议，债权人不能请求人民法院强制执行，只能请求人民法院终止和解协议的执行，宣告其破产。

（三）和解协议的终止

因债务人的欺诈或者其他违法行为而成立的和解协议，人民法院应当裁定无效，并宣告债务人破产。

债务人不能执行或者不执行和解协议的，人民法院经和解债权人请求，应当裁定终止和解协议的执行,并宣告债务人破产。债务人不能执行或者不执行和解协议的行为如下。
（1）拒不执行或者延迟执行和解协议。
（2）财务状况继续恶化,足以影响执行和解协议。
（3）给个别债权人和解协议以外的特殊利益。
（4）转移财产、隐匿或私分财产。
（5）非正常压价出售财产、放弃自己的债权。
（6）对原来没有财产担保的债务提供财产担保、对未到期的债务提前清偿等。

第六节　破产清算

一、破产宣告

（1）破产宣告是指法院依据当事人的申请或法定职权裁定,宣布债务人破产以清偿债务的活动。人民法院依法宣告债务人破产,应当自裁定作出之日起 5 日内送达债务人和管理人,自裁定作出之日起 10 日内通知已知债权人,并予以公告。
（2）破产宣告前,有下列情形之一的,人民法院应当裁定终结破产程序,并予以公告：
①第三人为债务人提供足额担保,或者为债务人清偿全部到期债务的；
②债务人已清偿全部到期债务的。
（3）对破产人的特定财产享有担保权的权利人,对该特定财产享有优先受偿的权利。
对破产人的特定财产享有优先受偿权的债权人,行使优先受偿权利未能完全受偿的,其未受偿的债权作为普通债权,与其他债权人的债权一起依破产程序清偿。对破产人的特定财产享有优先受偿权的债权人,可以放弃优先受偿的权利。放弃优先受偿权利的,其债权作为普通债权,与其他债权人的债权一起依破产程序清偿。

二、破产财产的变价和分配

（一）破产财产的变价

1. 破产财产变价方案的要求

（1）破产财产的分配以货币分配方式进行。但是,债权人会议另有决议的除外。
（2）管理人是破产财产变价方案的执行主体。
（3）在破产宣告后,管理人应当及时拟订破产财产变价方案,提交债权人会议讨论。
（4）管理人应当按照债权人会议通过的或者人民法院依法裁定的破产财产变价方案,适时变价出售破产财产。

2. 破产财产变价出售的方式

（1）变价出售破产财产应当通过拍卖方式进行。
（2）破产企业可以全部或者部分变价出售。
（3）国家规定不能拍卖或者限制转让的财产,应当按照国家规定的方式处理。

（二）破产财产的清偿顺序

不足以清偿同一顺序的清偿要求的,按照比例分配。

（1）有财产担保的债权。
（2）破产费用和共益债务。
（3）职工劳动债权：破产人所欠职工的工资和医疗、伤残补助、抚恤费用，所欠的应当划入职工个人账户的基本养老保险、基本医疗保险费用，以及法律、行政法规规定应当支付给职工的补偿金。
（4）纳入社会统筹账户的社会保险费用和破产人所欠税款。
（5）无财产担保的普通债权。

（三）破产财产的分配

《企业破产法》第114条规定："破产财产的分配应当以货币分配方式进行。但是，债权人会议另有决议的除外。"

管理人应当及时拟订破产财产分配方案，提交债权人会议讨论。

破产财产分配方案应当载明下列事项：参加破产财产分配的债权人名称或者姓名、住所；参加破产财产分配的债权额；可供分配的破产财产数额；破产财产分配的顺序、比例及数额；实施破产财产分配的方法。

债权人会议通过破产财产分配方案后，由管理人将该方案提请人民法院裁定认可。破产财产分配方案经人民法院裁定认可后，由管理人执行。管理人按照破产财产分配方案实施多次分配的，应当公告本次分配的财产额和债权额。管理人实施最后分配的，应当在公告中指明，并载明规定的事项。

对于附生效条件或者解除条件的债权，管理人应当将其分配额提存。管理人依照规定提存的分配额，在最后分配公告日，生效条件未成就或者解除条件成就的，应当分配给其他债权人。在最后分配公告日，生效条件成就或者解除条件未成就的，应当交付给债权人。债权人未受领的破产财产分配额，管理人应当提存。债权人自最后分配公告之日起满两个月仍不领取的，视为放弃受领分配的权利，管理人或者人民法院应当将提存的分配额分配给其他债权人。

破产财产分配时，对于诉讼或者仲裁未决的债权，管理人应当将其分配额提存。自破产程序终结之日起满两年仍不能受领分配的，人民法院应当将提存的分配额分配给其他债权人。

三、破产程序的终结

（一）破产终结程序

破产程序终结方式主要有以下3种，在破产清算程序中仅涉及后两种情况。

（1）因和解、重整程序顺利完成而终结。这时企业破产的原因已不存在，人民法院应当终结破产程序。

（2）因债务人的破产财产不足以支付破产费用而终结。再进行破产程序已毫无意义。

（3）因破产财产分配完毕而终结。债权人的债权已得到全部或部分满足。

人民法院应当自收到管理人终结破产程序的请求之日起15日内作出是否终结破产程序的裁定。裁定终结的，应当予以公告。

管理人应当自破产程序终结之日起10日内，持人民法院终结破产程序的裁定去破产人的原登记机关办理注销登记手续。

（二）遗留事务的处理

（1）破产人无财产可供分配的，管理人应当请求人民法院裁定终结破产程序。

（2）在破产人有财产可供分配的情况下。管理人在最后分配完结后，应当及时向人民法院提交破产财产分配报告，并提请人民法院裁定终结破产程序。人民法院应当自收到管理人终结破产程序的请求之日起 15 日内作出是否终结破产程序的裁定。裁定终结的，应当予以公告。

（3）管理人应当自破产程序终结之日起 10 日内，持人民法院终结破产程序的裁定，向破产人的原登记机关办理注销登记。

（三）追加分配

自破产程序终结之日起两年内，有下列情形之一的，债权人可以请求人民法院按照破产财产分配方案进行追加分配。

（1）发现有依照规定应当追回的财产的。

应当追回的财产包括：

①人民法院受理破产申请前一年内，债务人的财产处理行为依法被撤销涉及的财产，如无偿转让的财产、以明显不合理的价格进行交易的财产、对没有财产担保的债务提供财产担保的财产、对未到期的债务提前清偿的清偿额以及债务人放弃的债权；

②人民法院受理破产申请前 6 个月内，债务人处于破产状态时对个别债权人清偿的数额；

③债务人为逃避债务而隐匿转移的财产、虚构的债务或者承认不真实的债务；

④债务人的董事、监事和高级管理人员利用职权从企业获取的非正常收入和侵占的企业财产。

（2）发现破产人有应当供分配的其他财产的。有上述情形，但财产数量不足以支付分配费用的，不再进行追加分配，由人民法院将其上交国库。

（3）破产人的保证人和其他连带债务人在破产程序终结后，对债权人依照破产清算程序未受清偿的债权，依法继续承担清偿责任。

四、与破产程序相关的几项特殊权利

（一）取回权

取回权是对于债务人占有管理的不属于债务人的财产，其所有权人从破产管理人处依法取回的请求权。取回权分为一般取回权与特别取回权。

1. 一般取回权

人民法院受理破产申请后，债务人占有的不属于债务人的财产，该财产的权利人可以通过管理人取回。但是，《企业破产法》另有规定的除外。

一般取回权的行使通常只限于取回原物。如在破产案件受理前原物已被债务人卖出或灭失，权利人的取回权消灭，只能以物价即直接损失额作为破产债权要求清偿，但可构成代位权利的除外。

2. 特别取回权

人民法院受理破产申请时，出卖人已将买卖标的物向作为买受人的债务人发运，债务人尚未收到且未付清全部价款的,出卖人可以取回在运途中的标的物。但是,管理人可以支付全部价款,请求出卖人交付标的物。

3. 所有权保留买卖合同的处理

(1) 所有权保留按未履行完毕的合同处理。

买卖合同中约定标的物所有权保留,在标的物所有权未依法转移给买受人前,一方当事人破产的,该买卖合同属于双方均未履行完毕的合同,管理人有权依据《企业破产法》第18条的规定解除或者继续履行合同。

(2) 出卖人破产处理办法如表5-4所示。

表5-4 出卖人破产处理办法

事项	处理办法
管理人决定继续履行合同的	买受人应当按照原买卖合同的约定支付价款或者履行其他义务,买受人未依约支付价款或者履行完毕其他义务,或者将标的物出卖、出质或者作出其他不当处分,给出卖人造成损害,出卖人管理人依法主张取回标的物的,人民法院应予支持。但是,买受人已经支付标的物总价款75%以上,或者第三人善意取得标的物所有权或者其他物权的除外
	因上述原因出卖人未能取回标的物,管理人有权依法主张买受人继续支付价款、履行完毕其他义务,以及承担相应赔偿责任
管理人决定解除合同的	管理人有权依法要求买受人向其交付买卖标的物。买受人以其不存在未依约支付价款或者履行完毕其他义务,或者将标的物出卖、出质或者作出其他不当处分情形抗辩的,人民法院不予支持
	买受人将买卖标的物交付出卖人管理人后,其已支付价款损失形成的债权作为共益债务清偿。买受人在合同履行中违反约定义务的,其上述债权作为普通破产债权清偿

(3) 买受人破产处理办法如表5-5所示。

表5-5 买受人破产处理办法

事项	处理办法
管理人决定继续履行合同的	原买卖合同中约定的买受人支付价款或者履行其他义务的期限在破产申请受理时视为到期,买受人管理人应当及时向出卖人支付价款或者履行其他义务
	买受人管理人无正当理由未及时支付价款或者履行完毕其他义务,或者将标的物出卖、出质或者作出其他不当处分,给出卖人造成损害,出卖人有权依法主张取回标的物。但是,买受人已支付标的物总价款75%以上,或者第三人善意取得标的物所有权或者其他物权的除外
	出卖人因上述情况未能取回标的物,有权主张买受人继续支付价款、履行完毕其他义务,以及承担相应赔偿责任。对因买受人未支付价款或者未履行完毕其他义务,以及买受人管理人将标的物出卖、出质或者作出其他不当处分导致出卖人损害产生的债务,作为共益债务清偿
管理人决定解除合同的	出卖人有权主张取回买卖标的物。取回的标的物价值明显减少给出卖人造成损失的,出卖人可从买受人已支付价款中优先予以抵扣,剩余部分返还给买受人;对买受人已支付价款不足以弥补出卖人标的物价值减损形成的债权,作为共益债务清偿

(二) 别除权

别除权是指不依照破产程序而能从破产企业的特定财产得到单独优先受偿的权利。《破产企业法》第 109 条规定:"对破产人的特定财产享有担保权的权利人,对该特定财产享有优先受偿的权利。"别除权是基于担保物权及特别优先权产生的,其优先受偿权的行使不受破产清算与和解程序的限制,但在重整程序中受到限制。

(1) 别除权人享有破产申请权的,也应当申报债权,未依法申报债权者不得依照破产法规定的程序行使权利。

(2) 别除权人行使优先受偿权利未能完全受偿的,其未受偿的债权作为普通债权。别除权人放弃优先受偿权利的,其债权作为普通债权。

(3) 破产人为他人债务提供物权担保的,在担保物价款不足以清偿担保债额时,余债不得作为破产债权向破产人要求清偿,只能向原主债务人求偿;别除权人如放弃优先受偿权利,其债权也不能转为对破产人的破产债权。

(4) 职工劳动债权应优先于别除权受偿。别除权人在处置担保物时,应先全额提存职工劳动债权,再分配给别除权人。在不影响该债权清偿的前提下,别除权人对特定财产行使优先受偿权。

享有优先受偿权的权利人为两人以上时,对职工债权的责任按照各权利人行使优先受偿权的财产比例分担。

(三) 抵销权

债权人在破产申请受理前对债务人负有债务的,可以向管理人主张抵消。抵销权的行使可以使债权人的债权在破产财产范围内得到全额、优先清偿。

有下列情形之一的,不得抵消。

(1) 债务人的债务人在破产申请受理后取得他人对债务人的债权的。

(2) 债权人已知债务人有不能清偿到期债务或者破产申请的事实,对债务人负担债务的;但是,债权人因为法律规定或者有破产申请一年前所发生的原因而负担债务的除外。

(3) 债务人的债务人已知债务人有不能清偿到期债务或者破产申请的事实,对债务人取得债权的;但是,债务人的债务人因为法律规定或者有破产申请一年前所发生的原因而取得债权的除外。

(四) 追回权

追回权是指对于债务人或破产人在破产申请受理前一定期间内所为的有害债权人的行为进行否认,使其归于无效,并将无效或被撤销的行为处分的财产追回,并入破产财产的权利。

《企业破产法》第 31 条规定:"人民法院受理破产申请前一年内,涉及债务人财产的下列行为,管理人有权请求人民法院予以撤销:

(一) 无偿转让财产的;

(二) 以明显不合理的价格进行交易的;

(三) 对没有财产担保的债务提供财产担保的;

(四) 对未到期的债务提前清偿的;

(五) 放弃债权的。"

在人民法院受理破产申请前的 6 个月内，债务人有不能清偿到期债务且资产不足以清偿全部债务或者明显缺乏清偿能力的情形，仍对个别债权人进行清偿的，管理人有权请求人民法院予以撤销。但是，个别清偿使债务人财产受益的除外。

《企业破产法》第 33 条中规定的涉及债务人财产的无效行为为为逃避债务而隐匿、转移财产的；虚构债务或者承认不真实的债务的。

本章小结

本章主要介绍了破产申请与受理、债权人会议、和解与重整、破产财产与破产债权等相关内容，主要从破产案件受理的效力、债务人的财产、破产债权、破产分配进行了讲解。其中，和解与重整、管理人与债权人会议是本章的学习重点。

同步综合练习

一、单项选择题

1. 关于债权人会议主席的产生，下列表述中符合《企业破产法》规定的是（　　）。
   A. 由人民法院从有表决权的债权人中指定产生
   B. 由债权人会议成员从有表决权的债权人中选举产生
   C. 由管理人从有表决权的债权人中指定产生
   D. 由债权人会议成员选举产生

2. 以下关于债权人会议的表述中正确的是（　　）。
   A. 所有的债权人会议的决议，由出席会议的有表决权的债权人的过半数通过，并且其所代表的债权额，必须占无财产担保债权总额的半数以上
   B. 债权人会议由全体无担保债权人参加
   C. 债权人会议的职权包括审查有关债权的证明材料，确认债权有无财产担保及其数额
   D. 债权人会议由债权人会议主席召集和主持

3. 人民法院受理了甲企业的破产案件。在受理之前，甲企业与乙企业曾订立了一项买卖合同，甲向乙购买价值 50 万元的货物，但双方截至人民法院受理破产案件时仍未履行。管理人接管企业后，要求乙企业继续提供货物，而甲为此需要支付的 50 万元属于（　　）。
   A. 普通债务　　　　　　　　B. 破产费用
   C. 共益债务　　　　　　　　D. 管理人执行职务的费用

4. 根据《企业破产法》的有关规定，债权人会议通过和解决议的决议应当由（　　）。
   A. 出席会议的有表决权的债权人过半数通过，并且其所代表的债权额占全部债权总额的 2/3 以上
   B. 出席会议的有表决权的债权人过半数通过，并且其所代表的债权额占无财产担保债权总额的 2/3 以上
   C. 全体有表决权的债权人过半数通过，并且其所代表的债权额占全部债权总额的 2/3 以上

D. 全体有表决权的债权人过半数通过,并且其所代表的债权额占无财产担保债权总额的 2/3 以上

5. 甲公司被依法宣告破产,管理人清查结果表明:甲公司的破产财产共 2 500 万元,发生破产清算费用和共益债务 110 万元,欠职工工资和法定补偿金 140 万元,欠税款 1 500 万元,破产债权 4 000 万元,其中乙公司拥有破产债权 1 000 万元。根据《企业破产法》的规定,乙公司就破产债权受偿的金额为( )万元。

A. 150　　　　　　　　　　　　B. 187.5
C. 225.5　　　　　　　　　　　D. 315

6. 根据企业破产法律制度的规定,下列属于债务人财产的是( )。

A. 债务人基于仓储占有的他人财产
B. 债务人已依法设定担保物权的特定财产
C. 债务人在所有权保留买卖中尚未取得所有权的财产
D. 所有权专属于国家且不得转让的财产

7. 根据企业破产法律制度的规定,下列关于破产财产清偿顺序的表述中不正确的是( )。

A. 有财产担保的债权优先于破产费用和共益债务
B. 破产费用和共益债务优先于职工债权
C. 纳入社会统筹账户的社会保险费用优先于无财产担保的普通债权
D. 破产申请受理后,为债务人继续营业而发生的借款,其清偿顺序劣后于普通破产债权

8. 根据企业破产法律制度的规定,人民法院受理破产申请后发生的下列费用中,不属于破产费用的是( )。

A. 破产案件的诉讼费用
B. 管理、变价和分配债务人财产的费用
C. 管理人执行职务的费用、报酬和聘用工作人员的费用
D. 因债务人不当得利所产生的债务

9. 根据企业破产法律制度的规定,下列关于破产费用和共益债务的清偿的表述中,不正确的是( )。

A. 破产费用和共益债务由债务人财产随时清偿
B. 债务人财产不足以清偿所有破产费用和共益债务的,先行清偿破产费用
C. 债务人财产不足以清偿所有破产费用和共益债务的,先行清偿共益债务
D. 债务人财产不足以清偿所有破产费用或者共益债务的,按照比例清偿

10. 2021 年 4 月 1 日,法院受理 A 公司的破产申请。A 公司的下列行为中,管理人有权撤销的是( )。

A. 2020 年 3 月 1 日,经债权人要求 A 公司为一笔没有担保的债权补充设定了担保
B. 2020 年 9 月 3 日,A 公司免除了某经销商欠付的货款 100 万元
C. 2020 年 9 月 15 日,A 公司提前清偿了欠付某原材料供应商的、将于 2020 年 12 月 31 日到期的货款 100 万元
D. 2021 年 5 月 1 日,A 公司清偿了其欠付董事王某个人的 20 万元到期债务

二、多项选择题

1. 根据《破产法》的规定,下列各项中可以作为破产费用从破产财产中优先拨付的

有（　　）。

　　A. 破产案件的诉讼费用　　　　　　B. 管理人执行职务致人损害产生的债务
　　C. 管理人执行职务的费用　　　　　D. 破产财产的拍卖费用

2. 甲公司向乙银行贷款 100 万元，由 A 公司和 B 公司作为共同保证人。其后，甲公司因不能清偿到期债务，严重资不抵债而向法院申请破产。法院裁定受理破产申请，并指定了破产管理人。因此，下列选项中正确的有（　　）。

　　A. 管理人可以优先清偿乙银行的债务
　　B. 如 A 公司已代甲公司偿还了乙银行贷款，则其可向管理人申报 100 万元债权
　　C. 如乙银行不申报债权，则 A 公司或 B 公司均可向管理人申报 100 万元债权
　　D. 如乙银行已申报债权并获 40 万元分配，则剩余 60 万债权因破产程序终结而消灭

3. 下列关于破产企业管理人履行的职责说法中，正确的有（　　）。

　　A. 管理人有权代表债务人参加诉讼、仲裁或者其他法律程序
　　B. 管理人经人民法院许可，可以聘用必要的工作人员
　　C. 在第一次债权人会议召开之前，管理人决定继续或者停止债务人的营业的，应当经人民法院许可
　　D. 管理人没有正当理由不得辞去职务

4. 人民法院受理了甲企业的破产案件，管理人接管企业财产后，发现甲企业破产受理前依法对外提供的一项财产质押担保，已知所欠的债务为 100 万元，提供的质押物现行市场价值为 80 万元。关于该情形，下列说法中错误的有（　　）。

　　A. 管理人可以自行决定通过清偿债务的方式取回该质物
　　B. 管理人向债权人清偿 100 万元债务后才可以取回该质物
　　C. 管理人拟通过清偿债务或提供担保取回质物的，应当及时报告债权人委员会
　　D. 管理人可以提供为债权人接受的相当于债务 100 万元价值的担保而取回质物

5. 甲公司因不能清偿到期债务被债权人申请破产，此前甲公司欠乙公司 10 万元的租金一直没有支付。乙公司知道甲公司被申请破产后，遂从甲公司购买了 10 万元货物，但迟迟不支付货款。人民法院受理甲公司的破产申请后，下列说法中错误的有（　　）。

　　A. 乙公司可以主张以此 10 万元货款抵销甲公司欠付的 10 万元租金
　　B. 甲公司必须全额支付租金，乙公司按照 10 万元的债权进行申报
　　C. 乙公司不得主张以此 10 万元货款抵销甲公司欠付的 10 万元租金
　　D. 甲公司可以不用支付租金

6. 根据企业破产法律制度的规定，下列关于债权人申请债务人破产的说法中正确的有（　　）。

　　A. 债务人对债权人提出的破产申请有异议的，应当自收到人民法院的通知之日起 7 日内向人民法院提出
　　B. 人民法院裁定受理破产申请的，应当自裁定作出之日起 5 日内送达债务人
　　C. 债务人应当自裁定送达之日起 15 日内，向人民法院提交财产状况说明、债务清册、债权清册、有关财务会计报告及职工工资的支付和社会保险费用的缴纳情况等相关材料
　　D. 人民法院裁定受理破产申请的，应当同时指定管理人，并在裁定受理破产申请之日起 15 日内通知已知债权人，并予以公告

7. 下列关于破产费用与共益债务清偿的表述中，符合《企业破产法》规定的有（　　）。
A. 破产费用和共益债务由债务人财产随时清偿
B. 债务人财产不足以清偿所有破产费用和共益债务的，先行清偿共益债务
C. 债务人财产不足以清偿所有破产费用或者共益债务的，按照比例清偿
D. 债务人财产不足以清偿破产费用的，管理人应当提请人民法院终结破产程序

8. 根据企业破产法律制度的规定，人民法院依法宣告甲公司破产。下列选项中，构成别除权的有（　　）。
A. 乙公司向A银行借款，甲公司提供保证担保
B. 甲公司向B银行借款，以自己持有的某上市公司股权设定质押
C. 丙公司向C银行借款，甲公司以其所有的办公楼为丙公司提供抵押担保
D. 甲公司向D银行借款，丁公司以其所有的办公楼为甲公司提供抵押担保

9. 根据企业破产法律制度的规定，下列关于和解的表述中，正确的有（　　）。
A. 和解申请只能由债权人一方提出
B. 和解申请只能由债务人一方提出
C. 有财产担保的债权人不受和解协议的约束，该债权人自人民法院裁定和解之日起就可以行使担保物权
D. 经人民法院裁定认可的和解协议，对债务人和全体和解债权人均有约束力

10. 根据企业破产法律制度的规定，债权人会议可以依法委托债权人委员会行使的债权人会议职权有（　　）。
A. 监督管理人
B. 申请人民法院更换管理人
C. 审查管理人的费用和报酬
D. 核查债权

三、案例分析题

1. A公司是一家拥有200多名职工的中型企业。自2021年年底开始，A公司的生产经营停滞，无力偿还银行贷款本息，并持续拖欠职工工资。2023年1月，A公司20名职工联名向人民法院提出对A公司的破产申请。人民法院认为该20名职工无破产申请权，作出不予受理的裁定。

2023年2月，A公司的债权人B银行向人民法院申请A公司破产，A公司提出异议称，A公司账面资产总额超过负债总额，并未丧失清偿能力。在此情形下，人民法院召集A公司和B银行代表磋商偿还贷款事宜，但A公司坚持要求B银行再给其半年还款缓冲期，争取恢复生产，收回货款后再清偿贷款，B银行则要求A公司立即清偿债务，双方谈判破裂。人民法院认为，A公司的抗辩异议不成立，于5日后作出受理破产申请的裁定，并指定了破产管理人。在管理人接管A公司、清理财产和债权债务期间，发生了如下事项。

事项1 C公司欠A公司的20万元货款到期，C公司经理在得知A公司进入破产程序的情况下，因被A公司经理收买，直接将货款交付A公司财务人员。A公司财务人员收到货款后，迅速转交给A公司的股东。

事项2 A公司经管理人同意，向其债权人D公司清偿10万元债务，A公司此前为担保该笔债务而以其所有的、市值50万元的机器设备进行抵押也因此解除。

管理人清理债权债务时还发现，A公司的部分财产已在破产申请受理前发生的多宗民事诉讼案件中被人民法院采取保全措施或者已进入强制执行程序。

根据上述内容，分别回答下列问题。

（1）人民法院认为A公司20名职工无破产申请权，是否符合企业破产法律制度的规定？请说明理由。

（2）人民法院驳回A公司的抗辩异议，是否符合企业破产法律制度的规定？请说明理由。

（3）C公司向A公司财务人员交付20万元货款的行为是否产生债务清偿效果？请说明理由。

（4）A公司向D公司的清偿行为是否应当认定为无效？请说明理由。

（5）A公司破产申请受理前人民法院对其部分财产所采取的保全措施以及强制执行程序，应如何处理？

2. 2023年7月30日，人民法院受理了甲公司的破产申请，并同时指定了管理人。管理人接管甲公司后，在清理其债权债务过程中，有如下事项。

事项1 2022年4月，甲公司向乙公司采购原材料而欠乙公司80万元货款未付。2023年3月，甲乙双方签订一份还款协议，该协议约定：甲公司于2023年9月10日前偿还所欠乙公司货款及利息共计87万元，并以甲公司所属一间厂房作抵押。还款协议签订后，双方办理了抵押登记。乙公司在债权申报期内就上述事项申报了债权。

事项2 2022年6月，丙公司向A银行借款120万元，借款期限为一年。甲公司以所属部分设备为丙公司提供抵押担保，并办理了抵押登记。借款到期后，丙公司未能偿还A银行贷款本息。经甲公司、丙公司和A银行协商，甲公司用于抵押的设备被依法变现，所得价款全部用于偿还A银行，但尚有20万元借款本息未能得到清偿。

事项3 2022年7月，甲公司与丁公司订立了一份广告代理合同。该合同约定：丁公司代理发布甲公司产品广告；期限为两年；一方若违约，应当向另一方承担违约金20万元。至甲公司破产申请被受理时，双方均各自履行了部分合同义务。

事项4 2022年8月，甲公司向李某购买一项专利，尚欠李某19万元专利转让费未付。李某之子小李创办的戊公司曾于2022年11月向甲公司采购一批电子产品，尚欠甲公司货款21万元未付。人民法院受理甲公司破产申请后，李某与戊公司协商一致，戊公司在向李某支付19万元后，取得李某对甲公司的19万元债权。戊公司向管理人主张以19万元债权抵销其所欠甲公司相应债务。

事项5 甲公司共欠本公司职工工资和应当划入职工个人账户的基本养老保险、基本医疗保险费用37.9万元，其中，在2022年8月27日新的《企业破产法》公布之前，所欠本公司职工工资和应当划入职工个人账户的基本养老保险、基本医疗保险费用为20万元。甲公司的全部财产在清偿破产费用和共益债务后，仅剩余价值1 500万元的厂房及土地使用权，但该厂房及土地使用权已于2022年6月被甲公司抵押给B银行，用于担保一笔2 000万元的借款。

根据上述内容，分别回答下列问题。

（1）管理人是否有权请求人民法院对甲公司将厂房抵押给乙公司的行为予以撤销？请说明理由。

（2）A银行能否将尚未得到清偿的20万元欠款向管理人申报普通债权，由甲公司继续偿还？请说明理由。

（3）如果管理人决定解除甲公司与丁公司之间的广告代理合同，并由此给丁公司造成实际损失 5 万元，则丁公司可以向管理人申报的债权额应为多少？请说明理由。

（4）戊公司向管理人提出以 19 万元债权抵销其所欠甲公司相应债务的主张是否成立？请说明理由。

（5）甲公司所欠本公司职工工资和应当划入职工个人账户的基本养老保险、基本医疗保险费用共计 37.9 万元应当如何受偿？

第六章 企业税收法律制度

学习目标

通过本章的学习，学生应了解有关税收的基本法律制度，掌握我国现行流转税制和所得税制的主要内容；熟悉我国税收征收管理制度；了解税收的概念及特点、税法的相关概念、税法的构成要素及我国现行的主要税种，掌握企业所得税和个人所得税应纳税额的计算方法；学会运用所学的税法知识分析实际案例并解决现实问题。

导入案例

收入都没有，为何还要纳税申报呢？

大华公司开业并办理了税务登记。两个月后的一天，税务机关发来一份税务处理通知书，称该公司未按规定期限办理纳税申报（每月的前日为申报期限），要对其处以罚款。大华公司经理对此很不理解，到税务机关辩称，本公司虽已开业两个月，但尚未完成一笔生意，都没有收入，为何还要纳税申报呢？况且没有收入应如何办理申报呢？

请依照《中华人民共和国税收征收管理法》（以下简称《税收征收管理法》）的规定分析税务机关的做法有没有错误，并说明税务机关行为的依据是什么。

第一节 税法概述

一、税收的概念与特征

（一）税收的概念

税收是国家为了满足一般社会公共需要，凭借政治权力，依照国家相关法律、行政法规规定的标准强制地、无偿地取得财政收入的一种分配方式。这种分配关系的主体是国家，客体是劳动人民创造的国民收入和积累的社会财富，目的是实现国家的职能。

税收是国家最基本、最普遍的财政收入形式，是国家调控经济运行，促进经济稳定增长的主要杠杆，也是国家对国民经济的各个环节进行监督管理的重要手段。同时，它具有调节社会财富分配，使之趋于公平、合理的功能。

（二）税收的基本特征

税收与其他财政收入形式相比，具有强制性、无偿性、固定性3个特征，这3点也称税收三性。

1. 强制性

强制性是指国家凭借政治权力，以法律形式规定，纳税人必须依照税法的规定，按时足额纳税，否则就会受到法律的制裁。

2. 无偿性

无偿性是指国家在征税时，从纳税人手中取得一部分社会产品，不需要直接向纳税人支付任何代价或报酬。

3. 固定性

税收的固定性来源于税收法定原则，国家以法律的形式明确规定税收的纳税主体、征收对象和税率等基本要素，即通过税法把对什么征税、对谁征税和征多少税预先确定下来，不仅纳税人必须严格依法按时足额申报纳税，而且国家也只能依法定程序和标准征税。

税收三性是一个完整的统一体，它们相辅相成、不可分离。其中，无偿性是核心，强制性是保障，固定性是对强制性和无偿性的一种规范和约束。

二、税收的分类

（一）按征税对象性质分类

按照征税对象性质，税收可以分为流转税、所得税、资源税、财产税、行为税。

1. 流转税

流转税，也称商品（货物）和劳务税，它是对销售商品或提供劳务的流转额征收的一类税收。这个流转额既可以是指商品的实物流转额，也可以是指商品的货币流转额。我国目前征收的流转税主要有增值税、消费税和关税3种，流转税是我国的主体税种。

2. 所得税

对所得额的征税简称所得税。所得税是对纳税人在一定时期（通常为一年）的合法收入总额减除成本费用和法定允许扣除的其他各项支出后的余额，即应纳税所得额征收的税。所得税按照纳税人负担能力（所得）的多少和有无来确定税收负担，实行"所得多的多征，所得少的少征，无所得的不征"的原则。因此，所得税对调节国民收入分配、缩小纳税人之间的收入差距有特殊作用。我国目前征收的所得税主要有企业所得税和个人所得税。

3. 资源税

我国的资源税主要分为自然资源税、土地增值税、城镇土地使用税、耕地占用税4

种。对资源的征税是对开发、利用和占有国有自然资源的单位和个人征收的一类税。征收这类税有两个目的：一是取得资源消耗的补偿基金，保护国有资源的合理开发与利用；二是调节资源级差收入，促进涉税企业在平等的基础上公平竞争。

4. 财产税

财产税是指对纳税人所拥有或属其支配的财产数量或价值额征收的各种税。我国对财产的征税主要有房产税、契税、车船税、船舶吨税。财产税的征税数额（税负）与财产价值、数量关系密切，体现调节财富、合理分配等原则。征收这类税除为国家取得财政收入外，对提高财产的利用效果、限制财产的不必要的占有量也有一定作用。

5. 行为税

行为税，一般是指以某些特定行为为征税对象征收的一类税收。我国对行为的征税主要有印花税、城市维护建设税、烟叶税、环境保护税。行为税的特点是征税的选择性较为明显，税种较多，具有较强的时效性。

（二）按计税依据分类

按计税依据分类，税收可以分为从价税、从量税和复合税 3 种。

1. 从价税

从价税以征税对象的价值量为依据，实行比例税率或累进税率，如增值税和关税。一般而言，从价税的税额直接或间接与商品的销售收入挂钩，从价税的税额随着商品价格的变化而变化，适用范围很广。

2. 从量税

从量税是指以征税对象的一定数量单位（重量、件数、容积、面积、长度等）为依据，采用固定单位税额征收的税种，如车船税、城镇土地使用税等。从量税的税额不随商品价格增减而变动，单位商品税负固定。

3. 复合税

复合税是指从价税和从量税的结合，是既按照征税对象的价格又按照其数量计征的税种，如卷烟、白酒的消费税。

（三）按税收收入的归属分类

按税收收入的归属分类，税收可以分为中央税、地方税和中央地方共享税 3 种。

1. 中央税

中央税是指收入归中央政府支配、使用的税种，如消费税、关税等。

2. 地方税

地方税是指收入归地方政府支配使用的税种，如房产税、城镇土地使用税等。

3. 中央地方共享税

中央地方共享税是指收入由中央政府和地方政府按一定比例分享的税种，如增值税，中央分享 50%，地方分享 50%。

（四）按税收负担能否转嫁分类

按税收负担能否转嫁，税收可以分为直接税和间接税。

1. 直接税

凡是税负不能转嫁给他人，而是由纳税主体直接来承担税负的税种，即为直接税。直接税的特点是纳税人与负税人为同一人，如企业所得税、个人所得税、车辆购置税等。

2. 间接税

间接税是指纳税义务人不是税收的实际负担人（负税人），纳税人能够通过销售产品或提供劳务来把税收负担转嫁给他人的税种，如关税、消费税、增值税等。间接税的纳税人虽然表面上负有纳税义务，但实际上已将需要缴纳的税款施加于所销售商品的价格上，由消费者负担或以其他方式转嫁给他人，即纳税人与负税人不一致。

（五）按税收与价格的关系分类

按税收与价格的关系，税收可以分为价内税和价外税。

1. 价内税

价内税就是税金包含在价格之中，作为价格的组成部分的税种，如消费税。税金包含在价格之内，由于价格已定，国家可以通过调整价格内税收的比例来调控经济。

2. 价外税

价外税是指税金作为商品价格附加部分的税种，如增值税。在价外税条件下，购买货物人支付的商品市场价格由生产价格和商品税金两部分组成。价外税具有直观、透明、中性的特点，有利于纳税人相互监督并了解彼此对国家贡献的大小。

三、税收法律关系

（一）税收法律关系的概念和特征

税收法律关系是由税法确认和调整的，国家和纳税人之间在征纳税过程中发生的，以征纳关系为内容的权利和义务关系。

税收法律关系具有以下特征。

（1）税法调整的税收关系是在国家和纳税人之间发生的，因而税收法律关系中固有一方主体是国家或其征税机关。

（2）国家向纳税人征税后，税款归国家所有，由国家统一支配使用，因而税收法律关系具有财产所有权或支配权单向转移的性质。

（3）税收法律关系的产生不以当事人的意志为转移，而是以纳税人发生了税法规定的行为或事件为前提。

（二）税收法律关系的构成

税收法律关系在总体上与其他法律关系一样，都是由税收法律关系的主体、客体和内容3个方面构成的，但在这3方面的内涵上，税收法律关系又具有一定的特殊性。

1. 税收法律关系的主体

税收法律关系的主体是指法律关系的参加者，是税收法律关系中享有权利和承担义务的当事人。在我国，税收法律关系的主体包括征纳双方，即征税主体和纳税主体。

（1）征税主体。征税主体是指代表国家行使征税职责的国家行政机关，包括国家各级税务机关、海关。征税主体享有国家权力的同时意味着必须依法行使职权，具有职权与职责相对等的结果，体现了职、权、责的统一性。

（2）纳税主体。纳税主体是指履行纳税义务的人，包括法人、自然人和其他组织，在我国境内的外国企业、组织、外籍人、无国籍人，以及在我国境内虽然没有机构或场所但有来源于我国境内所得的外国企业或组织。

2. 税收法律关系的客体

税收法律关系的客体是指税收法律关系主体的权利、义务所共同指向的对象，也就是征税对象，包括货币、实物和行为等。例如，所得税法律关系的客体就是生产经营所得和其他所得，财产税法律关系的客体就是财产，流转税法律关系的客体就是货物销售收入或劳务收入。

税收法律关系的客体是国家利用税收杠杆调整和控制的目标，国家在一定时期根据经济形势发展的需要，通过扩大或缩小征税范围调整征税对象，以达到限制或鼓励国民经济中某些行业发展的目的。

3. 税收法律关系的内容

税收法律关系的内容是指税收法律关系主体所享有的权利和所承担的义务，主要税务机关的权利和义务和包括纳税人、扣缴义务人的权利和义务。

（1）税务机关的权利和义务。税务机关享有的权利包括法规起草拟定权、税务管理权、税款征收权、税务检查权和行政处罚权等。承担的义务包括宣传税法，辅导纳税人依法纳税；为纳税人、扣缴义务人的情况保守秘密；进行回避的义务；受理减、免、退税及延期缴纳税款申请，受理税务行政复议等义务。

（2）纳税人、扣缴义务人的权利和义务。纳税人、扣缴义务人享有的权利包括知情权、要求秘密权、享受减税免税和出口退税权、陈述与申辩权、行政复议和诉讼权等。承担的义务包括按期办理税务登记、按规定设置账簿、按期办理纳税申报、按期缴纳或解缴税款、接受税务机关依法实行的检查等。

知识加油站

纳税申报的相关要求

纳税人办理纳税申报时，应当如实填写纳税申报表，并根据不同的情况相应报送下列有关证件、资料。

（1）财务会计报表及其说明材料。

（2）与纳税有关的合同、协议书及凭证。

（3）税控装置的电子报税资料。

（4）外出经营活动税收管理证明和异地完税凭证。

（5）境内或者境外公证机构出具的有关证明文件。

（6）税务机关规定应当报送的其他有关证件、资料。

扣缴义务人办理代扣代缴、代收代缴税款报告时，应当如实填写代扣代缴、代收代缴税款报告表，并报送代扣代缴、代收代缴税款的合法凭证及税务机关规定的其他有关证件、资料。

（三）税收法律关系的产生、变更与终止

税收法律关系的产生、变更和终止必须根据能够引起税收法律关系产生、变更和终止

的客观情况，也就是税收法律事实。这种税收法律事实，一般是指税务机关依法征税的行为和纳税人的经济活动行为。

四、税法的概念和特征

（一）税法的概念

税法是由国家制定的，用于调整税收法律关系的法律规范的总称。它是国家向一切纳税人征税的依据，也是纳税人纳税的准则，其目的是保障国家利益和纳税人的合法权益，维护正常的税收秩序。

（二）税法的特征

（1）税法所确定的主体的权利义务关系，不是按照协商自愿、等价有偿的原则建立起来的。征纳双方的权利义务具有一种不对等性，一方代表国家强制征税，另一方必须尽纳税义务无偿缴纳。

（2）税法实行高度原则性与灵活性，相对稳定性与变动性相结合。税法的原则性表现为"依法纳税，依率计征"的原则，而税法的灵活性则体现在实施过程中"合理负担，区别对待"的处理办法上。

（3）在处理税务争议所适用的程序上，税法规定纳税人对征税发生一般税务争议时，必须先履行纳税义务，以保证国家税款征收任务不受影响，再向上级税务机关申请复议，以解决争议。

（4）税法的制定体现了实体法和程序法的有机结合；税法的实施体现了行政手段和司法手段的有机结合，其中以行政手段最为突出。

> **知识加油站**
>
> **我国现行有效的税收法律**
>
> 在我国现行有效的税收法律序列中，立法最早（且系直接立法）的税收法律是1980年9月10日发布的《中华人民共和国个人所得税法》。在税法体系中，由行政法规（条例）升格为法律的是《中华人民共和国税收征收管理暂行条例》，它于1992年9月以《中华人民共和国税收征收管理法》的形式上升为法律。第一部由行政法规上升为法律的税种单行法是2007年3月完成立法的《中华人民共和国企业所得税法》，但其税制并非完全以《中华人民共和国企业所得税暂行条例》平移立法，还综合了《中华人民共和国外商投资企业和外国企业所得税法》中的内容。
>
> 截至2021年6月，烟叶税、船舶吨税、车辆购置税、耕地占用税、资源税、城市维护建设税、契税、印花税这8个税种已相继完成了立法工作，连同前述的个人所得税、企业所得税、车船税、环境保护税，共有12个税种已经制定了法律，也就是已有12部税收单行法，再加上一部税收程序法（即《中华人民共和国税收征收管理法》），我国共有13部税收法律。

五、税法的原则

税法的原则反映了税收活动的根本属性，是税收法律制度建立的基础，它包括税法的基本原则和税法的适用原则。

（一）税法的基本原则

税法的基本原则是统领所有税收规范的基本准则，且包括税收立法、执法、司法在内的一切税收活动都必须遵守。

1. 税收法定原则

税收法定原则也称税收法定主义，是指税收主体的权利义务必须由法律加以规定，税法的各类构成要素都必须且只能由法律予以明确。

2. 税收公平原则

税收公平原则源于法律上的平等性原则，一般包括税收横向公平和纵向公平，即税收负担必须根据纳税人的负担能力分配，负担能力相等，税负相同；负担能力不等，税负不同。

3. 税收效率原则

税收效率原则包含两方面：一是指经济效益，要求税法的制定要有利于资源的有效配置和经济体制的有效运行；二是指行政效率，要求提高税收行政效率。

4. 实质课税原则

实质课税原则是指应根据客观事实确定是否符合课税要件并根据纳税人的真实负担能力决定纳税人的税负，而不能仅考虑相关外观和形式。

（二）税法的适用原则

税法的适用原则是指税务行政机关和司法机关运用税收法律规范解决具体问题所必须遵循的准则。税法适用原则并不违背税法基本原则，而且在一定程度上体现着税法基本原则。但是，税法适用原则含有更多的法律技术准则，更为具体化。

1. 法律优位原则

法律优位原则是指法律的效力高于行政立法的效力，而行政法规的效力又高于规章的效力。如果效力低的税法与效力高的税法发生冲突，效力低的税法无效。

2. 法律不溯及既往原则

法律不溯及既往原则是绝大多数国家所遵循的法律技术原则，其基本含义为：一部新法实施后，对新法实施之前人们的行为不得适用新法，只能沿用旧法。在税法领域内坚持这一原则，目的在于维护税法的稳定性和可预测性，使纳税人能在知道纳税结果的前提下进行相应的经济决策，其税收的调节作用才会较为有效。

3. 新法优于旧法原则

新法优于旧法原则也称后法优于先法原则。当新法、旧法对同一事项有不同规定时，新法的效力优于旧法。其作用在于避免因法律修订后新法、旧法对同一事项有不同的规定而给法律适用带来的混乱，为法律的更新与完善提供法律适用上的保障。

4. 特别法优于普通法的原则

特别法优于普通法原则是指对同一事项两部法律分别订有一般和特别规定时，特别规定的效力高于一般规定的效力。特别法优于普通法原则打破了税法对于效力等级的限制，即居于特别法地位级别较低的税法，其效力可以高于作为普通法的级别较高的税法。

5. 实体从旧、程序从新原则

实体从旧、程序从新原则的含义包括两个方面：一方面是实体税法不具备溯及力；另一方面是程序性税法在特定条件下具备一定的溯及力。对于一项新税法公布实施之前发生的纳税义务，在新税法公布实施之后进入税款征收程序的，原则上，新税法具有约束力。

6. 程序优于实体原则

程序优于实体原则是关于税收争讼法的原则，其基本含义为：在诉讼发生时，税收程序法优于税收实体法。

税法的适用原则是为了确保国家课税权的实现，不因争议的发生而影响税款的及时、足额入库。

六、税法的构成要素

税法的构成要素是税收课征制度构成的基本因素，主要包括总则、纳税义务人、征税对象、税目、税率、纳税期限、税收优惠、纳税环节、纳税地点、罚则、附则等。其中，纳税义务人、征税对象和税率是最基本的要素。

（一）总则

总则主要包括税法的立法意图、立法依据、适用原则等。

（二）纳税义务人

纳税义务人简称纳税人，是税收法律关系中的纳税主体，是税法规定的直接负有纳税义务的自然人、法人或其他组织。

纳税人与负税人的区别如下：纳税人是直接有纳税义务的单位或个人，直接向税务机关缴纳税款；负税人是间接地或直接地承担税款的单位或个人。在税负不能转嫁的条件下，负税人也就是纳税人。

纳税人与扣缴义务人的区别如下：纳税人是课税主体，是直接负有纳税义务的单位和个人；扣缴义务人是指法律、行政法规规定负有代扣代缴、代收代缴税款义务的单位和个人。

（三）征税对象

征税对象又称征税客体，是指税法规定的对什么征税，即征税的标的物。它是各个税种之间相互区别的根本标志。例如，消费税的征税对象就是消费品（如烟、酒等），房产税的征税对象就是房屋，企业所得税的征税对象为所得额。

（四）税目

税目是在税法中对征税对象分类规定的具体的征税项目，反映具体的征税范围，是对课税对象质的界定，税目体现征税的广度。有些税种的征税对象简单、明确，如房产税等，但对大多数税种来说，一般征税对象都比较复杂。在具体征税时，对这些征税对象必须做进一步划分，并作出具体界限规定，这些规定的界限范围就是税目。例如，消费税具体规定了烟、酒、化妆品等15个税目。

（五）税率

税率是税法规定的每一单位课税对象与应纳税款之间的比例。税率是计算税额的尺度，体现征税的深度，也是衡量税负轻重与否的重要标志。一般来说，税率可分为比例税率、累进税率和定额税率 3 种。

1. 比例税率

比例税率是指对同一课税对象不论数额大小，都按同一比例征税的税率形式。比例税率是我国最常见的税率之一，且应用广泛。比例税率具有横向公平性，其主要优点是计算简便，便于征收和缴纳。

2. 累进税率

累进税率，即按征税对象数额的大小，划分若干等级，每个等级由低到高规定相应的税率，征税对象数额越大，税率越高。目前，我国的累进税率主要包括超额累进税率和超率累进税率。采用超额累进税率的主要是个人所得税。

3. 定额税率

定额税率又称固定税率，是指按课税对象的计量单位直接规定应纳税额的税率形式。课税对象的计量单位主要有吨、升、平方米、立方米、辆等。定额税率一般适用于从量定额计征的某些课税对象，实际上是从量比例税率。

（六）纳税期限

纳税期限是税法规定的纳税主体向税务机关缴纳税款的具体时间。纳税期限是衡量征纳双方是否按时行使征税权力和履行纳税义务的尺度，它是税收强制性和固定性在时间上的体现。

纳税期限一般分为按次征收（以次为申报纳税期限）、按期征收（以纳税人发生纳税义务的一定期间为纳税申报期限）、按年计征（分期预缴或缴纳）3 种形式。

（七）税收优惠

根据产业政策的要求和经济发展的需要，国家对鼓励发展的行业和特定的纳税群体给予一定的税收减免，这种减免称为税收优惠。根据税收优惠的方式不同，可以将其分为税基式减免、税率式减免和税额式减免。

1. 税基式减免

税基式减免即对计税基础作出调整，以达到少缴税款的目的，包括减计收入，提高起征点，免征额，研发费用加计扣除，固定资产的加速折旧等。

2. 税率式减免

税率式减免即直接降低税率，如货物销售的增值税税率先由 17% 降为 16%，再降为 13%。

3. 税额式减免

税额式减免即直接减免税额，包括全部免征、减半征收、税额抵免、即征即退及先征后返等。

（八）纳税环节

纳税环节是指税法规定的征税对象在从生产到消费的流转过程中应当缴纳税款的环节，一般是指商品从生产、批发、销售到消费的流转过程中应当缴纳税款的环节。在商品流转过程中，每经过个环节都要发生一次流转额，这样就产生了在哪一个环节纳税的问题。如果只选择一个或两个特定的环节作为纳税环节，称为一次课征制或两次课征制；如果把所有的流转环节都作为纳税环节，称为多次课征制。

（九）纳税地点

纳税地点是指根据各个税种纳税对象的纳税环节和有利于对税款的来源进行控制，而规定的纳税人（包括代征代缴义务人、代扣代缴义务人、代收代缴义务人）具体向主管税务机关申报缴纳税款的地点。税法上规定的纳税地点主要有机构所在地、经济活动发生地、财产所在地、报关地等。

（十）罚则

罚则又称违章处理或法律责任，是对违反税法的行为所采取的处罚措施。

（十一）附则

附则主要包括两项内容：一项是规定此项税法的解释权；另一项是规定税法的生效时间。

第二节　流转税法律制度

流转税法是调整以商品流转额和非商品流转额为征税对象的一系列税收关系的法律规范的总称。所谓商品流转额，是指在商品流转中因销售或购进商品而发生的货币收入或支出金额。所谓非商品流转额，是指各种劳务或服务性业务的收入金额。流转税包括增值税、消费税、关税等，是我国税收收入的主要来源。流转税法律制度在我国整个税法体系中占有重要地位。本节主要介绍增值税法和消费税法。

一、增值税法

增值税是以商品（含应税劳务）在流转过程中产生的增值额为征税对象的一种流转税。根据规定，增值税是对在我国境内销售货物，提供加工、修理修配劳务（以下简称"应税劳务"），销售服务、无形资产或者不动产（以下简称"应税行为"），以及进口货物的单位和个人，就其实现的增值额作为征税对象而课征的一种流转税。所谓增值额，是指企业或者其他经营者从事生产、服务，销售无形资产、不动产和提供劳务，在购入的货物、劳务、服务、无形资产和动产的价值基础上新增加的价值额，是从事生产、经营、服务过程中新创造的那部分价值。

（一）增值税的纳税人

增值税的纳税人是指在我国境内销售或者进口货物，提供应税劳务和发生应税行为的单位和个人。其中，单位是指企业、行政单位、事业单位、军事单位、社会团体及其他单位；个人是指个体工商户和其他个人。

我国将增值税的纳税人划分为小规模纳税人和一般纳税人。小规模纳税人，是指年销售额在规定标准以下，并且会计核算不健全，不能按规定报送有关税务资料的增值税纳税人，小规模纳税人不能领购和使用增值税专用发票，按简易办法计算缴纳增值税；一般纳税人是指年应征增值税销售额（以下简称年应税销售额，包括一个公历年度内的全部应税销售额）超过财政部规定的小规模纳税人标准的企业和企业性单位。一般纳税人的特点是增值税进项税额可以抵扣销项税额。

（二）征税范围

增值税的征税范围包括在境内销售或进口货物、提供应税劳务、发生应税行为等。

1. 销售或进口货物

销售货物，指有偿转让货物的所有权。货物，指有形动产，包括电力、热力、气体在内。有偿，指从购买方取得货币、货物或者其他经济利益。

进口货物指申报进入我国海关的货物。对于进口货物，除享受免税政策外，应在进口环节缴纳增值税。

2. 提供应税劳务

应税劳务，指纳税人提供加工、修理修配劳务。提供应税劳务，指有偿提供加工、修理修配劳务。单位或个体工商户聘用的员工为本单位或雇主提供加工、修理修配劳务不包括在内。

3. 发生应税行为

应税行为分为销售应税服务、销售无形资产和销售不动产3类。其中，应税服务包括交通运输服务、邮政服务、电信服务、建筑服务、金融服务、现代服务、生活服务。

销售无形资产，指转让无形资产所有权或者使用权的业务活动。无形资产，指不具实物形态，但能带来经济利益的资产，包括技术、商标、著作权、商业信誉、自然资源使用权和其他权益性无形资产。

销售不动产，指转让不动产所有权的业务活动。不动产，指不能移动或者移动后会引起性质、形状改变的资产，包括建筑物、构筑物等。

（三）增值税的税率

1. 基本税率

一般情况下，纳税人销售货物、进口货物、提供应税劳务或者提供有形动产租赁服务的税率一律为13%。

2. 低税率

（1）纳税人销售或者进口下列货物，税率为9%：粮食等农产品、食用植物油、食用盐；自来水、暖气、冷气、热水、煤气、石油液化气、天然气、二甲醚、沼气、居民用煤炭制品；图书、报纸、杂志、音像制品、电子出版物；饲料、化肥、农药、农机、农膜；国务院规定的其他货物。

（2）提供交通运输业服务、邮政业服务、基础电信服务、建筑服务、不动产租赁服务，销售不动产，转让土地使用权，税率为9%。

(3) 提供现代服务、增值电信服务、金融服务、生活服务、销售无形资产（转让土地使用权除外），税率为6%。

3. 零税率

零税率适用于出口货物（国务院另有规定的除外）和符合条件的服务、无形资产。符合条件的服务、无形资产是指境内的单位和个人销售的下列服务和无形资产。

(1) 国际运输服务。

(2) 航天运输服务。

(3) 向境外单位提供的完全在境外消费的下列服务：研发服务、合同能源管理服务、设计服务、广播影视节目（作品）的制作和发行服务、软件服务、电路设计及测试服务、信息系统服务、业务流程管理服务、离岸服务外包业务、转让技术。

(4) 财政部和国家税务总局规定的其他服务。

（四）增值税的征收率

增值税征收率是指对特定的货物或特定的纳税人销售的货物、应税劳务在某一生产流通环节应纳税额与销售额的比率。增值税征收率主要是针对小规模纳税人和一般纳税人适用或者选择采用简易计税方法计税的项目。采用征收率计税的，不得抵扣进项税额。与增值税税率不同，征收率只是计算纳税人应纳增值税税额的一种尺度，不能体现货物或劳务的整体税收负担水平。适用征收率的货物和劳务，应纳增值税税额计算公式为：

$$应纳税额 = 销售额 \times 征收率$$

小规模纳税人按照简易办法征收增值税，一般情况下的征收率为3%，销售及出租不动产按照5%的征收率征收增值税。房地产开发企业中的小规模纳税人，销售自行开发的房地产项目，按照5%的征收率征收增值税。

（五）增值税的计算方法

我国增值税实行的是扣税法。一般纳税人凭增值税专用发票及其他合法扣税凭证注明的税款进行抵扣，增值税应纳税额的计算公式为：

$$应纳税额 = 当期销项税额 - 当期进项税额$$

1. 销售额

销售额是指纳税人发生应税销售行为向购买方收取的全部价款和价外费用，但是不包括收取的销项税额。

纳税人采用销售额和销项税额合并定价方法的，必须将其换算为不含税的销售额。按下列公式计算销售额：

$$不含税销售额 = 含税销售额 \div (1+增值税税率)$$

所谓价外费用，包括价外向购买方收取的手续费、补贴、基金、集资费、返还利润、奖励费、违约金（延期付款利息）、赔偿金、代收款项、代垫款项、包装费、包装物租金、储备费、优质费、运输装卸费及其他各种性质的价外收费。但下列项目不包括在内：受托加工应征消费税的消费品所代收代缴的消费税；以委托方名义开具发票代委托方收取的款项。

2. 销项税额

销项税额是指纳税人发生应税销售行为，按照销售额和增值税税率计算并向购买方收取的增值税额。销项税额的计算公式为：

$$销项税额 = 销售额 × 适用税率$$

【例6-1】 新华公司为增值税一般纳税人，于2024年1月9日销售了一批货物并开具增值税专用发票，取得销售收入（不含增值税）10 000元，增值税税率为13%。请计算该销售业务的增值税销项税额。

解析： 增值税销项税额 = 10 000×13% = 1 300（元）

3. 进项税额

进项税额是指纳税人购进货物、劳务、服务、无形资产或者不动产，支付或者负担的增值税额。进项税额是与销项税额相对应的另一个概念。在开具增值税专用发票的情况下，它们之间的对应关系是：销售方收取的销项税额，就是购买方支付的进项税额。对于任何一个一般纳税人，由于其在经营活动中，既会发生销售行为，又会发生购进货物、劳务、服务、无形资产、不动产行为，因此每个一般纳税人都会有收取的销项税额和支付的进项税额。增值税的核心就是用纳税人收取的销项税额抵扣其支付的进项税额，其余额为纳税人实际应缴纳的增值税税额。这样一来，进项税额作为可抵扣的部分，对于纳税人实际纳税额的作用举足轻重。

然而需要注意的是，并不是纳税人支付的所有进项税额都可以从销项税额中抵扣。税法对不能抵扣进项税额的项目有严格规定，如果违反税法规定，随意抵扣进项税额将以偷税论处。

下列进项税额准予从销项税额中抵扣。

（1）从销售方取得的增值税专用发票上注明的增值税额。

（2）从海关取得的海关进口增值税专用缴款书上注明的增值税额。

（3）购进农产品，除取得增值税专用发票或者海关进口增值税专用缴款书外，按照农产品收购发票或者销售发票上注明的农产品买价和9%的扣除率计算的进项税额。纳税人购进用于生产或者委托加工13%税率货物的农产品，按照10%的扣除率计算进项税额。

农产品进项税额计算公式为：

$$进项税额 = 买价 × 扣除率$$

【例6-2】 新华公司2024年1月共销售应税货物取得不含增值税的收入额500 000元，当月购进货物200 000元，取得的增值税专用发票上注明的进项税额为26 000元，增值税适用税率为13%，计算该公司当月增值税应纳税额。

解析： 当月销项税额 = 500 000×13% = 65 000（元）

当月进项税额 = 26 000（元）

当月增值税应纳税额 = 65 000−26 000 = 39 000（元）

4. 小规模纳税人应纳税额的计算

小规模纳税人发生应税销售行为适用简易计税方法计税。按照不含增值税的销售额和征收率计算应纳税额，不能抵扣进项税额。其应纳税额的计算公式为：

$$应纳税额 = 销售额 × 征收率$$
$$销售额 = 含税销售额 ÷ (1 + 征收率)$$

【例6-3】 大方公司为增值税小规模纳税人，于2024年1月销售了一批货物，并在开具的增值税普通发票上注明价税合计为41 200元，其适用的增值税征收率为3%。请计算该企业当月应缴纳的增值税税额。

解析：应纳税额=41 200÷(1+3%)×3%=1 200（元）

5. 进口货物应纳税额的计算

纳税人进口货物的，无论是一般纳税人还是小规模纳税人，均应该按照组成计税价格和规定税率计算应纳税额，不允许抵扣发生在境外的任何税金。其计算公式为：

$$应纳税额=组成计税价格×税率$$

组成计税价格的构成分以下两种情况。

（1）如果进口货物不征收消费税，则组成计税价格的计算公式为：

$$组成计税价格=关税完税价格+关税$$

（2）如果进口货物征收消费税，则组成计税价格的计算公式为：

$$组成计税价格=关税完税价格+关税+消费税$$

【例6-4】某外贸公司为增值税一般纳税人，于2024年1月从国外进口了一批普通商品。已知海关定的关税完税价格为500万元，进口关税税率为10%，增值税税率为13%，计算该公司进口环节应纳增值税税额。

解析：进口环节应纳关税税额=500×10%=50（万元）

进口环节应纳增值税税额=(500+50)×13%=71.5（万元）

二、消费税法

消费税是以特定消费品的流转额为计税依据而征收的一种商品税。我国现行消费税是对在我国境内从事生产、委托加工和进口应税消费品的单位和个人就其应税消费品征收的一种流转税，是对特定的消费品和消费行为在特定环节征收的一种流转税。

与增值税相比，消费税具有以下几个显著的特点。

（1）课征范围具有选择性。只对特定消费品和消费行为征税。

（2）征税环节具有单一性。只选择在消费品生产、委托加工、进口或零售等某一环节征税。

（3）征收税率的调节性。针对不同税目设置高低不同的税率，以体现消费税的调节作用。

（4）征收方法具有多样性。消费税的税目既有从价定率征收的设计，又有从量定额征收的安排，还有复合征收的方式，征收方法多样。

（一）消费税的纳税人

根据《消费税暂行条例》的规定，凡在我国境内从事生产、委托加工和进口应税消费品的单位和个人，以及国务院确定的销售应税消费品的其他单位和个人，为消费税的纳税义务人。

（二）消费税的税目和税率

税目是征税对象的具体化。我国的消费税共有15个税目，分别是烟、酒、高档化妆品（包括高档美容、修饰类化妆品、高档护肤类化妆品和成套化妆品）、贵重首饰及珠宝玉石、鞭炮和焰火、成品油（包括汽油、柴油、石脑油、溶剂油、航空煤油、润滑油、燃料油，需要说明的是航空煤油暂缓征收消费税）、小汽车、摩托车、游艇、高尔夫球及球具、高档手表、木制一次性筷子、实木地板、电池、涂料。

消费税税率有两种形式：一种是比例税率；另一种是定额税率，即单位税额。

（三）消费税的计算

按照现行消费税法的基本规定，消费税应纳税额的计算主要分为从价征收、从量征收和从价从量复合征收3种方法。

（1）从价定率征收，即根据不同的应税消费品确定不同的比例税率。其计算公式为：

$$应纳税额＝销售额（不含增值税额）×比例税率$$

【例6-5】 新日公司2024年1月销售一批自产化妆品，开具的增值税专用发票上注明不含增值税的售价为300 000元，增值税为39 000元，已知该化妆品适用的消费税税率为15%。请计算该企业1月应缴纳的消费税税额。

解析： 应纳税额＝300 000×15%＝45 000（元）

（2）从量定额征收，即根据不同的应税消费品确定不同的单位税额。其计算公式为：

$$应纳税额＝销售数量×单位税额$$

实际销售数量要根据具体情况予以确认：
①销售应税消费品的，为销售数量；
②自产自销应税消费品的，为移送使用数量；
③委托加工应税消费品的，为收回数量；
④进口应税消费品的，为进口征税数量。

【例6-6】 京都公司于2024年2月卖出甲类啤酒500吨，每吨的出厂价为2 800元。已知甲类啤酒消费税定额税率为每吨250元，计算该公司2月销售甲类啤酒应缴纳的消费税税额。

解析： 应纳税额＝250×500＝125 000（元）

（3）从价从量复合征收，现行消费税的征税范围中，只有卷烟、白酒采用复合征收方法。其计算公式为：

$$应纳税额＝销售数量×单位税额＋销售额×比例税率$$

【例6-7】 京都公司2024年2月销售白酒1吨，开具的增值税专用发票上注明了不含增值税的销售收入为35 000元。已知白酒的消费税定额税率为0.5元/斤，比例税率为20%。请计算该公司2月销售白酒应缴纳的消费税税额。

解析： 应纳税额＝35 000×20%＋2 000×0.5＝8 000（元）

第三节 所得税法律制度

所得税是以纳税人的所得额为征税对象的税。所谓所得税，是指纳税人在一定时期内由于生产经营取得的可用货币计量的收入，扣除为取得这些收入所需各种耗费后的净额。所得税属于直接税，其纳税人和实际负担人是一致的，可以直接调节纳税人的收入，是现代税收制度中的主体税种。

一、企业所得税法

企业所得税是对我国企业和其他组织的生产经营所得和其他所得征收的一种税，是国家参与企业利润分配并调节收益水平的重要手段，表现出国家与企业的分配关系。

（一）企业所得税的纳税人

《中华人民共和国企业所得税法》（以下简称《企业所得税法》）规定，除个人独资企业、合伙企业外，凡在我国境内，企业和其他取得收入的组织（以下统称企业）为企业所得税的纳税人，包括企业、事业单位、社会团体及其他取得收入的组织。

我国按照地域管辖权和居民管辖权的双重管辖权标准，把企业分为居民企业和非居民企业，不同的企业在向我国政府缴纳所得税时，纳税义务不同。居民企业是指依法在我国境内成立，或者依照外国法律成立但实际管理机构在我国境内的企业。非居民企业是指依照外国法律成立且实际管理机构不在我国境内，但在我国境内设立机构、场所的，或者在我国境内未设立机构、场所，但有来源于我国境内所得的企业。

（二）企业所得税的征税对象

1. 居民企业的征税对象

居民企业应就来源于我国境内、境外的所得作为征税对象。这里的所得包括销售货物所得、提供劳务所得、转让财产所得、股息红利等权益性投资所得，以及利息所得、租金所得、特许权使用费所得、接受捐赠所得和其他所得。

2. 非居民企业的征税对象

非居民企业在我国境内设立机构、场所的，应当就其所设机构、场所取得的来源于我国境内的所得，以及发生在我国境外但与其所设机构、场所有实际联系的所得，缴纳企业所得税；非居民企业在我国境内未设立机构、场所的，或者虽设立机构、场所但取得的所得与其所设机构、场所没有实际联系的，应当就其来源于我国境内的所得缴纳企业所得税。

上述所称实际联系，是指非居民企业在我国境内设立的机构、场所拥有的据以取得所得的股权、债权，以及拥有、管理、控制据以取得所得的财产。

（三）企业所得税的税率

企业所得税实行比例税率。比例税率简便易行，透明度高，不会因征税而改变企业间收入分配比例，有利于促进效率的提高。

（1）基本税率为25%。适用于居民企业和在我国境内设有机构、场所且所得与机构、场所有关联的非居民企业。

（2）低税率为20%。适用于在我国境内未设立机构、场所的，或者虽设立机构、场所，但取得的所得与其所设机构、场所没有实际联系的非居民企业。但实际征税时适用10%的税率。

（3）国家需要重点扶持的高新技术企业，减按15%的税率征收企业所得税。

（4）符合条件的小型微利企业，减按20%的税率征收企业所得税。小型微利企业是指从事国家非限制和禁止行业，且同时符合年度应纳税所得额不超过300万元、从业人数不超过300人、资产总额不超过5 000万元这3个条件的企业。自2021年1月1日起，小型微利企业年应纳税所得额不超过100万元，超过100万元但不超过300万元的部分，分别减按25%、50%计入应纳税所得额，按20%的税率缴纳企业所得税。

(四) 应纳税额的计算

企业所得税应纳税所得额是企业所得税的计税依据。应纳税所得额为企业每个纳税年度的收入总额减去不征税收入、免税收入、各项扣除，以及弥补以前年度亏损之后的余额，应纳税所得额有两种计算方法。

直接计算法的公式为：

应纳税所得额＝收入总额−不征税收入−免税收入−各项扣除−准予弥补的以前年度亏损

间接计算法的公式为：

应纳税所得额＝利润总额＋纳税调增项目金额−纳税调减项目金额

（1）收入总额的确定。企业的收入总额是指企业以货币形式和非货币形式从各种来源取得的收入，包括销售货物收入，提供劳务收入，转让财产收入，股息、红利等权益性投资收益，利息收入，租金收入，特许权使用费收入，接受捐赠收入及其他收入。

（2）不征税收入。不征税收入是指从性质和根源上不属于企业营利性活动带来的经济利益、不负有纳税义务并不作为应纳税所得额组成部分的收入，如财政拨款、依法收取并纳入财政管理的行政事业性收费、政府性基金以及其他不征税收入。

（3）免税收入。免税收入是指属于企业的应税所得，但按照税法规定免予征收企业所得税的收入。免税收入包括国债利息收入，符合条件的居民企业之间的股息、红利收入，在我国境内设立机构、场所的非居民企业从居民企业取得与该机构、场所有实际联系的股息、红利收入，符合条件的非营利组织的收入等。

（4）准予扣除项目。企业实际发生的与取得收入有关的、合理的支出，包括成本、费用、税金、损失和其他支出等，准予在计算应纳税所得额时扣除。

①成本是指企业在生产经营活动中发生的销售成本、销货成本、业务支出及其他耗费，即企业销售商品、提供劳务、转让固定资产及无形资产的成本。

②费用是指企业在生产经营活动中发生的销售费用、管理费用和财务费用。

③税金是指企业发生的除企业所得税和允许抵扣的增值税以外的企业缴纳的各项税金及其附加，如消费税、资源税、关税、土地增值税、印花税等。

④损失是指企业在生产经营过程中发生的固定资产和存货的盘亏、毁损、报废损失、转让财产损失、呆账损失、坏账损失、自然灾害等不可抗力因素造成的损失以及其他损失。企业发生的损失，减除责任人赔偿和保险赔款后的余额，依照国务院财政、税务主管部门的规定扣除。

（5）不得扣除项目。

①向投资者支付的股息、红利等权益性投资收益款项。

②企业所得税税款。

③税收滞纳金。

④罚金、罚款和被没收财物的损失。

⑤超过规定标准的捐赠支出。

⑥赞助支出，是指企业发生的与生产经营活动无关的各种非广告性支出。

⑦未经核定的准备金支出。

⑧与取得收入无关的其他支出。

（6）职工福利费、工会经费和职工教育经费支出的税前扣除。

① 企业发生的职工福利费支出，不超过工资薪金总额14%的部分，准予扣除。
② 企业拨缴的工会经费，不超过工资薪金总额2%的部分，准予扣除。
③ 除国务院财政、税务主管部门另有规定外，企业发生的职工教育经费支出，不超过工资薪金总额8%的部分，准予扣除；超过部分，准予在以后纳税年度结转扣除。

【例6-8】某市一家居民企业主要生产销售彩色电视机，计入成本、费用中的企业生产经营部门员工的合理的实发工资为400万元，实际拨缴的工会经费为6万元，发生职工福利费为60万元、职工教育经费为15万元。要求计算职工工会经费、职工福利费、职工教育经费在税前可扣除的金额。

解析： 工会经费税前扣除限额=400×2%=8（万元）>6万元，税前可扣除6万元；
职工福利费税前扣除限额=400×14%=56（万元）<60万元，税前可扣除56万元；
教育经费税前扣除限额=400×8%=32（万元）>15万元，税前可扣除15万元。

(7) 业务招待费、广告费和业务宣传费的税前扣除。
① 企业发生的与生产经营活动有关的业务招待费支出，按照发生额的60%扣除，但最高不得超过当年销售（营业）收入的5‰。
② 企业发生的符合条件的广告费和业务宣传费支出，除国务院财政、税务主管部门另有规定外，不超过当年销售（营业）收入15%的部分，准予扣除；超过部分，准予在以后纳税年度结转扣除。

知识加油站

业务招待费包含的范围具体有哪些？

业务招待费，是指企业在经营管理等活动中用于接待应酬而支付的各种费用，主要包括业务洽谈、产品推销、对外联络、会议接待、来宾接待等所发生的费用，如招待饭费、招待用烟茶、交通费等。

在业务招待费的范围上，不论是会计还是税法都未给予准确的界定。在实务中，业务招待费具体范围如下：

(1) 因企业生产经营需要而宴请或工作餐的开支；
(2) 因企业生产经营需要赠送纪念品的开支；
(3) 因企业生产经营需要而发生的旅游景点参观费和交通费及其他费用的开支；
(4) 因企业生产经营需要而发生的业务关系人员的差旅费开支。

业务招待费仅限于与企业生产经营活动有关的招待支出，与企业生产经营活动无关的职工福利、职工奖励、企业销售产品而产生的佣金及支付给个人的劳务支出，都不得列支为业务招待费。

【例6-9】新华公司2023年度销售收入为2 000万元，全年发生业务招待费25万元，且能提供有效凭证。该公司在计算企业所得税应纳税所得额时，准予在税前扣除的业务招待费为多少？

解析： 首先扣除标准的计算，发生额的60%为25×60%=15（万元）；
其次扣除限额的计算为2 000×5‰=10（万元）；
两数据比大小后择其小者，其当年可在所得税前列支的业务招待费金额是10万元。

(8)公益性捐赠。企业发生的公益性捐赠支出,在年度利润总额12%以内的部分,准予在计算应纳税所得额时扣除;超过年度利润总额12%的部分,准予结转以后的3年内在计算应纳税所得额时扣除。

公益性捐赠是指通过公益性社会团体或者县级以上人民政府及其部门,用于公益事业的捐赠,具体包括救助灾害、救济贫困、扶助残疾人等困难的社会群体和个人的活动;教育、科学、文化、卫生、体育事业;环境保护、社会公共设施建设;促进社会发展和进步的其他社会公共和福利事业。

【例6-10】方华公司2023年实现利润总额100万元,直接向某小学捐款10万元,通过公益性社会团体向贫困地区捐款20万元。计算2023年度该企业可税前扣除的捐赠支出。

解析:准予扣除的公益性捐赠支出限额为100×12%=12(万元),由于20万元>12万元,允许扣除12万元。

直接捐款10万元不允许税前扣除,因此该企业当年可税前扣除的捐款支出为12万元。

(9)亏损弥补。这里所指的亏损是指企业依照税法规定,将每一纳税年度的收入总额减除不征税收入、免税收入和各项扣除后小于零的数额。纳税人发生年度亏损的,可以用下一纳税年度的所得弥补;下一纳税年度的所得不足弥补的,可以逐年延续弥补,但是延续弥补期最长不能超过5年。

自2018年1月1日起,当年具备高新技术企业或科技型中小企业资格的企业,其具备资格年度之前5个年度发生的尚未弥补完的亏损,准予结转以后年度弥补,最长结转年限由5年延长至10年。

二、个人所得税法

个人所得税是以自然人取得的各类应税所得为征税对象而征收的一种所得税,是政府利用税收对个人收入进行调节的一种手段。个人所得税的征税对象不仅包括个人还包括具有自然人性质的企业。个人所得税是世界各国普遍开征的一个税种,最早诞生于18世纪的英国,它在调节收入分配、缓解贫富悬殊、促进社会稳定、增加财政收入等方面发挥了积极的作用,被称为经济调节的"内在稳定器"。

(一)个人所得税的纳税人

个人所得税的纳税义务人包括我国公民(含香港、澳门、台湾同胞)、个体工商业户、个人独资企业、合伙企业投资者以及在我国有所得的外籍人员(包括无国籍人员,下同)。上述纳税义务人依据住所和居住时间两个标准,区分为居民个人和非居民个人,分别承担不同的纳税义务。

1. 居民个人

居民个人负有无限纳税义务,其所取得的应纳税所得,无论是来源于我国境内还是境外任何地方,都要在我国缴纳个人所得税。

《中华人民共和国个人所得税法》(以下简称《个人所得税法》)规定,居民个人是指在我国境内有住所,或者无住所而一个纳税年度内在我国境内居住累计满183天的个人。所谓在我国境内有住所,是指因户籍、家庭、经济利益关系而在我国境内习惯性居住。

2. 非居民个人

非居民个人,是指不符合居民个人判定标准(条件)的纳税义务人。非居民个人承担有限纳税义务,即仅就其从我国境内取得的所得,向我国政府缴纳个人所得税。《个人所得税法》规定,非居民个人是"在中国境内无住所又不居住或者无住所而一个纳税年度内在中国境内居住累计不满183天的个人"。

(二) 个人所得税的征税对象

《个人所得税法》第2条规定,应当缴纳个人所得税的个人所得有:

(1) 工资、薪金所得;
(2) 劳务报酬所得;
(3) 稿酬所得;
(4) 特许权使用费所得;
(5) 经营所得;
(6) 利息、股息、红利所得;
(7) 财产租赁所得;
(8) 财产转让所得;
(9) 偶然所得。

居民个人取得第(1)项至第(4)项所得(以下称综合所得),按纳税年度合并计算个人所得税;非居民个人取得第(1)项至第(4)项所得,按月或者按次分项计算个人所得税。纳税人取得第(5)项至第(9)项所得,依照《个人所得税法》的规定分别计算个人所得税。混合制模式下个人所得税征税范围如表6-1所示。

表6-1 混合制模式下个人所得税征税范围

混合制模式	税目	计征方式
综合征收 (居民个人适用)	(1) 工资、薪金所得	按月、按次预扣预缴 年终合并汇算清缴
	(2) 劳务报酬所得	
	(3) 稿酬所得	
	(4) 特许权使用费所得	
分类征收	(5) 经营所得	按年计算,按季预缴,自行申报
	(6) 利息、股息、红利所得	按月计算,代扣代缴 以一个月内取得的收入为一次
	(7) 财产租赁所得	
	(8) 财产转让所得	按次计算,代扣代缴
	(9) 偶然所得	

(三) 个人所得税的税率

个人所得税实行超额累进税率与比例税率相结合的税率体系,具体分为以下3种情况。

(1) 综合所得,适用超额累进税率,税率为3%~45%,如表6-2所示。

表6-2 综合所得个人所得税税率表（居民个人适用）

级数	累计预扣预缴应纳税所得额	预扣率/%	速算扣除数
1	不超过36 000元	3	0
2	超过36 000元至144 000元的部分	10	2 520
3	超过144 000元至300 000元的部分	20	16 920
4	超过300 000元至420 000元的部分	25	31 920
5	超过420 000元至660 000元的部分	30	52 920
6	超过660 000元至960 000元的部分	35	85 920
7	超过960 000元的部分	45	181 920

（2）经营所得，适用5%~35%超额累进税率，税率如表6-3所示。

表6-3 个人所得税税率表（经营所得适用）

级数	全年应纳税所得额	税率/%	速算扣除数
1	不超过30 000元	5	0
2	超过30 000元至90 000元的部分	10	1 500
3	超过90 000元至300 000元的部分	20	10 500
4	超过300 000元至500 000元的部分	30	40 500
5	超过500 000元的部分	35	65 500

（3）利息、股息、红利所得，财产租赁所得，财产转让所得和偶然所得，适用比例税率，税率为20%。对个人出租住房的所得减按10%的税率征收个人所得税。

（四）应纳税额的计算

（1）居民个人的综合所得，以每一纳税年度的收入额减除费用6万元及专项扣除、专项附加扣除和依法确定的其他扣除后的余额，为应纳税所得额。其计算公式为：

年应纳税所得额＝每年收入额－年固定费用60 000元－专项扣除－
专项附加扣除－依法确定的其他扣除

年度收入包括以下几部分。

①工资薪金：全部100%。

②劳务报酬、特许权使用费：收入的80%。

③稿酬：收入的80%减按70%计算，即收入的56%。

年度扣除包括以下几部分。

①减除固定"生计费"：全年减除60 000元。

②专项扣除：个人按国家规定的范围和标准缴纳的"三险一金"（居民个人按照国家规定的范围和标准缴纳的基本养老保险、基本医疗保险、失业保险等社会保险费和住房公积金）。

③专项附加扣除（7项）：子女教育、继续教育、大病医疗、住房贷款利息或者住房租金、赡养老人支出、3岁以下婴幼儿照护支出。

④依法确定的其他扣除：个人符合规定的公益捐赠支出。

【例6-11】我国公民陈某为国内某大学教授，其2023年收入相关情况如下。

(1) 全年工资、薪金所得190 000元，全年专项扣除40 000元。

(2) 劳务报酬所得8 000元，稿酬所得5 000元。

计算陈某2023年综合所得应缴纳个人所得税税额。

解析：应纳税所得额=190 000+8 000×(1-20%)+5 000×(1-20%)×70%-60 000-40 000=99 200（元）

应纳税额=99 200×10%-2 520=7 400（元）

(2) 非居民个人的工资、薪金所得，以每月收入额减除费用5 000元后的余额为应纳税所得额；劳务报酬所得、稿酬所得、特许权使用费所得，以每次收入额为应纳税所得额。

(3) 经营所得，以每一纳税年度的收入总额减除成本、费用及损失后的余额，为应纳税所得额。经营所得应纳税额的计算公式为：

应纳税额=应纳税所得额×适用税率-速算扣除数

(4) 财产租赁所得，每次收入不超过4 000元的，减除费用800元；4 000元以上的，减除20%的费用，其余额为应纳税所得额。

(5) 财产转让所得，以转让财产的收入额减除财产原值和合理费用后的余额，为应纳税所得额。财产转让所得应纳税额的计算公式为：

应纳税额=(收入总额-财产原值-合理费用)×20%

(6) 利息、股息、红利所得和偶然所得，以每次收入额为应纳税所得额。利息、股息、红利所得和偶然所得应纳税额的计算公式为：

应纳税额=每次收入额×20%

(7) 个人将其所得对教育、扶贫、济困等公益慈善事业进行捐赠，捐赠额未超过纳税人申报的应纳税所得额30%的部分，可以从其应纳税所得额中扣除；国务院规定对公益慈善事业捐赠实行全额税前扣除的，从其规定。

第四节　税收征管法律制度

一、税务管理

税务管理的内容包括税务登记管理，账簿、凭证管理，发票管理，以及纳税申报管理。

(一) 税务登记管理

税务登记又称纳税登记，是税务机关对纳税人的开业、变动、歇业及生产经营范围变化实行法定登记的一项制度，是确定纳税人履行纳税义务的法定手续，也是税务机关切实控制税源和对纳税人进行纳税监督的一种手段。税务登记包括开业登记，变更登记，停业、复业登记，注销登记，外出经营报验登记等。

从事生产经营的纳税人，应当自领取营业执照之日起，或依法成为纳税人之日起30日内，向所在地税务机关申请办理开业税务登记。纳税人税务登记的内容发生变化的，应当自市场监督管理部门办理变更登记之日起30日内，到原税务登记机关申报办理变更税务登记。

(二) 账簿、凭证管理

从事生产经营的纳税人、扣缴义务人按照国务院财政、税务主管部门的规定设置账簿，根据合法、有效凭证记账，进行核算。纳税人、扣缴义务人应自领取营业执照之日起 15 日内设置账簿。扣缴义务人应当在法定扣缴义务发生之日起 10 日内，按照所代扣、代收的税种，分别设置代扣代缴、代收代缴税款账簿。

(三) 发票管理

根据国家有关发票管理的法律规定，在全国范围内统一式样的发票，由国家税务总局确定；在省、自治区、直辖市范围内统一式样的发票，由省级税务机关确定。增值税专用发票由国务院税务主管部门指定的企业印制；其他发票按照国务院税务主管部门的规定，分别由省、自治区、直辖市税务机关指定的企业印制。

(四) 纳税申报管理

纳税人、扣缴义务人必须按照法定的或税务机关确定的申报期限、申报内容如实办理纳税申报和代扣代缴、代收代缴税款的申报手续，报送纳税申报表、财务会计报表及税务机关要求纳税人报送的其他纳税资料。

二、税款征收

税款征收是税务机关依照税收法律、行政法规的规定将纳税人应当缴纳的税款组织征收入库的一系列活动的总称。税务机关是税款征收的主体，法律规定必须由税务机关征收的税款，其他部门不得代征。同时，税务机关必须按照法律、行政法规中的规定征收税款。税款征收是税收征收管理工作的中心环节，也是全部税收征管工作的目的。

(一) 税款征收方式

根据《税收征管法》及其实施细则的规定，税款征收的方式主要有以下几种。

(1) 查账征收：税务机关对会计核算制度比较健全的纳税人，依照其提供的账表所反映的经营情况，依照适用税率计算缴纳税款的方式。

(2) 查定征收：税务机关对不能完整、准确提供纳税资料的纳税人采用特定方法确定其应纳税收入或应纳税额，纳税人据以缴纳税款的一种方式。

(3) 查验征收：适用于某些零星、分散的高税率工业产品。

(4) 定期定额征收：适用于生产经营规模小，又确无建账能力，经主管税务机关审核，县级以上（含县级）税务机关批准可以不设置账簿或暂缓建账的小型纳税人。

(5) 其他征收方式：主要包括代扣代缴、代收代缴、委托代征、邮寄申报纳税等。

(二) 税收征收措施

税收征收措施是指为保证税款即时征收入库，税收征收管理机关所采取的特殊措施。

(1) 加收滞纳金。纳税人、扣缴义务人未按期缴纳或解缴税款的，税务机关除责令限期缴纳外，从滞纳税款之日起，按日加收滞纳税款 0.5‰ 的滞纳金。纳税人确有特殊困难，不能按期缴纳税款的，经县以上税务局（分局）批准，可以延期缴纳税款，但最长不得超过 3 个月。

(2) 税收保全措施。税收保全措施是指税务机关对可能由于纳税人的行为或者某种客观原因，致使以后税款的征收不能保证或难以保证的案件，采取限制纳税人处理或转移商品、货物或其他财产的措施。

(3) 税收强制执行措施。税收强制执行措施是指纳税人等税收管理相对人在规定的期限内未履行法定义务，税务机关采取法定的强制手段，强迫其履行义务的行为。例如，通知银行扣缴税款，或者扣押、查封、拍卖纳税人的财产抵缴税款。

(4) 出境清税。欠税人应当在出境前结清税款或提供担保，否则税务机关可以阻止其出境。

(5) 税款追征。因纳税人、扣缴义务人计算错误等失误，未缴或者少缴税款的，税务机关在3年内可以追征税款、滞纳金；有特殊情况的，追征期可以延长至5年。对于偷税、抗税、骗税的行为，实行无限期追征。因税务机关责任，致使纳税人、扣缴义务人未缴或者少缴税款的，税务机关在3年内可以要求其补缴税款，但不得加收滞纳金。

三、税务检查

税务检查是税务机关根据税收法律、行政法规及财务会计制度的规定，对纳税人等是否履行纳税义务的情况所进行的审核监督活动的总称。税务检查是税收征管工作的一项重要内容。通过税务检查，可以核实并惩治纳税人的违法犯罪行为，增强纳税人的法制观念，也能够及时发现和揭露企业在经营管理过程中存在的问题，帮助企业改善经营管理，加强经济核算，提高经济效益。同时，税务检查有利于贯彻执行国家的税收法律、行政法规及有关政策；有利于税款足额入库，保证国家的财政收入。

（一）税务检查的职责

根据《税收征收管理法》的规定，税务机关有权进行以下税务检查。

(1) 检查纳税人的账簿、记账凭证、报表和有关资料，检查扣缴义务人代扣代缴、代收代缴税款账簿、记账凭证和有关资料。

(2) 到纳税人的生产、经营场所和货物存放地检查纳税人应纳税的商品、货物或者其他财产，检查扣缴义务人与代扣代缴、代收代缴税款有关的经营情况。

(3) 责成纳税人、扣缴义务人提供与纳税或者代扣代缴、代收代缴税款有关的文件、证明材料和有关资料。

(4) 询问纳税人、扣缴义务人与纳税或者代扣代缴、代收代缴税款有关的问题和情况。

(5) 到车站、码头、机场、邮政企业及其分支机构检查纳税人托运、邮寄应税商品、货物或者其他财产的有关单据、凭证和有关资料。

(6) 经县级以上税务局（分局）局长批准，凭全国统一格式的检查存款账户许可证明，查询从事生产、经营的纳税人、扣缴义务人在银行或者其他金融机构的存款账户。税务机关在调查税收违法案件时，经设区的市、自治州以上税务局（分局）局长批准，可以查封案件涉嫌人员的储蓄存款。

税务人员进行税务检查时，应当出示税务检查证和税务检查通知书，并有责任为被检查人员保守秘密。纳税人、扣缴义务人必须接受税务机关依法进行的税务检查，要如实反映情况，提供有关资料，不得拒绝、隐瞒。

（二）税务检查的形式和方法

1. 税务检查的形式

（1）重点检查。重点检查指对公民举报、上级机关交办或有关部门转来的有偷税行为或偷税嫌疑的，纳税申报与实际生产经营情况有明显不符的纳税人及有普遍逃税行为进行的检查。

（2）分类计划检查。分类计划检查指根据纳税人历来纳税情况、纳税人的纳税规模及税务检查间隔时间的长短等综合因素，按事先确定的纳税人分类、计划检查时间及检查频率而进行的检查。

（3）集中性检查。集中性检查指税务机关在一定时间、一定范围内，统一安排、统一组织的税务检查，这种检查一般规模比较大，如全国范围内的税收、财务大检查等。

（4）临时性检查。临时性检查指由各级税务机关根据不同的经济形势、偷逃税趋势、税收任务完成情况等综合因素，在正常的检查计划之外安排的检查，如行业性解剖、典型调查性的检查等。

（5）专项检查。专项检查指税务机关根据税收工作实际，对某一税种或税收征收管理某一环节进行的检查，如增值税一般纳税专项检查、漏征漏管户专项检查等。

2. 税务检查的方法

税务检查方法是指税务机关根据国家法律法规，对纳税义务人、扣缴义务人履行纳税义务、扣缴义务的情况进行检查时，所采取的检查顺序、步骤、形式等程序的总称。

税务检查方法包括全查法、抽查法、顺查法、逆查法、现场检查法、调账检查法、比较分析法、控制计算法、审阅法、核对法、观察法、外调法、盘存法、交叉稽核法等。

四、税收法律责任

违反税法的法律责任是指违反税法的行为人应承担的经济责任、行政责任和刑事责任。违反税法的行为是指纳税主体或者征税机关及直接责任人员故意或过失地侵害了税收征收管理制度的行为。

违反税收征收管理法的法律责任包括纳税人违反税法行为的法律责任、扣缴义务人违反税法行为的法律责任、开户银行及金融机构违反税法行为的法律责任和税务机关及其税务人员违反税法行为的法律责任等。

危害税收征管罪的种类如下：偷税罪；抗税罪；逃避追缴欠税罪；骗取出口退税罪；虚开增值税专用发票、用于骗取出口退税、抵扣税款发票罪；伪造、出售伪造的增值税专用发票罪；非法出售增值税专用发票罪；非法购买增值税专用发票、购买伪造的增值税专用发票罪；非法制造、出售非法制造的用于骗取出口退税、抵扣税款发票罪；非法制造、出售非法制造的发票罪；非法出售用于骗取出口退税、抵扣税款发票罪；非法出售发票罪。

本章小结

税收是指以国家为主体，为实现国家职能，凭借政治权力，按照法定标准，无偿取得财政收入的一种特定分配形式。税收具有强制性、无偿性和固定性。税法构成要素主要包括纳税人、征税对象、税率、纳税期限、税收优惠、纳税地点、罚则、附则等。增值税是以商品或者服务的增值额为计税依据而征收的一种流转税。消费税是对特定的消费品和消费行为征收的一种流转税。企业所得税是指在我国境内内资企业和经营单位,就其生产、经营所得和其他所得征收的一种税。个人所得税是以自然人取得的各类应税所得为征税对象而征收的一种所得税。税收征收管理法是指国家税务机关进行税收征收管理和纳税人纳税程序方面的法律法规的总称,主要包括税务管理、税款征收、税务检查及纳税人违反税法的法律责任。

同步综合练习

一、单项选择题

1. 下列权力中可以作为国家征税依据的是(　　)。
   A. 管理权力　　　　　　　　B. 政治权力
   C. 财产权力　　　　　　　　D. 社会权力

2. 下列税法要素中,能够区别一种税与另一种税的重要标志是(　　)。
   A. 纳税地点　　　　　　　　B. 纳税环节
   C. 征税对象　　　　　　　　D. 纳税义务人

3. 下列选项中属于增值税特点的是(　　)。
   A. 价内税　　　　　　　　　B. 价外税
   C. 一次课税　　　　　　　　D. 重复征税

4. 下列应税消费品中,适用定额税率征收消费税的是(　　)。
   A. 高档化妆品　　　　　　　B. 金银首饰
   C. 卷烟　　　　　　　　　　D. 啤酒

5. 企业发生的公益性捐赠支出,在年度利润总额(　　)以内的部分,准予在计算应纳税所得额时扣除。
   A. 3%　　　　　　　　　　　B. 5%
   C. 10%　　　　　　　　　　 D. 12%

6. 下列选项中,属于不征税收入的是(　　)。
   A. 国债利息收入
   B. 因债权人缘故确实无法支付的应付款项
   C. 依法收取并纳入财政管理的行政事业性收费
   D. 接受捐赠收入

7. 2023年10月,李某购买福利彩票支出400元,取得一次中奖收入3万元。李某中奖收入应纳个人所得税税额为(　　)元。
   A. 6 000　　　　　　　　　　B. 3 000
   C. 9 000　　　　　　　　　　D. 5 920

8. 居民企业应当就其来源于(　　)的所得缴纳企业所得税。
   A. 中国境内　　　　　　　　B. 中国境外
   C. 中国境内、境外　　　　　D. 国内各地

9. 根据个人所得税法律制度的规定，下列选项中属于稿酬所得应税项目的是(　　)。

A. 高校教授为出版社审稿取得的收入

B. 报社记者在本报社发表文章取得的收入

C. 将专利权转让给他人使用取得的收入

D. 高校教授在报社发表文章取得的收入

10. 某啤酒厂某年9月生产了20 000吨生啤酒，当月销售了12 000吨，取得含税销售收入113万元，则啤酒厂计算其应纳消费税的计税依据为(　　)。

A. 100万元　　　　　　　　　　B. 113万元

C. 12 000吨　　　　　　　　　　D. 20 000吨

11. 根据消费税法律制度的规定，下列选项中不属于消费税征税范围的是(　　)。

A. 啤酒　　　　　　　　　　　　B. 实木地板

C. 笔记本电脑　　　　　　　　　D. 电池

12. 根据税收征收管理法律制度的规定，经县以上税务局（分局）局长批准，税务机关可以依法对纳税人采取税收保全措施。下列选项中不属于税收保全措施的是(　　)。

A. 责令纳税人暂时停业，直至缴足税款

B. 扣押纳税人的价值相当于应纳税款的商品

C. 查封纳税人的价值相当于应纳税款的货物

D. 书面通知纳税人开户银行或其他金融机构冻结纳税人的金额相当于应纳税款的存款

二、多项选择题

1. 税收征收管理主要包括(　　)。

A. 税务登记　　　　　　　　　　B. 纳税申报

C. 账簿凭证管理　　　　　　　　D. 税款征收

2. 根据《企业所得税法》的规定，判断居民企业的标准有(　　)。

A. 登记注册地标准　　　　　　　B. 所得来源地标准

C. 经营行为实际发生地标准　　　D. 实际管理机构所在地标准

3. 税收的形式特征包括(　　)。

A. 无偿性　　　　　　　　　　　B. 强制性

C. 固定性　　　　　　　　　　　D. 有偿性

4. 下列选项中属于个人所得税专项附加扣除项目的有(　　)。

A. 子女教育　　　　　　　　　　B. 上下班交通费

C. 住房租金　　　　　　　　　　D. 赡养老人

5. 下列选项中，既征收消费税，又征收增值税的有(　　)。

A. 生产销售的卷烟　　　　　　　B. 生产销售的小汽车

C. 零售环节销售的金银首饰　　　D. 进口的高档化妆品

6. 在计算企业应纳税所得额时，下列税金中可以从收入总额中扣除的有(　　)。

A. 土地增值税　　　　　　　　　B. 增值税

C. 消费税　　　　　　　　　　　D. 资源税

7. 在计算个人所得税应纳税所得额时，下列选项中不允许扣减任何费用的有(　　)。

A. 偶然所得　　　　　　　　　　B. 工资薪金所得

C. 利息、股息所得　　　　　　　D. 劳务报酬所得

8. 在企业发生的下列支出中，计算企业所得税应纳税所得额时不得扣除的有(　　)。
A. 税收滞纳金　　　　　　　　　B. 企业所得税税款
C. 未经核定的准备金支出　　　　D. 无法按时发货支付的违约金

9. 根据增值税法律制度规定，适用9%的税率征收增值税的货物有(　　)。
A. 报纸　　　　　　　　　　　　B. 鲜奶油蛋糕
C. 方便面　　　　　　　　　　　D. 化肥

10. 税务机关有权依法直接核定纳税人应纳税额的情形有(　　)。
A. 纳税人按税法规定应当设置但未设置账簿的
B. 纳税人成本资料、收入凭证、费用凭证残缺不全，难以查账的
C. 纳税人未按照规定的期限缴纳税款，经税务机关责令限期缴纳，逾期仍不缴纳的
D. 丙公司设置了账簿，但账目混乱，凭证不全，难以查证

三、计算题

1. 某商场为增值税一般纳税人，适用13%的税率，2024年1月发生以下业务。
(1) 零售各种服装，取得含税销售额565万元。
(2) 将价值2.26万元的儿童服装作为"六一"儿童节礼物无偿捐赠给某贫困山区小学。
(3) 当月购入服装，取得的增值税专用发票上注明的税金为36万元。
(4) 购进设备一台，取得的增值税专用发票上注明的价款为10万元。
(5) 由于管理不善，上月购入的账面价值为5万元的衣服被盗。

已知该企业取得的专用发票均符合规定，并已认证购进和销售产品适用的增值税税率为13%。请计算该企业当月应纳增值税税额。

2. 某白酒生产企业（以下简称甲企业）为增值税一般纳税人，2024年1月发生以下业务：向某烟酒专卖店销售粮食白酒20吨，开具普通发票，取得含税收入200万元，另收取品牌使用费50万元、包装物租金20万元。请计算本月甲企业向专卖店销售白酒应缴纳消费税。

3. 我国公民张某为国内某大学教授，2023年个人收入相关情况如下：工资、薪金所得150 000元，专项扣除40 000元，专项附加扣除12 000元；劳务报酬所得30 000元，稿酬所得5 000元。

请根据上述资料回答下列问题。
(1) 计算张某2023年应纳税所得额。
(2) 计算张某2023年应缴纳的个人所得税。

第七章 商业秘密和知识产权法律制度

学习目标

通过本章的学习，学生应能了解商业秘密和工作产权的概念、特征；了解商标法、著作权法和专利法的主要内容；掌握商标权的客体、授予商标权的条件、侵犯商标权的行为种类以及驰名商标的保护；专利权的主体、客体及专利权的保护。

导入案例

假冒注册商标案

基本案情

公诉机关指控：2013年11月底至2014年6月，被告人郭明升为谋取非法利益，伙同被告人孙淑标、郭明锋在未经三星（中国）投资有限公司授权许可的情况下，从他人处批发假冒的三星手机裸机及配件进行组装，利用其在淘宝网上开设的"三星数码专柜"网店进行"正品行货"宣传，并以明显低于市场价格的价格公开对外销售，共计销售假冒的三星手机20 000余部，销售金额2 000余万元，非法获利200余万元，应当以假冒注册商标罪追究其刑事责任。被告人郭明升在共同犯罪中起主要作用，系主犯。被告人孙淑标、郭明锋在共同犯罪中起辅助作用，系从犯，应当从轻处罚。

被告人郭明升、孙淑标、郭明锋及其辩护人对其未经SAMSUNG商标注册人授权许可，组装假冒的三星手机，并通过淘宝网店进行销售的犯罪事实无异议，但对非法经营额、非法获利提出异议，辩解称其淘宝网店存在请人刷信誉的行为，真实交易量只有10 000多部。

法院查明：SAMSUNG是韩国三星电子株式会社在我国注册的商标，该商标有效期至2021年7月27日；三星（中国）投资有限公司是三星电子株式会社在我国投资设立，并经三星电子株式会社特别授权负责三星电子株式会社名下商标、专利、著作权等知识产权管理和法律事务的公司。2013年11月，被告人郭明升通过网络中介购买店主为"汪亮"、账号为 play2011-1985 的淘宝店铺，并改名为"三星数码专柜"，在未经三星（中国）投资公司授权许可的情况下，从深圳市华强北远望数码城、深圳福田区通天地手机市场批发假冒的三星 I8552 手机裸机及配件进行组装，并通过"三星数码专柜"在淘宝网上以"正品行货"的名义进行宣传、销售。被告人郭明锋负责该网店的客服工作及客服人员的管理，被告人孙淑标负责假冒的三星 I8552 手机裸机及配件的进货、包装及联系快递公司发货。截至 2014 年 6 月，该网店共计组装、销售假冒的三星 I8552 手机 20 000 余部，非法经营额 2 000 余万元，非法获利 200 余万元。

裁判结果

江苏省宿迁市中级人民法院于 2015 年 9 月 8 日作出（2015）宿中知刑初字第 0004 号刑事判决，以被告人郭明升犯假冒注册商标罪，判处有期徒刑 5 年，并处罚金 160 万元；被告人孙淑标犯假冒注册商标罪，判处有期徒刑 3 年，缓刑 5 年，并处罚金 20 万元。被告人郭明锋犯假冒注册商标罪，判处有期徒刑 3 年，缓刑 4 年，并处罚金 20 万元。在法院宣判后，3 名被告人均没有提出上诉，该判决已经生效。

（资料来源：最高人民法院官网 https://www.court.gov.cn/shenpan/gengduo/77.html）

第一节 商业秘密和知识产权概述

一、商业秘密和知识产权概念

商业秘密是企业最核心的信息资产，是企业无形资产和核心竞争力的重要组成部分。因此，商业秘密的保护一直是企业普遍关注的热点。企业员工作为商业秘密的接受者甚至是创造者，是商业秘密的活载体，他们掌握着企业的商业秘密，同时也是最有可能泄露商业秘密的人群。

近年来，企业员工流动频繁，员工跳槽已经成为一种常态。在这个过程中，企业经常面临核心员工流失同时企业商业秘密被泄露的局面，企业因此遭受巨大损失，甚至于丧失市场竞争优势。在这种情形下，"竞业禁止"俨然成为企业解决这一问题的重要手段，它通过对员工一定程度自由择业的限制，减少员工流动过程中的泄密可能。

知识产权是指智力成果的创造者对所创造的智力成果和工商活动的行为人对所拥有的标记依法所享有的权利的总称。民事主体对特定智力劳动成果依法享有的专有权利。在知识经济时代，加强对知识产权的保护显得尤为重要和迫切。世界贸易组织发布的《与贸易有关的知识产权协定》（Agreement on Trade-Related Aspects of Intellectual Property Rights, TRIPs）中明确规定："知识产权属于私权。"

二、知识产权的特征

知识产权是一种与物权、债权并列的独立的民事权利，具有以下特征。

（一）知识产权的无形性

知识产权的客体是智力成果或具有财产价值的标记，是一种没有形体的财富。知识产权客体的非物质性,是知识产权的本质属性,也是其与其他有形财产所有权最根本的区别。人们通过智力劳动创造的精神财富或精神产品,本身凝结了人类的一般劳动,具有财产价值,可以成为权利标的,是与民法意义上的"物"并存的一种民事权利客体,也有学者称之为"知识产品"或"知识财产和相关精神权益"。

(二) 知识产权的法定性

知识产权的法定性是指知识产权的范围和产生由法律规定。知识产权的法定性是由无形性决定的。由于其没有形体,因此其可以同时为多个主体所共同占有,很难为拥有者所完全控制,因此知识产权必须通过法律加以确认。

(三) 知识产权的专有性

知识产权的专有性主要体现在两个方面。

(1) 知识产权为权利人所独占,权利人垄断这种专有权并受到严格保护,没有法律规定或未经权利人许可,任何人不得使用权利人的知识产品。

(2) 对同一项知识产品,不允许有两个或两个以上的主体同时对同一属性的知识产品享有权利。

正是由于知识产权权利主体能获得法定垄断利益,才使知识产权制度具有激励功能,促使人们不断开发和创造新的智力成果,推动技术的进步和社会的发展。

(四) 知识产权的地域性

知识产权作为专有权,在空间上的效力并不是无限的,要受到地域的限制,其效力仅限于本国境内。按照一国法律获得承认和保护的知识产权,只能在该国发生法律效力。各国的知识产权立法基于主权原则必然呈现出独立性,各国的政治、经济、文化和社会制度的差异,也会使知识产权保护的规定有所不同。

(五) 知识产权的时间性

知识产权作为一种民事权利,有时间上的限制。知识产权只有在法律规定的期限内受到保护,一旦超过法律规定的有效期限,这一权利就自行消灭,而其客体就会成为整个社会的共同财富,为全人类所共同使用。需要注意的是,商标权的期限届满后,可通过续展依法延长保护期。少数知识产权没有时间限制,只要符合有关条件,法律可长期予以保护,如商业秘密权、地理标志权等。

三、知识产权的保护范围

科学技术的发展和社会的进步,不仅使知识产权传统权利类型的内涵不断丰富,还使知识产权的外延不断拓展。根据 1967 年 7 月 14 日在斯德哥尔摩签订的《成立世界知识产权组织公约》、1994 年 4 月 15 日在摩洛哥的马拉喀什签署的《与贸易有关的知识产权协定》等国际公约,以及《中华人民共和国反不正当竞争法》(以下简称《反不正当竞争法》)等法律、法规,知识产权的范围如下。

(1) 著作权和邻接权。著作权又称版权,是指文学、艺术和科学作品的作者及其相关主体依法对作品所享有的人身权利和财产权利。邻接权在著作权法中被称为"与著作权有关的权益"。

(2) 专利权,是指自然人、法人或其他组织依法对发明、实用新型和外观设计在一定期限内享有的独占实施权。

（3）商标权，是指商标注册人或权利继受人在法定期限内对注册商标依法享有的各种专有权。

（4）商业秘密权，是指民事主体对属于商业秘密的技术信息或经营信息依法享有的专用权。

（5）植物新品种权，是指完成育种的单位或个人对其经授权的品种依法享有的排他使用权。

（6）集成电路布图设计权，是指自然人、法人或其他组织依法对集成电路布图设计享有的专有权。

（7）商号权，是指商事主体对商号在一定地域范围内依法享有的独占使用权。

（8）法律规定的其他客体。

我国也相继加入很多保护知识产权的国际公约：1980年加入《建立世界知识产权组织公约》；1985年，加入《保护工业产权巴黎公约》；1989年，加入《商标国际注册马德里协定》；1994年，加入《专利合作公约》。随着知识产权制度的不断完善，知识产权法必将在鼓励人们从事创造性的脑力劳动、促进科学技术的进步等方面起到非常重要的作用。

> 柏万清诉成都难寻物品营销服务中心等侵害实用新型专利权纠纷案

第二节　商标法

一、商标概述

（一）商标的含义

商标是商品生产者、经营者和服务提供者将自己生产、销售的商品和提供的服务与他人生产、销售的商品和提供的服务区别开来的一种标记。这种标记通常由文字、图形、数字、三维标志及颜色组合表示，置于商品表面或其包装上、服务场所及服务说明书上。《中华人民共和国商标法》（以下简称《商标法》）第8条规定："任何能够将自然人、法人或者其他组织的商品与他人的商品区别开的标志，包括文字、图形、字母、数字、三维标志、颜色组合和声音等，以及上述要素的组合，均可以作为商标申请注册。"商标使用人为使所用商标获得法律保护，可向商标主管机关申请注册，取得商标专用权，此时的商标成为注册商标。

（二）商标的种类

随着经济的发展，商品品种越来越多，商标的使用也日益广泛，除《商标法》中规定的以外，又增加了其他的一些商标，如气味商标，因而对商标种类的划分标准也是多种多样的。

1. 按照商标结构分类

（1）文字商标。这是由纯文字构成的商标，可以包含中国汉字、少数民族文字、外国文字及阿拉伯数字或不同文字的组合，如可口可乐、雪碧等。文字的组合可以是生造的，无任何含义，商标的字体可以任选，笔画可以艺术变形。

（2）图形商标。这是指以图形构成的商标，包括人、动物或自然界各种各样的事物，可以是具体的，可以是抽象的，还可以是虚构的。

（3）字母商标。这是指用拼音文字或注音符号的最小书写单位，包括拼音文字、外文字母（如英文字母、拉丁字母）等所构成的商标。

（4）数字商标。这是用阿拉伯数字、罗马数字或者是中文大写数字构成的商标。

（5）三维标志商标。这又称为立体商标，用具有长、宽、高三种度量的三维立体物标志构成的商标标志。

（6）颜色组合商标。这是指由两种或两种以上的颜色排列、组合而成的商标。文字、图案加颜色所构成的商标，不属于颜色组合商标。

（7）声音商标。这是以音符编成的一组音乐或以某种特殊声音作为商品或服务的商标。

（8）气味商标。这是以某种特殊气味作为不同商品和不同服务的商标，但这种商标目前在我国还不能注册。

（9）总体组合商标。这是指由两种或两种以上成分相结合构成的商标，也称复合商标。

2. 按照商标用途分类

（1）防御商标。防御商标是指驰名商标的所有人为了防止他人在不同类型的商品上使用其商标，而将其商标单独注册在非类似商品上。目前，《商标法》还没有"防御商标"的相关规定。

（2）联合商标。联合商标是指同一商标所有人在同一商品或者类似商品上注册的若干相同或者近似的商标。它们有的在文字上相似，有的在图形上相似，可以防止他人假冒或注册，从而更有效地保护自己的商标。

（3）营业商标。这是指生产者、经营者在其生产、经营的商品上使用特定标志或者企业名称的商标，又称"工厂标志""商店标志""公司标志"。

（4）证明商标。这是指由对某一商品或服务具有监管能力的组织控制，但被组织外单位或个人用于证明该商品或服务的原产地、原材料、制造方法、质量或者其他特定质量的标志，如绿色食品标志、皮革标志、纯羊毛标志、电气标志等。

（5）等级商标。这是指在商品质量、规格、等级不同的一种商品上使用的同一商标或者不同的商标。其中一些商标的名称相同，但图形或字符不同。有的商标图案相同，但为了区分不同商品的质量，使用了不同的颜色、不同的纸张、不同的印刷工艺或其他标志，也有的使用不同的名称或图形来区分。

（6）组集商标。这是指因品种、规格、档次、价格不同，在同种商品上为区别使用的若干个商标，这些商标被视为一个组集一次性申请注册的商标。组集商标与等级商标有相似之处。

（7）亲族商标。这是以某一商标为基础，结合各种文字或图形，在同一企业的各种商品上使用的商标，又称"派生商标"，如美国苹果公司推出的 iPad touch、iPhone、iPad 等即为亲族商标。

（8）备用商标。这种商标又称贮藏商标，是指在同一时间或者分别在同一商品或者类似商品上注册若干商标。注册后，不必立即使用，而是先存储，必要时再使用。

二、商标法的发展

商标法是调整商标注册、使用、管理和商标权保护过程中产生的各种社合关系的法律规范的总称。《商标法》于 1982 年 8 月 23 日颁布，于 1983 年 3 月 1 日起施行，于 1993 年 2 月、2001 年 10 月、2013 年 8 月、2019 年 4 月进行了 4 次修正。《商标法》及其实施细则是我国商标法律制度中最重要的法律文件，立法宗旨主要在于规范商标管理，保护商标专用权，促使生产、经营者保证商品和服务的质量，维护商标信誉，保障消费者和生产经营者的利益，促进社会主义市场经济的健康有序发展。

三、商标权的主体、客体和内容

商标权是指商标所有人对其商标拥有的独占的、排他的权利。侵犯他人的商标专用权，会受到法律的制裁。我国商标权的取得实行的是注册原则，因此商标权实际上是因商标所有人申请，经政府主管部门确认的专有权利，即因商标注册而产生的权利。

（一）商标权的主体

商标权的主体是指通过法定程序，在自己生产、制造、加工、拣选、经销的商品或者提供的服务上享有商标专用权的人。根据《商标法》中的规定，商标权的主体范围包括自然人、法人或者其他组织。两个以上自然人、法人或者其他组织可以共同向知识产权局申请注册同一商标，共同享有和行使该商标专用权。

（二）商标权的客体

商标权的客体是指经知识产权局核准注册的商标，即注册商标。申请注册的商标应当具备以下条件。

1. 商标应当具备显著性

《商标法》规定，申请注册的商标应当有显著特征，便于识别，并不得与他人在先取得的合法权利相冲突。商标具备的这种显著性，可以通过两种方式产生：一是商标本身具有显著性；二是通过长期的使用获得商标的显著性。

2. 商标应当符合规定的要求

《商标法》规定，任何能够将自然人、法人或者其他组织的商品与他人的商品区别开的标志，包括文字、图形、字母、数字、三维标志、颜色组合和声音等，以及上述要素的组合，均可以作为商标申请注册。

（1）《商标法》规定，下列标志不得作为商标使用。

①同我国的国家名称、国旗、国徽、国歌、军旗、军徽、军歌、勋章等相同或者近似的，以及同中央国家机关的名称、标志、所在地特定地点的名称或者标志性建筑物的名称、图形相同的。

②同外国的国家名称、国旗、国徽、军旗等相同或者近似的，但经该国政府同意的除外。

③同政府间国际组织的名称、旗帜、徽记等相同或者近似的，但经该组织同意或者不易误导公众的除外。

④与表明实施控制、予以保证的官方标志、检验印记相同或者近似的，但经授权的除外。

⑤同"红十字""红新月"等名称、标志相同或者近似的。

⑥带有民族歧视的。

⑦带有欺骗性，容易使公众对商品的质量等特点或者产地产生误解的。

⑧有害于社会主义道德风尚或者有其他不良影响的。

⑨县级以上行政区划的地名或者公众知晓的外国地名，不得作为商标。但是，地名具有其他含义或者作为集体商标、证明商标组成部分的除外；已经注册的使用地名的商标继续有效。

（2）《商标法》规定，下列标志不得作为商标注册：仅有本商品的通用名称、图形、型号的；仅直接表示商品的质量、主要原料、功能、用途、重量、数量及其他特点的；其他缺乏显著特征的。前述所列标志经过使用取得显著特征，并便于识别的，可以作为商标注册。同时，作为商标的标志不得与他人在先取得的合法权利相冲突。在先取得的合法权利是指在商标注册申请人提出商标申请以前，他人已经依法取得或者依法享有并受法律保护的权利。通常包括著作权、专利权、姓名权、肖像权、商号权、地理标志权、域名权等。

（3）《商标法》规定，企业在申请注册商标时应注意以下几点。

①以三维标志申请注册商标的，仅由商品自身的性质产生的形状、为获得技术效果而需有的商品形状或者使商品具有实质性价值的形状，不得注册。

②就相同或者类似商品申请注册的商标是复制、摹仿或者翻译他人未在我国注册的驰名商标，容易导致混淆的，不予注册并禁止使用。

③就不相同或者不相类似商品申请注册的商标是复制、摹仿或者翻译他人已经在我国注册的驰名商标，误导公众，致使该驰名商标注册人的利益可能受到损害的，不予注册并禁止使用。

④未经授权，代理人或者代表人以自己的名义将被代理人或者被代表人的商标进行注册，被代理人或者被代表人提出异议的，不予注册并禁止使用。就同一种商品或者类似商品申请注册的商标与他人在先使用的未注册商标相同或者近似，申请人与该他人具有前述规定以外的合同、业务往来关系或者其他关系而明知该他人商标存在，该他人提出异议的，不予注册。

⑤商标中有商品的地理标志（标示某商品来源于某地区，该商品的特定质量、信誉或者其他特征，主要由该地区的自然因素或者人文因素所决定的标志），而该商品并非来源于该标志所标示的地区，误导公众的，不予注册并禁止使用。但是，已经善意取得注册的继续有效。

（三）商标权的内容

1. 权利

商标权是指商标所有人依法对其注册商标所享有的占有、使用、收益和处分的权利。

（1）专用权。专用权是指商标权主体对其注册商标依法享有的自己在指定商品或服务项目上独占使用的权利。注册商标的专用权以核准注册的商标和核定使用的商品为限。

（2）使用许可权。使用许可权指注册商标所有人有权将其对注册商标的专用权许可他人行使。商标的使用许可的类型主要有独占使用许可、排他使用许可、普通使用许可等。许可他人使用商标要订立合同。被许可人必须具备使用注册商标的主体资格。许可他人使用注册商标的，许可人应当自商标使用许可合同订立之日起3个月内将合同副本报送知识产权局备案。被许可人必须在商标上标明自己的名称和产地，保证与许可人的商品质量一致，接受许可人的监督。

（3）转让权。商标转让权是指商标权人依法享有的将其注册商标依法定程序和条件，转让给他人的权利。转让注册商标的，转让人和受让人应当签订转让协议，并共同向知识产权局提出申请。转让注册商标经核准后，予以公告，受让人自公告之日起享有商标专用权。受让人应当保证使用该注册商标的商品质量。注册商标的转让不影响转让前已经生效的商标使用许可合同的效力，但商标使用许可合同另有约定的除外。

（4）续展权。续展权是指商标权人在其注册商标有效期届满前，依法享有申请续展注册，从而延长其注册商标保护期的权利。注册商标的有效期为10年，自核准注册之日起计算。注册商标有效期满，应当在期满前12个月内申请续展注册；在此期间未能提出申请的，可以给予6个月的宽展期。每次续展注册的有效期为10年，自该商标上一届有效期满次日起计算。宽展期满仍未提出申请的，注销其注册商标。

（5）标示权。商标注册人使用注册商标，有权标明"注册商标"字样或者注册标记。在商品上不便标明的，可以在商品包装或者说明书以及其他附着物上标明。

（6）禁止权。商标禁止权是指商标权人依法享有的禁止他人不经过自己的许可而使用注册商标和与之相近似的商标的权利。

2. 义务

根据《商标法》的规定，商标注册人在使用商标时，应承担以下义务：不得擅自改变注册商标，需要改变其标志的，应当重新提出注册申请；不得自行改变注册商标的注册人名义、地址或者其他注册事项，否则由地方知识产权局责令限期改正，期满不改正的，由知识产权局撤销其注册商标；不得自行转让注册商标，转让注册商标应通过商标主管机关核准；注册商标必须使用，连续3年停止使用的，注册商标由商标局撤销其商标注册。

四、商标权取得的原则及程序

（一）商标权取得的原则

1. 注册原则

如果商标所有人不向知识产权局提出注册申请，即使其商标经过长期使用，也不能获得商标权。未注册商标虽然被法律允许使用，但大多处于无法律保障的状态，只有在被他人以不正当手段抢先注册，且自己的商标已经使用并有一定影响，商标所有人才能依据

《商标法》的规定对抗抢注者。

2. 自愿注册原则

商标所有人自行决定是否申请商标注册，不注册的商标也可以使用，但商标所有人不享有商标权。国家对涉及人们健康的极少数商品实行强制注册，如烟草制品（主要指卷烟、雪茄烟、有包装的烟丝）。

3. 以"使用在先"为补充的"申请在先"原则

对于两个或两个以上的申请人，在同一种或类似商品上申请注册相同或近似的商标时，准予先申请人的注册，驳回后申请人的申请。同一天申请的，初步审定并公告使用在先的商标。但对于无法确定先使用人的，由各申请人自行协商，不愿协商或协商不成的，商标局通知各申请人以抽签方式确定一个申请人，驳回其他人的注册申请。

4. 优先权原则

商标注册申请人自其商标在外国第一次提出商标申请之日起6个月内，又在我国就相同商品以同一商标提出商标注册申请的，依照该外国同我国签订的协议或者共同参加的国际条约，或者按照相互承认的优先权原则，可以享有优先权。商标在我国政府主办的或承认的国际展览会展出的商品上首次使用的，自该商品展出之日起6个月内，该商标的注册申请人可以享有优先权。

（二）商标权取得的程序

商标权的取得可分为原始取得和继受取得。商标权的原始取得应按照商标注册程序办理。首次申请商标注册，申请人应当提交申请书、商标图样、证明文件并交纳申请费。商标局对受理的商标注册申请，依法进行审查，对符合规定的，予以初步审定并予以公告，对不符合规定的，予以驳回并书面通知申请人，不以使用为目的的恶意商标注册申请，应当依法予以驳回。对初步审定的商标，自公告之日起3个月内，相关当事人可提出异议。当事人对公告期满无异议的，予以核准注册，发给商标注册证，并予以公告。继受取得应按合同转让和继承注册商标的程序办理。

五、商标权法律保护

（一）侵犯商标专用权的行为

注册商标专用权是指注册商标的所有人对其所有的注册商标享有独占的使用权，未经其许可，任何人都不得在同一种商品或者类似商品上使用与其注册商标相同或者近似的商标。注册商标的专用权以核准注册的商标和核定使用的商品或服务为限。实践中，侵犯注册商标专用权的行为（或称为商标侵权行为）主要表现形式如下。

（1）未经商标注册人的许可，在同一种商品上使用与其注册商标相同的商标的。

（2）未经商标注册人的许可，在同一种商品上使用与其注册商标近似的商标，或者在类似商品上使用与其注册商标相同或者近似的商标，容易导致混淆的。

（3）销售侵犯注册商标专用权的商品的。

（4）伪造、擅自制造他人注册商标标识或者销售伪造、擅自制造的注册商标标识的。

（5）未经商标注册人同意，更换其注册商标并将该更换商标的商品又投入市场的（反向假冒）。

(6) 故意为侵犯他人商标专用权行为提供便利条件，帮助他人实施侵犯商标专用权行为的。

(7) 给他人的注册商标专用权造成其他损害的。

(二) 驰名商标的认定和保护

驰名商标是在中国为相关公众广为知晓并享有较高声誉的商标。其中的"相关公众"是指与商标所标识的某类商品或者服务有关的消费者，以及与前述商品或者服务的营销有密切关系的其他经营者及经销渠道中所涉及的销售者和相关人员等。驰名商标制度是为充分保护知名商标所有权人的合法权益而创设的，旨在合理保护相关的商标所有权，维护公平竞争，制止侵犯他人商标专用权的行为。

1. 驰名商标的认定

《商标法》第14条规定："驰名商标应当根据当事人的请求，作为处理涉及商标案件需要认定的事实进行认定。认定驰名商标应当考虑下列因素：

（一）相关公众对该商标的知晓程度；

（二）该商标使用的持续时间；

（三）该商标的任何宣传工作的持续时间、程度和地理范围；

（四）该商标作为驰名商标受保护的记录；

（五）该商标驰名的其他因素。"

所谓驰名商标，是针对特定的侵权纠纷而言的，其获得特殊保护的效力有一定的范围和时效。此外，在此纠纷中被认定为驰名商标，不代表在其他的侵权纠纷中也享受同等待遇。

2. 驰名商标的保护

为了保护驰名商标所有权人的合法权益，我国对驰名商标制定了有别于一般商标的特别保护制度，驰名商标保护范围如下。

(1) 就相同或者类似商品申请注册的商标是复制、模仿或者翻译他人未在我国注册的驰名商标，容易导致混淆的，不予注册并禁止使用。

(2) 就不相同或者不相类似商品申请注册的商标是复制、模仿或者翻译他人已经在我国注册的驰名商标，误导公众，致使该驰名商标注册人的利益可能受到损害的，不予注册并禁止使用。

(3) 已经注册的商标，违反《商标法》相关规定的，自商标注册之日起5年内，商标所有人或者利害关系人可以请求商标评审委员会裁定撤销该注册商标。对恶意注册的，驰名商标所有人不受5年的时间限制。

(4) 使用商标违反《商标法》第13条规定的，有关当事人可以请求市场监督管理部门禁止使用。经商标局依照《商标法》第14条的规定，认定为驰名商标的，由市场监督管理部门责令侵权人停止违反《商标法》第13条规定，使用该驰名商标的行为，收缴、销毁其商标标识；商标标识与商品难以分离的，一并收缴、销毁。

(5) 驰名商标所有人认为他人将其驰名商标作为企业名称登记，可能欺骗公众或者对公众造成误解的，可以向企业名称登记主管机关申请撤销该企业名称登记。企业名称登记主管机关应当依照《企业名称登记管理规定》处理。

(6) 他人的域名或其主要部分构成对驰名商标的复制、模仿、翻译或音译的，应当认定其注册、使用域名等行为构成侵权或者不正当竞争。

《商标法》规定，生产经营者不得将"驰名商标"字样用于商品、商品包装、容器或者用于广告宣传、展览及其他商业活动中。违反此规定的企业将被处以 10 万元的罚款。驰名商标原本是加强对较高知名度商标进行保护的一个法律概念，但长期以来，市场经营者将驰名商标作为一种荣誉，使用在产品推广或宣传活动中。市场对驰名商标这种广告效应的旺盛需求，在一定程度上助长了饱受诟病的驰名商标制度异化问题。《商标法》第三次修正时，增加了对驰名商标宣传和使用行为的禁止性规定，旨在引导驰名商标回归为一种法律符号，其与荣誉称号有着本质区别。

第三节 专利法

专利一词来源于拉丁语 litterae patentes，意为公开的信件或公共文献。专利是世界上最大的技术信息源，据统计，专利包含了世界科技信息中 90%~95% 的内容。

广义的专利通常有 3 层含义：一是指专利局授予的专利权；二是指受专利法保护的发明创造；三是指专利文献。狭义的专利指专利权。专利权是指一项发明创造经依法审查后，由国家专利主管机关依法定条件和程序，授予申请人在一定期限内对其发明创造所享有的专有权。

专利法是调整在确认、保护发明创造专有权以及利用发明创造过程中产生的各种社会关系的法律规范的总称。《中华人民共和国专利法》（以下简称《专利法》）于 1984 年 3 月 12 日通过，1985 年 4 月 1 起正式施行，并于 1992 年 9 月 4 日、2000 年 8 月 25 日、2008 年 12 月 27 日、2020 年 10 月 17 日历经 4 次修正，于 2021 年 6 月 1 日起施行。《专利法》及《中华人民共和国专利法实施细则》（以下简称《专利法实施细则》）是我国专利法律制度中最重要的法律文件。

一、专利权的主体和客体

（一）专利权的主体

专利权的主体是指具体参加特定的专利权法律关系并享有专利权的人。根据《专利法》的规定，发明人或者设计人、职务发明创造的单位、外国人和外国企业或者外国其他组织都可以成为专利权的主体。

1. 发明人或者设计人

《专利法》所称发明人或者设计人，是指对发明创造的实质性特点作出创造性贡献的人。在完成发明创造过程中，只负责组织工作的人、为物质技术条件的利用提供方便的人或者从事其他辅助工作的人，不是发明人或者设计人。

发明人或者设计人一般具有以下特征。

(1) 发明人或者设计人为自然人。

(2) 发明人或者设计人的认定不受其民事行为能力的限制。

(3) 发明人或者设计人必须是对发明创造的实质性特点作出创造性贡献的人。

2. 职务发明创造的单位

职务发明创造是指发明人或者设计人执行本单位的任务，或者主要是利用本单位的物质技术条件所完成的发明创造。凡是不能被证明为职务发明创造的，为非职务发明创造。

对于职务发明创造，申请专利的权利属于该单位，申请被批准后，该单位为专利权人。该单位可以依法处置其职务发明创造申请专利的权利和专利权，促进相关发明创造的实施和运用。对于非职务发明创造，申请专利的权利属于发明人或者设计人，申请被批准后，该发明人或者设计人为专利权人。利用本单位的物质技术条件所完成的发明创造，单位与发明人或者设计人订有合同，对申请专利的权利和专利权的归属作出约定的，从其约定。

根据《专利法》及《专利法》实施细则的规定，发明人或者设计人作出的发明创造，凡符合下列条件之一的，均属于职务发明创造。

（1）在本职工作中作出的发明创造。
（2）履行本单位交付的本职工作之外的任务所作出的发明创造。
（3）退职、退休或者调动工作后一年内作出的，与其在原单位承担的本职工作或者原单位分配的任务有关的发明创造。
（4）主要利用本单位的物质技术条件完成的发明创造。

本单位包括临时工作单位，本单位的物质技术条件是指本单位的资金、设备、零部件、原材料或者不对外公开的技术资料等。

3. 共同发明创造人或委托完成人

两个以上单位或者个人合作完成的发明创造、一个单位或者个人接受其他单位或者个人委托完成的发明创造，除另有协议以外，申请专利的权利属于完成或者共同完成的单位或者个人；申请被批准后，申请的单位或者个人为专利权人。

4. 外国的单位或者个人

在我国没有经常居所或者营业场所的外国人、外国企业或者外国其他组织在我国申请专利的，依照其所属国同我国签订的协议或者共同参加的国际条约，或者依照互惠原则，根据《专利法》的规定办理。

5. 专利代理机构

我国的单位或者个人在国内申请专利或办理其他专利事务，可以委托依法设立的专利代理机构办理。在我国没有经常居所或者营业场所的外国人、外国企业或者外国其他组织在我国申请专利或办理其他专利事务，应当委托依法设立的专利代理机构办理。

专利代理机构应当遵守法律、行政法规，按照被代理人的委托办理专利申请或者其他专利事务；对被代理人发明创造的内容，除专利申请已经公布或者公告的以外，负有保密责任。

6. 专利申请权的合法受让人

专利申请权和专利权可以转让。转让专利申请权或者专利权的，当事人应当订立书面合同，并向国务院专利行政部门登记，由国务院专利行政部门予以公告。专利申请权或者专利权的转让自登记之日起生效。

（二）专利权的客体

专利权的客体，是指可以获得专利法保护的发明创造。《专利法》规定的发明创造是指发明、实用新型和外观设计。

1. 发明

发明是指对产品、方法或者其改进所提出的新的技术方案。发明必须是一种技术方案，是发明人将自然规律在特定技术领域进行运用和结合的结果，而不是自然规律本身。同时，发明通常是自然科学领域的智力成果，文学、艺术和社会科学领域的成果也不能构成专利法意义上的发明。发明分为产品发明、方法发明两种形式。发明专利的保护期为20年，自申请日起计算。

2. 实用新型

实用新型是指对产品的形状、构造或者其结合所提出的适于实用的新的技术方案。实用新型具有如下特征：

（1）实用新型是一种新的技术方案，是发明的一部分；

（2）实用新型仅限于产品，不包括方法；

（3）实用新型要求产品必须是具有固定的形状构造的产品，气态、液态凝胶状或颗粒粉末状的物质或者材料，不属于实用新型的产品范围。

实用新型专利保护期为10年，自申请日起计算。

3. 外观设计

外观设计是指对产品的整体或者局部的形状图案或者其结合以及色彩与形状、图案的结合所作出的富有美感并适于工业应用的新设计。外观设计具有如下特征：

（1）外观设计必须与产品相结合；

（2）外观设计必须能在产业上应用，外观设计必须能够用于生产经营目的的制造或生产；

（3）外观设计富有美感，外观设计包含的是美术思想，即解决产品的视觉效果问题，而不是技术思想，这一点与实用新型相区别。外观设计的专利保护期为15年，自申请日起计算。

二、授予专利权的条件

（一）授予发明和实用新型专利权的条件

授予发明和实用新型专利权的条件，应当具备新颖性、创造性和实用性。

1. 新颖性

新颖性是指在申请日以前没有同样的发明，或者实用新型没有在国内外出版物上公开发表过、没有在国内公开使用过，或者以其他方式为公众所知，也没有同样的发明或者实用新型由他人向国务院专利行政部门提出过申请并记载在申请日以后公布的专利申请文件中，其判断标准如下：

（1）时间范围。一项发明或实用新型，只有在申请日或优先权日（申请人要求享有优先权的）前没有公开过，即没有他人就相同主题向专利局提出过专利申请，且记载在以后公布的专利申请文件中,才具有新颖性。

(2) 地域范围。《专利法》采用国际通用的绝对新颖性标准,即一项发明或实用新型从未在国内外为公众所知,包括从未在出版物上公开发表过、公开使用过或者公开销售过等。

(3) 公开形式。一项发明或实用新型必须是从未以任何形式(口头、书面使用或其他形式如展览、演示等)为社会公众所知,才不会丧失新颖性。

但申请专利的发明创造在申请日以前6个月内,有下列情形之一的,不丧失新颖性:在国家出现紧急状态或者非常情况时,为公共利益目的首次公开的;在我国政府主办或者承认的国际展览会上首次展出的;在规定的学术会议或者技术会议上首次发表的;他人未经申请人同意而泄露其内容的。

2. 创造性

创造性是指同申请日以前已有的技术相比,该发明有突出的实质性特点和显著的进步,该实用新型有实质性特点和进步。

突出的实质性特点是指申请专利的发明同申请日(或优先权日)以前的技术相比具有本质的区别,或者说具有区别技术特征。申请专利的技术方案必须是经过创造性构思获得的结果,它超越了发明所属技术领域中一般技术人员的技术水平,表现在有了质的突破或飞跃。显著的进步是指申请专利的发明同申请日(或优先权日)以前的技术相比具有良好的效果。良好的效果表现在发明克服了现有技术的缺点与不足,或者使技术具有新的功能与用途,或者表现在发明所代表的新技术发展趋势等方面。

实用新型的创造性和发明的创造性相比,只有程度上的不同,并无实质区别,即对实用新型创造性的要求低于对发明创造性的要求,只需具有实质性特点和进步。由于《专利法》规定对实用新型专利申请不进行实质审查,对实用新型创造性的判断,只有在专利权无效宣告程序中才会具体涉及。

3. 实用性

实用性是指该发明或者实用新型能够制造或者使用,并且能够产生积极效果。"实用"一词的主要意义在于能够在产业上利用并创造实际利益。

产业不仅包括传统工业,还包括社会生活的其他领域,如农业、林业、交通运输业、美容业等,即每一个适于授予发明创造专利的有组织的技术领域。如果申请专利的发明或实用新型是一种产品,该产品必须能在产业中制造,并解决相应技术问题。如果申请专利的发明是一种方法,该方法必须能在产业中使用,并解决相应技术问题。

能够产生积极效果是指发明或实用新型制造或使用后,与现有技术相比具有的有益效果,主要包括三方面含义:一是能够产生积极的社会效果;二是能够产生积极的技术效果;三是能够产生积极的经济效果。

(二) 授予外观设计专利权的条件

授予专利权的外观设计,是指应当同申请日以前在国内外出版物上公开发表过,或者国内公开使用过的外观设计不相同和不相近似,并不得与他人在先取得的合法权利相冲突。

外观设计要求具有新颖性和原创性,富于美感。《专利法》第23条规定:"授予专利权的外观设计，应当不属于现有设计；也没有任何单位或者个人就同样的外观设计在申请日以前向国务院专利行政部门提出过申请，并记载在申请日以后公告的专利文件中。"所以外观设计专利也必须具备新颖性。授予专利权的外观设计与现有设计或者现有设计特征的组合相比，应当具有明显区别，就是必须具有原创性，这与发明、实用新型的创造性要求相似。授予专利权的外观设计不得与他人在申请日以前已经取得的合法在先权利（如著作权、商标权、姓名权、肖像权等）相冲突。此外，外观设计必须是应用在工业品的外表上的，因此不能脱离产品独立存在，要与产品融为一体，富于美感。

三、专利权的内容和限制

（一）专利权人的权利

1. 独占权

独占权体现在对自己专利实施的自由和对他人实施其专利的禁止两方面。

（1）专利权人有权自由实施其专利。专利权人对其专利产品依法享有进行制造、使用、销售许诺销售的专有权利，对其专利方法依法享有专有使用权，对依照其专利方法直接获得的产品享有专有使用权和销售权。

（2）专利权人有权禁止他人实施其专利。除《专利法》另有规定的以外，发明和实用新型专利权被授予后，任何单位或者个人未经专利权人许可，都不得实施其专利，即不得为生产经营目的制造、使用、许诺销售、销售进口其专利产品，或者使用其专利方法以及使用、许诺销售、销售进口依照该专利方法直接获得的产品。外观设计专利权被授予后，任何单位或者个人未经专利权人许可，都不得实施其专利，即不得为生产经营目的制造、许诺销售、销售、进口其外观设计专利产品。

2. 转让权

转让权是指专利权人将其获得的专利权转让给他人的权利，包括专利申请权和专利权的转让。转让专利申请权或者专利权的，当事人应当订立书面合同，并向国务院专利行政部门登记，由国务院专利行政部门予以公告。专利申请权或者专利权的转让自登记之日起生效。

3. 许可实施权

许可实施权是指专利权人通过实施许可合同的方式，许可他人实施其专利并收取专利使用费的权利。任何单位或者个人实施他人专利的，应当与专利权人订立实施许可合同，向专利权人支付专利使用费，并且被许可人无权允许合同规定以外的任何单位或者个人实施该专利。

专利申请权或者专利权的共有人对权利的行使有约定的，从其约定。没有约定的，共有人可以单独实施或者以普通许可方式许可他人实施该专利；许可他人实施该专利的，收取的使用费应当在共有人之间分配。专利权人与他人订立的专利实施许可合同，应当自合同生效之日起3个月内向国务院专利行政部门备案。

4. 标记权

标记权是指专利权人有权在其专利产品或者该产品包装上标明专利标识。《专利法》第16条规定："发明人或者设计人无论是否为专利权人，均有在专利文件上写明自己是发明人或者设计人的权利。"

我国专利标注方法有两种：一是采用中文标注专利权的类别，如中国发明专利、中国实用新型专利、中国外观设计专利；二是使用国家知识产权局授予专利权的专刊号。

5. 请求保护权

请求保护权是指专利权人认为其专利权受到侵犯时，有权向人民法院起诉或请求专利管理部门处理以保护其专利权的权利。

6. 放弃权

专利权人有权以书面的形式放弃其专利权。

（二）专利权人的义务

1. 充分实施专利

专利权人及其被许可人实施其专利的方式或者规模能够满足国内对专利产品或者专利方法的需求。

2. 缴纳专利年费

年费是专利权人付给专利行政部门的管理费用。专利权人应从授予专利权的当年开始缴纳专利年费，不按规定缴纳年费的，专利权应予终止。

3. 被授予专利权的单位对发明人或者设计人应予以奖励

职务发明创造取得专利，被授予专利权的单位应当对职务发明创造的发明人或者设计人给予奖励；发明创造专利实施后，根据其推广应用的范围和取得的经济效益，对发明人或者设计人给予合理的报酬。

（三）专利权的限制

1. 指定许可

国有企业事业单位的发明专利，对国家利益或者公共利益具有重大意义的，国务院有关主管部门和省、自治区、直辖市人民政府报经国务院批准，可以决定在批准的范围内推广应用，允许指定的单位实施，由实施单位按照国家规定向专利权人支付使用费。

2. 强制许可

强制许可又称非自愿许可，是指国务院专利行政部门依照法律规定，不经专利权人的同意，直接许可具备实施条件的申请者实施发明或实用新型专利的一种行政措施。其目的是促进获得专利的发明创造得以实施，防止专利权人滥用专利权，维护国家利益和社会公共利益。《专利法》将强制许可分为三类：一是不实施时的强制许可，二是根据公共利益需要的强制许可，三是从属专利的强制许可。

3. 不视为侵犯专利权的行为

《专利法》第75条规定："有下列情形之一的，不视为侵犯专利权：

（一）专利产品或者依照专利方法直接获得的产品，由专利权人或者经其许可的单位、个人出售后，使用、许诺销售、销售、进口该产品的；

（二）在专利申请日前已经制造相同产品、使用相同方法或者已经做好制造使用的必要准备，并且仅在原有范围内继续制造、使用的；

（三）临时通过中国领陆、领水、领空的外国运输工具，依照其所属国同中国签订的协议或者共同参加的国际条约，或者依照互惠原则，为运输具自身需要而在其装置和设备中使用有关专利的；

（四）专为科学研究和实验而使用有关专利的；

（五）为提供行政审批所需要的信息，制造、使用进口专利药品或专利医疗器械的，以及专门为其制造、进口专利药品或者专利医疗器械的。"

四、专利权的期限、终止和无效

（一）专利权的期限

专利权的期限，是指专利局授予专利权具有法律效力的时间界限。《专利法》规定，发明专利权的期限为 20 年，实用新型专利权的期限为 10 年，外观设计专利权的期限为 15 年，均自申请日起计算。

自发明专利申请日起满 4 年，且自实质审查请求之日起满 3 年后授予发明专利权的，国务院专利行政部门应专利权人的请求，就发明专利在授权过程中的不合理延迟给予专利权期限补偿，但由申请人引起的不合理延迟除外。

为补偿新药上市审评审批占用的时间，对在我国获得上市许可的新药相关发明专利，国务院专利行政部门应根据专利权人的请求给予专利权期限补偿。补偿期限不超过 5 年，新药批准上市后总有效专利权期限不超过 14 年。

（二）专利权的终止

专利权的终止是指专利权在有效期届满而自然消灭，以及有效期届满前由于法定原因而消灭。专利权的终止有以下两种情况。

（1）期限届满终止，这是正常终止。

（2）期限届满前终止，这称为提前终止，提前终止是由于专利权人没有按期缴纳年费，或者是专利权人书面声明放弃专利权。

专利权在期限届满前终止的，由国务院专利行政部门登记和公告。

（三）专利权的无效

专利权的无效是指被授予的专利因其不符合《专利法》的规定，而由专利复审委员会根据有关单位或个人的请求通过审查程序而宣告为无效。

《专利法》第 45 条规定："自国务院专利行政管理部门公告授予专利权之日起，任何单位或者个人认为该专利权授予不符合《专利法》规定的，都可以请求专利复审委员会宣告该专利权无效。"国务院专利行政部门对宣告专利权无效的请求应当及时审查和作出决定，并通知请求人和专利权人。宣告专利权无效的决定，由国务院专利行政部门登记和公告。

对国务院专利行政部门宣告专利权无效或者维持专利权的决定不服的，可以自收到通知之日起 3 个月内向人民法院起诉。人民法院应当通知无效宣告请求程序的对方当事人作为第三人参加诉讼。

五、专利权的保护

（一）专利权的保护范围

专利权的保护范围是指发明、实用新型和外观设计专利权的法律效力所及的范围。

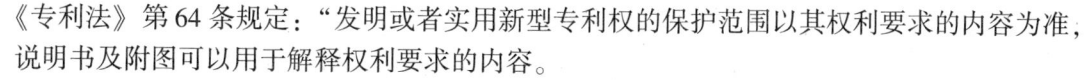

《专利法》第64条规定:"发明或者实用新型专利权的保护范围以其权利要求的内容为准,说明书及附图可以用于解释权利要求的内容。

外观设计专利权的保护范围以表示在图片或者照片中的该产品的外观设计为准,简要说明可以用于解释图片或者照片所表示的该产品的外观设计。"

(二)专利侵权行为

1. 实施他人专利的行为

专利权人对专利享有独占实施权,并有权禁止他人未经许可而实施其专利。未经许可实施他人专利的,都构成对他人专利权的侵犯。发明和实用新型专利权被授予后,除(专利法)另有规定的以外,任何单位或者个人未经专利权人许可,都不得实施其专利,即不得为生产经营目的制造、使用、许诺销售、销售、进口其专利产品,或者使用其专利方法以及使用、许诺销售、销售、进口依照该专利方法直接获得的产品。外观设计专利权被授予后,任何单位或者个人未经专利权人许可,都不得实施其专利,即不得为生产经营目的制造、许诺销售、销售、进口其外观设计专利产品。

2. 假冒专利的行为

假冒专利行为包括假冒他人专利的行为和冒充专利的行为。假冒他人专利的行为和冒充专利的行为属于欺骗公众,损害公共利益,扰乱正常市场秩序的违法行为。从形式上看,两者的区别主要在于假冒他人专利时冒用的是他人已经取得、实际存在的专利;冒充专利行为冒用的是实际上并不存在的专利。

下列行为属于假冒专利的行为。

(1) 在未被授予专利权的产品或者其包装上标注专利标识,专利权被宣告无效后或者终止后继续在产品或者其包装上标注专利标识,或者未经许可在产品或者产品包装上标注他人的专利号。

(2) 销售前项所述产品。

(3) 在产品说明书等材料中,将未被授予专利权的技术或者设计称为专利技术或者专利设计,将专利申请称为专利,或者未经许可使用他人的专利号,使公众将所涉及的技术或者设计误认为是专利技术或者专利设计。

(4) 伪造或者变造专利证书、专利文件或者专利申请文件。

(5) 其他使公众混淆,将未被授予专利权的技术或者设计误认为是专利技术或者专利设计的行为。

专利权终止前依法在专利产品依照专利方法直接获得的产品或者其包装上标注专利标识,在专利权终止后许诺销售、销售该产品的,不属于假冒专利行为。

(三)侵犯专利权的法律责任

未经专利权人许可,实施其专利,即侵犯其专利权,引起纠纷的,由当事人协商解决;不愿协商或者协商不成的,专利权人或者利害关系人可以向人民法院起诉,也可以请求管理专利工作的部门处理。侵犯专利权应承担的责任包括民事责任、行政责任和刑事责任3种。

1. 民事责任

侵犯他人专利权的行为人应当承担的民事责任形式主要有停止侵害、消除影响和赔偿损失等。赔偿损失是一种普遍采用的救济措施。侵犯专利权的赔偿数额按照权利人因被侵权所受到的实际损失确定；实际损失难以确定的，可以按照侵权人因侵权所获得的利益确定。权利人的损失或者侵权人获得的利益难以确定的，参照该专利许可使用费的倍数合理确定。赔偿数额还应当包括权利人为制止侵权行为所支付的合理开支。权利人的损失、侵权人获得的利益和专利许可使用费均难以确定的，人民法院可以根据专利权的类型、侵权行为的性质和情节等因素，确定给予1万元以上100万元以下的赔偿。

但被控侵权人有证据证明其实施的技术、设计属于现有技术或者现有设计的，不构成侵犯专利权。为生产经营目的使用、许诺销售或者销售不知道是未经专利权人许可而制造并售出的专利侵权产品，能证明该产品合法来源的，不承担赔偿责任。

2. 行政责任

专利管理机关在处理侵权纠纷时，可以采取责令侵权行为人改正、没收违法所得、罚款等行政处罚措施。《专利法》第68条规定："假冒专利的，除依法承担民事责任外，由管理专利工作的部门责令改正并予公告，没收违法所得，可以处违法所得五倍以下的罚款；没有违法所得的，或者违法所得在5万元以下的，可以处25万元以下的罚款。"

3. 刑事责任

违反专利法或者侵犯专利权的行为情节严重，构成犯罪的，应承担刑事责任。根据规定，行为人应承担刑事责任的情形主要包括以下3种。

（1）假冒专利。《专利法》第68条规定："构成犯罪的，依法追究刑事责任。"《刑法》第216条规定："假冒他人专利，情节严重的，处三年以下有期徒刑或者拘役，并处或者单处罚金。"

（2）在专利申请中泄露国家机密。《专利法》第78条规定："违反本法第19条规定向外国申请专利，泄露国家秘密的，由所在单位或者上级主管机关给予行政处分；构成犯罪的，依法追究刑事责任。"

（3）专利管理人员玩忽职守、滥用职权、徇私舞弊。根据《专利法》第80条的规定，从事专利管理工作的国家机关工作人员以及其他有关国家机关工作人员玩忽职守、滥用职权、徇私舞弊，构成犯罪的，依法追究刑事责任。

第四节　著作权法

著作权是我国民事主体享有的一项基本权利。著作权是指作者基于文学、艺术和科学作品依法产生的权利。根据《中华人民共和国著作权法》（以下简称《著作权法》）第62条的规定："本法所称的著作权即版权。"广义的著作权法是指调整因文学、艺术和科学作品的创作和使用而产生的人身关系和财产关系的法律规范的总称，是为保护文学、艺术和科学作品作者的著作权，以及与著作权有关的权益，鼓励有益于社会主义精神文明、物质文明建设的作品的创作和传播，促进社会主义文化和科学事业的发展与繁荣，根据宪法而制定的法律法规。

1990年9月7日，第七届全国人民代表大会常务委员会第十五次会议表决通过了《著作权法》，自1991年6月1日起实施。2001年10月27日，第九届全国人民代表大会常务委员会第二十四次会议对该法进行了第一次修正。2010年2月26日,第十一届全国人民代表大会常务委员会第十三次会议对该法进行了第二次修正。2020年11月11日,第十三届全国人民代表大会常务委员会第二十三次会议对该法进行了第三次修正。

一、著作权的概念

著作权也称为版权,是指作者及其他著作权人对其创作的文学、艺术和科学作品依法享有的权利。著作权包括人身权和财产权两个方面的内容。人身权是指作者享有的与其人身密不可分的权利,又称为精神权利,它表现为作者对其作品的发表权、署名权、修改权和保护作品完整权;财产权是指作者及其他著作权人依法对其作品享有的使用和获得报酬的权利,它表现为著作权人以复制、出租、表演、播放、信息网络传播、展览、发行、摄制电影、电视或者改编、翻译、注释、汇编等方式使用作品,并由此获得报酬的权利。著作权人可以全部或部分转让上述财产权,并依照约定或著作权法的规定获得报酬。

著作权突出对人身权的保护。著作权与作品的创作者密切相关,因此,在著作权中,保护作者对作品的人身权利是其重要的内容。著作权中作者的发表权、署名权、修改权、保护作品完整权等人身权利,永远归作者享有,不能转让,也不受著作权保护期限的限制。

著作权属于民事权利,是知识产权的重要组成部分。著作权除了具有知识产权所共有的特征,即具有专有性、地域性、时间性等特征外,与其他知识产权相比,《著作权法》所称作品应具备以下特征。

(1) 作品必须是一种智力成果。首先,作品是一种智力成果,作品是自然人智力劳动的结果;其次,作品是一种创作成果。

(2) 具有独创性。独创性又称原创性,是指作品由作者独立构思和创作而成,而不是抄袭、剽窃、篡改他人作品。作品必须体现作者的个性,属于作者智力劳动创作结果,即具有创作性。作品的表达是作品形式和作品内容的有机整体。

(3) 可复制性。作品必须可以通过某种有形形式复制,从而被他人所感知。《著作权法》所称的作品,包括下列形式的作品:文字作品;口述作品;音乐、戏剧、曲艺、舞蹈、杂技艺术作品;美术建筑作品;摄影作品;视听作品;工程设计图、产品设计图、地图、示意图等图形作品和模型作品;计算机软件;法律、行政法律规定的其他作品。

(4) 著作权因作品的创作完成而自动产生。专利权、商标权的取得必须经过申请、审批、登记和公告,即必须以行政确认程序来确认权利的取得和归属。著作权因作品的创作完成而自动产生,一般不必履行任何形式的登记或注册手续,也不论其是否已经发表。

二、著作权的主体与权利归属

(一) 著作权的主体

著作权的主体又称著作权人,是指依法对文学、艺术和科学作品享有著作权的人,根据《著作权法》规定,著作权人包括作者及其他依法享有著作权的自然人、法人或非法人组织。

1. 作者

作者是指文学、艺术和科学作品的创作人。《著作权法》规定,作者按照以下标准认定。

（1）创作作品的自然人是作者。这是对作者最基本的认定原则。创作是指直接产生文学、艺术科学作品的智力活动。为他人创作进行组织工作提供咨询意见、物质条件或者进行其他辅助工作，均不视为创作。

（2）由法人或者非法人组织主持，代表法人或者非法人组织意志创作，并由法人或者非法人组织承担责任的作品，法人或非法人组织视为作者。

（3）在作品上署名的自然人、法人或者非法人组织为作者，且该作品上存在相应权利，但有相反证明的除外。相反证明的主张者可以是作品的真实作者或者无利害关系的第三人。相反证明的主张者应就其相反证明主张提供与作品署名事实相反的证据。

2. 作者以外其他依法享有著作权的自然人、法人或者非法人组织

作者以外其他依法享有著作权的自然人、法人或者非法人组织，称为其他著作权人。其他著作权人取得著作权主要有以下两种情况。

（1）因合同而取得著作权。这种情况具体分为以下3种情况。

①依委托合同取得著作权。《著作权法》规定，受委托创作的作品，著作权的归属由委托人和受托人通过合同约定。合同未作明确约定或者没有订立合同的，著作权属于受托人。如合同约定著作权由委托人享有，委托人即成为著作权的主体。

②依转让合同取得著作权。著作权人可以将其享有的著作权中的财产权利的全部或者部分转让给他人，著作财产权的受让人取得著作权后，即成为著作权主体。

③依许可使用合同取得著作权。著作权人许可作者以外的他人行使著作权中的财产权的，该接受许可的人在著作权许可使用合同的有效期内，依照约定取得著作权中的部分或者全部财产权，即成为著作权的主体。

（2）因继受而取得著作权。这种情况具体分为以下两种情况。

①依继承或者接受遗赠而取得著作权。一般认为，自然人所享有的著作权中的财产权利可作为遗产，在自然人死亡后由其继承人继承。实践中，著作权属于自然人的，自然人死亡后，其作品著作权中的财产权利在《著作权法》规定的保护期内，依照《民法典》中继承法律制度的规定转移，由该自然人的法定继承人或者遗嘱继承人或者受遗赠人享有。据此，因继承或者接受遗赠而取得著作权中财产权的人，即成为著作权的主体。

②依承受而取得著作权。《著作权法》规定，著作权属于法人或者非法人组织的，法人或者非法人组织变更、终止后，其作品著作权中的财产权利在《著作权法》规定的保护期内，由承受其权利义务的法人或者非法人组织享有。没有承受其权利义务的法人或者非法人组织的，由国家享有。据此，因承受权利义务而取得著作权中财产权的法人或者非法人组织或者国家，即成为著作权的主体。

（二）著作权的归属

1. 著作权归属的一般原则

《著作权法》第11条规定："著作权属于作者，本法另有规定的除外。"这是关于著作权归属的一般原则。

2. 演绎作品著作权的归属

演绎作品是指改编、翻译、注释、整理、汇编已有作品而产生的作品。演绎作品的著

作权由改编、翻译、注释、整理、汇编人享有，但其行使著作权时不得侵犯原作品的著作权。演绎作品的作者仅对演绎部分享有著作权，对被演绎的作品不享有著作权，并且无权阻止他人对同一原作进行演绎。

3. 合作作品著作权的归属

合作作品是指两人以上合作创作的作品。合作作品的著作权由合作作者共同享有。没有参加创作的人，不能成为合作作者。合作作品的著作权由合作作者通过协商一致行使；不能协商一致，又无正当理由的，任何一方不得阻止他方行使除转让、许可他人专有使用、出质以外的其他权利，但是所得收益应当合理分配给所有合作作者。

合作作品可以分割使用的，作者对各自创作的部分可以单独享有著作权，但行使著作权时不得侵犯合作作品整体的著作权。合作作品不可以分割使用的，其著作权由各合作作者共同享有，通过协商一致行使；合作作者对著作权的行使如果不能协商一致，任何一方无正当理由不得阻止他方行使除转让以外的其他权利，但是所得收益应当合理分配给所有合作作者。

4. 汇编作品著作权的归属

汇编作品是指汇编若干作品、作品的片段或者不构成作品的数据或者其他材料，对其内容的选择或者编排体现独创性的作品。汇编作品的著作权由汇编人享有，但行使著作权时，不得侵犯原作品的著作权。由法人或者非法人单位组织人员进行创作，提供资金或者资料等创作条件，并承担责任的百科全书、辞书、教材、大型摄影画册等编辑作品，其整体著作权归法人或者非法人单位所有。

5. 视听作品著作权的归属

视听作品是指电影、电视、录像作品和以类似摄制电影的方法创作的作品。视听作品中的电影作品、电视剧作品的著作权由制作者享有，但编剧、导演、摄影、作词、作曲等作者享有署名权，并有权按照与制作者订立的合同获得报酬。前述规定以外的视听作品的著作权归属由当事人约定；没有约定或者约定不明确的，由制作者享有，但作者享有署名权和获得报酬的权利。视听作品中的剧本、音乐等可以单独使用的作品的作者有权单独行使其著作权。著作权人许可他人将其作品摄制成电影、电视、录像作品的，视为已同意对其作品进行必要的改动，但是这种改动不得歪曲篡改原作品。

6. 职务作品著作权的归属

职务作品是指自然人为完成法人或者非法人组织工作任务所创作的作品。职务作品的著作权由作者享有，但法人或者非法人组织有权在其业务范围内优先使用。作品完成两年内，未经单位同意，作者不得许可第三人以与单位使用的相同方式使用该作品。作品完成两年内，如单位在其业务范围内不使用，作者可以要求单位同意由第三人以与单位使用的相同方式使用，单位没有正当理由不得拒绝。在作品完成两年内，经单位同意，作者许可第三人以与单位使用的相同方式使用作品所获报酬，由作者与单位按约定的比例分配。作品完成两年后，单位可以在其业务范围内继续使用。上述作品完成两年的期限，自作者向单位交付作品之日起计算。

根据《著作权法》的规定，有下列情形之一的职务作品，作者享有署名权，著作权的其他权利由法人或者非法人组织享有，法人或者非法人组织可以给予作者奖励。

（1）主要是利用法人或者非法人组织的物质技术条件创作，并由法人或者非法人组织承担责任的工程设计图、产品设计图、地图、示意图、计算机软件等职务作品。

（2）报社、期刊社、通讯社、广播电台、电视台的工作人员创作的职务作品。

（3）法律、行政法规规定或者合同约定著作权由法人或者非法人组织享有的职务作品。

7. 委托作品著作权的归属

委托作品是指受他人委托而创作的作品。委托作品著作权的归属由委托人和受托人通过合同约定；合同未作出明确约定或者没有订立合同的，著作权属于受托人。对于委托作品著作权属于受托人的情形，委托人在约定的使用范围内享有使用作品的权利；双方没有约定使用作品范围的，委托人可以在委托创作的特定目的范围内免费使用该作品。

8. 美术作品著作权的归属

美术作品包括绘画、书法、雕塑、建筑等作品。美术作品原件所有权的转移，不改变作品著作的归属，不视为作品著作权的转移。但美术、摄影作品原件的展览权由原件所有人享有。作者将未发表的美术、摄影作品的原件所有权转让给他人，受让人展览原件不构成对作者发表权的侵犯。

9. 作者身份不明的作品著作权的归属

作者身份不明的作品，由作品原件的合法持有人行使除署名权以外的著作权。作者身份确定后，由作者或者其继承人行使著作权。

三、著作权的客体

著作权的客体是指《著作权法》保护的对象，即作品，是指文学、艺术和科学领域内具有独创性并能以一定形式表现的智力成果。

《著作权法》规定，作品包括以下列形式创作的文学、艺术和自然科学、社会科学、工程技术等作品：

（1）文字作品；

（2）口述作品；

（3）音乐、戏剧、曲艺、舞蹈、杂技艺术作品；

（4）美术、建筑作品；

（5）摄影作品；

（6）视听作品；

（7）工程设计图、产品设计图、地图、示意图等图形作品和模型作品；

（8）计算机软件；

（9）法律、行政法规规定的其他作品。

以下为不适用《著作权法》保护的作品：

（1）法律法规、国家机关的决议、决定、命令和其他具有立法、司法、行政性质的文件，以及官方正式译文。

（2）时事新闻，是指通过报纸、期刊、电台、电视台等传播媒体报道的单纯事实消息（就其内容来说，时事新闻只是一种客观事件本身，不受法律保护，由于报道时事新闻是为了将其迅速、广泛地传播，如果给予保护，就会影响传播范围和速度，难以达到及时传递信息的目的）；

（3）历法、通用数表、通用表格和公式，这几项内容本身是一种通用工具，不具有独创性，不符合作品的独创性。

四、著作权的内容

《著作权法》规定，著作权包括两个方面的内容，即著作人身权和著作财产权。

（一）著作人身权

著作人身权又称精神权利，是指作者基于作品的创作而依法享有的以精神利益为内容的权利。著作人身权具有永久性、不可分割性和不可剥夺性的特点。

《著作权法》规定，著作人身权包括以下内容。

（1）发表权。这是作者依法决定作品是否公之于众和以何种方式公之于众的权利。它是著作权的首要权利，包括发表作品和不发表作品的权利。

作者生前未发表（未明确表示在其死后不发表）的作品的发表权，可在其死后 50 年内由继承人或受遗赠人行使，无继承人或受遗赠人，则由作品原件的合法所有人行使。

（2）署名权。这是作者为表明其作者身份，在作品上注明其姓名或名称的权利，包括作者在自己的作品上署名和不署名的权利。作者作品署名发表后，其他任何人以出版、广播、表演、翻译、改编等形式进行传播和使用时，必须注明原作品作者的姓名。著作权由法人或其他组织享有的职务作品，署名权归作者享有。署名权不得转让、继承，也不存在放弃问题。保护期不受限制。如无相反证明，在作品上署名的公民、法人或其他组织为作者。

（3）修改权。这是作者修改或授权他人修改其作品的权利，为作者所享有。只有经作者授权，他人才能修改其作品，未经授权而擅自修改，即构成对作者修改权的侵犯。

需要注意的是，报社、杂志社可对投稿作品作文字性修改、删节，无须征得作者同意。从实质上讲，修改权仍属于作者，他人只能在法定范围内对作品作文字性修改、删节，而不能改变作品的基本内容和形式。美术作品原件出售后，著作权人如想修改作品，必须征得美术作品原件所有人同意。

（4）保护作品完整权。这是保护作品不受歪曲、篡改的权利，它是修改权的延续，在内容上比修改权更进一步，不仅禁止对作品进行修改，而且禁止他人在以改编、注释、翻译、制片、表演等方式使用作品时对作品作歪曲性的改变。但作品在出版、发表的过程中，出版人、编辑者对出版作品所做的技术性处理，如引证的确认，文字和语法错误的更改，不能视为对保护作品完整权的侵犯。保护期不受限制。作者死后，由作者的继承人或受遗赠人行使；无人继承又无人受遗赠的，则由著作权行政管理部门保护。

（二）著作财产权

著作财产权，是指著作权人自己使用或者授权他人以一定方式使用作品并获取财产利益的权利。其主要表现为使用权、许可使用权、转让权和获得报酬权。著作财产权可以转让、继承或放弃。

（1）使用权。使用权是指著作权人以复制、发行、出租、展览、放映、广播、网络传播、改编、翻译、汇编等方式使用自己作品的权利。

①复制权：即以印刷、复印、拓印、录音、录像、翻录、翻拍、数字化等方式将作品

制作一份或者多份的权利。

②发行权：即以出售或者赠与方式向公众提供作品的原件或者复印件的权力。

③出租权：即有偿许可他人临时使用试听作品、计算机软件的原件或者复制件的权利，计算机软件的原件或者计算机软件不是出租的主要标的的除外。

④展览权：即公开陈列美术作品、摄影作品的原件或者复制件的权力。

⑤表演权：即公开表演作品，以及用各种手段公开播送作品的表演的权利。

⑥放映权：即通过放映机、幻灯机等技术设备公开再现美术、摄影、电影和视听作品等的权利。

⑦广播权：即以有线或者无线方式公开传播或者转播作品，以及通过扩音器或者其他传送符号、声音、图像的类似工具向公众传播广播作品的权利，但不包括信息网络传播权。

⑧信息网络传播权：即以有线或者无线方式向公众提供作品，使公众可以在其个人选定的时间和地点获取的作品的权力。

⑨摄制权：即以摄制视听作品的方法将作品固定在载体上的权利。

⑩改编权：即改变作品，创作出具有独创性的新作品的权利。

⑪翻译权：即将作品从一种语言文字转换成另一种语言文字的权利。

⑫汇编权：即将作品或作品的片段通过选择或者编排，汇集成新作品的权力。

（2）许可使用权。许可使用权是指著作权人依法享有的许可他人使用作品并获得报酬的权利。使用他人作品应当同著作权人订立许可使用合同，但属于法定使用许可情形的除外。使用许可合同未明确许可的权利，未经著作权人同意，另一方当事人不得行使。

（3）转让权。转让权是指著作权人依法享有的转让使用权中一项或多项权利并获得报酬的权利。转让的标的不能是著作人身权，只能是著作财产权中的使用权。转让作品使用权的，应当订立书面合同。转让合同中未明确约定转让的权利，未经著作权人同意，另一方当事人不得行使。

（4）获得报酬权。获得报酬权是指著作权人依法享有的因作品的使用或转让而获得报酬的权利。获得报酬权通常是从使用权、许可使用权或转让权中派生出来的财产权，但获得报酬权有时又具有独立存在的价值。如在法定许可使用的情况下，他人使用作品可以不经著作权人同意，但必须按规定支付报酬。

五、著作权的保护期限和限制

（一）著作权的保护期限

著作权保护期限是指著作权人依法取得的著作权的有效期限。在保护期内，著作权人的著作权受法律保护；超过保护期，该作品即进入公有领域，作者或者其他著作权人不再享有专有使用权。《著作权法》中规定的著作权的保护期限如下。

1. 著作人身权的保护期限

作者的署名权、修改权、保护作品完整权的保护期不受限制。发表权的保护期与著作财产权保护期相同。

2. 著作财产权的保护期限

（1）自然人的作品，其发表权、著作权中的财产权的保护期为作者终生及其死亡后

50 年，截止于作者死亡后第 50 年的 12 月 31 日；如果是合作品，截止于最后死亡的作者死亡后第 50 年的 12 月 31 日。

（2）法人或者非法人组织的作品、著作权（署名权除外）由法人或者非法人组织享有的职务作品，其发表权的保护期为 50 年，截止于作品创作完成后第 50 年的 12 月 31 日，著作权中的财产权的保护器为 50 年，截止于作品创作完成后第 50 年的 12 月 31 日，但作品自创作完成后 50 年内未发表的，不再保护。

（3）视听作品发表权的保护期为 50 年，截至作品创作完成后第 50 年的 12 月 31 日；著作权中的财产权的保护期为 50 年，截至作品首次发表后第 50 年的 12 月 31 日，但作品自创作完成后未发表的，不再保护。

（二）著作权的限制

著作权的限制主要是针对著作权人所享有的财产权利的限制。著作权人依法享有的人身权利不受任何限制。《著作权法》规定，著作权的限制主要体现在以下两个方面。

1. 合理使用

合理使用是指根据法律的明文规定，不必征得著作权人同意而无偿使用他人已发表作品的行为。《著作权法》规定，在下列情况下使用作品，可以不经著作权人许可，不向其支付报酬，但应当指明作者姓名、作品名称，并且不得侵犯著作权人享有的其他权利：

（1）为个人学习、研究或者欣赏，使用他人已经发表的作品；

（2）为介绍、评论某一作品或者说明某一问题，在作品中适当引用他人已经发表的作品；

（3）为报道时事新闻，在报纸、期刊、广播电台、电视台等媒体中不可避免地再现或者引用已经发表的作品；

（4）报纸、期刊、广播电台、电视台等媒体刊登或者播放其他报纸、期刊、广播电台、电视台等媒体已经发表的关于政治、经济、宗教问题的时事性文章，但作者声明不许刊登、播放的除外；

（5）报纸、期刊、广播电台、电视台等媒体刊登或者播放在公众集会上发表的讲话，但作者声明不许刊登、播放的除外；

（6）为学校课堂教学或者科学研究，翻译或者少量复制已经发表的作品，供教学或者科研人员使用，但不得出版发行；

（7）国家机关为执行公务在合理范围内使用已经发表的作品；

（8）图书馆、档案馆、纪念馆、博物馆、美术馆等为陈列或者保存版本的需要，复制本馆收藏的作品；

（9）免费表演已经发表的作品，该表演未向公众收取费用，也未向表演者支付报酬；

（10）对设置或者陈列在室外公共场所的艺术作品进行临摹、绘画、摄影、录像；

（11）将我国公民、法人或者其他组织已经发表的以汉语言文字创作的作品翻译成少数民族语言文字作品在国内出版发行；

（12）将已经发表的作品改成盲文出版。

合理使用一般只限于为个人消费或公益性使用等目的，少量使用他人作品的行为。合理使用可以不经著作权人许可，不向其支付报酬，但应当指明作者姓名或者名称、作品名称，并且不得影响该作品的正常使用，也不得不合理地损害著作权人的合法权益。

2. 法定许可使用

法定许可使用是指依照法律的明文规定，不经著作权人同意而有偿使用他人已经发表作品的行为。根据法定许可而使用他人作品时，应当按照规定，向作者或其他著作权人支付报酬，并应当注明作者姓名、作品名称和出处。

《著作权法》规定，法定许可包括以下几种情况：

（1）为实施九年制义务教育和国家教育规划而编写出版教科书，除作者事先声明不许使用的外，可以不经著作权人许可，在教科书中汇编已经发表的作品片段或者短小的文字作品、音乐作品或者单幅的美术作品、摄影作品，但应当按照规定支付报酬，指明作者姓名、作品名称，并且不得侵犯著作权人依照著作权法享有的其他权利；

（2）作品在报刊刊登后，除著作权人声明不得转载、摘编的外，其他报刊可以转载或者作为文摘、资料刊登；

（3）录音制作者使用他人已经合法录制为录音制品的音乐作品制作录音制品，可以不经著作权人许可，但应当按照规定支付报酬；著作权人声明不许使用的不得使用；

（4）广播电台、电视台播放他人已发表的作品；

（5）广播电台、电视台播放已经出版的录音制品，可以不经著作权人许可，但应当支付报酬。当事人另有约定的除外。

六、违反《著作权法》的法律责任

（一）侵犯著作权的民事责任

《著作权法》规定，有下列侵权行为的，应当根据情况，承担停止侵害、消除影响、赔礼道歉、赔偿损失等民事责任。

（1）未经著作权人许可，发表其作品的。

（2）未经合作作者许可，将与他人合作创作的作品当作自己单独创作的作品发表的。

（3）没有参加创作，为谋取个人名利，在他人作品上署名的。

（4）歪曲、篡改他人作品的。

（5）剽窃他人作品的。

（6）未经著作权人许可，以展览、摄制电影和以类似摄制电影的方法使用作品，或者以改编、翻译、注释等方式使用作品的，本法另有规定的除外。

（7）使用他人作品，应当支付报酬而未支付的。

（8）未经电影作品和以类似摄制电影的方法创作的作品、计算机软件、录音录像制品的著作权人或者与著作权有关的权利人许可，出租其作品或者录音录像制品的，本法另有规定的除外。

（9）未经出版者许可，使用其出版的图书、期刊的版式设计的。

（10）未经表演者许可，从现场直播或者公开传送其现场表演，或者录制其表演的。

（11）其他侵犯著作权以及与著作权有关的权益的行为。

（二）侵犯著作权的行政责任和刑事责任

《著作权法》规定，有下列侵权行为的，应当根据情况，承担停止侵害、消除影响、赔礼道歉、赔偿损失等民事责任；同时损害公共利益的，可以由著作权行政管理部门责令停止侵权行为，没收违法所得，没收、销毁侵权复制品，并可处以罚款；情节严重的，著作权行政管理部门还可以没收主要用于制作侵权复制品的材料、工具、设备等；构成犯罪的，依法追究刑事责任。

（1）未经著作权人许可，复制、发行、表演、放映、广播、汇编、通过信息网络向公众传播其作品的，本法另有规定的除外。

（2）出版他人享有专有出版权的图书的。

（3）未经表演者许可，复制、发行录有其表演的录音录像制品，或者通过信息网络向公众传播其表演的，本法另有规定的除外。

（4）未经录音录像制作者许可，复制、发行、通过信息网络向公众传播其制作的录音录像制品的，本法另有规定的除外。

（5）未经许可，播放或者复制广播、电视的，本法另有规定的除外。

（6）未经著作权人或者与著作权有关的权利人许可，故意避开或者破坏权利人为其作品、录音录像制品等采取的保护著作权或者与著作权有关的权利的技术措施的，法律、行政法规另有规定的除外。

（7）未经著作权人或者与著作权有关的权利人许可，故意删除或者改变作品、录音录像制品等的权利管理电子信息的，法律、行政法规另有规定的除外。

（8）制作、出售假冒他人署名的作品的。

侵犯著作权或者与著作权有关的权利的，侵权人应当按照权利人的实际损失给予赔偿；实际损失难以计算的，可以按照侵权人的违法所得给予赔偿。著作权人或者与著作权有关的权利人有证据证明他人正在实施或者即将实施侵犯其权利的行为，如不及时制止将会使其合法权益受到难以弥补的损害的，可以在起诉前向人民法院申请采取责令停止有关行为和财产保全的措施。

著作权纠纷可以调解，也可以根据当事人达成的书面仲裁协议或者著作权合同中的仲裁条款，向仲裁机构申请仲裁。当事人没有书面仲裁协议，也没有在著作权合同中订立仲裁条款的，可以直接向人民法院起诉。

本章小结

商业秘密是企业最核心的信息资产，是企业无形资产和核心竞争力的重要组成部分。知识产权是指智力成果的创造者对所创造的智力成果和工商活动的行为人对所拥有的标记依法所享有的权力的总称。本章主要介绍了《知识产权法》的概念特征，以及《专利法》《商标法》《著作权法》的内容。商标使用人可以通过依法向国家商标管理部门申请商标注册，从而取得其所使用商标的专用权。商标注册是取得商标权的主要方式。商标专用权人依法行使《商标法》赋予的权利，承担相应的义务。对侵犯商标专用权的行为，行为人要承担相应的法律责任。发明创造人可以依法向国务院专利行政部门申请对其发明创造予以保护。经国家授权的发明、实用新型、外观设计专利，专利权人享有独占实施权。其他任何单位或者个人未经专利权人许可实施专利，均构成专利侵权，要承担相应的法律责任。根据《著作权法》的规定，著作权包括著作人身权和著作财产权。

同步综合练习

一、单项选择题

1. 某外资企业完成了一项重工机械掘进部分形状、构造的新技术方案。保护该技术方案的最佳方式是申请(　　)。
   A. 外观设计专利　　　　　　　　B. 商业秘密保护
   C. 实用新型专利　　　　　　　　D. 方法发明专利

2. 甲公司就一种自动晾衣竿申请实用新型专利。甲公司应当提交的申请文件不包括(　　)。
   A. 请求书　　　　　　　　　　　B. 说明书
   C. 权利要求书　　　　　　　　　D. 产品模型

3. 《专利法》规定，授予专利权的发明应具备的实用性条件是指(　　)。
   A. 该发明富有美感并适用于工业应用
   B. 该发明能够制造并且产生积极效果
   C. 该发明具有突出的实质性特点
   D. 该发明具有显著的进步

4. 某企业的下列行为中，不构成商标法意义上的"商标使用"的是(　　)。
   A. 将商标用于商品包装或容器上
   B. 在企业内部培训资料上使用商标
   C. 在商品交易书或合同书上使用商标
   D. 将商标用于宣传企业产品的广告和手册上

5. 《商标法》规定，民事主体取得商标专用权应当(　　)。
   A. 先于他人使用该标记
   B. 已在商业活动中使用该标记
   C. 向商标局提出该标记的注册申请
   D. 向地方工商行政管理部门请求认定驰名商标

6. 未经商标注册人许可而实施的下列行为中，不构成侵犯商标专用权的是(　　)。
   A. 去除已购买衣物上的商标标牌
   B. 伪造他人注册商标标识并出售给其他商品生产者
   C. 更换他人注册商标并将该更换商标的商品又投入市场
   D. 将与他人注册商标近似的标记使用在同一种商品上

7. 下列选项中属于我国商业秘密保护法律依据的是(　　)。
   A. 《专利法》　　　　　　　　　B. 《商标法》
   C. 《著作权法》　　　　　　　　D. 《反不正当竞争法》

8. 文学、艺术和科学领域内的作品受著作权法保护的实质条件是(　　)。
   A. 新颖性　　　　　　　　　　　B. 实用性
   C. 独创性　　　　　　　　　　　D. 美学价值

9. 某出版社邀请张教授编写《知识产权法教程》，责任编辑孙某对书稿提出了若干意见。该《知识产权法教程》的著作权属于(　　)。

A. 某出版社 B. 张教授
C. 孙某 D. 张教授和孙某共同享有

10. 王某将已完成的硕士论文交给导师肖某审阅，肖某对该论文稍加修改后，以王某的名义投稿给《法学新人》杂志发表，署名王某。《法学新人》杂志刊用了王某的论文。对此，下列说法中正确的是（ ）。
A. 《法学新人》杂志和肖某共同侵犯了王某的保护作品完整权
B. 《法学新人》杂志侵犯了肖某的著作权
C. 肖某侵犯了王某的改编权
D. 肖某侵犯了王某的发表权

11. 为介绍、评论某一作品或者说明某一问题，在作品中适当引用他人已经发表的作品，该行为属于（ ）。
A. 法定许可使用 B. 强制许可使用
C. 对公有领域作品的使用 D. 著作权法允许的合理使用

12. 作家甲于2024年2月写成《光荣的出击》一书的初稿，2024年5月修改定稿，2024年7月由出版社正式出版，2024年9月经版权登记。甲从（ ）起取得正式出版的《光荣的出击》一书的著作权。
A. 2月 B. 5月
C. 7月 D. 9月

13. 根据我国的著作权取得制度，下列选项中符合公民著作权产生情况的是（ ）。
A. 随作品的发表而自动产生 B. 随作品的创作完成而自动产生
C. 在作品上加注版权标记后自动产生 D. 在作品以一定的物质形态固定后产生

14. 甲写了一篇长篇小说，题为《中午》。某地方电视台未经甲许可，也未向甲支付报酬，将该作品改编成题为《晚上》的情景喜剧。该电视台未侵犯甲的（ ）。
A. 发表权 B. 著作权
C. 改编权 D. 获得报酬权

15. 甲参加所在单位组织的企业管理研究项目，并在工作期间，利用参与该研究项目的便利，出版了一本有关企业管理方面的专著并获稿酬6 000元。此稿酬应（ ）。
A. 全部归甲所在单位所有
B. 归甲所有，但甲应缴纳个人所得税
C. 归甲所有，由甲所在单位缴纳所得税
D. 归甲所在单位，但应拿出一部分奖励甲

二、多项选择题

1. 甲在微信公众号上发表短篇小说《警戒线》。乙未经甲许可将该小说全文朗诵并录音后上传至抖音、快手等短视频平台，并标明"原创作品，请勿抄袭"。对于乙的行为，下列说法中正确的有（ ）。
A. 属于合理使用 B. 侵犯了甲享有的复制权
C. 侵犯了甲享有的署名权 D. 侵犯了甲享有的信息网络传播权

2. 某公司申请一种新型防水材料的方法专利和产品专利，均获得专利授权。对此，下列说法中正确的有（ ）。
A. 专利保护范围以说明书及附图记载的内容为准

B. 可以按照某公司因被侵权所受到的实际损失确定侵权赔偿数额

C. 未经许可为生产经营目的制造该专利产品侵犯某公司的专利权

D. 未经许可为生产经营目的使用依照专利方法直接获得的产品侵犯某公司的专利权

3. 商标的实质审查主要涉及该标记是否具有(　　)。

A. 与撤销不满一年的注册商标相同或近似的情形

B. 显著特征，便于识别

C. 法律禁止使用的文字或图形

D. 与他人在先使用的商标相同或近似的情形

4. 根据《商标法》的规定，下列选项中可以作为商标注册的有(　　)。

A. 医疗器械上的"红十字"文字和图形

B. 玻璃器皿上的"璞玉"文字

C. 健身器械上的"旭阳"文字

D. 取暖器上的"火山"文字

5. 甲厂将"高光时刻"使用在其制造的户外运动服上，已有数年。乙是一家新设立的服装厂。甲、乙二厂同一日向商标局申请在户外运动服上注册"高光时刻"文字商标。对此，下列说法正确的有(　　)。

A. 甲、乙二厂均无法获得该商标的注册

B. 乙厂可申请将"高光时刻"注册在其他类别商品上

C. 商标局应通知甲、乙二厂以抽签方式确定一个申请人

D. 甲厂如能提供在先使用该商标的证据，可以获得商标注册

三、材料分析题

1. 2019年10月1日，甲公司的退休职工老王在退休后6个月完成了一项方法发明创造，甲公司认为老王的发明与其在甲公司承担的本职工作有关，向老王提出该方法发明申请专利的权利属于甲公司。

2020年1月1日，甲公司向国务院专利行政部门提出发明专利的书面申请。国务院专利行政部门经初步审查，认为该方法发明符合专利法的规定要求，于2021年7月1日即行公布。2022年10月1日，国务院专利行政部门根据甲公司的请求，对该方法发明进行实质审查后，于2023年1月1日作出授予甲公司发明专利权的决定，并于同日予以登记和公告。

2023年4月20日，甲公司对丙公司、丁公司分别提起专利侵权诉讼，人民法院在审理过程中，查明以下情况：2023年4月1日，甲公司得知丙公司在未经许可的情况下，于2023年2月1日在与某公司的买卖合同中使用甲公司的专利号，非法获利200万元；丁公司在2020年1月1日前已经使用相同的方法，甲公司于2023年1月1日取得发明专利权后，丁公司在原有范围内继续使用该方法。

请根据相关规定，回答以下问题。

(1) 甲公司是否属于该方法发明的专利权人？请说明理由。

(2) 甲公司发明专利权20年的保护期限从何时计算？请说明理由。

(3) 丙、丁公司的行为是否属于专利侵权？请说明理由。

2. 音乐人黎帆以"帆帆"为艺名，创作并演唱了歌曲《一帆风顺》，成为2020年度家喻户晓的明星，该歌曲也被歌迷评为当年最受欢迎的歌曲。2021年6月，张帆成立了

"帆帆音乐工作室",并申请注册文字商标"帆帆",核定用于演出、培训、经纪等。同年,某鞋业公司申请注册文字商标"一帆风顺",核定用于各类鞋袜。

请根据相关规定回答以下问题。

(1) 按照核定使用的对象,"帆帆"和"一帆风顺"分别属于哪种类型的商标?

(2) 音乐人黎帆是否有理由请求宣告"帆帆"注册商标无效?为什么?

(3) 音乐人黎帆是否有理由请求宣告"一帆风顺"注册商标无效?为什么?

3. 我国现代诗人未央在1990年创作了诗歌《秋声》,并于同年将其发表在《诗与人》杂志上。2000年,未央逝世。2016年,征得未央继承人未鸣的同意,音乐人李聪为该诗谱曲,并多次在演唱会上演唱。

A录音公司在没有经过未鸣和李聪许可的情况下,首次制作发行了李聪演唱该歌曲的录音制品。B演出公司于2019年主办中秋晚会,在获得李聪单独许可的情况下,邀请著名钢琴家阳阳在晚会上演奏了钢琴曲《秋声》。根据相关规定,回答以下问题。

(1) A录音公司制作发行录音制品的行为是否侵犯李聪的著作权?为什么?

(2) 未鸣诉称B演出公司的演出行为侵犯其著作权,理由是该歌曲属于合作作品,B演出公司的演出行为应经其许可。未鸣的主张能否得到支持?为什么?

第八章 劳动用工法律制度

学习目标

通过本章的学习，学生应了解劳动法的调整对象，掌握劳动关系相关概念，熟悉劳动合同的种类、条款、效力及劳动合同的解除及终止；掌握用人单位工资制度、法定工作时间和休息休假制度；掌握社会保险制度，了解社会保险的法律特征、种类和社会保险待遇的计发方法；掌握劳动争议的相关概念，了解劳动争议的调解程序、劳动争议的仲裁程序及劳动争议的诉讼程序的相关规定。

导入案例

劳动合同纠纷案

基本案情

2005年7月，被告王鹏进入原告中兴通讯（杭州）有限责任公司（以下简称中兴通讯）工作，劳动合同约定王鹏从事销售工作，基本工资每月3 840元。该公司的《员工绩效管理办法》规定：员工半年、年度绩效考核分别为S、A、C1、C2共4个等级，分别代表优秀、良好、价值观不符、业绩待改进；S、A、C（C1、C2）等级的比例分别为20%、70%、10%；不胜任工作原则上考核为C2。王鹏原在该公司分销科从事销售工作，2009年1月后因分销科解散等原因，转岗至华东区从事销售工作。2008年下半年、2009年上半年及2010年下半年，王鹏的考核结果均为C2。中兴通讯认为，王鹏不能胜任工作，经转岗后，仍不能胜任工作，故在支付了部分经济补偿金的情况下解除了劳动合同。

2011年7月27日，王鹏提起劳动仲裁。同年10月8日，仲裁委作出裁决：中兴通讯支付王鹏违法解除劳动合同的赔偿金余额36 596.28元。中兴通讯认为，其不存在违法解除劳动合同的行为，故于同年11月1日诉至法院，请求判令不予支付解除劳动合同赔偿金余额。

裁判结果

浙江省杭州市滨江区人民法院于 2011 年 12 月 6 日作出（2011）杭滨民初字第 885 号民事判决：原告中兴通讯（杭州）有限责任公司于本判决生效之日起 15 日内一次性支付被告王鹏违法解除劳动合同的赔偿金余额 36 596.28 元。宣判后，双方均未上诉，判决已发生法律效力。

（资料来源：最高人民法院官网 https://www.court.gov.cn/shenpan/gengduo/77.html）

第一节　劳动法概述

一、劳动法的调整对象

劳动法是调整劳动法律关系（以下简称"劳动关系"）以及与劳动关系密切联系的其他社会关系（以下简称"劳动附随关系"）的法律规范的总称。其调整的对象包括劳动关系及劳动附随关系，其中以劳动关系为主。劳动附随关系包括因管理社会劳动力、执行社会保险、组织工会和职工参加民主管理、监督劳动法规的执行、处理劳动争议等发生的社会关系，这些关系虽然本身不是劳动关系，但与劳动关系有密切联系，因此，其也是劳动法调整的对象。

我国调整劳动关系的劳动法律体系包括《中华人民共和国劳动法》（以下简称《劳动法》）、《中华人民共和国劳动合同法》（以下简称《劳动合同法》）、《中华人民共和国社会保险法》（以下简称《社会保险法》）、《中华人民共和国劳动争议调解仲裁法》（以下简称《劳动争议调解仲裁法》）、《关于贯彻执行〈中华人民共和国劳动法〉若干问题的意见》《最高人民法院关于审理劳动争议案件适用法律若干问题的解释》《企业职工患病或非因公负伤医疗期规定》《工资支付暂行规定》《女职工劳动保护特别规定》《企业职工带薪年休假实施办法》《工伤保险条例》等一系列劳动法律法规及部门规章。2018 年 12 月 29 日，第十三届全国人民代表大会常务委员会第七次会议决定对《劳动法》进行第二次修正。

二、劳动关系相关概念

劳动法的核心之一即劳动关系的认定，劳动者与用人单位之间只有存在劳动关系，才能适用劳动法。劳动关系是指以劳动者与用人单位为主体建立的，在实现社会劳动过程中，从而产生一系列以劳动权利与劳动义务为内容的一种社会关系。

依据《劳动合同法》的相关规定及理论根据总结出劳动关系具有以下特征。

（一）劳动关系是与劳动过程相联系的社会关系

劳动关系强调的是在劳动过程中人与物、劳动者的劳动力与用人单位的生产资料相结合的生产劳动过程，从而与"物与物"交换的实现过程相区别。物与物的交换，财产的流转关系是民法的调整范围。例如，农民销售自己生产的产品、作家出版作品、将劳动报酬借给其他人等，尽管上述情形和劳动活动有所联系，但这些情形与生产劳动过程没有直接的联系，因而不属于劳动法调整的劳动关系。

（二）劳动关系兼有人身关系和财产关系的性质

劳动关系具有人身关系的性质，其体现在劳动者劳动力的消耗与生命过程的高度统一。劳动关系也具有财产关系的性质，劳动自古以来都是人类谋生的手段，人类通过劳动获得劳动报酬换取生活资料，由此缔结的社会关系也是一种财产关系。

（三）劳动关系兼有平等关系和隶属关系的特征

劳动者与用人单位在进行双向选择的过程就是双方协商的过程，当事人经过对劳动合同中一系列权利义务内容的协商，达成一致意见，以合同形式确立劳动关系。平等的劳动关系还要求劳动主体，即劳动者与用人单位，两者的法律地位平等，平等行使权利、履行义务，合法权益受到平等保护，平等承担责任。劳动关系一旦确立，劳动者即成为用人单位中的一员，劳动者在劳动过程中将接受用人单位的管理，受其单位内部规章制度的制约，这又体现出劳动关系具有隶属性质。劳动关系是指用人单位招用劳动者为其成员，劳动者在用人单位的管理下提供有报酬的劳动而产生的权利义务关系。

三、我国劳务法律对人的适用范围

（一）劳动者

劳动者是劳动关系的主体之一。劳动者又被称为职工、员工，指达到法定年龄，具有劳动能力，以从事某种社会劳动获得收入为主要生活来源，依据法律或者合同的规定，在用人单位的管理、指导下从事劳动并获取劳动报酬的自然人（中外自然人）。但不是所有人都能够成为劳动法意义上的劳动者，劳动者还应当具备法律上的资格条件。

1. 劳动者年龄条件

《劳动法》第15条第1款规定："禁止用人单位招用未满16周岁的未成年人。"可见，劳动者最低就业的法定年龄为16岁。同时，《劳动法》规定，用人单位不得安排未成年工从事矿山井下、有毒有害、国家规定的第四级体力劳动强度的劳动和其他禁忌从事的劳动。

2. 劳动者健康条件

《劳动法》规定劳动者必须具备所从事职业所必要的健康条件，特殊职业有特殊的身体要求。劳动者的健康要求如下。

（1）劳动者不得患有其所在岗位所禁忌或者不宜的特定疾病。

（2）完全丧失劳动力的残疾人，完全无劳动行为能力的公民可能无法获得劳动者这一法律资格；部分丧失劳动力的残疾人只能从事其根据残疾状况所允许的职业。

（3）患有精神疾病的劳动者，视情况可从事所需职业。

3. 劳动者文化条件

劳动者的文化条件随着社会的发展在劳动市场越来越受重视。劳动者的文化要求如下。

（1）受教育程度。根据市场经济的发展，不同的行业有着不同的人才需求，用人单位根据劳动者受教育程度选择适合所需岗位的劳动者，劳动者根据其自身教育程序选择适合自己的职位。

（2）职业技能。对于一些技术性职业，劳动者可能会被要求掌握从事该职业必备的技能，如驾驶员、电焊工、研发人员、网络完全维护人员、会计人员、医护人员、法律工作者等。

外国人、无国籍人就业许可条件为：外国人、无国籍人依法取得就业证件与我国境内的用人单位签订劳动合同，可以建立劳动关系；持有"外国专家证"并取得"外国专家来华工作许可证"的外国人，与中国境内的用人单位建立用工关系的，可以认定为劳动关系。

（二）用人单位

用人单位是指具有用人权利能力和用人行为能力，运用劳动力组织生产劳动，且向劳动者支付工资等劳动报酬的单位。《劳动合同法》第2条规定："中华人民共和国境内的企业、个体经济组织、民办非企业单位等组织（以下称用人单位）与劳动者建立劳动关系，订立、履行、变更、解除或者终止劳动合同，适用本法。

国家机关、事业单位、社会团体和与其建立劳动关系的劳动者，订立、履行、变更、解除或者终止劳动合同，依照本法执行。"

从上述法律规定可知用人单位的范围。

1. 企业、个体经济组织、民办非企业单位

（1）市场主体（含企业、个体经济组织）。《市场主体登记管理条例》规定，市场主体是指在中华人民共和国境内以营利为目的从事经营活动的下列自然人、法人及非法人组织：

①公司、非公司企业法人及其分支机构；
②个人独资企业、合伙企业及其分支机构；
③农民专业合作社（联合社）及其分支机构；
④个体工商户；
⑤外国公司分支机构；
⑥法律、行政法规规定的其他市场主体。

例如，某有限责任公司、某股份有限责任公司，某联营集团，个人投资的家庭作坊，合伙开的饭店、旅馆，农村果蔬专业合作社，个体工商户开的面馆、火锅店，某（中国）投资有限公司等都是市场主体。

（2）民办非企业单位。《民办非企业单位登记管理暂行条例》第2条规定："本条例所称民办非企业单位，是指企业事业单位、社会团体和其他社会力量以及公民个人利用非国有资产举办的，从事非营利性社会服务活动的社会组织。"例如，民办医院、民办福利院、民办学院等都是民办非企业单位。

2. 国家机关、事业单位、社会团体

（1）国家机关主要包括国家权力机关、国家行政机关、国家司法机关、国家军事机关、政协等。需要注意的是，国家机关只有在招用工勤人员或者通过劳动合同雇用劳动者

时，才能适用《劳动法》及其相关法律。

（2）《事业单位登记管理暂行条例》第2条规定："本条例所称事业单位，是指国家为了社会公益目的，由国家机关举办或者其他组织利用国有资产举办的，从事教育、科技、文化、卫生等活动的社会服务组织。"例如，教育机构、医疗机构、科研机构、社会福利机构、文化艺术单位、法律服务机构等都是事业单位。事业单位中，适用企业化管理的事业单位与职工签订的是劳动合同，应适用《劳动法》及其相关法律。

（3）社会团体包括各种行业协会、妇联、共青团、工会、文艺体育团体等。若职工与社会团体订立的是劳动合同，应适用《劳动法》及其相关法律。

3. 法律规定其他组织

法律规定其他组织如会计师事务所、律师事务所、基金会等。它们的组织形式比较复杂，有的采取合伙制，有的采取合作制。

第二节 劳动合同

劳动合同也称为劳动协议、劳动契约，是劳动者和用人单位之间明确劳动权利义务，规范劳动合同订立、履行、变更、解除和终止行为的协议。

一、劳动合同的种类

《劳动合同法》规定了两种劳动合同的形式，即书面形式和口头形式。

（一）书面形式

劳动合同的书面形式是指以书面文字等有形载体作为订立劳动合同的形式。《劳动合同法》规定，建立劳动关系，应该订立书面劳动合同。书面劳动合同具有以下几个方面的优势。

（1）权利义务具体明确，便于履行。

（2）便于有关部门监督检查，劳动执法部门可以依据书面合同进行监督管理。

（3）便于处理劳动争议，给当事人举证带来方便，快速有效地解决劳动纠纷。

采取书面形式订立劳动合同，是《劳动合同法》的强制性要求。但是，如果用人的单位和劳动者未订立书面劳动合同而存在实际用工的，二者之间是否建立了劳动关系呢？答案是肯定的。因此，书面形式不是建立劳动关系的唯一依据，没有订立书面劳动合同但存在实际用工也可能在双方之间产生劳动关系，书面劳动合同的订立和劳动关系的建立可以相互分离。

（二）口头形式

劳动合同的口头形式是劳动者和用人单位未签订书面劳动合同，而是以口头形式订立劳动合同的情形。《劳动合同法》虽未明确规定劳动合同可以以口头形式订立，但其第10条第2款规定："已建立劳动关系，未同时订立书面劳动合同的，应当自用工之日起一个月内订立书面劳动合同。"这一规定限制了口头形式在劳动合同的适用。《劳动合同法》

第 69 条规定："非全日制用工双方当事人可以订立口头协议。"说明非全日制的情形下可以通过口头形式约定双方的权利义务关系。由于口头形式的劳动合同影响当事人处理争议时的举证，因此实践中仍然需要采取书面形式订立劳动合同，未及时采取书面形式订立劳动合同的，对用人单位而言可能产生用工风险和法律责任。

劳动合同以合同期限为分类标准，可分为以完成一定工作任务为期限的劳动合同、固定期限劳动合同、无固定期限劳动合同。劳动合同期限，即合同的有效时间，始于合同生效之日，终于合同终止之时。

二、劳动合同的条款

（一）劳动合同的必备条款

劳动合同的必备条款是指劳动合同中必须具备的条款。《劳动合同法》第 17 条第 1 款规定，劳动合同的必备条款包括以下几个方面。

1. 用人单位的名称、住所和法定代表人或者主要负责人

为了明确劳动合同中用人单位一方的主体资格，确定劳动合同的当事人，劳动合同中必须具备这一项内容。用人单位名称是指其在登记机关登记的称谓；住所是指其主要办事机构所在地；法定代表人或者主要负责人，是指可以在其权限范围内对外为相关行为负责的用人单位的代表。

2. 劳动者的姓名、住址和居民身份证或者其他有效身份证件号码

劳动者作为劳动合同的另一方当事人，在订立合同时应对其基本情况进行确定。

3. 劳动合同期限

劳动合同的期限是劳动合同具有法律约束力的时段。签订劳动合同主要是建立劳动关系，但建立劳动关系必须明确期限的长短。劳动合同期限与劳动者的工作岗位、内容、劳动报酬等都有紧密关系，更与劳动关系的稳定紧密相关。劳动合同期限分为固定期限、无固定期限和以完成一定工作任务为期限 3 种。

4. 工作内容和工作地点

这一条款是劳动合同的核心条款之一，是建立劳动关系的重要因素。它是用人单位使用劳动者的目的，也是劳动者通过自己的劳动取得劳动报酬的缘由。劳动合同中的工作内容条款应当规定得明确具体，便于劳动者遵照执行。如果劳动合同没有约定工作内容或约定的工作内容不明确，用人单位将可以自由支配劳动者，随意调整劳动者的工作岗位，难以发挥劳动者所长，也很难确定劳动者的劳动报酬，造成劳动关系的不稳定，因此明确具体的工作内容条款是必不可少的。工作地点是劳动合同的履行地，是劳动者从事劳动合同中所规定的工作内容的地点，它关系劳动者的工作环境、生活环境，以及劳动者的就业选择。劳动者有权在与用人单位建立劳动关系时知悉自己的工作地点，所以这也是劳动合同中必不可少的内容。

5. 工作时间和休息休假

工作时间是指劳动时间在企业、事业、机关、团体等单位中，必须用来完成其所担负的工作任务的时间。一般由法律规定劳动者在一定时间内（工作日、工作周）应该完成的

工作任务，以保证最有效地利用工作时间，不断提高工作效率。这里的工作时间包括工作时间的长短、工作时间方式的确定，如是8小时工作制还是6小时工作制，是日班还是夜班，是正常工时还是实行不定时工作制，或者是综合计算工时制。工作时间上的不同，对劳动者的就业选择、劳动报酬等均有影响，是劳动合同中不可缺少的内容。

6. 劳动报酬

劳动报酬是指劳动者与用人单位确定劳动关系后，因其提供了劳动而取得的报酬。

7. 社会保险

社会保险指为丧失劳动能力、暂时失去劳动岗位或因健康原因造成损失的人口提供收入或补偿的社会和经济制度。社会保险的主要项目包括养老保险、医疗保险、失业保险、工伤保险、生育保险。

8. 劳动保护、劳动条件和职业危害防护

劳动保护涉及员工在工作场所的安全和健康。企业应当提供符合国家标准的劳动保护设施和用品，如安全帽、口罩、手套、鞋子等，以确保员工在工作中免受伤害。此外，企业还应为员工提供必要的安全培训，以确保员工了解如何正确使用劳动保护设施和应对突发情况。

劳动条件是指员工在工作中应得的薪资待遇、工作时间和休息休假等权益。

职业危害是指员工在工作中可能面临的各种有害因素，如化学物质、噪声、辐射等。企业应采取有效的防护措施，如提供防护装备、设置通风设施、定期检测工作环境等，以减少职业危害对员工的影响。

9. 法律、法规规定应纳入劳动合同的其他事项

除了以上几点外，企业还可以在劳动合同中与劳动者约定其他事项。

（二）劳动合同的约定条款

劳动合同中除了必备条款外，还可以有约定条款。《劳动合同法》第17条第2款规定："劳动合同除前款规定的必备条款外，用人单位与劳动者可以约定试用期、培训、保守秘密、补充保险和福利待遇等其他事项。"这里规定的试用期、服务期、保守商业秘密、补充保险和福利待遇都属于法定可备条款。

三、劳动合同的效力

（一）劳动合同的生效

（1）劳动合同的成立与生效。《劳动合同法》第16条规定："劳动合同由用人单位与劳动者协商一致，并经用人单位与劳动者在劳动合同文本上签字或者盖章生效。"此项规定的仅是一般情形，劳动合同的成立即生效。在特殊情况下，劳动合同的成立与生效两者并不等同。例如，用人单位和劳动者合意约定合同的生效时间或者条件，即附期限和附条件生效合同，只有在所附期限届至或者所附条件成就时，劳动合同才生效。

（2）用人单位有义务将劳动合同文本提供给劳动者。《劳动合同法》第16条规定："劳动合同文本由用人单位和劳动者各执一份。"在实践中，仍存在劳动者并未拿到劳动合同文本的情况，劳动者也不敢向用人单位提出请求。一旦发生劳动争议，劳动者往往在仲

裁和诉讼过程中遭受举证不利的影响。出于对劳动者的权益保护，《劳动合同法》第 81 条规定："用人单位提供的劳动合同文本未载明本法规定的劳动合同必备条款或者用人单位未将劳动合同文本交付劳动者的，由劳动行政部门责令改正；给劳动者造成损害的，应当承担赔偿责任。"

（二）无效或者部分无效的劳动合同

有效的劳动合同应具备主体适格、意思表示真实、合同内容合法、订立程序合法等条件。无效的劳动合同是双方当事人签订成立而国家不予承认其法律效力，合同订立时起就不具有法律效力的劳动合同。无效的劳动合同可分为全部无效和部分无效。全部无效劳动合同所确定的劳动关系予以消灭；部分无效的劳动合同所确立的劳动关系依旧存续，只是部分合同条款无效，其他部分仍然有效。无效劳动合同的种类主要包括以下几个。

（1）违反法律、行政法规的劳动合同。此种情形主要是合同订立的主体、形式、内容违背了劳动合同的硬性规定。例如，劳动者与用人单位不具备法定资格、用人单位违反劳动保护规定、劳动者基本权利没有体现、用人单位违反妇女和未成年人特殊保护相关规定。

（2）以欺诈、胁迫的手段或者乘人之危，使对方在违背真实意思的情况下订立或者变更劳动合同的。欺诈，通常是指当事人一方故意制造假象或者隐瞒事实真相，致使对方产生错误认识，与之签订劳动合同。例如，从事某种特殊作业的劳动者需要具备相关资格，但应聘劳动者没有相关资格，遂向用人单位提供了虚假的资格证书。胁迫，通常是指一方迫使另一方当事人处于危险的压力，使得对方放弃自我意思表示，被迫与其签订劳动合同。

（3）用人单位免除自己的法定责任、排除劳动者权利的。劳动合同的订立要求劳动者与用人单位都依法享有法律规定的权利与义务，若用人单位提供的劳动合同仅规定劳动者义务，一味地强调免除自身责任，该种情形也将导致合同无效。

四、劳动合同的解除与终止

（一）劳动合同的解除

劳动合同的解除是指劳动者与用人单位依法提前终结劳动合同的法律效力，即由于一定法律事实的出现而致使劳动者与用人单位原有的权利与义务提前消灭的法律行为。劳动合同的解除，按劳动合同解除主体划分，可分为协商解除、劳动者单方解除、用人单位单方解除。

1. 协商解除劳动合同

《劳动合同法》第 36 条规定："用人单位与劳动者协商一致，可以解除劳动合同。"协商解除劳动合同是劳动合同双方当事人基于平等、自愿原则在合同订立生效后、尚未全部履行完毕之前就劳动关系的提前终结达成一致的行为。劳动合同的协商解除，劳动者与用人单位皆可以提出。应注意的是，若解除劳动合同是由劳动者提出的，用人单位不用向劳动者支付经济补偿金；若解除劳动合同是由用人单位先提出，则用人单位应按照法律规定向劳动者支付经济补偿金。劳动合同解除后，未履行的部分不再履行，且对当事人不再发生效力。

2. 劳动者单方解除劳动合同

相较于用人单位单方解除劳动合同，立法上对劳动者的合同解除权给予了较大的空间。

（1）劳动者预告解除。劳动者预告解除是指劳动者在合同订立生效后、尚未全部履行完毕前，提前以其个人意志不受用人单位制约，并决定提前告知用人单位单方解除劳动合同的一项程序性义务行为。按照法律规定，劳动者辞职只需要提前30日以书面形式通知用人单位，劳动合同随即解除。试用期期间，劳动者只需提前3日以书面或者口头方式通知用人单位，劳动合同即可解除。试用期内，劳动者与用人单位之间的劳动关系处于非正式状态，劳动者对是否建立劳动关系依然仍然有选择权。劳动者提前通知解除劳动合同，是劳动者的一项法定权利，用人单位不能随意剥夺。实践中需注意的是，用人单位为防止劳动者途中"跳槽"，在与劳动者订立劳动合同时，往往约定交纳押金或者支付赔偿金，以此排除限制劳动者的解除权，此类行为是违法的。

（2）劳动者即时解除。劳动者即时解除劳动合同，即用人单位的过错导致劳动合同解除。但该"过错"具有法定性，仅指存在法律规定的事由，劳动者才享有不受预告解除限制的权利。依据《劳动合同法》第38条第1款与《劳动合同法实施条例》第18条的规定，用人单位存在以下情形的，劳动者可解除合同。

①用人单位未按照劳动合同约定提供劳动保护或者劳动条件的。

②用人单位未及时足额支付劳动报酬的。

③用人单位未依法为劳动者缴纳社会保险费的。

④用人单位的规章制度违反法律法规的规定，损害劳动者权益的。

⑤用人单位以欺诈、胁迫的手段或者乘人之危，使劳动者在违背真实意思的情况下订立或者变更劳动合同；或者用人单位在劳动合同中免除自己的法定责任、排除劳动者权利；或者用人单位违反法律、行政法规强制性规定。

用人单位存在上述情形之一，劳动者可随时解除劳动合同，虽然不受提前30日书面告知用人单位的程序性义务，但还是应告知用人单位。

《劳动合同法》第38条第2款规定，用人单位存在以下法定情形的，劳动者即不受预告解除时间的限制，告知义务也不必履行，即可随时解除劳动合同：用人单位以暴力、威胁或者非法限制人身自由的手段强迫劳动者劳动的；用人单位违章指挥、强令冒险作业危及劳动者人身安全的。

3. 用人单位单方解除劳动合同

用人单位单方解除合同，立法上对用人单位施以了较大的限制，以此保护劳动者群体。因此，用人单位单方解除劳动合同应遵守相应规定，反之则将承担相应法律责任。

（1）用人单位预告解除。用人单位预告解除劳动合同，即在劳动者不存在过错的情形下，用人单位经履行法定程序后与劳动者解除劳动合同的行为。用人单位预告解除，应同时满足以下3项要求。

①《劳动合同法》第40条规定，符合下列法定情形的，用人单位可预告解除：劳动者患病或者非因工负伤，在规定的医疗期满后不能从事原工作，也不能从事由用人单位另行安排的工作的（需要注意的是，劳动者患的并非是职业病，负伤仅指的是非因工负伤）；劳动者不能胜任工作，经过培训或者调整工作岗位，仍不能胜任工作的；劳动合同订立时

所依据的客观情况发生重大变化，致使劳动合同无法履行，经用人单位与劳动者协商，未能就变更劳动合同内容达成协议的。

②即使劳动者存在上述情形，用人单位也应尽到优先为劳动者调整岗位或者变更劳动合同其他内容的义务，劳动者仍无法履行劳动合同时，用人单位才能行使此项权利。

③用人单位应提前30日书面告知劳动者，或者额外支付劳动者一个月工资代替提前告知程序。

（2）用人单位即时解除。用人单位即时解除，也称过失性解除，指劳动者经试用不合格或者存在法定过错情形时，用人单位不必行使提前30日通知程序义务，即可解除劳动合同。《劳动合同法》第39条规定，劳动者有以下情形的，用人单位可解除劳动合同：

①在试用期间被证明不符合录用条件的；
②严重违反用人单位的规章制度的；
③严重失职，营私舞弊，给用人单位造成重大损害的；
④劳动者同时与其他用人单位建立劳动关系，对完成本单位的工作任务造成严重影响，或者经用人单位提出，拒不改正的；
⑤劳动者以欺诈、胁迫的手段或者乘人之危，使用人单位在违背真实意思的情况下订立或者变更劳动合同致使劳动合同无效的；
⑥被依法追究刑事责任的。

（3）经济性裁员。经济性裁员是指用人单位因客观情况的发生，需要裁减人员20人以上或者裁减不足20人但占企业职工总数10%以上的，一次性与其解除劳动合同的行为。为保护劳动者的合法权益，法律对经济性裁员进行严格控制，只有法律规定的情形下，才可进行经济性裁员。《劳动合同法》第41条规定，用人单位符合下列情形之一的，可选择经济性裁员：

①依照企业破产法规定进行重整的；
②生产经营发生严重困难的；
③企业转产、重大技术革新或者经营方式调整，经变更劳动合同后，仍需裁减人员的；
④其他因劳动合同订立时所依据的客观经济情况发生重大变化，致使劳动合同无法履行的。

（二）劳动合同的终止

劳动合同签订后，双方当事人不得随意终止合同，而应依法终止。《劳动合同法》第44条规定，有下列情形之一的，劳动合同终止：

（1）劳动合同期满的；
（2）劳动者开始依法享受基本养老保险待遇的；
（3）劳动者死亡，或者被人民法院宣告死亡或宣告失踪的；
（4）用人单位被依法宣告破产的；
（5）用人单位被吊销营业执照、责令关闭、撤销或用人单位决定提前解散的；
（6）法律、行政法规规定的其他情形。

《劳动合同法实施条例》第21条规定，劳动者达到法定退休年龄的，劳动合同终止，具体情况如下。

（1）劳动合同期满，劳动合同终止。这种情形主要适用于固定期限劳动合同和以完成一定工作任务为期限的劳动合同。

（2）劳动者开始依法享受基本养老保险待遇，劳动合同终止。劳动者一旦开始依法享受基本养老保险待遇，便不具备签订劳动合同的主体资格，劳动合同也就无法继续履行。

（3）劳动者死亡，或者被人民法院宣告死亡或宣告失踪的，劳动合同终止。此时，劳动关系一方当事人不存在，劳动合同的履行已经不可能，因此产生终止劳动合同的法律后果。

（4）用人单位被依法宣告破产，用人单位被吊销营业执照、责令关闭、撤销或者用人单位决定提前解散的，劳动合同终止。此时，用人单位的主体资格不复存在，劳动合同的履行已经不可能，因此产生终止劳动合同的法律后果。

（5）劳动者达到法定退休年龄的，劳动合同终止。

第三节 工资、工作时间和休息休假

一、工资制度

（一）工资支付

（1）应当以法定货币支付，不得以实物、有价证券代替。

（2）必须在约定日期支付，遇休息日、休假日提前支付。

（3）至少每月支付一次，实行周、日、小时工资制的，可按周、日、小时支付工资。

（4）对完成一次性临时劳动或某项具体工作的劳动者，用人单位应在其完成劳动任务后立即支付。

（5）劳动者在法定休假日和婚丧假期间及依法参加社会活动期间，用人单位应当依法支付工资。

（二）加班工资

（1）在部分公民放假的节日期间（妇女节、青年节），对参加社会活动或单位组织庆祝活动和照常工作的职工，单位应支付工资报酬，但不支付加班工资。除非该节日恰逢周六、周日。

（2）用人单位依法安排劳动者在休息日工作，能安排补休的，无须支付加班工资。

（3）用人单位安排加班不支付加班费的，由劳动行政部门责令限期支付加班费；逾期不支付的，责令用人单位按应付金额50%以上100%以下的标准向劳动者支付赔偿金。

（三）最低工资制度

（1）最低工资不包括加班工资、补贴、津贴和保险。

（2）最低工资的具体标准由省、自治区、直辖市人民政府规定，报国务院备案。

（四）扣工资

因劳动者本人原因给用人单位造成经济损失的，用人单位可按照劳动合同的约定要求其赔偿经济损失。经济损失的赔偿，可从劳动者本人的工资中扣除。但每月扣除的部分不得超过劳动者当月工资的20%。若扣除后的剩余工资部分低于当地月最低工资标准，则按最低工资标准支付。

二、工作时间

国家实行劳动者每日工作时间不超过8小时、平均每周工作时间不超过44小时的工时制度。

对实行计件工作的劳动者，用人单位应当根据工时制度合理确定其劳动定额和计件报酬标准。

用人单位应当保证劳动者每周至少休息1日。

在特殊情况下，如生产经营需要，用人单位可以延长工作时间，但一般每日不得超过一小时。在保障劳动者身体健康的条件下，延长工作时间每日不得超过3小时，且每月总延长时间不得超过36小时。

延长工作时间的情况下，用人单位需支付高于劳动者正常工作时间工资的工资报酬。有下列情形之一的，延长工作时间不受上述时间规定的限制：

（1）发生自然灾害、事故或者因其他原因，威胁劳动者生命健康和财产安全，需要紧急处理的；

（2）生产设备、交通运输线路、公共设施发生故障，影响生产和公众利益，必须及时抢修的；

（3）法律、行政法规规定的其他情形。

用人单位不得违反本法规定延长劳动者的工作时间。有下列情形之一的，用人单位应当按照下列标准支付高于劳动者正常工作时间工资的工资报酬：

（1）安排劳动者延长工作时间的，支付不低于工资的150%的工资报酬；

（2）休息日安排劳动者工作又不能安排补休的，支付不低于工资的200%的工资报酬；

（3）法定休假日安排劳动者工作的，支付不低于工资的300%的工资报酬。

三、休息、休假制度

（一）休息

休息包括工作日内的间歇时间、工作日之间的休息时间和公休假日（周末）。

（二）休假

国家法定节假日和周末为休息时间，用人单位应依法安排劳动者休假。用人单位在下列节日期间应当依法安排劳动者休假：元旦、春节、国际劳动节、国庆节和法律法规规定的其他休假节日。国家实行带薪年休假制度。劳动者连续工作1年以上的，享受带薪年休假。

1. 享受带薪年休假的时间

（1）职工累计工作已满1年不满10年的，年休假5天。

（2）职工累计工作已满10年不满20年的，年休假10天。

（3）职工累计工作已满20年的，年休假15天。

2. 不享受带薪年休假的情形

（1）职工依法享受寒暑假，其假期天数多于年休假天数的。
（2）职工请事假累计20天以上且单位按照规定不扣工资的。
（3）累计工作满1年不满10年的职工，请病假累计2个月以上的。
（4）累计工作满10年不满20年的职工，请病假累计3个月以上的。
（5）累计工作满20年以上的职工，请病假累计4个月以上的。

第四节 社会保险制度

一、社会保险的概念和法律特征

社会保险是指国家通过立法建立社会保险基金，在被保险人因年老、疾病、失业、工伤、生育等原因丧失劳动能力或者失去收入来源时给予必要物质帮助的制度，包括养老保险、医疗保险、工伤保险、失业保险和生育保险等。社会保险具有非营利性、强制性、广泛性、保障性、经济性等特点。

住房公积金是指国家机关、国有企业、城镇集体企业、外商投资企业、城镇私营企业及其他城镇企业、事业单位、民办非企业单位、社会团体及其在职职工缴存的长期住房储金。

职业年金是指机关事业单位及其工作人员在参加机关事业单位基本养老保险的基础上，建立的补充养老保险制度。

企业年金是指企业及其职工在依法参加基本养老保险的基础上，自主建立的补充养老保险制度。

我国劳动者与用人单位之间的劳动争议有很大一部分与劳动者的社会保险和福利有关。社会保险与劳动者的基本生活息息相关，用人单位应当保障劳动者在社会保险方面的基本权利，履行应尽的义务。

社会保险与商业保险有很大不同。商业保险是指通过订立保险合同，以营利为目的的保险形式，由专门的保险企业经营，主要分为财产保险、人寿保险。商业保险是保险人与被保险人的自愿行为，法律不强制性要求。二者的区别如下。

1. 性质不同

社会保险属于政府行为，具有强制性。《劳动法》第72条规定："用人单位和劳动者必须依法参加社会保险，缴纳社会保险费。"因此，参加社会保险是国家规定的强制性义务。商业保险则是一种商业行为，不具有强制性。

2. 目的不同

社会保险是由国家立法强制实施，属于政府行为，不以营利为目的。商业保险的目的则是获取利润，由投保人自愿购买。

3. 资金来源不同

社会保险一般由国家、用人单位和个人共同承担。商业保险则完全由投保人个人承担,国家与用人单位不予缴纳。

4. 政府角色和责任不同

在社会保险中,政府一般承担财务上的兜底责任。在商业保险中,政府主要是依法对商业保险实行监督,保护投保人的利益。

5. 适用法律不同

两者法律依据不同,社会保险适用《社会保险法》,商业保险适用《保险法》。

二、社会保险的种类

社会保险包括职工基本养老保险、职工基本医疗保险、工伤保险、失业保险和生育保险。

(一) 职工基本养老保险

《社会保险法》第10条规定:"职工应当参加基本养老保险,由用人单位和职工共同缴纳基本养老保险费。无雇工的个体工商户、未在用人单位参加基本养老保险的非全日制从业人员以及其他灵活就业人员可以参加基本养老保险,由个人缴纳基本养老保险费。"

(二) 职工基本医疗保险

职工基本医疗保险是针对城镇所有用人单位和职工,以强制参保为原则的一项基本医疗保险制度。职工基本医疗保险制度由计划经济时期的劳保医疗制度演变而来。国务院于1998年12月发布了《关于建立城镇职工基本医疗保险制度的决定》,标志着我国城镇基本医疗保险制度的在全国普遍建立。

城镇职工基本医疗保险的保障对象既包括机关事业单位和国有企业的职工,也包括非国有企业的职工。这种保障对象的广泛性,既体现了国家对劳动者基本权益的保障,也扩大了筹资渠道,提高了医疗保险基金防范风险的能力。职工基本医疗保险打破了所有制的界限,规定了城镇所有用人单位,无论何种性质、无论何种形式,都必须参加职工基本医疗保险。《社会保险法》第23条规定:"职工应当参加职工基本医疗保险,由用人单位和职工按照国家规定共同缴纳基本医疗保险费。无雇工的个体工商户、未在用人单位参加职工基本医疗保险的非全日制从业人员以及其他灵活就业人员可以参加职工基本医疗保险,由个人按照国家规定缴纳基本医疗保险费。"随着社会公众对社会保障平等权益的不懈追求,原来因身份不同而享受不同医疗保险的不平等现象正在得到改善。

(三) 工伤保险

工伤保险是指劳动者在工作中因遭受事故伤害或者患职业病而致伤、致病、致死时依法所享受的一种社会保险。工伤有广义和狭义之分,广义的工伤包括因为工作而受到的伤害和罹患的职业疾病,狭义的工伤仅指工作中遭受的事故伤害。我国的工伤保险制度所称的工伤是广义的。《社会保险法》第33条规定:"职工应当参加工伤保险,由用人单位缴纳工伤保险费,职工不缴纳工伤保险费。"《社会保险法》同时规定,职工因下列情形之一导致本人在工作中伤亡的,不认定为工伤:故意犯罪;醉酒或者吸毒;自残或者自杀;法律、行政法规规定的其他情形。

(四) 失业保险

失业保险是国家通过立法强制实行的,由社会集中建立基金,对因失业而暂时中断生活来源的劳动者提供物质帮助的社会保险。各类企业及其职工、事业单位及其职工、社会团体及其职工、民办非企业单位及其职工、国家机关与之建立劳动合同关系的职工都应办理失业保险。失业保险基金主要是用于保障失业人员的基本生活。

当前我国失业保险参保职工的范围如下：在岗职工；停薪留职、请长假、外借外聘、内退等在册不在岗职工；进入再就业服务中心的下岗职工；其他与本单位建立劳动关系的职工（包括建立劳动关系的临时工和农村用工）。《社会保险法》规定，具备以下条件的失业职工可享受失业保险待遇：按照规定参加失业保险，所在单位和本人已按照规定履行缴费义务满一年的；非因本人意愿中断就业的；已经办理失业登记，并有求职要求的。

（五）生育保险

生育保险是针对女职工生育行为的生理特点而建立的社会保障。根据法律规定，在职女性因生育子女而导致劳动者暂时中断工作、失去正常收入来源时，由国家或社会提供的物质帮助。生育保险待遇包括生育津贴和生育医疗费用两项内容。用人单位缴纳的生育保险费及其利息及滞纳金组成生育保险基金，女职工产假期间的生育津贴、生育医疗费用、计划生育手术费用及国家规定的与生育保险有关的其他费用都应该从生育保险基金中支出。

所有用人单位（包括各类机关、社会团体、企业、事业、民办非企业单位）的职工都要参加生育保险。生育保险由用人单位统一缴纳，职工个人不缴纳生育保险费。生育保险费由用人单位按照本单位上年度职工工资总额的0.7%缴纳。享受生育保险待遇的职工，必须符合以下3个条件：

（1）用人单位参加生育保险在6个月以上，并按时足额缴纳了生育保险费；

（2）计划生育政策有关规定生育或流产的；

（3）在本市城镇生育保险定点医疗服务机构，或经批准转入有产科医疗服务机构生产或流产的（包括自然流产和人工流产）。

三、社会保险待遇的计发

（一）基本养老保险费

1. 单位缴费

国家规定用人单位按照不超过工资总额的20%缴纳基本养老保险费，基本养老保险基金累计结余额可支付月数高于9个月的降至19%。

2. 个人缴费

以职工本人上年度月平均工资为工资基数（新职工第一年以起薪当月工资作为缴费基数），按工资基数的8%缴费。

3. 特殊情况

（1）过低。低于当地职工月平均工资60%的，按当地职工月平均工资的60%作为缴费基数。

（2）过高。高于当地职工月平均工资300%的，按当地职工月平均工资的300%作为缴费基数，计算公式如下：

$$个人养老账户月存储额 = 本人月缴费工资 \times 8\%$$

4. 灵活就业人员缴费

缴费基数为当地上年度在岗职工月平均工资，比例为20%（其中的8%计入个人账户）。

5. 职工基本养老保险享受条件

（1）基本养老保险金。基本养老保险金由统筹养老金和个人账户养老金组成，按月支付。

（2）丧葬补助金和遗属抚恤金。

① 参加基本养老保险的个人，因病或非因工死亡的，其遗属可以领取丧葬补助金和抚恤金。

② 同时符合领取基本养老保险丧葬补助金、工伤保险丧葬补助金、失业保险丧葬补助金条件的，遗属只能选择领取其一。

③ 参保个人死亡后，其个人账户中的余额可以全部依法被继承。

（3）病残津贴。参保人未达到法定退休年龄时因病或非因工致残完全丧失劳动能力的，可以领取病残津贴，所需资金从基本养老保险基金中支付。

【例8-1】甲公司职工孙某已参加职工基本养老保险，月工资15 000元。已知甲公司所在地职工月平均工资为4 000元，月最低工资标准为2 000元。下列计算甲公司每月应从孙某工资中扣缴基本养老保险费的选项中正确的是（　　）元。

A. 15 000×8%＝1 200
B. 4 000×3×8%＝960
C. 2 000×3×8%＝480
D. 4 000×8%＝320

答案：B。

解析：本题考查职工基本养老保险缴费的计算。

（二）基本医疗保险费

1. 保险费的缴纳

（1）单位缴费。职工工资总额的6%及个人账户资金来源。

（2）个人缴费。本人工资收入的2%及单位缴费的30%划入个人账户。

2. 退休人员基本医疗保险费的缴纳

参加职工基本医疗保险的个人，达到法定退休年龄时累计缴费达到国家规定年限的，退休后不再缴纳基本医疗保险费，按照国家规定享受基本医疗保险待遇。未达到国家规定缴费年限的，可以缴费至国家规定年限。目前对最低缴费年限没有全国统一的规定，由各统筹地区根据本地情况确定。

3. 职工基本医疗费用的结算

（1）享受条件：定点、定围。

① 参保人员必须到基本医疗保险的定点医疗机构就医购药或定点零售药店购买药品。

② 参保人员在看病就医过程中所发生的医疗费用必须符合基本医疗保险药品目录、诊疗项目、医疗服务设施标准的范围和给付标准。

（2）支付标准。

支付下限为当地职工年平均工资10%（起付线），上限为年平均工资6倍（封顶线），支付比例为90%。

4. 基本医疗保险基金不支付的医疗费用

(1) 应当从工伤保险基金中支付的。

(2) 应当由第三人负担的。

(3) 应当由公共卫生负担的。

(4) 在境外就医的。

【例8-2】吴某在定点医院做外科手术,共发生医疗费用18万元,其中在规定医疗目录内的费用为15万元,目录以外费用3万元。当地职工平均工资水平为每月2 000元。应由基本医疗保险基金支付的医疗费用为( )元。

A. 150 000   B. 144 000
C. 129 600   D. 127 440

答案:D。

解析:本题考查基本医疗保险待遇。

(三) 工伤保险费

工伤保险费由用人单位缴纳。

1. 工伤保险待遇

(1) 停工留薪期工资福利待遇。

工资福利待遇不变,由所在单位按月支付;生活不能自理需要护理,费用由所在单位负责,时间一般不超过12个月,特殊情况需延长,延长期不超过12个月;评定伤残等级后,停止享受停工留薪期待遇,转为享受伤残待遇;停工留薪期满后仍需治疗,继续享受工伤医疗待遇。

2. 其他工伤医疗待遇

医疗费用、住院伙食补助、交通食宿费、康复性治疗费、辅助器具装配费。

3. 伤残待遇

一次性伤残补助金、生活护理费、伤残津贴。

4. 工亡待遇赔偿标准

职工因工死亡和伤残职工在停工留薪期内因工伤原因导致死亡。

(1) 丧葬费补助金:6个月工资。

(2) 供养亲属抚恤金:按一定比例发给配偶及其他亲属。

(3) 一次性工亡补助金:上一年度全国城镇居民人均可支配收入的20倍。

(四) 失业保险费

城镇企业、事业单位、社会团体和民办非企业单位按照本单位工资总额的2%缴纳失业保险费,其职工按照本人工资的1%缴纳失业保险费。无固定工资额的单位,以统筹地区上年度社会平均工资为基数缴纳失业保险费。单位招用农民合同制工人,本人不缴纳失业保险费。

1. 享受条件(必须同时满足)

(1) 失业前用人单位和本人已经缴纳失业保险费满一年。

(2) 非因本人意愿中断就业。

(3) 已经进行失业登记，并有求职要求。

2. 发放标准

不低于当地最低生活保障标准，不高于当地最低工资标准。

3. 失业保险待遇

(1) 失业保险金。

(2) 享受基本医疗保险待遇。

(3) 死亡补助。若失业人员在领取失业保险金期间死亡，失业保险基金向遗属发放一次性丧葬补助金和抚恤金。

(4) 职业介绍与职业培训补贴。

4. 停止领取的情形（有其一即可）

(1) 重新就业的（就业）。

(2) 应征服兵役的（当兵）。

(3) 移居境外的（移民）。

(4) 享受基本养老保险待遇的（退休）。

(5) 无正当理由，拒不接受当地人民政府指定部门或者机构介绍的适当工作或者提供的培训的（无求职需求）。

(五) 生育保险费

参加生育保险，用人单位缴纳参保费，职工个人不用缴纳任何费用。用人单位缴纳的参保费，按照本单位职工工资总额的一定比例计算，缴费比例一般不超过0.5%，具体缴费比例由各地根据实际情况确定。生育保险待遇包括生育医疗费用和生育津贴。

1. 生育医疗费用

(1) 生育的医疗费用。

(2) 计划生育的医疗费用。

(3) 法律法规规定的其他项目费用。

2. 生育津贴

(1) 女职工生育享受产假。

(2) 享受计划生育手术休假。

(3) 法律法规规定的其他情形。

生育津贴按照职工所在用人单位上年度职工月平均工资计发，计算公式为：

$$生育津贴 = 当月本单位人平均缴费工资 \div 30(天) \times 产假天数$$

第五节　劳动争议风险及解决

一、劳动争议概述

劳动争议，是指劳动关系的当事人之间因执行劳动法律法规和履行劳动合同而发生的纠纷，即劳动者与所在单位之间因劳动关系中的权利义务而发生的纠纷。根据争议涉及的权利义务的具体内容，可将其分为以下几类。

（1）因确认劳动关系发生的争议。
（2）因订立、履行、变更、解除和终止劳动合同发生的争议。
（3）因除名、辞退和辞职、离职发生的争议。
（4）因工作时间、休息休假、社会保险、福利、培训以及劳动保护发生的争议。
（5）因劳动报酬、工伤医疗费、经济补偿或者赔偿金等发生的争议。
（6）法律法规规定的其他劳动争议。

解决劳动争议，应当根据事实，遵循"合法、公正、及时、着重调解"的原则，依法保护当事人的合法权益。

我国目前的劳动争议处理制度可以用"一调一裁两审"来概括。发生劳动争议后，当事人除先进行协商外，可以申请劳动调解；调解不成，或者不愿意调解的，当事人可以向劳动争议仲裁委员会申请仲裁；对仲裁裁决不服的，可以向人民法院提起诉讼，其诉讼程序按照民事诉讼法的规定，实行两审终审制。《中华人民共和国劳动争议调解仲裁法》（以下简称《劳动争议调解仲裁法》）第5条规定："发生劳动争议，当事人不愿协商、协商不成或者达成和解协议后不履行的，可以向调解组织申请调解；不愿调解、调解不成或者达成调解协议后不履行的，可以向劳动争议仲裁委员会申请仲裁；对仲裁裁决不服的，除本法另有规定的外，可以向人民法院提起诉讼。"

二、劳动争议的调解程序

劳动争议的调解是指劳动争议调解委员会主持，在双方当事人自愿的基础上，通过宣传法律法规、规章和政策，劝导当事人化解矛盾，自愿就争议事项达成协议，使劳动争议及时得到解决的一种活动。

发生劳动争议，当事人不愿协商、协商不成或者达成和解协议后不履行的，可以向劳动调解组织申请调解。劳动调解组织如下：企业劳动争议调解委员会；依法设立的基层人民调解组织；在乡镇、街道设立的具有劳动争议调解职能的组织。要指出的是，调解程序也是一个自愿程序，当事人不愿调解的，可以直接向劳动争议仲裁委员会申请仲裁。如果自劳动争议调解组织收到调解申请之日起15日内没有达成调解协议，或者达成调解协议后在协议约定的期限内，一方当事人不履行的，另一方当事人可以向劳动争议仲裁委员会申请仲裁。

（一）调解组织

《劳动争议调解仲裁法》第10条规定，发生劳动争议，当事人可以到下列调解组织申请调解。

1. 企业劳动争议调解委员会

企业劳动争议调解委员会是企业内部解决劳动争议的机制。企业劳动争议调解委员会由职工代表和企业代表组成。职工代表由工会成员担任或者由全体职工推举产生；企业代表由企业负责人指定。企业劳动争议调解委员会主任由工会成员或者双方推举的人员担任。

2. 依法设立的基层人民调解组织

基层人民调解组织是我国解决民间纠纷的组织。基层人民调解委员会的任务是调解民间纠纷，并通过调解工作宣传法律法规、规章和政策，教育公民遵纪守法，尊重社会公德。除了村民委员会、居民委员会设立的基层人民调解组织外，根据 2002 年 9 月司法部颁布的《人民调解工作若干规定》，乡镇、街道可以设立基层人民调解委员会，企业事业单位根据需要也可以设立基层人民调解委员会，根据需要还可以设立区域性、行业性的基层人民调解委员会。

3. 在乡镇、街道设立的具有劳动争议调解职能的组织

乡镇、街道具有劳动争议调解职能的组织，是一些经济发达地区为解决劳动争议的实际需要，而设立的区域性调解组织。

（二）调解协议

《劳动争议调解仲裁法》第 14 条规定："经调解达成协议的，应当制作调解协议书。

调解协议书由双方当事人签名或者盖章，经调解员签名并加盖调解组织印章后生效，对双方当事人具有约束力，当事人应当履行。

自劳动争议调解组织收到调解申请之日起十五日内未达成调解协议的，当事人可以依法申请仲裁。"

1. 制作调解协议书

调解协议书是劳动争议双方达成调解的书面证明，是一项重要的法律文书。《劳动争议调解仲裁法》只规定了调解协议书的形式，而没有规定调解协议书的内容，从实践来看，调解协议主要应当载明争议双方达成的权利和义务的内容、履行协议的期限等。

2. 调解协议的效力

调解协议书由双方当事人签名或者盖章，经调解员签名并加盖调解组织印章后生效，对双方当事人具有约束力，当事人应当履行。那么，这里的约束力是一个什么样的效力？调解协议应当具备什么样的效力？从性质上说，调解协议是双方在自愿的基础上达成的，是双方意思表示一致的结果，相当于合同，应当具有合同的效力。但它又是在调解组织参与下达成的，调解员代表调解组织参与调解，帮助双方当事人达成协议，调解员要在调解协议书上签名，调解组织也得在调解协议上加盖印章，调解协议才生效。因此，调解协议不同于一般的民事合同。《劳动争议调解仲裁法》规定，调解协议对双方当事人具有约束力，当事人应当履行，但没有直接赋予其具有直接申请强制执行的效力。

3. 15 日内未达成调解协议的，当事人可以依法申请仲裁

调解不是解决劳动争议的必经程序，调解的目的是要用一种灵活、简便的机制，尽快解决劳动争议，因此调解要讲究效率，要及时。实践中，有的调解员为了尽量促成双方当事人调解解决劳动争议，调解时间比较长，最后可能会导致问题长期得不到解决，有的甚至还影响了当事人申请劳动争议仲裁的时间。因此，调解的期限限定 15 日，在 15 日内未达成协议的视为调解不成，当事人任何一方都可以向劳动争议仲裁委员会申请仲裁。

案例

三、劳动争议的仲裁程序

（一）提出仲裁申请

申请人应当在仲裁时效期限内，向有管辖权的劳动争议仲裁委员会提交仲裁申请。仲裁申请应当以书面形式提出，并按照被申请人人数提交副本。但如果书写仲裁申请确有困难的，可以口头申请，由劳动争议仲裁委员会记入笔录，并经申请人签名或者盖章确认。

仲裁申请书应当载明下列事项。

（1）劳动者的姓名、性别、年龄、职业、工作单位、住所、通信地址和联系电话，用人单位的名称、住所、通信地址、联系电话和法定代表人或者主要负责人的姓名、职务。

（2）仲裁请求和所根据的事实、理由。

（3）证据和证据来源，证人姓名和住所。

（二）受理

对于当事人提出的劳动仲裁申请，符合下列条件的，劳动争议仲裁委员会在收到仲裁申请之日起5日内，将出具《受理通知书》，并通知申请人。

劳动争议仲裁委员会一般在当事人提起仲裁申请的当时即会决定是否受理，如果仲裁委员会作出不予受理的决定，或者自收到仲裁申请之日起5日内仍未决定的，申请人可以就该劳动争议事项向人民法院提起诉讼。

1. 劳动争议

劳动争议仲裁委员会受理仲裁申请后，将在5日内将仲裁申请书副本送达被申请人。

2. 提交答辩书

被申请人收到仲裁申请书副本后，应当在10日内向劳动争议仲裁委员会提交答辩书。劳动争议仲裁委员会收到答辩书后，应在5日内将答辩书副本送达申请人。

被申请人未提交答辩书的，不影响仲裁程序的进行。也就是说，被申请人可以提交答辩书，也可以不提交，均不影响案件的审理。

3. 提出管辖异议

当事人对案件管辖有异议的，应当在答辩期满前以书面形式提出。当事人超过答辩期未提出的，不影响仲裁程序的进行。当事人因此对仲裁裁决不服的，可以依法向人民法院起诉或者申请撤销仲裁裁决。可见，被申请人对劳动争议仲裁管辖有异议的，必须在答辩期内提出，否则就丧失了提出管辖异议的权利。

4. 提交证据

当事人双方应当在劳动争议仲裁委员会指定的期限内，按照法律规定和仲裁委员会的要求提交证据。

5. 开庭前准备

仲裁委员会在受理仲裁申请之日起5日内将组成仲裁庭,并应将仲裁庭的组成情况书面通知当事人。对于权利义务明确、事实清楚的简单争议案件或经双方当事人同意的其他争议案件,仲裁委员会也可以指定一名仲裁员独任仲裁。

仲裁庭在开庭5日前,应将开庭日期、地点书面通知双方当事人。当事人有正当理由的,可以在开庭3日前请求延期开庭。是否延期,由仲裁委员会根据实际情况决定。

6. 开庭审理

当事人应当按照开庭通知的内容,准时到庭参加庭审,如果申请人无正当理由拒不到庭或者未经仲裁庭同意中途退庭的,仲裁委员会可以按撤回仲裁申请处理,申请人重新申请仲裁的,仲裁委员会将不予受理。如果被申请人无正当理由拒不到庭或者未经仲裁庭同意中途退庭的,仲裁委员会可以缺席裁决。

(三) 调解

调解是劳动争议案件处理中的必经程序,庭审辩论结束后,仲裁庭应征询双方当事人是否愿意在仲裁庭主持下进行调解。双方当事人愿意调解的,可由双方各自提出调解意见,也可由仲裁员根据庭审调查的事实和法律规定提出调解方案,让双方当事人进行协商。调解达成一致意见的,仲裁员应当庭宣布调解达成的协议,并制作调解书。

调解书应当写明仲裁请求和当事人协议的结果,并由仲裁员签名,加盖仲裁委员会印章,送达双方当事人。调解书经双方当事人签收后,发生法律效力。

双方当事人不愿调解或调解达不成一致意见的,仲裁员宣布双方当事人调解未达成协议。

(四) 裁决

经调解当事人未达成一致,或者调解书送达前,一方当事人反悔的,仲裁庭应当及时作出裁决。为了提高仲裁办案效率,《劳动争议调解仲裁法》对劳动案件的审限有明确规定,即仲裁庭裁决劳动争议案件,应当自劳动争议仲裁委员会受理仲裁申请之日起45日内结束。案情复杂需要延期的,经劳动争议仲裁委员会主任批准,可以延期并书面通知当事人,但是延长期限不得超过15日。也就是说,劳动仲裁案件审理期限最长不应超过60日,逾期未作出仲裁裁决的,当事人可以就该劳动争议事项向人民法院提起诉讼。

四、劳动争议的诉讼程序

根据《劳动法》和《劳动争议调解仲裁法》的相关规定,当事人对劳动争议仲裁裁决不服的,可以在规定的期限内向人民法院提起诉讼。依据《劳动争议调解仲裁法》和最高人民法院的有关司法解释规定,当事人不服仲裁裁决的,可以自收到仲裁裁决书之日起15日内向人民法院提起诉讼。在我国,劳动争议通常具有仲裁前置的特点,民事诉讼则是劳动争议的司法最终解决方式,它主要包括起诉和受理、庭前准备以及开庭审判三个阶段。

(一) 起诉与受理阶段

就劳动争议案件的民事诉讼来讲,起诉是指劳动者或者用人单位一方不服劳动人事争议仲裁委员会的仲裁裁决，将其与对方当事人的劳动争议提交至人民法院，请求人民法院依法判决的诉讼行为。

1. 起诉的条件

我国《劳动法》等多部法律法规均规定，当事人对仲裁裁决不服的，自收到裁决书之日起15日内，可以向人民法院起诉。在劳动争议案件中，当事人一方起诉的条件如下。

（1）起诉人必须是劳动争议的一方当事人，即用人单位或者劳动者。

（2）有明确的被告，具体的诉讼请求和事实、理由。

（3）属于人民法院受案范围和受诉人民法院管辖。

（4）前置程序，即原告起诉前该劳动争议已经经过劳动人事争议仲裁委员会的裁决。

（5）必须在法律规定的时间内向法院提起诉讼。

当事人一方在向人民法院起诉时，以上5个条件必须同时满足。人民法院在受理时，符合上述起诉条件的就受理，不符合起诉条件的，不予受理，立案受理的应当通知原告交纳诉讼费。此外依据法律规定，在特殊情况下，只有劳动者一方在不服仲裁裁决的情况下可以向人民法院起诉，用人单位除有证据证明仲裁裁决符合法定情形时才能向人民法院申请撤销仲裁裁决，但仍无权就相关的劳动争议案件向人民法院起诉。

2. 起诉时需提交的材料

依据法律规定，当事人一方向人民法院提起劳动争议诉讼时，应当提交如下材料。

（1）起诉状。依据《民事诉讼法》的相关规定，当事人提交起诉状的方式既可以是书面方式，也可以是口头方式，这一规定当然也适用于劳动争议案件。起诉状应当列明原告和被告的基本情况，诉讼请求和所依据的事实与理由，证据和证据来源等内容。

（2）与劳动争议有关的证据材料。在这一阶段，原告只需提供一些目前能够提供的证据材料即可，法院受理案件以后在规定的举证期限内原告发现新的证据材料的，仍然可以向法院申请提交。

（3）其他文件。

（二）庭前准备阶段

这一阶段是从人民法院受理原告的起诉以后到开庭审判前，在法院的主持下进行的一系列活动，主要包括以下内容。

（1）送达文书。包括向被告送达起诉状副本以及应诉通知书，并通知被告在法定期限内提出答辩状，在收到答辩状后，在规定期限内将答辩状副本送达原告。依照法律规定，人民法院在5日内向被告送达起诉状副本以及应诉通知书等材料；被告在收到之日起15日内提出答辩状。此外，法院还需依据案件审理流程在规定的时间送达传票和出庭通知书等文书。

（2）诉讼权利义务告知。依据法律规定，法院具有告知当事人相应的诉讼权利义务的责任，该项内容一般在法院分别向原告和被告发送案件受理通知书和应诉通知书时告知。

（3）处理管辖权异议事项。依据《民事诉讼法》的相关规定，人民法院处理管辖权异议一般在当事人提交答辩状期间进行。

（4）审核与案件有关的材料，调查收集必要的证据。

（5）其他事项。

(三) 开庭与审判阶段

人民法院审理劳动争议案件与审理其他民事案件的开庭审判程序一致,遵照下列程序进行。

1. 庭前准备

庭前准备主要包括开庭审理前和开庭审理时两个阶段。开庭审理前,书记员应当查明当事人和其他诉讼参与人是否到庭,宣布法庭纪律;开庭审理时,由审判长核对当事人,宣布案由,宣布审判人员、书记员名单,告知当事人有关的诉讼权利义务,询问当事人是否提出回避申请。

2. 法庭调查

法庭调查由审判长主持,按照《民事诉讼法》第138条的规定进行。同时,《民事诉讼法》第139条规定,当事人在法庭上可以提出新的证据,要求重新进行调查、鉴定或者勘验的,是否准许由法院决定。

3. 法庭辩论

法庭辩论同样由审判长主持,按照《民事诉讼法》第141条的规定进行。进行法庭辩论的前提是法庭调查已经完成,如果当事人在法庭辩论中又提出了新的事实和证据,合议庭则可以根据情况停止法庭辩论,恢复法庭调查。

4. 双方当事人最后陈述

这是双方当事人拥有的一项法定权利,人民法院不得剥夺当事人的该项权利。

5. 主持调解

《民事诉讼法》第142条规定,法庭辩论终结,应当依法作出判决。判决前能够调解的,还可以进行调解,调解不成的,应当及时判决。

6. 合议庭评议和宣告判决

宣告判决分为当庭宣判和定期宣判,由审判长负责宣读裁判,当庭宣判的,应当在10日以内发送判决书;定期宣判的,宣判后立即发给判决书。宣告判决时,必须告知当事人上诉权利、上诉期限及上诉法院。当事人不服判决的,可以在法定上诉期限内上诉。

(四) 第二审程序

第二审程序也称上诉程序,是指当事人不服第一审人民法院作出的判决、裁定,在法定期间内向上一级法院提出上诉进行审理的程序。我国民事诉讼实行两审终审制,赋予当事人上诉权,有利于维护当事人的合法权益,保证案件审判质量,促进法律的统一适用。

本章小结

本章主要介绍了劳动关系的相关概念,介绍了劳动合同的订立、履行、变更和终止,劳动报酬与工作时间等。劳动合同是劳动者与用人单位之间依法订立的书面协议,它确立了双方的劳动关系,规定了工作内容、工作时间、劳动报酬、社会保险等关键条款,对于维护劳动者的合法权益、促进劳动关系的和谐稳定具有重要意义。另外，本章还对社会保险制度的相关内容进行了讲解，其意义是逐步增进公共福利水平，提高国民生活质量。本章最后阐述了劳动争议风险及解决的内容。

同步综合练习

一、单项选择题

1. 失业人员失业前用人单位和本人累计缴费满1年不足5年的，领取失业保险金的期限最长为（　　）。

   A. 12个月　　　　　　　　　　　B. 6个月

   C. 18个月　　　　　　　　　　　D. 24个月

2. 下列情形中属于认定为工伤的是（　　）。

   A. 故意犯罪受伤　　　　　　　　B. 醉酒受伤

   C. 心情抑郁自残　　　　　　　　D. 患职业病的

3. 根据劳动合同法律制度的规定，下列各选项中属于劳动合同必备条款的是（　　）。

   A、保密条款　　　　　　　　　　B、竞业限制条款

   C、社会保险条款　　　　　　　　D、服务期条款

4. 某企业刘某的月工资为5 000元，当地社会平均工资为3 000元，刘某个人医疗保险账户每月的储存额为（　　）元。

   A. 90　　　　　　　　　　　　　B. 100

   C. 190　　　　　　　　　　　　 D. 114

5. 根据社会保险法律制度的规定，下列关于基本养老保险的说法中，错误的是（　　）。

   A. 养老保险是我国目前社会保险体系中最重要、实施最广泛的一项制度

   B. 职工基本养老保险费的征缴范围包括企业职工和国家公务员

   C. 基本养老保险基金由用人单位和个人缴纳以及政府补贴等组成

   D. 目前企业职工基本养老保险的缴费比例由省、自治区、直辖市政府确定

6. 根据社会保险法律制度的规定，男性职工法定退休年龄为（　　）周岁。

   A. 60　　　　　　　　　　　　　B. 55

   C. 50　　　　　　　　　　　　　D. 45

7. 劳动争议申请仲裁的时效期间为（　　）。

   A. 6个月　　　　　　　　　　　　B. 1年

   C. 2年　　　　　　　　　　　　　D. 4年

8. 在下列情形，用人单位可以依法不必向劳动者支付经济补偿的是（　　）。

   A. 被依法宣告破产的

   B. 劳动者主动向用人单位提出解除劳动合同并与用人单位协商一致解除劳动合同的

   C. 被吊销营业执照的

   D. 被责令关闭、撤销的

9. 孙某与甲公司签订了为期3年的劳动合同，月工资1 200元（当地最低月工资标准

为800元)。期满终止合同时,甲公司未向孙某提出以不低于原工资标准续订劳动合同意向,甲公司应向孙某支付的经济补偿金额为(　　)元。

A. 800　　　　　　　　　　　　B. 1 200

C. 2 400　　　　　　　　　　　　D. 3 600

10. 根据社会保险法律制度的规定,下列情形应当视同为工伤的是(　　)。

A. 在工作时间和工作场所内,因工作原因受到事故伤害的

B. 患职业病的

C. 醉酒导致伤亡的

D. 在工作时间和工作岗位上,突发疾病死亡的

二、多项选择题

1. 根据劳动合同法律制度的规定,可以招用未满16周岁的未成年人的用人单位包括(　　)。

A. 文艺单位　　　　　　　　　　B. 体育单位

C. 特种工艺单位　　　　　　　　D. 兵工厂

2. 根据劳动合同法律制度的规定,在下列情形中,可导致劳动合同关系终止的有(　　)。

A. 劳动合同期满　　　　　　　　B. 劳动者达到法定退休年龄

C. 用人单位被依法宣告破产　　　D. 女职工在哺乳期

3. 根据社会保险法的规定,领取失业保险金必须满足的条件有(　　)。

A. 失业前用人单位和本人已经缴纳失业保险费满半年

B. 非因本人意愿中断就业

C. 已经进行失业登记

D. 有求职要求

4. 根据社会保险法律制度的规定,职工有下列情形之一的,应视同工伤的有(　　)。

A. 因工外出期间,由于工作原因受到伤害或者发生事故下落不明的

B. 在上下班途中,受到非本人主要责任的交通事故或者城市轨道交通、客运轮渡、火车事故伤害的

C. 在抢险救灾等维护国家利益、公共利益活动中受到伤害的

D. 原在军队服役,因战、因公负伤致残,已取得革命伤残军人证,到用人单位后旧伤复发的

5. 根据社会保险法的规定,下列人员中,应停止领取失业保险金的有(　　)。

A. 赵某找到新的工作　　　　　　B. 钱某应征服兵役

C. 孙某移居加拿大　　　　　　　D. 李某达到法定退休年龄开始领取养老金

6. 无雇工的个体工商户可自行购买的保险包括(　　)。

A. 生育保险　　　　　　　　　　B. 基本养老保险

C. 基本医疗保险　　　　　　　　D. 工伤保险

7. 根据社会保险法的规定,下列情形中应当认定为工伤的有(　　)。

A. 赵某在上班途中,被违章驾驶的机动车撞伤

B. 因离职补偿发生争议,钱某在办公室被离职人员赵某打伤

C. 孙某在工作期间因醉酒发生事故受伤

D. 李某于外地出差期间因嫖娼被流氓打伤

8. 上海市的张某与甲公司（注册地为广州市）于2010年4月1日在北京市签订了一年期的劳动合同。2010年4月10日，张某被甲公司派往深圳市负责销售工作。张某与甲公司出现劳动争议，拟申请劳动仲裁。根据劳动合同法律制度的规定，张某可以选择的劳动争议仲裁委员会有（　　）。

　　A. 北京市劳动争议仲裁委员会　　　　B. 上海市劳动争议仲裁委员会
　　C. 广州市劳动争议仲裁委员会　　　　D. 深圳市劳动争议仲裁委员会

9. 根据劳动合同法律制度的规定，下列情形中，劳动者可以单方面与用人单位解除劳动合同的有（　　）。

　　A. 用人单位未为劳动者缴纳社会保险费
　　B. 用人单位未及时足额支付劳动报酬
　　C. 用人单位未按照劳动合同约定提供劳动保护
　　D. 用人单位未按照劳动合同约定提供劳动条件

10. 用人单位与劳动者终止劳动合同的下列情形中，用人单位需要支付劳动者经济补偿的有（　　）。

　　A. 用人单位被依法宣告破产而终止劳动合同的
　　B. 用人单位被吊销营业执照而终止劳动合同的
　　C. 用人单位被责令关闭而终止劳动合同的
　　D. 用人单位决定提前解散而终止劳动合同的

三、案例分析题

2018年7月，某企业与8名职工分别签订了为期5年的劳动合同，约定这8名职工担任专用铣床的铣工。4年后，不再使用这些专用铣床，企业以此为由，立即解除了这8名职工的劳动合同。

　　请问：（1）该企业解除劳动合同的做法是否合法？

　　（2）按照法律法规中的相关规定，该企业应该如何依法处理此种情况？

参考文献

[1] 中国注册会计师协会. 经济法规汇编（上下册）[M]. 北京：中国财政经济出版社，2024.
[2] 佟元琪，贾晨露. 经济法 [M]. 2 版. 北京：清华大学出版社，2022.
[3] 中国注册会计师协会. 经济法 [M]. 北京：中国财政经济出版社，2023.
[4] 刘泽海，薛建兰. 经济法 [M]. 7 版. 南京：南京大学出版社，2020.
[5] 黄爱玲. 新编税法 [M]. 3 版. 南京：南京大学出版社，2022.
[6] 高晋康. 经济法 [M]. 9 版. 成都：西南财经大学出版社，2021.
[7] 陈强，郑军剑. 经济法基础与实务 [M]. 3 版. 大连：东北财经大学出版社，2023.
[8] 财政部会计财务评价中心. 经济法基础 [M]. 北京：经济科学出版社，2024.
[9] 洪宇. 经济法 [M]. 3 版. 上海：立信会计出版社，2023.
[10] 柯新华. 经济法原理与实务 [M]. 7 版. 上海：上海财经大学出版社，2024.
[11] 正保会计网校. 经济法基础 [M]. 上海：上海交通大学出版社，2024.
[12] 中国注册会计师协会. 经济法 [M]. 北京：中国财政经济出版社，2024.
[13] 曾宪义，王利明. 破产法 [M]. 4 版. 北京：中国人民大学出版社，2019.
[14] 王卫国. 破产法精义 [M]. 3 版. 北京：法律出版社，2023.
[15] [美] 托马斯·H. 杰克逊. 破产法的逻辑与限制 [M]. 西安：陕西人民出版社，2023.
[16] 刘俊. 劳动与社会保障法学 [M]. 2 版. 北京：高等教育出版社，2018.
[17] 赵威. 经济法 [M]. 8 版. 北京：中国人民大学出版社，2021.
[18] 梁静，张丹，李杰. 经济法概论 [M]. 2 版. 北京：清华大学出版社，2022.
[19] 华本良，毛颖善. 经济法概论 [M]. 8 版. 大连：东北财经大学出版社，2022.
[20] 孔令秋. 经济法基础 [M]. 5 版. 大连：东北财经大学出版社，2021.

附录 参考答案

第一章 企业法务基础理论

一、单项选择题
1~5.【答案】B D B B D
6~10.【答案】C C A C D

二、多项选择题
1~5.【答案】BD BD CD ABC ACD

三、材料分析题
1.【参考答案】
经济法律关系是指在经济活动中，依据经济法律法规的规定，经济法主体所构建的权利与义务关系。该关系由主体、客体及内容三要素构成。某商场与品牌鞋厂依法订立的鞋子加工合同，其意思表示真实，合同内容与形式合规，故为有效合同，受法律庇护。由此，合同法律关系得以形成。合同主体为某商场与品牌鞋厂，客体为10万双鞋子，内容为主体双方根据合同产生的各类权利与义务。合同订立后，鉴于市场变动，双方经协商一致，减少加工量至5万双鞋子，致使原合同法律关系发生变更。合同变更后，双方秉持重合同、守信用的原则，认真履行合同约定的各项义务，确保了合同目的的实现。正因双方严肃认真地执行合同，使得本合同法律关系得以终止。

2.【参考答案】
（1）代理是指代理人在代理权限内，以被代理人的名义与第三人实施法律行为，由此产生的法律后果直接由被代理人承担的一种法律制度。

（2）代理权滥用主要包括：代理他人与自己进行民事活动；同一代理人代理双方当事人进行民事活动；代理人和第三人恶意串通损害被代理人利益的。

（3）材料中是代理人滥用代理权的行为，视为无效代理，给被代理人及他人造成损失的，应承担相应的赔偿责任。

第二章 企业法律制度

一、单项选择题
1~5.【答案】D A D A C

6~10.【答案】B C A B C

11~12.【答案】D C

二、多项选择题

1~5.【答案】ABCD ACD AB AD CD

6~10.【答案】BCD ABCD ABD ACD ACD

三、材料分析题

1.【参考答案】

（1）人员合法，但由乙限制性民事行为能力人和A公司国有独资公司担任普通合伙人不合法。合伙企业法规定，普通合伙企业由两人及以上的合伙人出资，合伙人可以是自然人也可以使法人。若合伙人为自然人，则必须是完全民事行为能力人，且国有独资公司、国有企业、上市公司以及公益性的事业单位、社会团体不得成为普通合伙人。

（2）出资均符合规定。《合伙企业法》规定，普通合伙人可以用货币、实物、知识产权、土地使用权、劳务或者其他财产权利作价出资。

（3）不可以加入。按照《合伙企业法》的规定，新入伙的普通合伙人对入伙前合伙企业的债务，要承担无限连带责任。丁承担合伙企业责任的方式不合法。

2.【参考答案】

（1）甲、乙、丙的出资方式符合规定，丁的出资方式不符合。合伙企业法规定合伙人可以以货币出资，也可以用实物财产和知识产权等作价出资，普通合伙人可以以劳务作价出资，但有限合伙人不允许以劳务作价出资。

（2）该买卖合同有效。合伙企业法规定，合伙企业内部对执行合伙事务合伙人的权利限制不得对抗善意第三人，本合同中，B公司是善意第三方。

（3）戊作为新的合伙人入伙，根据规定，新合伙人入伙，除合伙协议另有约定外，应当经全体合伙人一致同意，并订立书面的入伙协议。

（4）《合伙企业法》规定，普通合伙人甲乙应承担无限连带责任，丁为有限合伙人，退伙后，对基于其退伙前原因发生的有限合伙企业债务，以其退伙时从有限合伙企业中取回的财产承担责任。戊作为新入伙的有限合伙人，对入伙前企业的债务，以其认缴出资额为限承担责任。

第三章　公司法律制度

一、单项选择题

1~5.【答案】D D D D C

6~10.【答案】C C C A A

二、多项选择题

1~5.【答案】ABCD BCD ABCD ABC BC

三、材料分析题

【参考答案】

（1）不符合规定。股东可以以货币、无形资产进行出资，但不允许以设定担保的财产出资。

（2）符合规定。一般的有限责任公司，其组织机构为股东会、董事会和监事会，对于规模较小或者股东人数较少的有限责任公司，可以不设董事会，设一名董事，行使公司法规定的董事会的职权，该董事可以兼任公司经理；同时也可以不设监事会，设一名监事，行使公司法规定的监事会的职权；经全体股东一致同意，也可以不设监事。

（3）不具备。公司应替分公司承担违约责任。《公司法》规定，有限责任公司设立分公司是总公司管理的一个分支机构，不具有法人资格，但可以依法从事生产经营活动，其民事责任由设立该分公司的总公司承担。

（4）可以。有限责任公司的股东之间可以相互转让其全部或者部分股权。

股东向股东以外的人转让股权的，应当将股权转让的数量、价格、支付方式和期限等事项书面通知其他股东，其他股东在同等条件下有优先购买权。股东自接到书面通知之日起30日内未答复的，视为放弃优先购买权。两个以上股东行使优先购买权的，协商确定各自的购买比例；协商不成的，按照转让时各自的出资比例行使优先购买权。

第四章　合同法律制度

一、单项选择题

1~5.【答案】B B C B B

6~10.【答案】A A D C A

11~15.【答案】B A D D A

16~18.【答案】D A D

二、多项选择题

1~5.【答案】AB ABC BCD ABCD ABC

6~10.【答案】AC BC ABCD AC AB

三、材料分析题

1.【参考答案】

（1）甲、乙公司之间合同关系不成立。因为这属于要约。

（2）甲、乙公司之间合同关系不成立。因为甲公司提出在1周内回复，而乙公司在3月10日回复，根据《民法典》第28条，受要约人超过承诺期限发出承诺的，除要约人及时通知受要约人该承诺有效的以外，为新要约，合同当然不成立。

（3）需要承担责任，这一行为是要约，而且是确定承诺期限的要约，根据《民法典》要约人确定了承诺期限或者以其他形式明示要约不可撤销，要约不能撤销，这就表示甲的要约生效了，题目中乙是在承诺期限内直接去付款提货时（这一行为表示承诺）而甲公司已将这50吨玉米高价卖给了丙公司没有遵守要约，所以要承担责任。

（4）缔约过失责任是指在订立合同过程中，当事人一方因违反其依据诚实信用原则产生的先合同义务，致使另一方信赖利益损失时所应承担的损害赔偿责任。违约责任是指当事人不履行合同时，依法应当承担的法律责任。

2.【参考答案】

（1）甲公司传真订货行为的性质属于要约邀请。因该传真欠缺价格条款，邀请乙公司报价，故不具有要约性质。乙公司报价行为的性质属于要约。《民法典》规定，要约应具备两个条件：第一，内容具体确定；第二，表明经受要约人承诺，要约人即受该意思表示约束。本例中，乙公司的报价因同意甲方传真中的其他条件，并通过报价使合同条款内容具体确定，约定回复日期则表明其将受报价的约束，已具备要约的全部要件。

（2）买卖合同依法成立。《民法典》规定，当事人约定采用书面形式订立合同，当事人未采用书面形式，但一方已经履行主要义务，对方接受的，该合同成立。本例中，虽双方未按约定订立书面合同，但乙公司已实际履行合同义务，甲公司也接受，未及时提出异议，故合同成立。

（3）乙公司可向人民法院提出行使撤销权的请求，撤销甲的放弃到期债权、无偿转让财产的行为，以维护其权益。

（4）对于撤销权的时效，《民法典》规定，撤销权应自债权人知道或者应当知道撤销事由之日起一年内行使，自债务人的行为发生之日起 5 年内未行使撤销权的，该权利消灭。

3.【参考答案】

（1）9 月 3 日，甲公司可以暂停交货。根据《民法典》的规定，甲公司享有不安抗辩权，即在合同履行期限届满时，如果先履行一方有证据证明后履行一方出现财务状况严重恶化，可能无法按照合同规定履行义务的，先履行义务一方可以有不安抗辩权来对抗后履行一方，暂停交易。

（2）可以解除合同，但不能要求赔偿。首先基于不安抗辩权抗辩后，乙方未提供担保，甲证明乙方已经不履行能力，合同已履行不能了，可以解除合同。但是毕竟合同约定的是甲方先履行，乙方可以基于先履行抗辩权来对抗甲方，所以按照合同约定，在甲方未先履行的情况下，乙方不履行不是违约，乙方不承担赔偿责任。

（3）要承担。因为如果证明这种情况，那么就证明甲方没有行使不安抗辩权的理由，所以证明甲方未先履行，是一种违约行为。

（4）可以。没约定履行顺序，双方可以行使同时履行抗辩权。

（5）合同成立时间为 8 月 5 日，合同成立地点为乙公司总部上海资本大厦。《民法典》规定，当事人采用合同书形式订立合同的，以当事人最后一方签字盖章的时间和地点为合同成立地点。

4.【参考答案】

（1）甲企业可以将设备提存。根据规定，债权人无正当理由拒绝受领，债务人可以将标的物提存。本例中，乙公司没有正当理由而拒绝接受设备，则债务人就可以将设备提存。

（2）甲企业有权要求乙公司付清全部余款并赔偿损失。根据规定，当事人应当按照约定全面履行自己的义务。当事人一方未支付价款或者报酬的，对方可以要求其支付价款或者报酬。当事人一方不履行合同义务或者履行合同义务不符合约定的，在履行义务或者采取补救措施后，对方还有其他损失的，应当赔偿损失。因此，甲企业有权要求乙公司付清全部余额并赔偿损失。

（3）乙企业违约，无权要求返还定金，定金具有担保性质，给付定金的一方不履行约定的债务的，无权要求返还定金；收受定金的一方不履行约定的债务的，应当双倍返还定金。

（4）保证关系的当事人是甲企业与丙公司。根据规定，保证是保证人与债权人之间的合同关系。所以，保证合同的当事人是保证人丙公司与债权人甲企业。

（5）甲企业可以直接要求丙公司承担保证责任。根据规定，当事人对保证方式没有约定或者约定不明确的，按照连带责任保证承担保证责任。本题中，由于未约定保证方式，保证人丙公司应承担连带保证责任；所以甲企业可以直接要求丙公司承担保证责任。

第五章 破产法律制度

一、单项选择题

1~5.【答案】A C C B B

6~10.【答案】B D D C B

二、多项选择题

1~5.【答案】ACD BC ABCD ABD ABD

6~10.【答案】ABC ACD BC BCD ABC

三、案例分析题

1.【参考答案】

（1）符合规定。根据相关规定，职工提出破产重整或破产清算申请应经职工代表大会或者全体职工会议多数决议通过。

（2）符合规定。根据相关规定，债务人以其具有清偿能力或者资产超过负债为由提出抗辩异议，但又不能立即清偿债务或者与债权人达成和解的，其异议不能成立。

（3）不产生债务清偿的效果。根据相关规定，人民法院受理破产申请后，债务人的债务人或者财产持有人应当向管理人清偿债务或者交付财产，如其故意违反法律规定向债务人清偿债务或者交付财产，使债权人受到损失的，不免除其清偿债务或者交付财产的义务。

（4）不应当认定为无效。根据相关规定，人民法院受理破产申请后，债务人对个别债权人的债务清偿无效；但是，债务人以其财产向债权人提供物权担保的，其在担保物市场价值内向债权人所作的债务清偿，不受上述规定的限制。

（5）人民法院受理破产申请后，有关债务人财产的保全措施应当解除，执行程序应当中止。

2.【参考答案】

（1）管理人有权请求人民法院予以撤销。根据规定，人民法院受理破产申请前1年内，债务人对没有财产担保的债务提供财产担保的，管理人有权请求人民法院予以撤销。在本题中，甲乙双方签订还款协议的日期是2023年3月，甲公司用所属的厂房作抵押对之前没有担保的欠乙公司的货款设定担保，这发生在人民法院受理破产申请前一年内，因此可以撤销。

（2）A银行不能将尚未得到清偿的20万元欠款向管理人申报普通债权。法律规定，如破产人仅作为担保人为他人债务提供物权担保，担保债权人的债权虽然在破产程序中可以构成别除权。但因破产人不是主债务人，在担保物价款不足以清偿担保债额时，余债不得作为破产债权向破产人要求清偿，只能向原主债务人求偿。两个主体之间只有担保关系，无基础债务关系。本题中甲公司只是为丙提供了抵押担保，其对丙所承担的债务责任以其抵押物为限，对于抵押物不能够清偿的部分，A银行只能够要求丙公司清偿，不能够向甲的管理人申报普通债权并由甲公司继续偿还。

（3）丁公司可以向管理人申报的债权额为5万元。根据相关规定，管理人或者债务人依照破产法规定解除双方均未履行完毕的合同，对方当事人以因合同解除所产生的损害赔偿请求权申报债权。这时可申报的债权以实际损失为限，违约金不得作为破产债权申报。因此，本题中丁公司可以向管理人申报的债权金额为由解除合同带来的损失5万元，而不是20万元。

（4）主张不成立。《企业破产法》规定，债权人在破产申请受理前对债务人负有债务的，可以向管理人主张抵销。但是，债务人的债务人在破产申请受理后取得他人对债务人的债权的，不得抵销。本题中戊公司是在甲公司的破产申请受理后取得李某对甲公司的债权，不能主张债务抵销。

（5）甲公司所欠本公司职工工资和应当划入职工个人账户的基本养老保险、基本医疗保险费用，只有在《企业破产法》公布日之前的20万元能得到清偿。

第六章　企业税收法律制度

一、单项选择题

1~5.【答案】B C B D D
6~10.【答案】C A C D C
11~12.【答案】C D

二、多项选择题

1~5.【答案】ABC AD ABC ACD ABCD
6~10.【答案】ACD AC ABC AD ABD

三、计算题

1. 无偿捐赠儿童服装视同销售处理；管理不善造成的非正常损失，进项税额不可以抵扣，进行进项税额转出处理。

（1）进项税额 = 36+10×13% = 37.3（万元）

（2）销项税额 = (565+2.26)÷(1+13%)×13% = 65.26（万元）

（3）进项税额转出额 = 5×13% = 0.65（万元）

（4）当月应纳增值税税额 = 65.26-37.3+0.65 = 28.61（万元）

2. 消费税 = (200+50+20)÷(1+13%)×20%+20×1 000÷10 000 = 49.79（万元）

3. （1）应纳税所得额 = 150 000+30 000×(1-20%)+5 000×(1-20%)×70%-60 000-40 000-12 000 = 64 800（元）

（2）应纳税额 = 64 800×10%-2 520 = 3 960（元）

第七章　商业秘密和知识产权法律制度

一、单项选择题

1~5.【答案】C　D　B　B　C

6~10.【答案】A　D　C　B　D

11~15.【答案】D　B　B　B　A

二、多项选择题

1~5.【答案】BCD　BCD　ABCD　BCD　BD

三、材料分析题

1.【参考答案】

（1）甲公司属于专利权人。根据规定，退休后一年内作出的，与其原单位承担的本职工作有关的发明创造属于职务发明创造。对于职务发明创造，申请专利的权利属于该单位；申请被批准后，该单位为专利权人。在本题中，甲公司退休职工王某在退休后6个月内作出的与原本职工作有关的方法发明属于职务发明创造。

（2）甲公司发明专利权的保护期限自2020年1月1日起计算。根据相关规定，发明专利权的保护期限自申请日起计算。

（3）丙公司属于专利侵权。任何单位或个人实施他人专利的，应当与专利权人订立实施许可合同，向专利权人支付专利使用费，并且被许可人无权允许合同之外的任何单位或个人实施该专利。丁公司不属于专利侵权。根据规定，在专利申请日前已经制造相同产品、使用相同方法，并且仅在原有范围内继续制造、使用的，不视为侵犯专利权。

2.【参考答案】

（1）"帆帆"和"一帆风顺"分别属于服务商标和商品商标。

（2）有理由。因为黎帆以"帆帆"为艺名，已成为家喻户晓的当红明星，张帆在音乐服务领域申请注册文字商标"帆帆"，容易造成混淆，"帆帆"艺名使用在先且具有一定影响。张帆申请注册的"帆帆"商标与黎帆的在先权利发生冲突。

（3）没有理由。因为"一帆风顺"属于常用词汇，黎帆对此不享有在先权利。

3.【参考答案】

（1）侵犯。使用他人作品制作录音录像制品，应当取得著作权人许可，并支付报酬。

（2）不能。该歌曲的词、曲由两位作者分别创作，词与曲的著作权均可单独行使。B演出公司举办的晚会上仅演奏了歌曲的乐曲部分，只需要获得乐曲作者李聪的单独许可。

第八章　劳动用工法律制度

一、单项选择题

1~5.【答案】A　D　C　C　B

6~10.【答案】A　B　B　D　D

二、多项选择题

1~5.【答案】ABC　ABC　BCD　CD　ABCD

6~10.【答案】BC　AB　CD　ABCD　ABCD

三、材料分析题

【参考答案】

（1）不合法。

（2）因订立劳动合同时所依据的客观条件变化致使原有劳动合同不能履行的，经平等协商仍不能就变更劳动合同达成一致的，应可解除劳动合同，且企业应向职工支付赔偿金。